国学经典文库

图文珍藏版

感受秘史之迷离 慨叹谜案之悬疑

中国古代秘史

马昊宸◎主编

线装书局

图书在版编目（CIP）数据

中国古代秘史：全4册 / 马昊宸主编. -- 北京：
线装书局, 2014.6
ISBN 978-7-5120-1381-0

Ⅰ.①中… Ⅱ.①马… Ⅲ.①中国历史 – 古代史 – 通
俗读物 Ⅳ.①K220.9

中国版本图书馆CIP数据核字(2014)第087853号

# 中国古代秘史

主　　编：马昊宸
责任编辑：杜　语　高晓彬
装帧设计：博雅圣轩藏书馆 Boyashengxuan Cangshuguan
出版发行：线装书局
　　　　　地　址：北京市西城区鼓楼西大街41号（100009）
　　　　　电　话：010-64045283　64041012
　　　　　网　址：www.xzhbc.com
经　　销：新华书店
印　　制：北京彩虹伟业印刷有限公司
开　　本：710mm×1040mm　1/16
印　　张：112
彩　　插：8
字　　数：1360千字
版　　次：2014年6月第1版第1次印刷
印　　数：0001-3000套

定　　价：598.00元（全四册）

人文始祖轩辕黄帝

越王勾践卧薪尝胆

千古一帝秦始皇

飞将军李广至死未封侯

西汉外戚王莽篡汉

关羽擒将图

李世民杀兄篡位

武则天弑女争宠

杨贵妃上马图

"口蜜腹剑"的李林甫

宦海沉浮的"诗圣"杜甫

宋太祖立弟为储君

大宋奇案"狸猫换太子"

赵普半部《论语》治天下

岳飞传世名作《满江红》

朱元璋钟情马皇后

猛将徐达善谋略

崇祯帝誓死不南迁

皇都积胜图

努尔哈赤骨肉相残

孝庄皇太后辅佐三代帝王

五世达赖觐见顺治帝

雍正帝求道图

蔡锷率护国军讨袁

# 前　言

中国历史悠久，从盘古、上帝、女娲等神话时代算起约有 5000 年；从三皇五帝算起约有 4600 年；自夏朝算起约有 4200 年；从中国第一次建立大一统中央集权制的秦朝开始算起约有 2200 年。中国历经多次演变和朝代更迭，持续时间较长的朝代有夏、商、周、汉、唐、宋、元、明、清等。中原王朝历史上不断与北方游牧民族交往、征战，众多民族融和而成为中华民族。20 世纪初辛亥革命后取而代之的是共和政体，1949 年中华人民共和国成立。浩浩荡荡五千年文化长河，除去中规中矩的正史所宣称的历史，那些欲说还罢充满神秘感的秘史更容易吸引读者。

然而，由于种种原因，一些历史内幕、重大事件被歪曲、掩盖、讹传，特别是统治阶级内部的权力斗争、龌龊行径、风流韵事等，更是被披上神秘的面纱，从而成为割断的历史和史学的遗憾。为了还原历史本来面目，填补某一时段历史空白，我们组织了邀请大量相关专家，遍寻古籍，从浩如烟海的史籍中搜寻鲜为人知的历史材料，重新整理、出版了这套《中国古代秘史》。

轩辕黄帝确有其人吗？大禹有意要破坏禅让制吗？殷都屡迁的原因是什么？商纣王真的是暴君吗？……这些在今天仍然不能得到很好解决的问题将在本书中找到真正的答案。

全书用通俗易懂的文字摆脱了历史读物以往刻板沉闷的面孔，描绘帝王将相的轶闻趣事、统治阶级的勾心斗角、政治军事的丑恶内幕、奇人异士的风流俊逸、三教九流，还原历史的真实面目。百余幅珍贵的人物画像、文物遗迹、背景资料等图片，对文字做生动直观地阐释，图文并茂，互为补充，立体、全息地展示鲜为人知的历史内幕，为读者提供一条回归历史的真实通道，参悟历史的玄机。

# 目　录

## 秦汉秘史

国学经典文库

中国古代秘史

· 目 录 ·

图文珍藏版

# 三国两晋南北朝秘史

## 隋唐五代十国秘史

国学经典文库

中国古代秘史

· 目 录 ·

图文珍藏版

国学经典文库

中国古代秘史

·目录·

图文珍藏版

7

# 两宋秘史

国学经典文库

中国古代秘史

· 目 录 ·

图文珍藏版

## 辽夏金元秘史

## 明朝秘史

国学经典文库

中国古代秘史

· 目 录 ·

图文珍藏版

国学经典文库

中国古代秘史

·目录·

图文珍藏版

## 清朝秘史

国学经典文库

中国古代秘史

·目 录·

图文珍藏版

国学经典文库

中国古代秘史

·目录·

图文珍藏版

国学经典文库

中国古代秘史

·目　录·

图文珍藏版

## 民国秘史

国学经典文库

中国古代秘史

·目录·

图文珍藏版

20

中国古代秘史

马昊宸⊙主编

# 先秦秘史

线装书局

# 帝王秘事

## 轩辕黄帝实有其人吗

传说中国华夏族的祖先是黄帝。黄帝姓姬,号轩辕,被称为轩辕黄帝。黄帝在我国早期的史籍《左传》《国语》中,被认为是神话人物。千百年来,黄帝是人还是神的问题一直困扰着人们。

这一谜底直到 1973 年湖南马王堆三号墓出土了《黄帝内经》一书,才被解开。《黄帝内经》是直到今天发现的第一本关于黄帝的书。大陆学者余明光先生和台湾轩辕教会会长、93 岁高龄的著名史学家王寒生研究后,一致认定,《黄帝内经》成书于战国时期,公元前 168 年作为随葬品被埋入马王堆三号墓中,距今已有 2000 多年。两位老先生为《黄帝内经》作了

轩辕黄帝

注,并编译了该书。他们指出:《黄帝内经》不是伪书,而是一本真正的"治国之本"的书。他们据此推断,黄帝应该是实实在在的历史人物,而不是人们过去所认为的"传说中的人物"。王寒生老先生在同他的女儿谈话时,发表过预言:1994 年国内将会找到一家姓轩辕的。这一预言后来真的应验了。江苏省淮阴市泗洪县有一家姓轩辕的,主人叫轩辕耀。1993 年中华黄帝陵基金会成立了,他听到这一消息后突然感到自己的姓很"高贵",应该彻底搞清楚,于是他马上写信,将自己的姓氏情况告诉了陕西省黄帝陵办公室。由于从未听说过有姓轩

辕的,办公室的工作人员得到这一情况后感到很惊奇,他们经过深入调查,发现全国姓轩辕的只此一家。王寒生的女儿、台湾轩辕教会总干事王丽霞得知这一消息后,于1994年4月赶赴陕西黄帝陵与轩辕耀会面。她见到轩辕耀非常高兴,于是将她父亲著作的有关黄帝姓氏的图书赠给了他。

这一事件表明,王寒生和余明光两位老先生的推断是有道理的。轩辕黄帝实有其人,他是中国历史上第一个统一华夏大地的部落首领,是中华民族的始祖。黄帝是历史人物,而不是传说中的人物。

## 大禹有意在破坏禅让制吗

对力量的崇尚、对英雄的崇拜,这种新的观念,使原始社会进入了天翻地覆的变革时代。这时拥有权力的英雄们没有抛弃原始的民主、平等原则,他们用旧传统的灵光,为自己开辟新的道路,让自身放射出神圣的光辉。用手中的暴力之剑削平天下后,又让自己放射出神圣灵光的第一人就是尧。

大禹雕像

尧是陶唐氏后裔帝喾的儿子,名放勋,祁姓,生于丹陵。根据史书上的描述,他眉有八采,前额饱满,下颌宽广。15岁的时候因为辅佐他的哥哥挚立下了汗马功劳,受封于唐,为诸侯。到20岁的时候,他登上了帝位。他谨慎地处理政务,约束自己,明察四方,善于治理天下;他思想开放,对人宽容温和,恭敬有礼,能够任用贤人;他能发挥才智美德,使家族亲密和睦,又善察百官,使诸侯国相互协调,天下从此太平。

为了巩固帝位,尧敢于对反抗者严惩不贷。帝鸿氏的后裔浑敦、少暤氏的后裔穷奇、颛顼的后裔梼杌、缙云氏的后裔饕餮都遭到他的镇压。尧把他们斥之为四凶,并将他们流放到边远的地方。

帝位巩固之后,他便让一些部落的首领到他领导的部落联盟中担任职务,后稷为田畴,垂为工师,夔为乐正,伯益为秩宗,皋陶为大理。尧还创设了诽谤之木,他在王宫前装上一个置有响木的装饰美观的木架子,谁有意见都可以敲这块诽谤之木,尧听到后就走出王宫纳谏。后世王宫前的华表就是来自尧的诽谤之木。

尧曾发动对三苗的战争,在这次战争中,强大的三苗被削弱了。尧建都平阳(今山西临汾),他的氏族是从北方来的。在征服三苗之后,他把他的儿子封在了三苗的土地上。在征三苗过程中,黄帝的后裔建立的姬姓的随、唐、曾、巴国,熊姓的罗国,都先后迁移到南方去了。被打败了的三苗,有的被分割,有的参加了部落联盟。三苗的部落首领灌兜,在尧做联盟首领时,参加了部落联盟。共工一向具有反抗的传统,这时也加入了部落联盟。

我们可以从尧的身上看出当时社会意识的转变、原始和平等原则、言论自由、民主传统在部落联盟时代又重新恢复起来,并被成功地用来治国,以调整人与人之间的关系、解决部落联盟内部之间的矛盾。在氏族、部落被打破后,部落联盟巩固了,新的社会秩序建立起来了,新的社会结构趋于稳定,社会前进了,这时原始的社会意识、文化传统在新的社会结构中仍有适应性。但是,要维持这种新的社会秩序,还需要运用暴力,使传统文化的社会意识与新时代的社会意识成功地结合起来,根据实际情况灵活地加以运用,这就是尧的创造性所在。

尧的创造性还体现在禅让制上。实际上尧的父亲喾死后,把帝位传给尧的哥哥挚,挚又把帝位传给了尧。尧执政五十年之后,决定不传位给他的儿子丹朱,而是把帝位让给一位贤德的人,这就是所谓的禅让制。禅让制是新时代的社会意识与旧的文化传统相结合的产物。禅让制没有退回到氏族、部落时代的

中国古代秘史 ·先秦秘史·

图文珍藏版

民主推举制,同时也不同于英雄时代、崇拜力量的时代用武力夺取王位的制度。经过民主协商,他把权力交给一位他信得过、大家又认可的贤德的人。这种帝位继承法摒弃了强权实力,表面上给权力移交赋予温文尔雅的色彩。禅让制创造的这种风格,这种新时代的社会意识与传统文化精神相结合的形式,对中国历史的影响,远远超过禅让制本身。

由尧新创造出来的禅让制在开始时并不被人理解,也不被人接受。

尧最开始要将位子让给当时著名的隐士巢父,但遭到巢父的断然拒绝。

尧于是决定把天下让给许由。许由,字武仲,阳城槐里人。许由正直仗义,邪膳不食,邪席不坐,隐居于沛泽之中。尧找到他,要让天下给他,尧对他说:"太阳、月亮升起来了,光芒就要照耀大地,地上的火纵然不熄灭,但要想用大泽中的水去浸灌田地,不是徒劳的吗?有夫子这样的大贤人,而我还占据着位子,我自己认为是一种缺憾。请您来统治天下吧。"许由说:"您治理天下,已经达到大治,却要我来代替您,难道我是为了名吗?名为宾实为主,我是那种有其名无其实的人吗?鹪鹩在深林中筑巢,它只占据一枝;鼹鼠到大河里去喝水,只喝饱肚子;您把整个天下给我,对我来说毫无作用。厨子即使闲着没事,也不会离开厨房去干主持祭祀的事。"许由先生没有接受尧的请求,反而逃走了。他逃到箕山之下中岳颍水的北面,隐居耕田,表示终身不过问天下大事。尧又想请他担任九州之长,许由甚至认为这样的话玷污了他洁净的耳朵,所以到颍水边上去洗耳朵。他的好友巢父正巧牵着牛犊来饮水,看到许由在洗耳朵,就问是什么原因。许由说:"尧想要请我去当九州长,这种声音让我很讨厌,因此来洗耳。"巢父说:"你要是居住在高岸深谷之中,和外面不往来,谁能见到你呢?你故意到处浮游的目的还不是想要听到这样的话?这可要把我的牛犊的口也污染了。"于是巢父牵着牛犊,向上游走去,让牛犊饮用上游的水。许由死后,被葬在箕山之巅。这段传说的真实性我们不能确定,但还是反映了尧实行的禅让制并不被人所理解。帝王送给的天下大概很少有人胆大包天地敢于接受,像许由、巢父这样厌恶政治的人不以权位为重,更不会接受了。汉代时有人在箕山上见到许由的墓,似乎确有其人。

尧曾经询问大家谁可以继承自己的帝位。有个叫放齐的人推荐尧的儿子丹朱,说他十分开明通达,可以继承大业。尧却认为自己的儿子丹朱言论放肆,常常和人争论不休,说他影响团结,不是合适的人选。看来放齐也没理解尧的禅让,他认为尧不过是做做样子,其实际目的还是要把天下交给儿子。

　　尧又征求处理政务的人才。灌兜推荐共工,他说共工善于聚集人力,承担了许多政务,并且已经做出许多成绩。尧更加反对,他认为共工阳奉阴违,花言巧语,貌似谦恭,其实狡猾。看来灌兜是想趁禅让的机会推荐与他臭味相投的共工。

　　一段时间后,尧向四岳——部落联盟里的首领说:"我占据帝位很长时间了,希望你们继承我的位置。"四岳都表示自己没有资格与能力,所以不能接受。经过长时间的多次禅让,四岳觉得尧禅让之意非常真诚,经过认真考虑后推荐了舜。

　　四岳说:"在下面有一个名叫虞舜的穷困百姓很贤能。"尧说:"是的,我也听说过这个人,他怎么样啊?"四岳说:"他是乐宫鼓瞍的儿子。他的后母说话不忠实,父亲心术不正派,弟弟傲慢不友好,而舜能同他们和睦相处。是因为他用自己的孝德感化了他们,他还加强自身修养,不流于邪恶。"当时,舜尚未婚配。尧决定考察他三年,他把自己的女儿嫁给了他,以便观察舜的言行。舜经受了各种考验,于是尧决定让位于舜,但舜却推辞不肯接受,主张应当让给具有高尚品德的人。无可奈何之下,尧决定让舜先当摄政王,选定了吉日,举行了仪式,舜开始主持政务,行使权力。尧一直让舜摄行天子之政,直到28年后他去世。虽然这28年里经历了风风雨雨,但尧实行禅让制的决心没有改变,舜也确实没有辜负尧对他的期望、众人对他的信任。当尧死后,舜没有立刻登上帝位,他想将帝位让给丹朱,自己找个地方隐居下来。虽然这样违背了尧的意愿,但舜宁可舍弃尧的禅让制,也要表示自己遵从传统的决心。但是,舜在执政的28年里取得了很高的威信,所以诸侯都去朝觐他,而不去朝觐丹朱;狱讼者也都找舜,而不去找丹朱;民众所赞美的是舜而不是丹朱。舜无限感慨地说:"这真是天意的安排呀!"这其实是尧的精心策划,他创造了禅让制。由此可见,尧深刻理解了那个时代,对人有了不起的洞察力。他大公无私,明白如果把天下交给儿子的话,就会有负天下人;把天下交给舜,虽有负儿子却利于天下和后世。

舜问四岳:"有谁能发扬光大尧帝的事业,身居百官之长,掌管政事呢?"大家都说:"禹可以。"舜对禹说:"好啊!你曾经平定水土,掌握天下后你可要更加努力啊!"禹不接受,要让给稷、契和皋陶。舜说:"好啦,还是你来吧!"到了舜时,禅让制赢得了大家的理解。舜深刻地理解了尧的用意,将禅让制贯彻得更加彻底,不仅体现在禅位,还体现在用人上。禹的父亲鲧因治水不成被治罪,舜听从大家的意见,起用了禹。禹在治水中表现了高尚的品德和才华,得到了大家的推荐。所以,舜不仅没有让自己的儿子接管天下,反而把天下交给自己惩罚过的政敌的儿子。大家对他的做法也没有提出异议,关键是他与尧不同:尧在形成禅让的思想后,开始时找不到合适的人,等找到合适的人选后,又不被理解;而舜把禅让制的思想精华应用到用人方面。所以,等到他要禅让时,合适的人才已经培养成熟,一切就顺理成章了。

舜逝世后,禹为他办完了丧事后就跑到阳城居住,以此来表示要让商均继位。然而,部落联盟的各个诸侯都拥护禹而不归服商均。禹和舜一样,以无可奈何的姿态,表示听从天意的安排,接受了帝位。但是禹只到此为止,以后他的做法就与舜大相径庭了。

在禹的手中,禅让制出现了微妙的变化。禹当初治水时,皋陶和益是他治水的助手,在禹即位之后,他首先选择了皋陶做他的继承人。皋陶是偃姓部落的首领,当时很有实力,在治水时显示了非凡的才干,因而威望很高。他曾在舜和许多部落联盟的首领面前,高谈阔论,精辟地阐述了治理天下、选拔人才、敬天安民的道理。他是当时善治狱讼的著名官员。皋陶也曾当众诘难过禹。禹选择皋陶为继承人,是想向天下表明自己真心地举荐贤才。但是,因为皋陶的年龄比禹还大,所以事实上皋陶无法成为继承人,禹的禅让并无诚意,他只是利用皋陶来笼络人心。他确实笼络住了皋陶,拥有强大实力的皋陶命令民众都要以禹为榜样。皋陶在被举荐不久后便死去,禹又举荐益为继承人。益在禹死后,又和舜、禹一样,避禹之子启于箕山之北,表示谦让,请启继承帝位。然而,这时候诸侯不去朝觐益而朝拜启,不去益那里而是去启那里打官司,理由是:"启是我们君主的儿子。"讴歌者不去赞颂益而赞颂启,理由是:"启是我们君主的儿子。"益虽然也曾辅助禹治水,也同样德才兼备,但是禹并没有让益当摄政王,这样益就不能够得到诸侯、部落首领的承认了。在他们眼里,启最多是个部落首领,没有资格当部落联盟的首领。他们不去向益朝觐,不是因为益比启的德才差,而是这是禹精心安排的结果。禹举荐已入耄耋之年的皋陶,就是故意拖延其后继者益的佐政时间,使益根本没有时间站稳脚跟。在这同时,他为启树立起了威信,为启世袭帝位铺平了道路。禹的禅让,是一个高明的圈套,人们却全然不知。《战国策》的作者尖锐地指出:"禹名传天下于益,其实令启自取之。"他不但落得推行禅让的美名,而且保持了自身高大完美的形象。因此,历史学家在写禅让时只提到尧舜,而没有把禅让归在禹的名下。

其实禹也没有什么可责备的地方。禅让制是古代权力结构演变的过渡形态。禅让过程中的民主是非常有限的。在旧的民主传统非常有限的情况下,真正能起作用的大概只有四岳等部落首领的意见,而尧舜的决定、部落联盟首领的个人意见是至关重要的。昔日氏族、部落时代的重大事情由议事会与民主大会集体讨论决定,首领由拥有选举权的人们选举产生,能够体现公众意志。禅让的实施不过是把部落首领的个人意志,披上了民主传统的外衣。如果不是四岳的推荐和尧的个人意志,而是像氏族时代那样选举,舜肯定不会当选。而在社会的权力结构已经发生了很大变化的禹的时代,部落首领的权力不断强化。禹举荐皋陶,后来又让益继承帝位,根本没有征求部落首领的意见。最重要的原因是:世袭制已经得到了大多数人的认同,益与启的权力斗争,失败的主要原因是部落首领已经开始认同世袭制,虽然启并不比丹朱、商均更有才德,但他最终胜出。

禅让制从创立到名存实亡的过程,显示出了从选举制到世袭制的巨大转变亦经历了曲折的过程。原始社会末期,部落首领们用血与火为世袭制开辟了道路,但在旧的民主传统的影响下出现了禅让制,禹实现了由禅让制到世袭制的转变。这个过程并未结束,让贤与世袭到夏代中期又经过了反复的较量。禅让制为世袭制的最后成功奠定了基础,它是连接民主制与世袭制的纽带。世袭制之所以战胜了原始的民主选举制,根本原因是社会政治经济的发展。因为君主权力的强化对于稳定社会、巩固部落联盟具有重要作用,所以得到了社会的认同,世袭制因而逐渐地确立了下来。

尧舜禅让,使原始社会的传统文化最后一次放射出了它的光彩。禹顺应社会文化观念的转变与历史发展的形势,作为新时代的奠基者,掀开了历史发展的新的篇章。

## 殷都屡迁的原因是什么

人们改换自己居留地的迁徙活动,在人类历史上是常有的事。不论哪一种形式和规模的迁徙,进行迁徙的民族和社会群体都有各自的历史原因。我国商代前期,殷人多次迁都,其原因究竟何在? 对此,学术界直到现在还没有一个能使大家认可的解释。

史料对殷人迁都的记载非常有限,主要集中在《尚书》中的《盘庚》三篇里。殷人迁徙了多少次,一般认为"殷人迁,前八后五",但对此也有不同的看法。关于殷人"不常厥邑"的原因,比较普遍的看法认为是殷人躲避水灾的威胁。《书序》称:"祖乙圮于耿"。《正义》曰:"圮,毁也;河水所毁曰圮。"后人据此发展成了"河患"说。著名学者王国维也是这种看法,在《说耿》中把"耿"考释为邢丘,"其地正滨大河,故祖乙圮于此也"。有人对"河患"说提出反驳:"上古黄河流域的水灾应当是常常发生的,那几百年间常常发生的水灾,绝不能解释几百年间才有几次迁徙的原因"。傅筑夫先生进一步认为"河患"在当时并不严重,而成汤以前的八迁地点都是离河甚远的高地,这些地方根本就没有"河患",即使盘庚以后的两迁只是在大河以北,也不避"河患"。再则,殷人迁徙反而是"有目的地向滨河一带移动,并且是尽可能地要在距河不远的适宜地点定居"。

因此,有人对殷人屡迁的原因从经济方面进行了解释。1935 年,丁山就提出由于"部落时代之生活,农业方在萌芽,大部分生活基础仍为游牧,游牧者因水草而转徙,部落之领袖因其族类而亦转徙不定,于是政治中心之所在,即无所谓都邑,更无固定可言"。这里明确指出了殷都屡迁的决定因素是游牧生活。所以有人认为找出殷人"定居条件是否成熟",是说明殷都屡迁原因的途径。在盘庚前,畜牧业占主导地位,长久定居的条件尚不成熟,因此有了多次必要的大迁徙。但在农业逐渐发达的盘庚时代,在长久定居的条件已接近成熟的情况下再要迁都时,便发生了《尚书·盘庚》中所记载的"殷民咨胥,皆怨不欲徙"的情况。盘庚强行迁殷后,殷人在两百年中,不再迁徙。这说明社会经济发展到了定居生活阶段,对于迁徙这一活动,人们不再需要了。

傅筑夫有不同的意见,他指出"殷代是一个农业社会,其经济发展早已超过渔猎和游牧阶段",因此,他对因为游牧经济占主导地位而导致殷都屡迁的论点进行了否定,而认为迁都的原因是"为了农业生产的需要改换耕地,实行游农"。因为殷人的农业水平较为原始,对于收获量的减少是由于地力的衰竭这一道理不明白,所以只是通过不断改换耕地来继续农业生产的发展。因此,这种迁徙是"初期农业社会的一个共有现象"。

对于殷都屡迁的原因也有人从政治方面进行了解释。考古学家邹衡认为殷人迁都是为了便于战争,因为"当时选择王都的地点,不能不考虑到作战的方便,就是说,不能不从军事的角度上考虑迁都的问题。成汤居亳,显然是为了对付北方和西方的强大敌人"。

此外,有人认为殷都屡迁的客观原因是"比九世乱",殷都屡迁的主观原因是"恪谨天命"。"比九世乱"是"自中丁以来,废适而更立诸弟子。弟子或争相立"的王室与贵族之间的斗争,"比九世乱"的直接后果是殷王权的削弱和贵族势力的膨胀。所以,要想重整和加强王室的势力,只有通过迁都来实现。由于殷人尊神,他们把迁都看作是"天"的意志,不能不"恪谨天命"。

20 世纪 80 年代,美籍华人学者张光直教授独辟蹊径,重新解释了三代王都屡迁的原因。他认为,迁都是"以追寻青铜矿源为主体的因素"。这是因为青铜器在三代政治斗争中有着重要的地位。由于以豫北、晋南为中心的华北平原边缘的山地是储量稀薄的铜、锡矿的集中地,而王室对于青铜的需求量又特别巨大,这促使人们随时寻求新矿,"那时在寻求新矿、保护矿源以及保护矿石或提炼出来的铜锡的安全运输上,都城很可能要扮演重要的角色"。商代都城是沿山东、河南山地边缘迁徙,从采矿的角度来说,也可以说是便于采矿,亦便于为采矿而从事的争战。

对于殷都屡迁的原因,有各种各样的说法,从各种说法中找出一种比较正确的解释,对于我们更好地了解那段历史是有帮助的。

## 周公还政于周成王是被迫的吗

周武王驾崩的时候,太子成王年纪还小,关于周公作为叔父如何处理当时朝中政局这一问题,历来都是众说纷纭。《左传·僖公二十六年》称周公曾"股肱周室,夹辅成王";《左传·定公四年》又记载成王在武王之后继位时"周公相王室以尹天下";《史记·周本纪》也记载,由于天下刚刚稳定,成王还在少年时期,"周公……乃摄行政,当国"。从这些可了解周公只是"夹辅"或"相"成王"摄(代为)行政",并没有篡夺王位的意思。《孟子·万章》说得更为详细,"周公不有天下",明表心迹,并不想自己占有天下。

然而有些史料中记载,周公的所作所为并不是这样的。

《荀子·儒效》和《淮南子·氾论训》都说周公想要夺取天下。清代王念孙《读书杂志》解释说:周公想要得到天子的皇位。《礼记·明堂位》和《韩诗外传》卷三又称周公想要坐上天子的位置。《尚书·大传》更明确指出周公身居要位,管理着国事。据今人所考,《尚书·大诰》中的"王"把文王称为"宁王",也称作"宁考"。"考",是对已故父亲的称呼。文王的儿子是周公,文王的孙子是成王,所以只有周公才能称文王为"考"。《尚书·康诰》又载:"王若曰:孟候,朕其弟,小子封。"周公的同母弟是康叔,"封"即为康叔之名。《康诰》中的王对康叔称"弟",显然这个"王"又是周公。据上述条件可知,身居王位的周公的确自称为王。

为什么周公会僭称自己为王呢？根据《尚书·金滕》的记载，周公曾对太公、召公说："我不管理国家，我没有办法告慰我的先王。"大家清楚，武王死后，国家还未统一东方，这就有待于让自己的子嗣完成统一大业。由于成王尚年少，不能担负起这个重任。周公经过深思熟虑，觉得如果自己不称王，则各诸侯就会造反，先王的统一大业将毁于一旦，自己死后也无法向先王交代。《荀子·儒效》也说，周公"履天子之籍"的原因是"恶天下之倍（背叛）周"。的确，由于刚创下基业，政局不稳定，成王年幼无知，还没有治理国家的能力，如果想巩固新生政权，就需要经验丰富的君主。其实，武王在临死前也想把王位传给周公。《逸周书·度邑解》记武王曾称赞周公为"大有知"，认为只有周公"可瘳于兹"，能稳定周初的政局，因而主张"乃今我兄弟相为后"，兄死由弟来继承王位。当武王把自己的想法告诉了周公时，周公"泣涕共手"，既感激又害怕，并说自己不能这么做。这足以证明，周公并不是想篡权夺位。故《韩非子·难二》说："周公旦假为天子七年。"他也只是代替成王打理国事，等成王长大再主动交出权位。《汉书·王莽传》载群臣上奏说："周公掌握大权，那么周朝就有道，且王室安稳，如若不然，周朝就有灭国的危险。"正因如此，周公才以天子的身份，对众多的大臣发号施令，常常称为天命。很明显，周公是为整个江山社稷作打算，才会"假为天子"。

　　但是，有些史料对此还有另一种说法，《荀子·儒效》称："周公除去了成王而让武王登天子之位。"周公摒除成王而继接武王之位，有人说"偃然固有之"，这难道不是想篡位吗？《史记·燕召公世家》又记当时"召公疑之"；《鲁周公世家》也记载周公对太公、召公解释过这个问题。召公、太公都是贤明之人，如果当时周公安分守己，怎么都怀疑他呢？特别是管叔、蔡叔他们都担心周公的所作所为对于成王会有很大的威胁，所以才会发生暴乱。看看管、蔡的表现，足以证明他们对周王朝的忠心。关于管叔、蔡叔"受赐于王""开宗循王"之事，在《逸周书》中的《大匡》《文政》等篇中都有记载。所以顾颉刚曾说："他们二人确实是武王的好助手。"周公运用计谋让他的哥哥，按照"兄弟相为后"应该继位的管叔，到京都以外的地方做官，又在管、蔡发动暴乱时起兵东征杀死了他。

·先秦秘史·

图文珍藏版

这就是所谓"政治家"的谋略。

为什么周公都已经成功夺得王位,还把政权还给了成王呢?有的学者说,这是因为周公的所作所为令召公、太公大大怀疑,管叔、蔡叔拉拢武夷一同起兵反对周公,随后,关中地区也大乱,在《尚书·大诰》中记载"西土人亦不静"。周公完全没有意料到会有这种事情发生,便改变主意:一面平定动乱,把政权还给朝廷;一面又假意与召公和好,和他共同执政。《史记·燕召公世家》载:在成王的时候,陕以西的地方是由召公管理;陕以东的地方,由周公管理,他只封长子为诸侯,让次子在周室留守,世代共同管理朝政。周公用这种篡权不行、就把王位让给成王的方式,又获取了强大的权力,这是王莽、袁世凯所没有的智慧。

关于周公究竟是为了周王朝的江山社稷而正大光明地代为执政,还是要尽手段要篡权夺位而没有得逞的问题,要想在大量纷繁复杂的历史古籍中找出答案,仍存在困难。

## 越王勾践有没有卧薪尝胆

越王勾践卧薪尝胆的历史故事,已经是人尽皆知了。传说在春秋时期的一场战争中,吴国打败了越国。吴军把越王勾践包围在会稽山上,致使越王在走投无路的情况下忍辱求和。之后,越国成为吴的臣国,受控于吴国。越王勾践像奴隶一般在吴国宫中服役了三年,后来吴王免其罪,让他回国去了。为了不忘亡国之痛,为了报仇雪恨,勾践在屋顶上面吊了一个苦胆,无论是出是进、是坐是站,就连吃饭睡觉,也要一尝苦胆之味,用来激励自己斗志;他既不用床,也不用被褥,累了便睡在硬柴堆砌成的"床"上,以此锻炼自己的筋骨。越国最终灭了吴国,就是

越王勾践

因为勾践这十多年的磨炼和实行了各种得力措施。

历史上的越王勾践是不是真的用卧薪和尝胆两种手段来激励自己的呢？由于《左传》和《国语》成书年代较早，并且其中记载的史实也较为可信，故应最先看的。这两本书虽由战国人所编，内容却是春秋时期的历史只记录春秋时期的史实。《左传》是按春秋时期鲁国国君的年代编排的编年体史书，大量记述越王勾践的史实，在《左传》的"定公"和"哀公"两部分中。《国语》是一本国别体史书，它把春秋时期各国史实都分国编纂起来。《国语》中有《吴语》和《越语》上、下共三篇，详细记载了越王勾践和吴王夫差之间战争胜负的全过程。两本史籍中无论哪一本，都根本没有记载越王勾践卧薪尝胆的事迹。其次，还要看西汉时司马迁写的《史记》。这本书是纪传体通史，记述了从上古到西汉时期的史实。司马迁曾经走遍大江南北，广泛搜集先秦时期资料，访遍文物古迹，听了大量民间传说才写成了《史记》。但在《史记》的《越王勾践世家》中，司马迁也仅仅记载了越王勾践曾经"置胆于坐，坐卧对着它，饮食也尝胆"，却没有写到越王勾践卧薪之事。东汉时期，袁康、吴平著《越绝书》，赵晔作《吴越春秋》，这两本书虽然专门记录春秋时期吴越两国的历史，但却以先秦历史为基础，又加上小说家们的荒诞想象，已经不足为信了。《越绝书》对卧薪、尝胆都未提及；《吴越春秋》中的《勾践归国外传》也仅说越王勾践"悬胆在户外，出入品尝，不绝于口"，而无卧薪之事。如此说来，在西汉的《史记》中最早出现了越王尝胆一事；在东汉时期的史料中亦未出现卧薪之事。

据考证，在北宋苏轼所写的《拟孙权答曹操书》中，"卧薪尝胆"首次被作为一个成语来使用。苏轼起草的这封信带有很强的游戏性，信中的内容与勾践无关，只是设想孙权在三国平分天下时曾"卧薪尝胆"。南宋时期，吕祖谦在《左氏传说》记载有与吴王"卧薪尝胆"的事情。明朝张溥在《春秋列国论》中又记载："吴王即位，卧薪尝胆"。以后，《左传事纬》和《绎史》两书中，都说是吴王夫差卧薪尝胆。与此同时，南宋的真德秀在《戊辰四月上殿奏札》、黄震在《古今纪要》和《黄氏日抄》两书中，又说是越王勾践曾卧薪尝胆。然而，北宋的苏轼提出了"卧薪尝胆"一词，这事究竟是夫差还是勾践所做，从南宋直到明朝都没有结论。明朝末年,在传奇剧本《浣纱记》中,梁辰鱼对越王勾践卧薪、尝胆二事加大渲染力度。吴乘权于清朝初年编了一本通俗易懂的史书《纲监易知录》,书中写道:"勾践叛国,乃劳其凝思,卧薪尝胆。"后来,明末作家冯梦龙在其刊刻的历史小说《东周列国志》中也多次提到过勾践卧薪尝胆的事。于是,越王勾践卧薪尝胆的故事,也就广为流传。

还有一些学者认为,早在东汉时代成书的《吴越春秋》中的《勾践归国外传》中曾有越王勾践"卧薪"之事的记载。该文说,越王勾践当时苦身焦思,夜以继日,用蓼攻之以目卧。蓼,清朝马瑞辰解释说是苦菜,蓼薪,就是蓼这种苦菜聚集的非常多。勾践准备许多蓼菜一定是用来磨炼意志,"攻之以蓼"也可以说是"攻之以蓼薪"。这样,上述《吴越春秋》中的话的语意就十分明显:那时勾践日夜操劳,眼睛十分疲倦,就想睡觉即"目卧",但他用"蓼薪"来刺激自己,以便能够忍耐克服,避免睡觉。卧薪、尝胆分别是让视觉和味觉感到苦。后人总是把"卧薪"说成是在硬柴上睡觉,那就曲解了《吴越春秋》的意思,因为"卧薪"是眼睛遭受折磨而不是身体遭受折磨。

若说卧薪尝胆这个故事是真的,为什么历史上这么晚才有记载?若说是假的,为什么会愈传愈广?这两种说法似乎都有根据。除此之外,值得我们探讨和研究的问题是:卧薪究竟是什么意思?《吴越春秋》中是不是记载过此事?

# 名人秘闻

## 商鞅为何遭车裂

商鞅,本姓公孙,是卫国公室的远系公子,从小喜欢法家的刑名之学,后投身到魏国相公公叔痤的门下,任中庶子。公叔痤临终前,曾把他推荐给魏惠王,魏惠王不纳。于是西行入秦,通过贿赂秦孝公的宠臣景监,见到了孝公。他向孝公上富国强兵之策,被任命为左庶长,主持变法。

新法推行之初,遭到旧贵族尤其是以太子为中心的上层贵族的反对。新法规定"杀人者死",贵族祝欢杀人后躲入太子宫中企图逃避制裁,商鞅在秦孝公支持下,坚持处罚祝欢,"匿奸者同罪"。由于太子年幼,又是国君,应处罚负责教导他的师傅,太子驷的太傅公子虔因此受到处罚,后来又因再次犯法被处以劓刑。太师公孙贾也因触犯新法被处以黥刑。此后新法推行无阻。

商鞅

新法推行十年后,"秦民大悦,道不拾遗,山无盗贼,家给人足。民勇于公战而怯于私斗,乡邑大治",秦国国力大增,在诸侯中地位也日益提高,新法实现了富国强兵的理想,秦孝公封给商鞅商、於等地十五个邑作为奖赏。但变法也为商鞅树立了强大的敌人,宗室贵戚中怨恨商鞅的人很多,有的曾劝他辞去官位,归还封地,一旦孝公去世,后果不堪设想,商鞅没有听从。

果其然,孝公去世后,太子即位,为秦惠王。惠王即位不久,公子虔等人便上告商鞅谋反,在惠王面前挑拨说:"如今百姓不论老少,知道的只是商君之法,却不知道是大王之法,商鞅好似人主,大王为人臣。大王还记得当年商鞅对您的处罚吗?"惠王听信谗言宣布商鞅谋反,派士卒追捕商鞅。商鞅闻讯逃到边关。晚上要住旅店,旅店主人不知他就是商鞅,说:"商君的法令规定,收留没有证件的客人要受处罚。"商鞅听了叹道:"想不到变法竟是搬起石头砸自己的脚。"他连夜离开秦国逃到魏国,但魏人怨恨他曾率秦军攻打过魏国,不肯庇护他。商鞅便想经魏逃到其他国家,但魏国认为商鞅是秦国通缉的罪犯,秦国现在又很强大,如果不送回商鞅,会招来麻烦,准备把商鞅押送回秦国。商鞅闻讯后只得逃回自己的封地商邑,聚集封邑内的军队北攻郑国。不久,被惠王派来的军队包围,在郑黾池被杀。惠王还不解恨,下令将商鞅的尸体车裂示众,并诛灭了商鞅全家,还愤愤地说:"以后看谁还敢像商鞅一样造反!"

## 马陵之战是庞涓指挥的吗

公元前 343 年末,魏国与赵国联合进攻韩国,韩国向齐国求救。第二年,齐威王为救韩国而派大将田忌、军师孙膑,发兵攻打魏国。这场战争中,将军庞涓是魏国军队的指挥。他看到齐军援兵来到,便放下韩国转而攻打齐军。齐军军

马陵之战

师孙膑献上一条妙计,让士兵装出一副害怕的样子,并且军队一天接一天后退,第一天的行军营地有十万个灶,第二天减为五万个灶,第三天再减为三万个灶,这就是著名的行军灶之计。三日后,庞涓行军到此看到这个情景,喜出望外。曰:"我固知齐军怯,入吾地三日,士卒逃亡过半矣!"于是放弃步兵,率领其精锐骑兵日夜兼程来追齐军。孙膑在马陵设下埋伏,因为估计魏军在黄昏时候会到那里。马陵地势极为险峻,道路颇窄。孙膑在一棵砍去树皮的大树上写上"庞涓死于此树之下"八个大字,并在树周围设下埋伏圈。果然,庞涓率领魏军在当晚追到马陵地区,想点火看看这树上究竟写了什么文字。庞涓还没有读完

树上的字,周围隐蔽的齐军万箭齐发,魏军顿时乱成一团。庞涓在走投无路的情况下,拔剑自刎,齐军趁此机会大败魏军。在《史记·孙子吴起列传》中记载了这段广为流传的马陵之战的故事,它体现了齐国军师孙膑的军事才干和魏军统帅庞涓地做事武断、莽撞。

然而这段记载并不可信。因为魏军大将庞涓早在公元前353年也就是马陵之战前11年的桂陵之战中,就被齐军活捉了。1972年在山东临沂银雀山出土的汉简《孙膑兵法》中的《擒庞涓》一篇记载了此事。当时魏军攻打赵国国都邯郸,派将军庞涓带八万兵马出击。齐国也派将军田忌、军师孙膑领八万兵马去援救赵国。孙膑派"不识事"的齐城、高唐二大夫先攻打守备森严、"人众甲兵盛"的平陵以迷惑魏军。结果齐国这两个大夫未进入平陵城郊,在路上就遭到魏军侵袭,齐军大败。从那以后,魏国开始骄傲轻敌,不把齐国放在眼里。接着,孙膑为了"以怒其气",派遣轻战车到魏都大梁的郊外,让极少的士卒分散跟随在战车之后,以示之寡,以显齐军之弱。正在全力攻赵的魏军统帅庞涓得知这个情况,并不知是骗局,转而率领精兵强将日夜兼程回到大梁与齐军进行决战。于是孙膑故意施计,追击到桂陵,生擒庞涓。《孙膑兵法》是孙膑弟子在当时所写的,它十分清楚地记载了孙膑在桂陵之战中生擒庞涓的事。在桂陵之战中齐军已经俘虏了庞涓,他怎么还能在马陵之战中再指挥魏军作战呢?如果说庞涓在桂陵之战时已经中了孙膑伏兵狙击之计,他怎么会不吸取教训,还在马陵之战时再次受骗呢?

《战国策·魏二·齐魏战于马陵》章记载:"齐魏在马陵战斗,齐军大胜,杀了魏太子申,使魏国十万兵卒覆没。"同一章又写齐张丑说:"今天战胜魏国,使魏十万大军覆灭,生擒太子申。"这里所记录的马陵之战,并没有说庞涓是魏军的指挥,也没有说他最后怎么样,这次战役庞涓好像并未参加。《战国策·宋卫·魏太子自将过宋外黄》章述:"魏太子自将,过宋外黄",外黄徐子对太子说:"现在太子自己将攻打齐国,大胜并莒,富强不过是有魏,而贵不益为王,若输了,则魏国将灭亡。"太子一直没有决断,只好勉强上阵,与齐人大战而死,魏灭。这段记载又告诉我们马陵之战中没有魏将庞涓,而是魏太子攻齐之事。《战国策·齐一·田忌为齐将》章说:"齐得田忌,系梁太子申,生擒庞涓。"《孙膑兵法·陈忌问垒》篇记孙子说:"用此者,所以应猝窘处隘塞在地之中也,是吾所以取庞……而擒太子申也。"这两条记载,都是针对桂陵、马陵两次战役所说的,叙述了齐将田忌和军师孙膑足智多谋而取得战果。而司马迁未经调查,造成了庞涓被活捉却又在马陵之战时任将出征,以及被孙膑两次用计一举击破的错误。故台湾学者徐培根、魏汝霖在《孙膑兵法注释》中认为:"马陵之战指挥魏军的首领当为太子申,而不是庞涓。"千古之谜得以解开。

不过,司马迁在《史记》中多次提到马陵之战时的魏将是庞涓。如《魏世家》述,当时魏国任庞涓为将,太子申为上将军。结果,魏在马陵失利,齐国擒住太子申,杀了庞涓。《田敬仲完世家》又说,这次战役齐国救韩,赵来打击魏,使魏军大败于马陵,虏太子申,杀大将庞涓。《六国年表·魏》在马陵之战的当年就记载:"齐虏我太子申,杀将军庞涓。"司马迁在《孙子吴起列传》中,又把马陵之战写得极其生动,他一定有其他所指。

有的学者认为,桂陵之战,庞涓落入齐军之手,而后不久就被放出来了,又一次担任马陵之战中的魏将,和孙膑再次交战。有的学者还考证,据《水经·淮水注》引《竹书纪年》,在桂陵之战的第二年,魏惠王调用韩国军队,在襄陵打败了齐、宋、卫三国联盟之军,齐国见局势危急,就传楚将景舍在中间调和,也就在这个时候,庞涓被释放。

魏军将领庞涓是不是被俘而又释,是不是又再次东山再起,参加了马陵之战,这事并不确定,司马迁在《史记》中是否误解《国策》也并不知晓,真相有待进一步考证。

## 荆轲刺秦的真相

### 1.太子丹急于复仇

燕国太子丹在秦国做人质,秦王对他很无礼。太子丹心有不悦,于是请求秦王让他回燕国。秦王不答应,说只有乌鸦的脑袋变成白色,马的头上长出角,太子丹才能回到燕国。太子丹仰天叹息。不料,乌鸦的脑袋果然变成白色了,马的头上也长角了。秦王不敢食言,只好答应太子丹回燕。秦王在桥上设置机关,想置太子丹于死地。但是桥上的机关在太子丹过桥时失灵了。夜里,太子丹抵达关门,关门紧闭,他便学鸡叫,引得百鸡齐鸣。守关人以为天亮了,于是打开关门,太子丹因此得以逃离秦国。

回到燕国后,太子丹对秦国恨之入骨,想方设法报复秦国,他供养了很多勇士,敬若上宾。太子丹给他的老师鞠武写信说:"燕国荒僻,土地贫瘠。我无德无能,未曾有机

荆轲刺秦

会领受能人的教导、有识之士的治国良策,因而孤陋寡闻,还请老师指教。我曾听说,士可杀,不可辱。这难道是他们愿意死吗?不,是因为他们心中有信仰。现在,秦王违反了天理常情,如虎狼一样对待诸侯,他对我很无礼。一想到这些,我就恨入骨髓。我盘算以燕国的兵力,长期耗下去,我们肯定输。我想广招天下的勇士、国内的英雄,用国家的财产,奉养他们。这样,我们凭借一把剑的力量,就能抵挡秦国百万雄师。洗刷我万世的耻辱,也指日可待。否则,我活着没什么颜面,死也含恨于九泉。能担此大任的,在易水之北,不知道谁行?我给你写这封信,希望你慎重考虑这件事。"

鞠武回信说:"为图心情愉快,行为常常不妥当;为求心里高兴,品性会被破坏。现在太子您想洗刷耻辱、报仇雪恨,我自当冒死去做。但我认为凭侥幸成功、草率任性都不是聪明人所为;做事之前,一定要三思而行,有十全的把握才做,这样才不至于事后后悔,也不至于辱上加辱。太子您重视匹夫之勇,相信一剑之托,便能获得成功,我认为不当。我觉得与楚国采用合纵之计,联合赵国的

势力,与韩魏施行连衡之策才是最佳的选择。这样才有十足的把握攻破秦国。何况韩魏和秦国表面上关系亲密,实际很疏远。只要别国发兵攻打秦国,楚国就会响应,韩、魏一定跟从,秦国到时候便凶多吉少,这样一来,您不就洗刷耻辱了吗?我也卸下一副重担,请太子三思。"

太子丹读完鞠武的信,有些不快,便召见鞠武商量。鞠武说:"我认为如果采取我的计策,那么易水之北,秦国侵扰的祸患会永远断绝,周围诸侯一定有求于我们了。"太子丹说:"但是让我等那么长时间,实在难受。"鞠武说:"我为太子定的计划很周密,对付秦国,就应该逐步进行,不能够操之过急。现在我们联合楚、赵,与韩、魏结盟,虽然不能立竿见影,但成功的把握很大。我认为这样做最恰当。"太子丹拒不采纳鞠武的建议。鞠武说:"我已经无能为力了。我知道一个叫田光的人,他沉着冷静,头脑灵活。您可以问问他。"太子说:"好。"

田光觐见太子丹,太子丹退到台阶的一侧欢迎田光,表示对他的敬重。太子丹对田光说:"我的老师不因此地荒蛮,我又没有才能,还让您来我们这;而您也没有因此而嫌弃我和这座城市。我能侍候在您的身旁,亲眼看到您英俊的相貌,这实在是天意不让燕国灭亡,冥冥之中自有安排啊!"田光说:"从结发立身到现在,太子威名便如雷贯耳,我景仰太子的德行,请您赐教。"太子跪倒,用膝盖前行,痛哭流涕,说:"我在秦国做人质的时候,秦王待我粗暴无礼,为了报复秦国,我心急如焚;但是秦国兵强马壮,势力强大,燕国不是它的对手。我想采用合纵之策,又不愿等,常常茶饭不思,无法安睡。希望先生为我想个好办法。"田光说:"这是国家大事,我需要仔细考虑。"

太子丹安排田光住在上等宾馆,太子亲自送去一日三餐,慰问不断。三个月中,田光始终不谈论国事,太子感到很奇怪,便到田光的住舍,摒退左右的侍从,询问田光:"先生如此同情我,答应为我出谋划策,我愿洗耳恭听。如今已经三个月了,先生可有什么高见?"田光说:"我为了太子竭尽全力,就如同一匹好马,年轻时,可一日驰千里,等到衰老时,就今不如昔了。我现在就像一匹年老的好马,想为您献出良策,但您已不能用,真是心有余而力不足。我暗中观察了太子手下的食客,都派不上用场。夏扶、宋意、武阳虽是勇士,但发起怒来,脸色便有变化。我知道有一个叫荆轲的人，神勇异常，发怒时面不改色。此人博闻强记，身体强壮，性情刚烈，不拘小节。他志向高远，想成就大的功名，经常住在卫国。太子要成大事，非荆轲不可。"太子听事，再次跪拜，说："如果托先生的福，得以结交荆轲，那么燕国社稷便能长盛不衰，望先生能成全。"

太子丹亲自送田光前往卫国迎接荆轲。临行前，太子握住田光的手说："这是国家大事，千万要保守秘密。"田光笑着说："好。"

田光见到了荆轲，说："我虽然鄙陋无能，但仍把您推荐给太子。燕太子一心想和您结识，您一定要答应啊。"荆轲说："如果他是个正人君子，世间少有，我认为情意相投的话，上刀山下火海我也在所不惜；如果合不来，那么我什么也不愿意为他做，因此先生您的意见我愿意听。"田光对荆轲说："太子送我来的时候，叮嘱我'这是国家大事，千万要保守秘密'。这是开始怀疑我了啊，人生在世，被人怀疑，真是让我羞愧不已。"于是他当着荆轲的面，吞掉舌头自杀了。

### 2. 荆轲准备不足

荆轲抵达燕国，太子亲自为他驾车，并且空出左边的座位，荆轲丝毫没有推让。等到了太子的住所，屋里已经坐满宾客。荆轲说道："田光对太子仁义友爱的品格大加赞赏，称太子有旷世才能，品行极高。我离开卫国首都，历尽坎坷到达燕国，但一点也不觉得劳累，旅途漫长却觉得很近。现在，太子对我礼数周到，待我如同老友，所以我不再推让，因为您值得我信任！"太子问："田先生身体可好？"荆轲笑道："我临走时，他说太子曾告诫他要保守秘密，他认为男子汉活在世上被人怀疑，是奇耻大辱，便在我面前咬舌自尽了。"太子听后，大惊失色，哭泣不止，说道："我怎么会怀疑田光呢？如今先生自杀身死，我也一定被世人唾弃！"此后，太子丹再也提不起来兴致，怅然若失地招待荆轲喝酒。

酒喝到兴头的时候，夏扶问荆轲："听人说与不出名的人谈论作为是不值得的，马没有驾车的本事就不是一匹好马。您能否告诉我现在您远道而来，凭借什么助太子一臂之力呢？"荆轲说："士人有超凡的作为，对于一般的赞誉就不会在意；马有日行千里的本事，就不能驾车委屈自己。过去吕尚在渭水河畔垂钓的时候,地位何其低下,遇到文王得以提拔,成了周朝的军师;好马驾上盐车,地位不如劣马,但遇到伯乐,就可日行千里。"夏扶又问荆轲:"您将如何辅教太子?"荆轲说:"要让太子施恩于民众,往远的说,要让太子成就三王那样的功绩;往近的说,也要成就与五霸并列的功业,怎么样?"满座的宾客都称好,饮酒完毕,荆轲也没有醉倒。太子丹很满意,自认为得到荆轲,便可高枕无忧了。

后来几日,太子同荆轲在东宫一池边观赏景致。荆轲捡起瓦块打池里的乌龟,太子叫人捧来一盘黄金,供他往池里投,用尽了,再送上来一盘。荆轲直到觉得胳膊酸痛了才罢休。后来,荆轲和太子丹同乘一匹千里马,荆轲说:"听说千里马的肝脏味道很美。"太子丹二话没说,将马杀了,取出马肝送给荆轲吃。不久之后,樊於期将军因得罪了秦王,被秦王追捕,于是投奔燕太子,太子设宴热情款待他。席间,太子叫来一个擅长弹琴的美女。荆轲夸奖她的手漂亮,太子立刻把这个美女赏给他。荆轲说:"我只是喜欢她的手罢了。"太子就将美女的手砍断了,用玉盘盛上,捧给荆轲。见太子如此厚待自己,荆轲觉得自己应当有所回报,便问太子,他能做什么。太子用剑斩断了衣袖,将自己受辱的事告诉了荆轲,并请教荆轲该怎么办。荆轲说:"现在天下没有能与秦国匹敌的。太子丹用燕军攻打秦国就好比以卵击石。"太子说:"我正烦心这么长时间也想不出什么对策。"荆轲说:"现在有两样东西是秦王最想要的,一是樊於期,一是督亢,而这两样东西我们都能提供,这样我们就胜券在握了。"太子说:"如果对秦王进行报复的计划能成功,把整个燕国都献给樊将军,我也毫不心疼!只是樊将军因为身陷困境才投奔了我,我怎么忍心出卖他呢?"荆轲默默不语。又过了五个月,太子丹为防止荆轲反悔,便对荆轲说:"现在秦国已将赵国攻破,军队逼近燕国的边境,形势紧迫。您的计策该怎么实施呢?现在我先打发武阳前往,如何?"荆轲怒斥太子说:"不要派遣那有去无回没有出息的家伙!我没有动身,只是等待我的同伴而已。"

荆轲见太子对自己起疑,心中气愤,没等他的同伴到来,便暗中求见樊於期,对他说:"听说将军得罪了秦国,父母、妻子、孩子都被烧死,您的封地、财产都被秦王占为己有,我为将军深感痛心。洗刷您的耻辱,消除燕国的耻辱,将军有没有想法？"樊於期说道："我日夜冥思苦想，只是想不出报仇的办法，不知道您有什么高见？我愿听命于您。"荆轲说："现在我希望把您的头和燕国督亢的地图进献给秦国，秦王一定欣喜万分，这样就有可能召见我，到时候我就乘机左手抓住他的衣袖，右手执利刃直刺他的胸膛。燕国奇耻大辱就能昭雪，将军也可以报深仇大恨了。"樊於期站起身，扼腕道："这是我日夜盼望的，我同意。"于是他自刎而死。

太子听说樊於期自杀，亲自驾车火速赶到，趴在樊於期的尸体上嚎啕大哭，悲伤至极。但事已至此，他也只好把樊於期的脑袋装在盒子里封好，和燕国的督亢地图放在一起，作为献给秦国的礼物。太子丹派武阳陪同荆轲一起入秦，他们随便挑了个日子就出发了。

太子和他手下的谋士，在送荆轲时都身穿丧服。在易水旁边，荆轲站起祷告，唱道："风萧萧兮，易水寒，壮士一去兮，不复还。"高渐离击筑，宋意唱和。唱到音高声壮时，在场所有人都怒发冲冠。唱到声音低沉时，没有一个人不伤心落泪。然后，荆轲、武阳两人便头也不回地出发了。

### 3.秦王临危使诡计

荆轲、武阳二人向西行进入秦国境内，进入咸阳。秦国掌管王族版籍的官员蒙白对秦王说："燕国太子丹畏惧大王的威名，现在献出樊於期的脑袋和督亢的地图，表达想做北部蕃国臣民的一片诚心。"秦王果然很高兴，在百官和执戟卫士的护驾下召见燕国的使节。荆轲捧着樊於期的脑袋，武阳捧着地图走进大殿，两边钟鼓齐鸣。见此情形，武阳非常恐慌，立在那里不能移动，面如死灰，秦王起了疑心。荆轲回头看看武阳，上前谢罪说："他在北方荒僻之地长大，没有见识，希望大王能原谅他，让他能够在您面前完成使命。"秦王这才相信，说："你过来，把督亢地图送上来。"地图献上，秦王把地图翻完，露出来一把短剑。荆轲眼疾手快，左手抓住秦王的衣袖，右手握剑直刺秦王的胸膛，又命令秦王说："现在，燕王的母亲病了，给我的时间紧迫，你想活的话，就按我的计划做!"秦王说："我同意按你的计划去办! 我请求死前听听琴声。"他叫来美人弹琴，奏出琴声:"罗縠做的单衣,可以扯开撕裂;八尺高的屏风,可以跳起跨越;辘轳宝剑,可从背后拔出来。"荆轲没有领会其中的意思,秦王依琴声做,拔出背在身后的剑,割断衣袖,越过屏风就跑。荆轲拔出短剑掷向秦王,可惜只刺穿了秦王的耳朵,短剑刺入铜柱,迸出火花。秦王趁机转身扑向荆轲,砍断了他的双手。荆轲背靠铜柱大笑,两腿张开,蹲坐在地上,大声痛骂:"你这骗子,竟用这种诡计,燕国的仇没报,我对不起太子啊!"

至此,荆轲终于没能完成使命,秦国最终灭掉了燕国。

## 管仲为何被称为"世界官妓之父"

春秋初期,娼妓和妓院的产生成为中国妓女史上的一件大事。

最早设立妓院的是齐桓公,其目的有四:一是为了增加国家收入,清代褚人在《坚瓠续集》卷一记载:"管子治齐,置女闾七百,征其夜合之资,以充国用,此即教坊花粉钱之始也。"二是为了缓解及调和社会矛盾;三是招揽游士、网罗人才,当时诸侯争雄、群雄逐鹿,齐桓公为了能够称霸天下,借助美女来招引人才;四是供齐桓公淫乐。齐桓公是一个好色之徒,这在文献中有所记载:"好内,多内宠,如夫人者六人",但他好色无度,喜欢寻求刺激。

管仲

齐桓公和管仲设立市妓和妓院,对后世中国公共制度产生了非常深远的影响。在他们的影响下,春秋各国纷纷效仿,后世的封建统治者也乐此不疲,娼妓制度因而在随后几千年里获得合法地位,妇女的生命和尊严被"合理"地践踏,这恐怕是作为春秋时期的大政治家、思想家的管子始料不及的。

公元前685年,齐桓公登基,管仲为宰相。管仲在任期间,竭力协助齐桓公治理国家。实行了一系列改革。齐桓公重新划分行政区域,整顿吏治,严肃军队纪律,并调整编制;利用官府力量发展盐铁业,促进生产;统一管理货币,调整物价;通过"尊王攘夷"的口号,控制各诸侯国内政,抵御周边少数民族进军中原的企图。通过这些改革方案,齐桓公成为春秋时期的第一个霸王。

管仲在位时不但推行一系列改革措施,还设置"女闾"。管仲于公元前685年被封为"卿",死于公元前645年,因此设"女闾"制应该是在公元前685年至公元前645年之间,这比梭伦创立雅典国家妓院(公元前594年)至少还要早50年以上。因此有人说管仲是"世界官妓之父"。

当时妓女数量还是比较多的。据《周礼》中说"五家为比","五比为闾",一闾是25家,若管仲设女闾300,总数当为7500家;若设700,就有17500家之多。

"女闾"制开了国家经营娼妓业的先河。作为统治者的管仲,其实行女闾制最为重要的原因,恐怕是从中收取税收充作军费。

## 孔子真的是"野合"而生吗

中国封建社会绵延几千年,孔子作为儒家思想这种封建统治思想的创始人,受到历代统治者的加封,头衔众多,成为万世师表。可是,孔子的出生情况如何呢? 这个问题颇为引人注目。

关于孔子的出生情况,现在的史书多是一笔带过,含糊不清。例如,范文澜先生所著《中国通史》第一册就有这样的记载:"孔子名丘,字仲尼,鲁国曲阜人。先世是宋国贵族,曾祖父逃难到鲁国。父叔梁纥,曾做鲁陬邑宰。……孔子生于前552年,卒于前479年,年七十三岁。"其他的史书大致上也都是这样记载的,包括翦伯赞先生所著《中国史纲要》,有的史书则记载更少。综览各种史料,目前关于孔子出生的情况,学术界有以下三种观点:

第一,"野合"而生。司马迁《史记·孔子世家》记载说:"孔子生鲁昌平乡陬邑……伯夏生叔梁纥。纥与颜氏女野合而生孔子。"唐朝人认为,"野合"之所以成立,是因为孔子之父叔梁纥年老而母亲颜徵年少,两人结合不合礼仪。

司马贞《史记索隐》就说:"今此云野合者,盖谓梁纥老而徵在少,非当壮室初笄之礼,故云野合,谓不合礼仪。"

第二,祈祷而生。这种观点的神话色彩浓厚,说孔子的母亲在尼丘山和他父亲一起祈祷的,感受黑龙的精灵而怀上孔子。东汉郑玄《礼记·檀弓正义》引《论语撰考谶》说:"叔梁纥与徵在祷尼丘山,感黑龙之精以生仲尼。"显然,这种说法非常荒谬。

第三,梦生。这与上一种说法一样出于谶纬书中,带有明显的荒诞的迷信色彩。这是两汉今文经学家的政治观点使然,因为如果不在出生问题上故弄玄虚,使之与凡人不同,以尊其为神,孔子就不能成为"圣人"。《春秋演孔图》说:"孔子母徵在梦感黑帝而生,故曰玄圣。"又说:"孔子母颜氏徵在游大家之陂,睡梦感黑帝使请己,己佳,梦口语曰:'汝乳必于究桑之中。'"这种说法当然荒诞。在原始宗教的影响下,伟大人物的诞生若没有神灵附会于其中,反而会令人觉得奇怪。上述第二、第三种说法即为明证。

第四,私生子。蔡尚思等所著《孔子思想体系》一书提出此说。该书详细考证了作者历年积累的资料,认为颜氏既然长期向孔子隐瞒其父的事情,说明颜家必定远离孔家。再加上孔子自称"吾少也贱",这些无不证明颜氏家境贫寒,可能是奴隶或平民之女,与叔梁纥的身份截然不同。所以,该书认为,所谓"野合",实际上是老奴隶主梁纥在野外强暴颜氏而生孔子,即孔子是私生子。这一结论重新解释了《史记》等书中所述的"野合"。当然,认为孔子是私生子,不合乎其"圣人"身份。儒家鼻祖、至圣先师孔子怎么会是私生子?然而,事实才是最重要的。只有实事求是地恢复历史的本来面貌,才能推动历史科学的不断发展。

在中国文化史上有着重要地位的孔子,是中国古代伟大的思想家、教育家。尽管孔子的出生之谜尚未解开,但本着历史唯物主义原则进行科学研究的路线是不能动摇的。

## 秦相国范雎归隐之谜

公元前257年，秦军在邯郸城外与楚、魏、赵联军展开恶战。赵军里应外合，军民同仇敌忾，配合城外的魏、楚联军拼命向外冲杀。秦将郑安平投降，被长期包围的邯郸终于在坚持到最后一刻时转危为安，取得了抗秦的胜利。公元前256年，秦又继续向韩国开战，攻取阳城。这时秦国有王稽在河东防守。原来范雎入秦时，曾依赖王稽进见昭王，为报答王稽往日提拔之恩，范雎当权后就任命王稽当了河东守。但王稽并无统帅才能，而且是个软骨头，在河东与外国勾结，做了卖国贼。秦军在邯郸战败后不久，又在河东遭到魏、楚联军的打击，从此河东和太原郡都丢了。

秦国在邯郸和河东的失败，主要原因是用人不当。郑安平和王稽都是范雎引荐、任命的。按照秦国法令："任人而所任不善者，各以其罪罪之。"就是说推荐、任命的人要对被推荐、任命的人负责，万一被推荐、任命的人在工作中有过失，那么推荐、任命他的官吏，也要受到同样的处罚。根据这条法律，王稽投敌卖国，其罪应诛；郑安平降敌罪加一等。公兀前255年，王稽被诛。

一天，秦王在早朝上叹气，范雎说："我听说'主忧则臣辱，主辱则臣死。'今天大王如此叹气，由于我等职务的原因，不能为大王分忧，请处罚我吧！"秦王说："如果物品不充分，不可以应战。如今武安君被判死罪，而郑安平背叛我，外多强敌，国内又没有良将，所以我忧心啊。"范雎又惭愧又害怕，不敢应答就出去了。

当时有个燕地人叫蔡泽，知识渊博，善于言辞，自命不凡，乘车到处游说诸侯，没有人理解他。到了大梁，蔡泽身穿布衣，脚穿草鞋，去见范雎。范雎傲慢地坐着，蔡泽作长揖却不下跪。范雎也不叫他落座，大声骂他："外边传言，是你想要取代我做丞相吗？"蔡泽笔直地站立于一边说："正是！"范雎说："你有什么本事可以夺走我的位子？"蔡泽说："你的见识太过时了。四时的次序，成功者退，将来者进，你现在可以隐退了！"范雎说："我自己不退，谁能辞退我？"蔡泽说："人一生百体坚强，手足便利，聪明而且智慧高，对天下广施仁义道德，难道不是世人所敬慕的豪杰吗？"范雎回答："对。"蔡泽又说："既然已经功成天下，可以安享晚年了，把荣华富贵传给子孙后代，世世不替，与天地共存，这难道不是好事吗？"范雎说："好！"蔡泽说："就像秦有商君，越有大夫种，楚有吴起，事业成功了而自己却死了，你自己也想这样吗？"范雎心中暗想："这个人说话真厉害，咄咄相逼，若说不愿，就中了他的圈套了。"于是假装说："有什么不愿意的。公孙鞅事孝公，尽公无私，制定法令治理国家，秦获地千里；吴起效力楚悼王，废除亲贵的权势以养战士，南平吴、越，北抵三晋；大夫种效力越王，能转弱为强，兼并强大吴国，为其君报会稽之仇，虽然死得很惨，但是大夫杀身成仁，视死如归，功在当时，名垂后世，又有什么不可以呢？"此时范雎虽然嘴硬，却也坐不住了，站起身来听讲。蔡泽对答："国君圣明，臣子贤良，父慈子孝，这是家的福气。作为孝子，谁不愿有一个慈父？作为贤臣，谁不想有一个明君？比干因为忠诚而死，申生孝而国乱，身虽恶死，而无济于君父，为什么呢？君父不贤明也不仁慈。商君、吴起、大夫种也不幸而死，怎能用死来求得后世英名呢？比干被剖杀而微子远离了君王，召忽被刺死而管仲生，微子、管仲之名，为什么会在比干、召忽之下呢？故大丈夫处世，身名俱全者这是最好的，名可传而身死者，其次；只有名声受辱而身体还在，这才是最下等的。"这段话说得范雎胸中爽快，不知不觉离开席位，移步下堂，口中称赞："讲得好！"蔡泽又说："君以商君、吴起、大夫种杀身成仁为可愿也，然谁能比得上闳夭而事文王，比得上周公辅佐成王？"范雎说："商君等弗如。"蔡泽说："可是现在大王信任忠良，悖厚故旧，与秦孝公、楚悼王相比如何？"范雎想了一下说："我不知道。"蔡泽说："你自己觉得对国家有功，出谋献策总有胜算，可是谁能比得上商君、吴起、大夫种？"范雎又说："我不知道！"蔡泽说："今大王亲信功臣，不能同秦孝公、楚悼王、越王勾践相比，而你的功绩又不如商君、吴起、大夫种，可是你的俸禄过多，自己家里比他们三个都富有，如不思急流勇退，为自己着想，这三个人都不能躲过祸难，何况是你呢？翠鹄犀象，它们的本领高，本不至于会死，可是却死了，是因为受人诱惑啊。苏秦、智伯的智慧，本可以保护自己，可是他死了，由于贪图利益啊。你自从遇到秦王,位为上相,富贵已到极点了,恩怨都有了结果。可是还贪恋权势,进而不退,只怕要招来苏秦、智伯他们那样的灾祸。有句话说:'日中必移,月满必亏。'你为什么不趁此时归还相印,选个贤人而引荐他呢?所荐的是贤人,而荐贤人更加位重,你名义上是辞职,实则卸担。寻找山川的快乐,享乔松的寿命,子孙世世长期侍候,这是可以预计的,而你却要留在这不知深浅的祸水里?"范雎说:"先生自称雄辩有智,果然如此,雎怎敢不接受!"于是摆酒请上坐,用客礼招待他,把他留在宾馆,设酒食款待。第二天入朝,范雎奏秦王说:"有一客人从山东来,叫蔡泽,这人有王伯之才,通时达变,能够帮助秦国。臣所见的人很多,没有人比得上他。臣不敢埋没人才,把他荐给大王。"秦王召于小殿蔡泽见,询问他兼并六国的大计,蔡泽从容答对,深合秦王之意,即日拜为客卿。范雎以病为由请辞,归还相印,秦王不批准。范雎于是称病不起。于是秦王封蔡泽为丞相,取代范雎,秦王赐范雎食物,比平常更多。想劝帝,用以病为由请辞,于是范雎在应地隐居至死。

# 帝王之死

## 不听忠言,齐桓公被活活饿死

齐桓公之所以成为春秋五霸之一,得力于忠臣管夷吾的鼎力辅佐。齐桓公的惨死,又应该归罪于他用人失察。因晚年昏聩,用人不当,齐桓公最后竟落了个被活活饿死的悲惨下场!

### 1.任用管仲,称霸诸侯

春秋时齐国国君(公元前 685~前 643 年),姜姓,名小白。其兄齐襄公被杀后,由莒回国即位,任用管仲改革,选贤任能,加强武备,发展生产,号召"尊王攘

齐桓公雕像

夷",助燕败北戎,援救邢、卫,阻止狄族进攻中原,国力强盛。联合中原各国攻楚之盟国蔡,与楚在召陵(今河南郾城东北)会盟。又安定周朝王室内乱,多次会盟诸侯,成为春秋五霸之首。

齐襄公时,国政混乱。小白的师傅鲍叔牙预感齐国将发生大乱,就保护小白逃到莒国。襄公十二年(公元前686年),公孙无知杀齐襄公,自立为君。次年,雍林人杀无知。一时间齐国无君,一片混乱。小白和齐国正卿高傒从小相好,高傒一听说雍林人杀无知,就和国氏秘密召小白从莒国回来。鲁国听说无知被杀,也发兵送小白的哥哥公子纠回国,而派管仲带兵堵截住莒国到齐国的路,管仲一箭射中小白带钩。小白假装倒地而死,管仲派人回鲁国报捷。鲁国于是就慢慢地送公子纠回国,过了六天才到。这时小白已兼程赶回齐国,高傒立他为国君,是为桓公。

当时桓公被射中带钩,装死迷惑管仲,躲在帐篷车里日夜兼程赶回齐国,又有齐国贵族国、高两氏支持,成为国君。桓公发兵迎击鲁国,在干时(今桓台)大战。鲁军败走。鲍叔牙给鲁侯写了一封信,信中说:"公子纠是齐君的兄弟,不忍杀他。请鲁国自己杀他。公子纠的老师召忽、管仲是仇人,请鲁国把他们送来,剁成肉泥。如不从命,将要出兵讨伐鲁国。"鲁人害怕,杀公子纠,召忽自杀,管仲被囚禁。桓公要杀管仲,鲍叔牙劝说:"臣幸运地跟从了君上,君上现在成了国君。如果君上只想治理齐国,那么有叔牙和高傒就够了。如果君上想成就天下霸业，那么非管仲不可。管仲到哪个国家，哪个国家就能强盛，不可以失去他。"桓公听从他的建议，假装要杀仇人，把管仲接到齐国。桓公和管仲谈论霸王之术，大喜过望，以其为大夫，委以政事。

齐桓公任用管仲进行改革，改革之后，齐国国力大为增强，齐桓公开始走上称霸的道路。桓公三十五年(公元前651年)夏，桓公大会诸侯于葵丘。周襄王派宰孔赐桓公文武胙，彤弓矢，大路(诸侯朝服之车)，不要桓公下拜受赐。桓公想不拜，管仲说："不可。"于是桓公还是下拜收赐。这年秋天，又和诸侯会于葵丘，周派宰孔参加。齐桓公成为中原的霸主。桓公说："寡人向南打到召陵，望见熊山。北伐山戎、离枝、孤竹。西伐大夏，深入流沙之中。登上太行山，到卑耳山才返回。诸侯不要违背寡人。我三次联合诸侯出兵，六次和诸侯会盟，定襄王太子之位。说以前三王伟大，现在我和他们有什么两样吗？我想在泰山封禅。"管仲劝说，桓公不听。管仲又说，要得到远方的珍奇怪物才能封禅，桓公才不考虑这事。

齐桓公之所以成为春秋五霸之一，得力于忠臣管夷吾的鼎力辅佐；而齐桓公的惨死，又应该归罪于他用人失察。

管夷吾初任宰相时，上至皇亲贵戚，下至宫女太监，纷纷站出来说他的坏话，姜小白的回答是以后再有诋毁宰相者要严惩不贷，国事先向宰相汇报，然后才能向他报告，他自己称管夷吾为"仲父"，国人不可直呼宰相的名字，当面背后只能称宰相为管仲(管夷吾字"仲"，古时称字表示尊敬)。

于是管仲得以不受干扰地施展自己的聪明才智，使齐国成为春秋一霸。

齐桓公一生对管仲言听计从，唯独管仲临终的告诫没有听进去，并因此付出了饿死的代价。

### 2.宠信奸佞迎奉之人

晚年齐桓公信任竖刁、易牙、开方三个佞臣。竖刁又叫寺人貂，是齐国的一个宦官，他少年时就进入齐国宫廷，侍候齐桓公。易牙名巫，时称雍巫，字易牙，齐国雍邑(治所在今陕西凤翔南)人，他善御射，且精于烹调，在齐桓公宫廷侍

·先秦秘史·

图文珍藏版

御。开方是卫国人,后到齐国,任大夫之职。三人身份虽各不相同,但都得到齐桓公的宠爱和信任,显赫于宫廷内外,时称"三贵"。

他们是怎样博得齐桓公的宠信的呢?先说竖刁。竖刁天资机敏,极好察言观色,揣摩他人心理。他自行阉割来到宫中当了宦官,利用职事之便,时刻留心齐桓公的生活习惯和各种嗜好,事事迎合齐桓公的喜好,使齐桓公称心如意,渐渐地把他当成十分亲近的人。

在这方面。易牙的本事绝不在竖刁之下。易牙精于烹饪,善制美味佳肴,每天都能使齐桓公吃到可口的饭菜。他还千方百计地讨好齐桓公的爱姜长卫姬,使长卫姬在齐桓公面前多次赞扬他,因而得到齐桓公的信任。有一次,齐桓公开玩笑说他没吃过人肉,不知道人肉是什么滋味,易牙竟将自己三岁的儿子杀了,做成蒸肉给他吃。齐桓公得知那香喷喷的蒸肉真的是人肉以后,开始觉得很恶心,后又觉得易牙忠心可嘉,于是对他非常信任。

开方也是善于迎合的佞臣。他看到齐桓公贪恋女色,便向桓公举荐卫懿公的女儿,盛赞她们如何美丽,齐桓公被说得动了心,就向卫懿公请求让他的女儿入宫,先后把卫懿公的两个女儿纳为妾。开方荐美有功,也博得了齐桓公的好感。开方为了表明自己对齐桓公忠贞无二,尽职尽责,在齐桓公身边供职十五年,从未回故国卫国探视过自己的亲人。

竖刁、易牙、开方这三个奸佞就是这样在齐桓公身边站稳了脚跟,成为宠极一时的显贵。

三奸佞得宠以后,互相串通一气,在朝廷之中结党营私,为非作歹。他们先是在桓公面前搬弄是非,挑拨桓公与管仲的关系,继而又进行立储的阴谋活动。齐桓公有三位夫人:王姬、徐姬、蔡姬,都没生儿子。有六位庶夫人,各生一子。长卫姬生无诡(《左传》作"无亏"),小卫姬生惠公元,郑姬生孝公昭,葛嬴生昭公潘,密姬生懿公商人,宋华子生公子雍。齐桓公最初与管仲商议,想立孝公昭为太子,后因竖刁、易牙与长卫姬串通一气,向桓公鼓动和纠缠,于是让齐桓公改变了主意,答应立无诡为太子。竖刁等人想立无诡,动机是十分明显的:无诡是长卫姬所生,长卫姬与他们关系密切,立无诡可以控制国政。

### 3.不听贤相之言被饿死

对于竖刁等人的企图,相国管仲是看得清清楚楚的。他对齐桓公说,继承霸业,需有德才,公子无诡的德才远不及公子昭,劝桓公不要被竖刁等人的蛊惑贻误了齐国的未来。管仲的一片忠心,使桓公有所醒悟,同意了管仲的意见,确立了公子昭的太子地位。

齐桓公四十一年(公元前 645 年),曾在齐国进行了一系列政治、经济改革,帮助齐桓公首先成就霸业的一代贤相管仲得了重病。齐桓公前往探视,并问管仲身后谁可为相。管仲回答说:"没有比君王更了解他的臣子了。"桓公又逐一举竖刁、易牙、开方相问,管仲警告桓公:易牙、竖刁、卫开方三人乃刻毒小人,千万不可以靠近他们,一定要驱逐竖刁等三人出宫。

当时齐桓公还申辩说:"易牙曾把自己的亲生儿子烹为佳肴给我吃。爱我胜过爱自己的儿子。他的忠心还值得怀疑吗?"

管仲回答说:"人情至爱莫如亲子,连儿子都忍心杀掉,更何况君王你呢?"

齐桓公又为竖刁申辩:"竖刁为了能长期进宫侍候我,不惜阉割自己的阳物,爱我胜过爱自己的身体,这样的忠心还有水分吗?"

管仲回答说:"人情至重莫如自己的身体,连身体都可以伤残,君王又算什么?"

齐桓公又提及卫开方:"卫公子开方宁愿不当太子,去国千里跟随寡人,15年不回家,父母去世也不回国奔丧,爱寡人胜过爱父母,这才是真正的忠心。"

管仲说得更加透彻:"人情至亲莫如父母,父母尚且忍心抛弃,到时难道不会抛弃君王吗?卫国乃千乘之国,开方不惜丢弃千乘之位跟随你,说明他的欲望大于千乘之封,别忘了齐国可是三千乘的国家。此人千万不可任用,用必乱国。"

看来,竖刁、易牙、卫开方三个佞臣超乎常理的隐忍背后一定有天大的阴谋。

齐桓公再问:"这三个人跟随我很久.先前仲父为何不劝诫我?"

管仲："国王也是人,是人就有自己的嗜好,这三人能迎合你的嗜好,我先前不劝诫是为了让你快乐。有我在,这三人不敢胡作非为。譬如三人为洪水,我就是堤防,堤在洪水就不会泛滥成灾。现在堤防没有了,洪水就会泛滥为害,所以君王要远离他们。"

管仲的这番话使齐桓公觉得很有道理,所以,在管仲死后就将竖刁、易牙、开方免职并斥逐,而任命鲍叔牙为相。

但时过不久,齐桓公又怀念起竖刁等人来。没有了易牙,感到食物不再可口;竖刁离开了,觉得后宫不那么舒适可心;不见了开方,也觉得朝仪不那么整肃威严。长卫姬乘机鼓动齐桓公将三人召回,齐桓公也怀疑管仲的看法不妥当,于是又将三个奸佞官复原职。相国鲍叔牙对齐桓公的这一决定很不满,忧闷发病而死。鲍叔牙死后,三奸佞去了块心病,更加肆无忌惮。加之此时齐桓公已老,后宫中又有长卫姬的支持,他们再不把朝臣放在眼里,专权用事,为所欲为。

齐桓公四十三年(公元前643年)冬天,齐桓公卧病在床。竖刁、易牙、开方认为时机已到,便图谋作乱。他们假传齐桓公的话,不许任何人前来探视,只留公子无诡和长卫姬在宫中。过了三天,又将侍候齐桓公的宫人全部逐出,并用高墙堵塞了宫门,将齐桓公困了起来。宫女晏娥儿从宫墙的洞穴进入桓公的宫室,桓公说他要吃饭,晏娥儿说无法弄到,又要水喝,晏娥儿还是摇头。桓公问是何原因,晏娥儿告诉他,竖刁等人作乱,堵住了宫门,连大街上都十多天不见行人了。齐桓公感慨流涕地说:"管仲识见高远,真是圣人!我有何面目在九泉之下与他相见呢?"于是用衣襟蒙住脸,在饥饿和羞愤之中离开了人世。

在桓公病重时,他的几个儿子各树朋党,互相残杀,争夺君位。桓公死在空宫中,无人过问,连尸体也没装入棺材,"尸在床上六十七日,尸虫出于户"(《史记·齐太公世家》)。一个"九合诸侯,一匡天下"的著名政治家,因晚年昏聩,用人不当,竟落了个如此悲惨的下场!

而在此期间,阴谋家竖刁等人则加快了立储夺权的步伐。十二月乙亥(公元前643年11月11日),他们拥立公子无诡继承君位,然后才为桓公收尸,装棺下葬。

## 言而无信，齐襄公被部将谋杀

齐襄公（？～公元前686年）春秋齐国第十四位国君，姓姜名诸儿。襄公荒淫无道，杀戮无辜，与其妹鲁桓公夫人通奸，又谋杀桓公，大失人心。公元前686年姜诸儿到郊外打猎，当晚大将连称发动兵变，姜诸儿被逮，为公孙无知、连称、管至父等人所杀。

### 1.言而无信，激怒部将

公元前689年（周庄王八年）冬，齐襄公和宋、鲁、陈、蔡四国诸侯联合起来围攻卫国，卫国国君黔牟向他岳父周庄王求救。第二年，庄王派兵救卫，大败，黔牟侥幸逃脱。此后，齐襄公怕周王再来攻打，便以大夫连称为大将，管至父为副将，到边城葵丘（今山东临淄县西）戍守。此时正值七月瓜熟时节，齐襄公向二将许诺："你们在那里戍守一年，到明年瓜熟的时候就把你们换防撤回来。"二将信以为真，二话没说地到葵丘戍守去了。

光阴似箭，转眼间，一年时间过了。当戍卒向二将进瓜尝鲜时，他们忽然想起了齐襄公的瓜熟之约，就商议道："现在瓜已再熟，换防时间已到，主公仍然没有派人前来，我们何不前去问个明白？"计议已定，便派一名心腹前往国都临淄去探听消息。心腹回来报告：国君不在都城，正与其妹文姜在穀城玩乐，已经去一个多月了。连称闻听大怒说："无道昏君，不顾伦理，与妹淫乐，我一定要杀了他！"管至父劝阻道："将军千万不要莽撞行事，'及瓜而代'是主公许诺的，或许是他忘记了。不如前去请求换防，主公如不允许，将失信于军中，怨怒必生，到那时再动手不迟。"连称认为管至父说得很有道理，派人向齐襄公提出了换防请求。齐襄公是个言而无信的人，齐大夫鲍叔牙曾断言"君使民慢，乱将作矣"。当二将的使者说明来意后，齐襄公竟勃然大怒，说："轮流戍守须由国君定夺，当臣子的怎么能够主动请求？回去转告你们将军，让他再等一年，明年瓜熟时再说!"

连称无法忍耐了,决心兴兵杀往临淄,并请管至父相助。管至父是个稳健多谋的人,尽管他也深深地怨恨着国君,但他不主张贸然行动。他认真地思忖一番,献计道:"要举事必须有个名目,寻找有利时机,并且应该争取多方配合,否则,以我们这点兵力很难取胜。公孙无知与主公之间结怨很深,如果和他取得联系,里外配合,定能取胜。"

连称赞许地点点头。这位公孙无知是齐襄公之父僖公禄父的同母弟夷仲年的儿子。公元前699年(僖公三十二年),夷仲年死了,僖公特别疼爱公孙无知,让他和自己的儿子、太子诸儿(即后来的齐襄公)享受同样的待遇,诸儿很不满意父亲的做法,认为公孙无知根本不能和他相提并论。所以,在他于僖公三十三年(公元前698年)即位之后,立即将公孙无知的俸禄减少了一半,致使二人的矛盾进一步加深。管至父敏锐地察觉到公孙无知与齐襄公的矛盾,并断定其人可用,使连称顿开茅塞。也许是受了管至父的启发,连称也想到一条"内线",即在宫中为妃的堂妹连妃。连妃虽入宫已久,但一直不得宠,对齐襄公有很深的怨恨。连称决定,在密通无知的同时,给堂妹捎去信息,让她注意齐襄公的行止,及时报告,并许诺事成之后,让她做新君主公孙无知的夫人。

接下来便是寻找时机问题。管至父认为,齐襄公喜欢打猎,若在他离开宫廷外出打猎时乘虚而入,必能获胜。连称听了之后,连声叫好,于是,他们一面不动声色地继续在葵丘戍守,一面静待机会的到来。

### 2.二将起兵,谋杀襄公

这年冬天,连称接到连妃的报告,齐襄公离开了都城临淄,到贝丘(今山东省博兴县南)去打猎,随从只有幸臣孟阳徒人、费、力士石之纷、如等数人。连称、管至父认为机不可失,马上密传号令,整集人马,进围贝丘。葵丘的戍卒们长时间戍守边疆,备受艰辛。思乡心切,无不踊跃响应。

对于这一切,自以为是的齐襄公全然不知。他只顾纵放鹰犬,合围射猎,乐而忘归。他令人在林中放起了火,以迫使野兽跑出,供其射杀。突然,一头大野猪迎面奔出,把齐襄公吓了一跳,还未来得及张弓搭箭,自己却从车上跌落下来,左脚被摔伤,鞋也摔掉了。侍卫们也慌了,竟让那野猪在眼皮底下跑了。侍卫们都说遇见了鬼怪,那野猪很像是死去的彭生,这使齐襄公更是惊恐万分。原来,齐襄公当太子时便和他的妹妹文姜通奸,后来,文姜嫁给了鲁国国君鲁桓公。公元前694年(齐襄公四年)的一天,鲁桓公和文姜一起来到齐国,齐襄公仍与文姜重叙旧情。鲁桓公愤怒地斥责文姜淫荡乱伦的丑行,文姜把这一切告诉了齐襄公。齐襄公恼羞成怒,趁鲁桓公酒醉,命力士彭生将其杀死,后又杀人灭口,以彭生的头颅向鲁国谢罪。齐襄公心里有鬼,所以听到彭生现形不免大为惊骇。但是昏庸的齐襄公却把失仪的罪过推到主管鞋的宦者费身上,认为鞋掉了是费失职,回到贝丘离宫后,将费鞭笞三百。

当费脊背带血走出宫时,正遇上公孙无知和连称、管至父率兵前来,他们得知齐襄公行猎受伤,便部署攻袭离宫,并请费协助,把他放回宫中。

费虽然无辜遭到齐襄公的痛打,但对齐襄公却是一片忠心的。他进宫后,把连称反叛的消息告诉了齐襄公,并将齐襄公藏了起来。齐襄公的侍者孟阳还伪装成襄公,躺在床上,费则带着背伤与石之纷出来抵抗连称军。但是,他们的力量太弱了,刚一交手,便被连称军战败,费与石之纷皆战死。随后,连称等人杀进宫中,一见国君的床榻上躺着一个人,手起剑落,将其杀死。等仔细一看,死者相貌不对,便在房中仔细搜索起来,忽见门后露出一只脚,推开门一看,正是齐襄公。连称一把将他揪了出来,怒斥道:"你这昏君,连年用兵,黩武殃民,即是不仁;背父之命,疏远公孙无知,即是不孝;兄妹宣淫,公行无忌,即是无礼;不念将卒远戍之苦,瓜期不代,即是无信。四德皆失,何以为君?我今日杀了你,正是为国除害,为鲁桓公报仇!"齐襄公无言以对,浑身颤抖,面如死灰,正要跪地求饶,却被连称的利剑刺穿了前胸。

连称、管至父杀死了齐襄公以后,拥立公孙无知为国君,连妃为夫人,连称为正卿,管至父为亚卿。至此,由两名戍边将领发动、以公孙无知为内应的宫廷政变获得了成功,言行无常的齐襄公终于应验了鲍叔牙的话,"身死权移"。但新君主公孙无知的地位并不稳固,仅仅在两三个月以后,公孙无知前往葵丘游历,便被葵丘大夫雍廪杀死。

## 结怨臣下,齐懿公暴尸竹林

齐懿公靠收买人心弑君夺权,显然是因为他认识到民心向背的重要。但是,等到他夺得君位以后,却骄奢淫逸起来,可悲地失去了民心,与臣下结下了仇怨,进而使夺得的君权复又丧失,自己也落了个死无葬身之地的下场。

### 1.玩弄手腕,弑侄夺位

齐孝公昭是在公元前632年(周襄王二十年)六月死去的。他的弟弟公子潘依靠卫公子开方杀死孝公之子夺得了君位,是为齐昭公。齐昭公在位二十年,公元前613年(周顷王六年)夏死去,他和叔姬所生的儿子舍继立为君。但新君舍和生母叔姬没有权威和声望,致使原先争夺君位而未得的齐桓公的另一个儿子、齐昭公潘的弟弟公子商人又蠢蠢欲动,开始了争夺君权的阴谋活动。

公子商人鉴于新君舍和其母叔姬缺少拥护者的情况,采取相应的对策是"阴交贤士,附爱百姓"(《史记·齐太公世家》)。他暗中广施财货,收买人心,网罗党羽,扩大自己的力量,借以孤立新君舍母子。为此,他几乎是不惜代价。自家的财物用尽了,又从公家主管财货者手中暂借。朝中许多官员竟然被他买通,甘愿亲附于他,而对于新君舍渐渐地不放在心上了。公子商人见时机已经成熟,便于公元前613年的秋天杀死了他的侄子新君舍。

公子商人是惯于玩弄两面手法的。弑新君舍后,公子商人又假惺惺地让有声誉的公子元做国君。公子元唯恐步新君舍的后尘,不敢答应,公子商人便做了齐君,即历史上的齐懿公。

### 2.骄横无道,遇刺抛尸

当初齐懿公商人做公子的时候,曾与丙戎(《左传》作邴歜)之父一起出猎,因争夺猎物发生争执,他未能争到手。当上国君以后,他念念不忘此仇,但丙戎的父亲已死,他便掘开丙戎父亲的坟墓,"断丙戎父足"(《史记·齐太公世家》)。此时丙戎也在旁边,懿公问他:"你父亲的罪该当断足吗?你怨恨我吗?"丙戎知道懿公心胸狭窄,性情残暴,只好忍气吞声地说:"臣父活着的时候能够免获死罪,已属望外,大王加刑于朽骨,臣哪敢怨恨?"齐懿公听罢,得意地笑了。当即,令丙戎留在自己的身边,为他驾车。

齐懿公还贪恋美色,他派人在全国购求美女,供自己享乐。大夫庸职(《左传》作阎职)的妻子很美,齐懿公见了,便将她纳入后宫,霸占为己有,并对庸职说:"寡人欲将你妻留在宫中,你可另娶。"庸职敢怒不敢言。懿公又"使职骖乘"(《左传·文公十八年》)。骖乘即陪乘,乘车时在主人右边侍奉。

齐懿公的骄横无道,使丙戎和庸职积怨于胸中。公元前609年(齐懿公四年)五月九日,齐懿公到都城外申池(今山东临淄西)游玩,令丙戎和庸职随行,丙戎驾车,庸职为"骖乘"。申池的水很清,池旁有一片竹林,是避暑的好地方。他们来到之后,齐懿公先令置酒,酒醉后在竹林中仰卧休息。丙戎和庸职无事可做,便在池中野浴。丙戎对懿公怀恨已久,经常想着怎样杀死昏君,为父报仇,只无奈势单力薄,无人相助,只好将怨恨压在心里。今日与庸职同浴,忽然想到,庸职也有夺妻之怨,何不与他携手?但丙戎不便直接开口,故意采取激将之法,用驾车击马的竹鞭往庸职头上打去。庸职大怒道:"你怎么欺侮我?"丙戎带笑说:"别人夺了你的妻子你都不发怒,我打你一下又有什么了不起,你就不能忍吗?"庸职道:"失掉妻子虽是我的耻辱,但和你父亲尸体被砍断了脚相比,有什么区别?你的耻辱能忍受,却来责备我,亏得你说得出口!"两人你一言我一语,由互揭疮疤,煽动起对齐懿公的共同仇恨,表明了未忘复仇的心志。

丙戎对庸职说:"现在凶人正醉卧竹林中,随从只有我们两个,这是上天给了我们报仇的机会,决不可错过!"庸职点头应诺。于是二人上岸穿衣,同入竹林中,借给齐懿公送汤水的机会,一人捏住他的脖子,一人挺剑而刺,将齐懿公杀死,尸体扔在竹林里。

因齐懿公早已失去人心,所以二人无所畏惧,从容地返回都城,祭告祖庙后携家眷财物逃到楚国。齐国人废懿公之子而立公子元,是为惠公。

## 夺妻之恨，崔杼谋杀齐庄公

齐庄公名光，是齐灵公的太子，后又被废而立公子牙。公元前554年(周灵王十八年)夏，齐灵公死，大夫崔杼重新将他扶为太子并继立为齐君，而将公子牙抓了起来。但是，齐庄公上台之后，不仅不感激崔杼，反而与崔杼的妻子勾搭成奸，崔杼一怒之下，设计将他杀死。

### 君主无道，淫臣娇妻惹仇怨

崔杼的妻子叫棠姜，是崔杼的家臣东郭偃的姐姐。棠姜原是齐国棠邑(今山东平度市东南)大夫棠公的妻子。棠公死时，崔杼让东郭偃为自己驾车前去吊唁棠公，"见棠姜而美之"(《左传·襄公二十五年》)，便让东郭偃设法为他娶过来，东郭偃犯了愁，说："自古以来，男女同姓不婚，主公是丁公之后，下臣是桓公的后代，同为姜姓。主公欲娶臣姐，恐怕不大合适吧!"崔杼令人占卜，太史说是吉卦，但陈文子却说是凶卦。崔杼为棠姜的美貌所吸引，坚持说："棠姜是寡妇，有何妨碍? 凶兆已被她的丈夫承担了!"于是便娶了棠姜。可没想到，这个美丽的妻子却招来国君的垂涎。

有一天，齐庄公到崔杼家中饮酒，崔杼让棠姜奉酒。棠姜的姿色使齐庄公为之倾倒，便重金贿赂东郭偃，让他从中牵线，与棠姜通奸。由于来往日多，渐被崔杼发觉，便盘问棠姜。棠姜隐瞒不过，红着脸说："是有这回事，他用国君的威势来逼我，我一个妇人，怎敢抗拒?"崔杼问："你为什么不告诉我?"棠姜道："妾自知有罪，不敢说。"崔杼沉默了一会儿，说："此事与你无关。"从此，崔杼便产生了要杀死齐庄公的念头。

公元前550年(齐庄公四年)秋，齐庄公率军讨伐晋国，崔杼想借机杀死他，但没有得手。崔杼并不甘心，极力寻找同谋者。恰在这时，齐庄公的侍者贾举因小过遭到齐庄公的鞭打，崔杼便设法亲近他，让他在宫中充当耳目。贾举欣然应允，"为崔杼间公以报怨"(《史记·齐太公世家》)。

### 引狼入套,好色之君终被杀

这年五月,莒国国君来朝见齐庄公,4 月 26 日,齐庄公在临淄城北设宴款待他,并召诸大夫作陪。崔杼推说有病,没有赴宴。齐庄公侍者贾举密报崔杼说:"主公等席散之后,前来探问相国病情。"崔杼笑道:"昏君哪里是要来看望我,是想做那种无耻之事罢了。"回头又对妻子说:"我今天决计杀死昏君,你若听从我的安排,我不张扬你的丑事,还将立你的儿子为嗣,否则,你母子别想活命!"棠姜哪敢不应? 连说:"妇人从夫,这是古理,我听你的就是了。"崔杼于是在内室埋伏下杀手,让东郭偃带甲士藏在大门之外,又派人密告贾举,让他见机行事。

齐庄公果然上当。4 月 27 日,齐庄公驱驾来崔府探病。入宅后不见崔杼本人,看门的人说,他病得很厉害,刚吃过药,正在外寝躺着。齐庄公心中暗喜,径直前往内室。贾举以恐怕惊动崔杼为由,把齐庄公的随从挡在门外,自己将中门关闭。看门人也同时关上大门,上了锁。庄公独留内室,见棠姜浓妆艳抹地走了出来,不禁心花怒放,刚要上前与她亲近,有婢女前来,说:"相国口渴,要喝蜜汤!"棠姜遂与婢女走出,进了外寝,和崔杼从侧门走了出去。

这时,内室中只剩下齐庄公一人。久等棠姜不至,自知中了圈套,不禁"拥柱而歌"(《史记·齐太公世家》),后悔起来。歌罢,忽听廊下有刀戟之声,庄公大惊,急呼侍者贾举,无人答应。庄公破门而出,登上一座楼台。此时,贾举已带伏兵向庄公杀来。庄公请求免他一死,兵士们不答应;请求与崔杼结盟和解,仍不答应;又请求到祖庙自杀,还是不答应。庄公的缓兵之计毫无作用,兵士们一边逼近他,一边大喊:"你的臣子崔杼病重,不能出面亲听你的命令。我们只知道奉命捉拿淫贼,不知道还有其他命令!"庄公被逼无奈,便从楼窗中跳出,登上花台,打算跳墙逃走。兵士们引弓便射,庄公的大腿上中了一箭,跌落在墙内,众兵士一拥而上,将他杀死,随从庄公的几个力士也被杀死。

齐庄公死后,崔杼等人拥立齐庄公的异母弟杵臼为君,即齐景公。

## 欺天无道,武乙遭雷劈身亡

武乙,康丁之子,商代第 28 王,相传是殷代后期有名的无道昏君。武乙荒唐狂傲,暴戾无道。臣民怨恨,但不敢表露。后来传说他到黄河渭水之间打猎,突然乌云密布,雷电交加,终遭暴雷震击而死。

### 1.武乙欺天

武乙,商代国王武丁(后被称为高宗)的孙子,庚丁的儿子,庚丁死后继位,在位 4 年。

武乙统治时期,商朝的国力已经逐渐衰微,周边的方国开始强大起来。而东夷的势力更是达到了商朝统治的中心——中原地区。据《后汉书·东夷传》载:武乙时,"东夷寖盛大,分迁淮岱,渐居中土。"武乙时,周王季历曾朝殷。这也反映了商周初期之间的交往情况。在对外交往和统治方面,武乙南北征伐。先是征伐旨方。旨方在殷的西部,势力比较强大,武乙在位时多次调动重兵加以征伐,参战军队常常在几千人以上。最后武乙征服了旨方,俘虏二千余人,多数作为奴隶。武乙还曾经出伐南方的归。他率兵征服了南方诸侯国归(今湖北秭归县境),屠杀了很多当地居民。

由于武乙处于商代开始走向衰亡的时代,政治观念和礼制方面开始有了很大变化,传统的天神观念也受到了极大的冲击,武乙自己也是其中的代表。

武乙在位时,巫教势力极大,经常假借天意钳制商王的行动,武乙便想方设法打击巫权。

群臣有谈及敬天勤民者,他哑然而笑道:"人民,是我的人民,他们都应该拥护爱戴我。生杀予夺的权力也在于我。你们说要尊敬天,我贵为天子,天下只有我一人为尊。我听说天上有神,但神不知道有多少,难道个个神都是天?我想,能超过我的不过只有一个玉皇大帝而已。"接着又说:"你们都说我应该敬天,天神一定是有灵有感的,手段也一定高过我。我与天神赌一把,让你们看看我的厉害。"

于是命匠人造了一个木偶人,身高 8 尺,抬来放在殿上,设下赌局。又叫内官捧过两个盘子来,命其中一个内臣代替天。武乙仰天说道:"你是天神,手段一定比我高。你如果赌赢了,是你这个天神高于我;如果你赌输了,就说明我比你强,你也必须听从我的号令。"

替天神赌的内臣自然不敢胜,结果武乙与那木偶天神博了几局自然是天神输了。

武乙令代天神赌博的内臣跪在阶下,道:"你是天神,毕竟有掀天的手段,如今竟然赛我不过,枉作天神。"于是喝令"推出去斩首。"内臣大呼:"我不是天神,是大王命我替他赌博,如何要杀我?"

武乙笑道:"你替他赌,你就同是天神一路人。天神保护你,你一定杀不死。"内臣又大声呼喊说:"世上哪有杀不死的人?"武乙不听,喝三四武士把那内臣推出朝门斩了。然后又问群臣:"你们都看见过天神吗?"群臣都低首不言。武乙说道:"这都是你们见天神没有取胜,又被我侮辱,不然,为什么满朝文武竟没有人答应?"

群臣还是低头不语,武乙命令武士每人赏他们一铜锤。群臣害怕了,一齐跪下,说:"大王您胜过天。"这才免遭一锤之苦。

不久,武乙又思量弄一巧手段瞒过群臣,以显示他的神通。他秘密命令一内臣在一个薄薄的皮囊里装满猪和羊的血,用两个白罗鹍风筝捆绑在皮囊的两边。风筝用两条白绢绳连接在高台上,将风筝乘风夹皮囊吹上空中。那白罗鹍风筝在空中与白云没有什么两样,从下面却看不见那只皮囊,看上去像个小皮球。

这天,武乙命令满朝文武大臣同他来到高台下,说:"我前天与天神赌博,天神没有胜过我,我杀的还只是替身内官,不稀罕。我今要射天,你们看怎么样?"群臣又低头不语。

武乙见群臣不言,大怒道:"你们分明是偏袒天! 我就射天两箭给你们看看。"于是望定皮囊连发三箭。箭箭穿破皮囊,只见空中有血滴下地来。武乙大声说道:"我的手段怎么样? 这天都被我射出血了。从古到今,有我这样威武的吗?"

群臣中也有一两个知道的,暗地叫声"欺天无道"。那不晓得内情的吓得遍身汗流。

武乙见群臣惊疑,怕看出他伎俩,即发驾回朝。道:"你们大家都是凡夫俗子,看不见天神。只有我才看得出,所以认定天神射天神。"

### 2.雷劈身亡

经过种种斗争,武乙终于使巫权、神权大为降落,王权大为上升。王权与神权二元分离,互相进行较量和斗争,是商朝的特点。从此,人类开始摆脱对虚无神力的恐惧和桎梏,走向成熟。王权的地位空前提升,人间造神运动蓬勃发展,把从前子契、商汤这些早期先王捧上了天,称之为"下帝",下帝当上帝的副官,后来干脆平起平坐,合为一体,商王的祖先就是上帝。从此以后,神权开始跌落,王权统治着上界和尘世。上帝的代言人神职人员也没了大树可以依靠,商王甚至经常烧了神职人员以求雨。神职人员从此大跌面子,权力衰微。甚至到了春秋时代,鲁国的僖公还要焚烧一个巫师和一个残疾人来祈求下雨呢。

武乙,这个敢于跟上帝叫板的中国商王,最后跑到陕西渭河流域打猎,结果一去不返,据说是被上帝的暴雷劈死了。这当然给那些迷信很深的神职人员提供了因果报应的证明。

其实武乙在历代商王中,敢于藐视天神,打破神权,加强王权,是个有所作为的人。当然,渭河流域是周人的活动区,武乙打猎死在那里,也不排除是周人行凶。有人考证,武乙的"打猎"就是征伐周人的代名词,在与周人的战斗中他不幸死掉了,为了避讳自己的失败,史官把武乙之死说为打猎中途出了意外。

## 识人不明,楚成王身死子手

楚成王熊氏,名恽,又名頵。春秋时楚国国君,公元前 671～前 626 年在位。

楚成王在位四十六年,颇有作为,使楚国在诸侯国中的地位和影响空前提高。但他在选择继承人的问题上思想不坚定,终于导致宫廷政变,最后死在了自己亲生儿子手上。

### 1.悔杀忠臣

按周公所定的"宗子维城"的世袭制,楚国的王位继承人应当是长子商臣。但楚国地处江南,风俗习惯与华夏不同,王位继承人经常是最小的儿子。中原各国把楚国视为异族,称其为荆蛮。为利于北上争夺霸主地位,楚成王有心改变以往的做法,在王位传承这个重大问题上,依照周礼,立长子商臣为王位继承人。这样,既可以表示自己尊周的诚意,也可以免去宫闱之争。但他又怕这种做法有违楚国的风俗习惯,引起人们的不满,所以一时拿不定主意。

年长的商臣和其他王弟相比,心计非常多。他经常拿珠玉环佩等小玩意儿送给成王身边的近臣来拉拢这帮人,以便知道宫内的消息。商臣见父王犹豫不决,唯恐别人得到嗣位,便加紧活动,多给近臣送东西,请他们在成王面前多为自己说好话,自己则借进宫请安的机会,在楚成王面前表现得十分勤勉恭谨。

楚成王满耳听到的是称赞商臣的美好话语,满眼看到的是商臣的谦谦有礼。终于下定了立商臣为太子的决心。他对令尹斗勃说:"商臣有祖宗遗风,必能承担大任,其年纪又长于诸子,寡人欲立商臣为太子,爱卿以为如何?"

商臣的举动,斗勃早已看得清清楚楚,见楚王征询自己的意见,便直言不讳地回答说:"大王年事不高,何必早立太子?即使要立太子,也不能立商臣。一来楚君嗣位,立少不立长,历代都是这样,大王不能坏了先祖的规矩;二来商臣之相,蜂目豺声,性情残忍,阴险狡诈。现在因为爱他便要立,以后心里厌烦便要废黜他,您这样做,必生祸乱。请大王三思而行!"

但是,楚成王不听斗勃劝谏,还是立商臣为太子,并安排潘崇做他的师傅,同日迁往东宫。

商臣听说斗勃反对立自己为太子,心中愤恨,伺机想除掉斗勃。

公元前627年(周襄王二十五年),一代霸主晋文公病逝。许、蔡两个中原姬姓诸侯国叛晋附楚。晋国新君晋襄公拜阳处父为大将,兴师讨伐。楚成王早有北进中原的雄心,认准这是一个好机会,便令斗勃为主将、成大心为副将,率楚军援救许、蔡。楚军日夜兼程,很快抵达泜水岸边。

两军隔泜水相持两个多月,眼看到了年底,晋军粮草将尽,士卒斗志松懈,阳处父不免暗暗着急起来。他想要退军,既怕被楚军窥破内情,乘势追击;又怕留下战场逃跑的坏名声,被世人耻笑;还担心本国朝野上下反对。思虑再三,阳处父终于想出了一个体面退军的办法。于是,他唤过使臣,密嘱几句,派其直接到楚军大营,传语道:"小臣奉鄙军主将之命,特来相告:两军如此相持,胜败终难分晓,白白耗费军资,对双方都没有好处。将军如果想决战,鄙军愿退回一舍(三十里)之地,让将军济水布阵,决一生死;如果将军不肯过河,那么就请后退一舍之地,让鄙军渡河南岸,再决胜败。鄙军主将驾马立车,专候将军之命。"

一听此言,斗勃拍案而起,愤然道:"晋师淹留在外,时日已久,师老兵疲,早已不堪一击,奈何不自量力,出此大言,欺我不能渡河吗?传令下去,秣马厉兵,且日饱食,渡河进击晋师!"

成大心连忙劝道:"晋人言退,分明不安好心。他们说是退兵一舍,实则是引诱我们上当。倘若他们乘我军渡河之时出击,我军则进退失据,必有败绩。与其中他人诱兵之计,不如我军暂退一舍,让晋人渡水决战。"

斗勃一听有理,便传令全军后退一舍,重新结寨,让晋军过河。

阳处父见楚军后退,遍告营中将士说:"楚将斗勃畏我强晋,不敢渡水决战,今已潜师遁逃。敌军已退,我军渡河无益,况且岁暮天寒,作战多有不利,不如归国养息,待天气转暖再举兵不迟。"将士们思乡心切,一听此言,无不欢呼雀跃,片刻的功夫,就收拾停当。于是,阳处父率军班师还晋。

楚军后退一舍等了两天,不见晋军动静,便派人侦察,才得知晋军早已撤离。斗勃只好下令班师还楚。

斗勃不战而归,北进中原的打算落了空,楚成王非常生气。商臣一看时机到了,便凑上前去说:"两军相持两月,斗勃迟迟不肯出击,最后避晋师而退,成全晋国霸名。听说是接受了阳处父的贿赂。他这样做,心中哪有父王您呢?"

楚成王听罢大怒，派人给斗勃送去一把剑，让他自杀。斗勃想要进宫申辩，在宫门口遭到商臣的阻挡。求见不得，斗勃不由仰天长叹："斗勃忠心，可昭日月，今日却不得见大王一面。太子怨我，皆由嗣位引起。其残忍本性，今日可见端倪。"说罢，拔剑自刎，死在商臣脚下。

成大心掩埋了斗勃的尸体，自穿囚服，闯进宫中，跪在楚成王面前，叩头啼哭，详细地汇报了出师还军的全过程。并说："根本没有贿赂之事，斗勃救蔡，有功无过。如果大王以为后退有罪，那是我建议的，应该治我的罪，与斗勃无关。"楚成王惊讶地说："斗勃为何不来辩解？可见他心中有鬼！"于是，成大心如实地汇报了宫门前发生的事情。楚成王听完赧然变色，顿足道："唉！太子误了寡人，寡人误了社稷。"从此以后，就开始怀疑商臣的用心。

### 2.打探虚实

斗勃蒙冤自杀这件事，给楚成王的心里罩上了一层阴影，于是对商臣处处留心。一天他看到一个近臣身上佩戴着自己赐给太子之物，觉得奇怪，便追问近臣此物何处得来，近臣言语吞吐。楚成王大怒，动刑追问。近臣抵赖不了，只好如实道出原委。楚成王恍然大悟，既痛悔斗勃之死，又后悔不听斗勃之言，遂疏远太子。后来又见少子王子职聪明，就想废商臣而立王子职。不过，这时他倒记起了斗勃评论商臣的话，担心废立会闹出骚乱，所以迟迟不敢有所举动。

正在这时，嫁到江国的胞妹芈氏回国探亲，居住宫中。楚成王便对江芈说出了自己的心事。江芈沉思道："废立乃是大事，不可轻举妄动，如果能找到商臣的过错再废掉他，王子职也就顺理成章地继承了王位。"成王觉得有理，便隐忍不发。

成王兄妹的谈话，不胫而走，早有人报告了商臣。君父的疏远，商臣已有察觉。听到传闻，商臣不免着急，便向师傅问计。潘崇道："我有一计，可以证实这种说法的真假。王妹江芈，性情急躁，遇事容易发火直言。太子为她设宴，故意前恭后倨，激怒江芈。人在发怒时，无所顾忌，言语之中，必有泄漏。"

商臣听罢大喜，决定依计行事。

这天,商臣摆下丰盛的宴席招待江芈。江芈受邀来到东宫,太子商臣远远出迎,恭请江芈堂上居中就座,亲自把盏替江芈祝寿。酒献三巡,菜过五味,江芈已喝得微醉,商臣渐渐露出怠慢的意思。他先是让庖人直接给江芈送菜,自己并不起身。后来又自行与行酒侍者窃窃私语。江芈很不高兴,连连发问,商臣充耳不闻,只顾自己寻欢作乐。江芈哪里受过这样的冷遇?顿时大怒,拍案而起,手指商臣斥责道:"如此无理,怎配做东宫太子?"

商臣答道:"我嗣君位,你能把我怎么样?"

江芈脸色微红,出口骂道:"不肖之子,满嘴狂言,怪不得大王欲废你而立王子职!"

商臣愣了愣神,假装谢罪,慢慢地站起,鼻孔朝天。

"不识好歹的东西,早该废了你……"江芈越发气愤,一边骂着,一边甩袖登车而去。

回到宫中,江芈怒气未消,径自去见楚成王,恨恨地说:"商臣无理无仪,粗鲁傲慢,担不起邦国大任,应该马上废掉!我看商臣面目凶恶,非善良之辈,拖得久了,会出现意外。"

楚成王点头道:"王妹所言极是。诗云:'人而无仪,不知其可也'。废掉商臣,这是最好的理由。明日早朝,寡人当晓谕众臣,付诸实行。"

江芈转怒为喜,起身告辞。楚成王叮嘱道:"云梦虞人进献一头野熊,我已令御庖烹调。王妹可于申时来宫,寡人已约王子职,同尝熊掌,共议大事。"

### 3.身死子手

激怒江芈,探得实信,商臣连忙去见师傅潘崇,询问自全之策。

潘崇问道:"太子能降价屈尊,北面侍奉王子职吗?"

商臣连连摇头:"以长事幼,我做不来。"

潘崇又问:"如果不能屈首事人,能不能逃到别的国家去呢?"

商臣道:"无缘无故,避难他国,徒取其辱。我不能这样做。"

潘崇摊开双手,无可奈何地说:"除此两条,别无自全之策。"

商臣撩袍跪倒,苦苦恳求。

潘崇皱着眉,缓缓地说:"良策嘛,倒有一条。只怕太子不忍下手……"说到这里,潘崇止住话头,狡黠的目光盯着商臣,沉吟不语。

商臣站起身来,语气狠狠地说道:"值此生死之际,还有什么不忍心的呢?"

潘崇靠近商臣,低语道:"欲掌王权,必行大事,今夜动手,稳操胜券。"

商臣会意。两人俯首帖耳,一阵密语。

冬日天短,未到申时,天已经完全黑下来了。商臣散布谣言说宫中有变,率军围住王宫。潘崇手持宝剑,率领几十名武士,奔入内寝,闯到楚成王面前。

刀戈剑矛,寒光闪闪,赳赳武士,杀气腾腾。左右近臣都被吓跑。楚成王看见对方来势汹汹,吃惊地站起身来,厉声喝道:"太子太傅,不居东宫,来此何干?寡人未有诏命,擅闯王宫,罪当处死!"

潘崇毫无惧色,依然举步向前,手弹剑刃,冷冷说道:"鹿死谁手,尚且不知,大王何必装腔作势!新君驾临,旧主也该逊位。"说罢,一挥手,满脸杀气的武士们立刻把楚成王团团围住了。

楚成王惶然四顾,身边近臣、卫士已无一人,顿时气馁,嗫嚅地说:"寡人上了年岁,操劳太累,愿出王宫,让位太子。"

潘崇答道:"一君死,一君立,一国岂有二主?君王不必出宫!"

楚成王悲戚的目光注视着商臣,见商臣无动于衷,又移向潘崇,软语相求:"寡人爱吃野味,已命御庖烹制熊掌,吃了熊掌,虽死无恨。"

潘崇厉声道:"熊掌难熟,大王打算拖延时间,等待外援吗?大王等得,我们可等不得。大王请自便,不要自讨苦吃!"说罢,结下商臣腰间束带,扔到楚成王脚边。

楚成王拾起束带,仰天大呼:"好斗勃!好斗勃!寡人悔不听忠言,自取其祸。今日死在逆子手中,有何面目见忠臣于地下!"说罢,将挽成活结的束带,套在自己的脖颈上。

潘崇喝令武士快些动手,两名武士拽起束带,片刻工夫,楚成王气绝身亡。

江芈入宫赴宴,望见楚成王直挺挺的尸体,顿时哭倒在地,悲咽地说:"王兄啊,王兄,是我害了你!"说着,抓起束带,自缢而死。王子职自然也不能幸免。

次日,商臣以楚成王暴疾身亡告谕群臣,自立为王。他就是楚穆王。

有趣的是,楚成王死后,却怎么也不肯闭上眼睛。原来,他对自己的谥号不满意。起先议定的谥号是"灵",这是一个"恶谥":"乱而不损曰灵"。子孙们见他"死不瞑目",没有办法,只好改谥为"成"。这是"美谥":"安民立政曰成"。楚成王这才满意地把眼睛闭上。

## 含辱饮恨,鲁桓公客死齐国

历史上因为知道夫人与邻国国君通奸而被杀的帝王却是凤毛麟角,毕竟帝王是万民之主,权威不言而喻,但就有这样一个冤死的帝王,死在奸夫淫妇的谋害下。这位帝王就是鲁桓公。这是一次奸情杀人和由异国插手导演的政变,主谋是齐国国君齐襄公,同谋是鲁桓公的夫人文姜。

### 1.不听劝阻,踏上不归路

齐襄公名诸儿,文姜是他的妹妹。这一对兄妹都是寡廉鲜耻之徒,他们不顾伦理纲常,竟然干起了通奸的事情,丑闻播于诸侯,招来不少议论。起初,文姜曾想嫁给郑国的太子,但郑太子听说文姜名声不好,婉言谢绝了。鲁桓公当上国君的第三年,有人向鲁桓公提起文姜,桓公贪恋她的美貌,娶她为夫人。三年后,文姜居然生下一子,生日与桓公相同,故取名"同",立为鲁太子。这以后,文姜的地位更高,也备受鲁桓公的宠爱。

公元前694年(鲁桓公十八年)四月,鲁桓公想带着他的夫人文姜到齐国去拜谒齐襄公,大臣们都不赞成,因为大家都知道文姜和齐襄公通奸的事,担心他们的国君遭到不测。大臣申缟劝阻说:"男各有妻,女各有夫,应界限谨严,不可轻易亵渎,这样才称得上有礼,若违反了必然坏事。望主公三思而行。"

申缟等人的劝说没能使鲁桓公改变主意。一则是考虑到齐、鲁两国的关系,二来是经不住文姜的一再催促。文姜总是缠磨桓公,说她离开故国已十多年了。她很想回去看看那里的亲人,她说得很恳切,鲁桓公不得不依她,遂带上随从数人,与文姜前往齐国。

齐襄公赶到泺(今济南趵突泉)与桓公相会,然后陪桓公与文姜到了齐都临淄。临淄自西周以来便是东方最大的商业中心都市。城中有户七万。人口三十余万,士、农、工、商、贾五民俱备。苏秦曾这样描述临淄的繁华:"车毂击,人肩摩,连衽成帷,举袂成幕,挥汗如雨,家给人足,志高气扬。"(《史记·苏秦列传》)鲁桓公来到之后,深为这种国富民殷的景象所吸引,也油然想到:齐国是东方大国,与齐交好,对鲁国有益无害。因此,他对齐襄公表现得十分亲热而友好,言谈之中表露出深厚的睦邻之情。

齐襄公对鲁桓公的接待是极为热情的。桓公下榻的客馆,陈设豪华,侍奉周到,美味佳肴,不厌其精。鲁桓公对此很满意,也很感激,但他万万没有想到,齐襄公将他安置好以后,又与文姜重温旧情,干起那种丑事来。

没有不透风的墙。鲁桓公得知以后,不禁怒火中烧,他感到受了莫大的侮辱!但他不便向齐襄公发作,只能将怒气发泄到文姜身上。他怒斥文姜的不贞,严厉地警告她不得一意孤行,否则将咎由自取。

### 2.奸夫淫妇设计暗杀

文姜哭了,哭得很伤心,表示决不再犯,请求桓公饶恕。但是,当一场风波刚刚平息,文姜又回到她的哥哥兼情人齐襄公的怀抱中。她向齐襄公哭诉.鲁桓公斥责了她,说不定回国以后会杀死她,请齐襄公帮她解除危难。齐襄公听闻,又羞又怒,愤愤地说:"我一定杀了他!"遂与文姜定下毒计,并很快付诸行动。

四月十四日,齐襄公在宫中设宴,特派内侍前往客馆,请鲁桓公赴宴。鲁桓公未生疑窦,欣然前往。酒宴十分丰盛,案上美酒飘香,案前歌舞助兴。齐襄公坐在鲁桓公旁边,频频敬酒,极尽热诚。齐国的歌舞是很有名的,临淄人多喜吹竽鼓瑟,弹琴击筑,堪称歌舞之乡。鲁桓公观着歌舞,饮着美酒,兴奋异常,加之齐襄公春风满面,笑语声声,鲁桓公更有些忘乎所以。他连连干杯,不觉酩酊大醉。这时，只见齐襄公向一力士使了个眼色，那力士会意，上前对鲁桓公说道："大王有些醉了，请让我搀扶你上车回客馆吧!"鲁桓公一边咕哝着说他没醉，一边又抓起了酒杯。那力士把他扶出宴会厅，连搀带拖地走近停在宫门口的车子。就在力士抱鲁桓公登车的一刹那，力士的双臂在桓公胸前用力一搂，桓公的肋骨顿时被折断了好几根。他一声惨叫，昏了过去，等到车子回到客馆，早已死在车中。

鲁桓公的死讯传到鲁国，国人大惊，特别是当初劝阻桓公不要去齐国的大臣们更是叹惜不已。鲁国人明明知道桓公之死是齐襄公所害，但因鲁国弱小，齐国强大，也不敢怎样，只是派人委婉责备齐国说："我们国君畏惧君王的威严，不敢安居，前往贵国重修旧好，仪礼完后却没有回国，又无处追究罪责，在诸侯中造成恶劣影响，请君王严惩凶手，以正视听，挽回影响。"齐襄公假作悲凄地对使者说："鲁君死于非命，实属不幸，寡人不胜哀痛。一定严惩凶手，为鲁君报仇!"

齐襄公于是以谋害鲁君的罪名杀死了那位力士。那力士叫公子彭生，生得身高体壮，力大无穷，平日深受齐襄公重用，是齐襄公的贴身侍卫。但现在，他却成了一只替罪羔羊，惨死在他为之卖命的国君之手。

齐襄公杀了彭生后，又派人向鲁国谢罪，此事便告完结。鲁国人立太子同为君，是为鲁庄公。

在这次事件中充当了不光彩角色的文姜起初不敢回鲁国，后来有时在齐，有时居鲁，与齐襄公一直维系着旧情，藕断丝连。

奸情杀人古来多有。但像这次事件这样，与宫廷斗争、邻国关系搅在一起的却属少见。

## 骄奢残暴，晋灵公被仇人袭杀

晋灵公是在赵盾和士会等大臣的支持和辅佐下登位并长大的，但骄奢残暴的晋灵公不仅不思感恩，反而对赵盾的忠诚劝谏心怀怨恨，多次谋杀赵盾，终于激怒赵盾的同族兄弟赵穿,设下圈套将其刺杀。

### 1.多次谋害忠臣

称霸诸侯的晋文公是在公元前628年(周襄王二十四年)死去的,其子骧继立,即晋襄公,在位七年,与秦穆公同时死去。晋襄公死后,执政的晋正卿赵盾和大夫贾季等都以太子夷皋年幼为由,主张废太子而立襄公兄弟为君。赵盾遣使入秦,迎公子雍;贾季遣人至陈,迎公子乐。赵盾派人在半路上杀死公子乐,贾季派人杀死公子雍的党徒阳处父,后逃往狄国。赵盾在争立新君的斗争中获胜后,便准备立公子雍。襄公夫人得知,抱着太子夷皋到朝堂上哭闹,赵盾无奈,只得改变主意,立夷皋为君,即晋灵公。这是公元前620年(周襄王三十二年)春天的事。

十四年后,晋灵公在赵盾和士会等大臣的辅佐下长大了。使赵盾失望的是,晋灵公并不是他们所期待的贤君。他把国家大事置之脑后,骄奢享乐,毫无君主威仪。他以重赋雕饰宫墙,又修建了一座名叫桃园的大花园,园中筑台,从高台上用弹丸打人取乐。有一次,赵盾和士会到宫中去见晋灵公,看到两宫女抬着一只畚箕,畚箕外面还露着一只血淋淋的手,经询问,才知道这是一个被杀的厨子的尸体。厨子因没有煮熟熊掌,惹怒了晋灵公,被残忍地杀死,尸体肢解为数段。

赵盾和士会在惊愕之余忧心如焚。他们苦口婆心地前去劝谏,希望晋灵公知错能改,继承文公的霸业。晋灵公口头上虽然答应了,但内心中深怀怨恨,竟在佞臣屠岸贾的怂恿下.两次想杀死赵盾。第一次是派刺客钮麑潜进赵盾宅中行刺,钮麑见赵盾天刚亮便已穿戴整齐,做好了上朝的准备,深为这位老臣的忠诚所感动,他不忍下手杀死赵盾,一头撞死在赵家宅院的老槐树上。第二次是假作请赵盾饮酒,想用伏兵将赵盾杀死,此事被赵盾的车右提弥明发觉,赶忙扶着赵盾下殿。此时,晋灵公又放出恶狗猛扑赵盾,诸卫士也蜂拥而上,提弥明奋力护主,血洒殿堂,多亏晋灵公卫士中有一个叫灵辄的人拼力相救,赵盾才保全了性命。灵辄入宫当卫士前穷困潦倒,是赵盾在他濒临饿死时帮助了他,在这个暗伏杀机的酒宴上,灵辄是在报答赵盾的恩德。

这次幸免于难以后,赵盾对晋灵公彻底失望了。虑及自身的安全,仓皇逃往国外。当他还未离开晋国边界的时候,忽然听到了一个使他大为震惊的消息:晋灵公被人杀死了!

### 2.堕入圈套被刺杀

这事是赵盾的同族兄弟赵穿干的。那天,赵穿打猎归来,在路上遇到了正在外逃的赵盾,赵穿得知缘由,十分气愤,一面劝赵盾不要离开晋国,一面思忖着对晋灵公进行报复。

赵穿采取的是设置圈套,诱其上当的"请君入瓮"之计。他首先去见晋灵公,说赵盾得罪了国君,赵家人也有罪过,请求晋灵公免去他的官职。赵穿是晋襄公的女婿,晋灵公的姐夫,晋灵公平日很看重他。今见赵穿要辞职,晋灵王马上阻止说,赵盾有罪决不牵连赵穿,让赵穿不必想得过多。赵穿趁势讨好灵公说,当君主的就应尽情享乐,不必顾及大臣们的劝谏。主公年富力强,何不搜罗些美人儿来侍候?这话正说到晋灵公的心坎上,他马上命令亲信屠岸贾出去广选美女。

赵穿支开了屠岸贾,又出主意说,桃园风景秀丽,是个玩乐的好地方,但守卫很差,为防意外,应精选侍卫兵卒进驻桃园。赵穿还主动从自己的手下选出二百名强壮的兵卒,供灵公差遣。晋灵公很满意,盛赞赵穿的忠诚。这天,晋灵公带着赵穿同去桃园,登上了桃园的高台。当他正得意地欣赏园中景色时,卫士们手持兵器将晋灵公团团围住,晋灵公还没弄清是怎么回事,已被利刃刺穿了胸膛。这一天是公元前607年(周匡王六年)9月26日。

赵穿杀死晋灵公可谓为国除害,晋国人拍手称快。赵盾闻讯从边境上回来重新执政,并派赵穿从成周迎入襄公的弟弟黑臀,立他为国君,是为晋成公。

## "粪"斗终身,死得最窝囊的帝王晋景公

在中国历代帝王中,晋景公姬孺要算得上是死的最窝囊的人了。梦里有厉

鬼缠他,醒来后巫师咒他,找个名医看病吧,又看得跟梦中的小鬼小妖说的一样;刚想吃口新麦,却突然控制不住要拉肚子,真是要多霉气有多霉气!但给后人留下千年笑柄的是:他去了一趟厕所,从此就再也没有回来,竟一头栽进粪坑里给淹死了!真是"窝囊死了"!

### 1.两个噩梦与一个预言

晋景公姬孺,是春秋时代晋国的一位君主,公元前599年至公元前582年在位。其父晋成公即位7年死后景公继位。晋景公曾攻败楚国,使楚庄王、楚共王霸业结束,晋景公亦曾攻败齐国。但晋景公昏庸无能,信佞臣,听谗言,无辜杀了忠臣赵盾的后代赵同、赵括全族。

景公杀害无辜3年后,梦见厉鬼,披发垂地,以手击胸,暴跳于地,身长高大,形状非常恐怖,厉声骂道:"无道昏君!我子孙何罪?你不仁不义,无辜枉杀,我已诉冤于上帝,请准来取你的命。"说罢直对景公掐攫过来,景公非常害怕,往内宫奔逃,大鬼毁坏大门和正门而入。景公害怕,躲入室内,大鬼又破门追入内室,景公极为惊恐,大喊大叫着惊醒过来,原来是一场噩梦,从此一病不起。当时桑田地方,有一位神巫,能占鬼神事,景公召请巫人(就是现在所说的算命先生))入宫,神巫所卜和景公的梦境完全相同,景公惊惧地问道:"这个鬼能不能制服?"巫人说:"这鬼是先世功臣,是有威德的大力鬼,又正值愤怒之时,制服不了。"景公说:"那么寡人的病体吉凶如何呢?"神巫说:"小人冒死直言,主公的病,恐怕不得吃新麦了。"当时屠岸贾在旁厉声呵斥巫人:"妖言惑乱国君,主公若能吃到新麦,你当死罪。"立即就把神巫轰出宫外。

神巫去后,景公的病,一天比一天沉重。有一大夫进奏说:"秦国有良医,是神医扁鹊的高徒,有起死回生的医术,叫医缓,现在是秦国的太医,若能请来,主公的病,一定有救。"景公准奏,于是派人往秦国求医。秦桓公听说景公的病情后,派遣良医高缓来晋给景公治病。

春秋时期,秦国文化、经济比较先进,医学也处于领先地位,有"秦多名医"之誉。医缓、医和就是其中的代表。

秦医还没有到，景公的病况就已经十分危险，又梦见疾病化为两个童子，其中一个童子说："高缓是良医，他来治病，对我们很不利，恐怕会伤害到我们，我们躲避到什么地方才安全呢？"另外一个童子回答说："我们躲避在景公的膏（心之下）肓（膈之上），即使良医来了，又能把我们怎样呢？"两个童子说完了话，就从景公鼻孔钻进去，景公惊醒，感觉胸膈间疼痛万分，坐卧不安。

**2.掉进粪坑里被淹死**

医缓来到晋国，详细诊察了晋景公的病情后说："这病已经不可治了，病在膏肓，不可用灸攻，用针也达不到，药力又不能到达，不可得治了。"景公叹道："唉！太医诊病和寡人梦境相符，真是良医啊！"

自从医缓为晋景公诊病之后，"病入膏肓"就成为典故流传下来。

公元前582年6月，新麦成熟，丙午这一天，景公忽然说想吃新麦，于是命令甸地方上的人献上，吩咐膳夫煮好麦粥。刚要吃，景公忽然想起巫人曾经说过的"主公的病，恐怕不得吃新麦了"，立刻召其入宫，指着麦粥对他说："你说寡人吃不到新麦，你看这不是新麦吗？"马上喝令左右推出斩首。杀死巫人后，景公正要端过麦粥来吃，突然觉得腹部膨胀要大便，急急起身上厕所。景公一去不返，左右侍从左等右等，新麦粥都凉了，还不见国君回来，咋回事呢？最终在厕所里发现了景公，原来他掉进了粪坑里，被淹死了。

## 恃勇斗狠，秦武王嬴荡举鼎丢命

秦武王嬴荡17岁即位，也算得上是一个年轻有为的帝王。但他有个最大的毛病就是仗着自己的力气大，总爱与人争强斗勇，凡是勇力过人者，他都提拔为将，置于身边。就是因为这个毛病，使他丢掉了自己的性命。在一次玩举鼎的游戏中，24岁的秦武王被千斤巨鼎压趴了身子，从此再也没有起来，年轻轻的君王就这么消失了！

**1.重武好战**

秦武王（？~公元前306年），秦惠文王之子。公元前310年，秦惠文王死，太子嬴荡即位，他就是秦武王。秦武王身高体壮，勇力超人，重武好战，常以斗力为乐。乌获和任鄙以勇猛力大闻名，秦武王就破例提拔为将，给予高秩厚禄。齐国人孟贲，力大无穷，陆行不怕虎狼，水行不避蛟龙，一人同时可制服两头野牛。听说秦武王重用天下勇士，孟贲西赴咸阳面见秦武王，被任用为将，与乌获、任鄙享受一样的待遇。

早在秦惠文王时，张仪就入秦献计：秦军东进中原，先取韩国军事重镇、周都洛阳的门户——宜阳，以宜阳为跳板，控制东西二周和周天子，以据有九鼎为象征，挟天子而令诸侯，建立中原霸主之业。由于当时秦惠文王为巩固后方而集中兵力灭蜀，暂把张仪之计搁置一旁。秦武王即位后，已经灭蜀，后方巩固，国力正盛，秦武王欲对外征伐，自然想起了张仪前言。他对右丞相樗里疾、左丞相甘茂说："寡人生在西戎，没有到过周都洛阳，不知中原怎样繁华。寡人渴望有一天，驾车进入周王畿游历，亲睹天子重器九鼎。若能如愿，死也心甘。不知二位，谁能为寡人伐宜阳，进中原？"樗里疾回答："韩国宜阳城坚兵精，路远道险，倘若魏、赵二国出兵救宜阳，秦军孤军深入险境，一旦失利，后果不堪设想。"

秦武王听了，很不高兴。这时，甘茂说："伐韩宜阳，必先破韩魏联盟。只要魏国助秦，赵国就不可能越魏救韩，韩被孤立，宜阳城就可能被秦军攻破。"秦武王大喜，即派甘茂出使魏国。甘茂以共享伐韩之利相引诱，与魏王建立了秦魏共伐韩国的联盟。甘茂怕秦武王在伐宜阳期间，听信樗里疾之言而变卦，特派副使向寿报告武王："魏王已经同意与秦国共伐韩国。虽然得到魏国支持，还是不伐宜阳为好。"武王听了，很不理解，亲自赶到息壤召见甘茂，问甘茂为何改变伐韩计划。甘茂说："宜阳城池坚固，兵精粮足。秦军冒千里之险攻宜阳，绝不是短时能够奏效的。如果攻宜阳时间延长，必然有人在大王面前诽谤，大王听信小人之言，臣攻宜阳不仅失败，还要身败名裂。"武王坚定地说："寡人不听小人之言，愿与你定息壤之盟，为你解后顾之忧。"于是君臣当面签订盟约。接着以甘茂为大将，领兵五万伐宜阳。甘茂攻宜阳，长达五个月，没有见效。这时，右丞相樗里疾对武王说："秦军攻打宜阳城已经五个月，精疲力尽，锐气大丧，再挺下去，恐怕形势要发生变化，不如班师为好。"武王听了，就派人召甘茂班师回朝。甘茂写信一封,让来人带给武王。武王拆信一看,只有"息壤"二字,恍然大悟。于是派出五万援兵,令乌获带领往助甘茂。甘茂得到生力军,兵力大增,遂以乌获为先锋,击退韩国援兵,攻陷了宜阳孤城,斩杀韩军七万人。韩国元气大丧。急忙向秦国求和。

### 2.举鼎伤命

秦武王帅气有力,性格内向,不善言语但喜欢跟人家比力气,见什么都不服,尤其看不得大玩意。23岁那年到洛阳,一看见大鼎就来劲了。听说姓孟的大力士能举起来,非说自己也能举起来。秦武王本人力大无穷,他手下还有三个大力士,叫作乌获、任鄙、孟贲在周天子的宫里,大力士孟贲指着"龙文赤鼎"说:"大王,这个鼎好,火红色的,上边是鎏金的龙纹。就是沉了点儿,自从铸造落成,从未移动过。您要不要试试?"

秦武王不言不语地把深衣下摆挽起来塞到腰间,低着头绕着鼎走了半圈,让人把杠子顺过来,横穿过两个鼎耳。孟贲说:"大王,我先来试试!呸!呸!"他往大手心中连吐两口唾沫,然后骑马蹲裆俯下身来,双手提拉杠子中央,狠狠喝叫一声"起!"鼎底真的松动了,慢慢被提拉起来了,轻微颤动着,底下悬着陈年的苔藓,离地约有半尺。孟贲咬牙切齿,试图再起,却难以提高一寸,只好原地放下。

秦武王示意撤掉木杠。下人赶紧把木杠撤掉,发现它已被压弯了,观者无不咋舌。秦武王虎步龙踞,弯腰分开两手紧紧攥住左右两只鼎耳,气运丹田,舌尖儿顶上牙膛,丹田一叫力:"给我!开——!"话声落地,大鼎已出现在秦武王头顶上方。观者山呼般地拍起巴掌来。突然间只见秦武王两眼忽然发直,嘴唇发紫,脸色苍白,目眦尽裂,双睛流血,虚汗盗出,小便失禁,俩手紧跟着就是一含糊。鼎"扑通"一声直坠下地,砸出一个坑。秦武王大叫:"啊呀!痛也——!"小腿被巨鼎压了个九十度折断,登时昏厥过去。

公元前307年,执政仅4年的秦武王就这样结束了他年轻的生命。

孟贲由于勾引皇上举鼎有罪,回去后就被全家问斩。

中国古代秘史

# 秦汉秘史

马昊宸⊙主编

线装書局

# 帝王秘事

## 秦始皇究竟是不是吕不韦的儿子

　　秦始皇嬴政的身世,几千年来,一直是个谜。其中,秦始皇是吕不韦的私生子的说法最为流行,这是因为《史记》《资治通鉴》等权威史书中都有类似的记述,《汉书》的作者班固则直接称秦始皇"吕政"。这一说法指出,卫国有一个富商吕不韦,善于经营又富有野心。有一天,他在赵国都城邯郸见到了秦国送往赵国的人质子楚,于是想方设法利用他。吕不韦先让安国君的爱妃华阳夫人为子楚争到皇太子的身份,接着又为他挑选一位绝色美人。这位美女本是吕不韦的爱妾,送给子楚时已怀孕。不久,这位美女就生了一个儿子,取名嬴政。安国君死后,子楚继承皇位。子楚死后,嬴政登基,嬴政就是秦始皇。但有人怀疑这种说法,明

吕不韦

代史学家王世贞认为,这是吕不韦为其取得的荣华富贵作的辩护,是自己编造出来的。中国科学院原院长、著名历史学家郭沫若则认为,这种说法从西汉初年才有,是吕后为夺取政权而让人编造、散布的,其目的是为了造成天下本是吕家的,现在被刘家夺去,理应由吕家再夺回来的假象。

　　对以上几种说法,哪种说法更为可信,至今无法确定,秦始皇的身世至今也

·秦汉秘史·

图文珍藏版

还充满谜团。

## 秦始皇为什么要"焚书坑儒"

秦始皇统一六国以后,就采取了一系列措施以加强中央集权。

完成了政治上的诸多加强控制的举措之后,秦始皇又开始了思想上的控制。因受到战国时期百家争鸣学术空气的影响,秦国初期,那些儒生们还保持着敢于直言、相互争鸣的学术传统。公元前213年,秦始皇在咸阳官为群臣及众多儒生大摆酒宴。在宴会上,围绕着是否实行分封制,众儒生与法家代表之间发生了激烈的争论。丞相王绾、博士生淳于越等人主张实行分封。而丞相李斯等则赞同郡县制,并责备淳于越等"不师今而学古","道古以害今"。这一点对秦始皇来说,感触最深。最后秦始皇支持李斯的观点,并采用、实施李斯的"焚书"建议,下令除了秦纪(秦国史书)、医药、卜

秦始皇

筮、农书以及国家博士所藏《诗》《书》、百家语以外,凡列国史籍、私人所藏的儒家作品、诸子百家著作和其他典籍,统统按时交官焚毁。同时,禁止谈及《诗》《书》,禁止"以古非今",违者定当严惩乃至定死罪。百姓如想学一些法令,可拜官吏为师。

就这样,不管是都城咸阳,还是边远乡村,到处弥漫着焚书的浓烟,大批文化古籍在无情的烈火中化为灰烬,中国文化史上第一次灭绝性的大浩劫从天而降。焚书不仅使许多先秦重要典籍遭到破坏,同时,也给春秋战国以来活跃的思想领域及理论探索者们以致命的打击,秦代学术自由探讨之路就这样被封闭

了，先秦诸子百家文化思想融合的进程也受到阻碍。

然而，焚书还没有完全结束，"坑儒"又随之而来。"坑儒"是由于方士侯生、卢生等讥讽始皇而后逃走所致的。秦始皇称帝以后，为求长生不老而迷恋仙道，不惜动用重金，先后派徐福、韩众、侯生、卢生等人寻求仙药。由于多方求仙药而没有结果，引起秦始皇的强烈不满，他的脾气也变得越来越使人无法忍受。有一次，始皇驾临梁山宫，从山上看到丞相李斯侍卫随从很多，很不高兴。他身边的人将这一信息暗示给了李斯，后来，李斯就减少了车骑。秦始皇知道后龙颜大怒，认为身边的人竟敢向外泄露他的言行，于是对身边的每个人都严加审讯，但没有一个人承认。秦始皇一怒之下就把这些人全部杀光以泄私愤。

侯生与卢生当初是秦始皇身边的方士，由于长期为始皇求仙人和仙药，但是始终没有找到，他们心急如焚，忐忑不安。依照秦国的法律，求不到仙药就会被处死。他们从博士们的前车之鉴，感受到自己的命运也将不济；从秦始皇的喜怒无常，感受到自己的末日也就要来临。他们深发感慨：像这样靠凶狠残暴而建立威势并且贪图权势的人，不值得给他求仙药。于是，侯生、卢生悄悄地远走他乡。

这件事使秦始皇十分恼怒，他暴跳如雷地说："我招揽了众多的文章博学之士和方术士，希望他们能够求得仙药，并谋求天下太平。韩众、徐福等人，我给予他们的优厚待遇，花费不计其数，但却始终没有得到仙药。侯生、卢生等人，我对待他们同样也很优厚，但他们不但没有求得仙药，反而还恶意诽谤我，不辞而别。这哪能让我不发怒！"于是他下令，对所有在咸阳的儒生进行审查讯问，欲查出造谣惑众的侯生、卢生两人。儒生们为保全自己的性命，只得相互告发，秦始皇最后把圈定的四百六十余人，都在咸阳挖坑活埋。长子扶苏劝谏道："天下刚刚安定下来，远方的黎民百姓还没有完全归顺依附。如今统统都要重刑处理，恐怕会引起天下百姓的不安，希望皇上慎重做出决定。"然而，此时的秦始皇，根本听不进别人的意见，他一气之下，竟把长子扶苏赶出京城咸阳，北去上郡临视蒙恬，驻守边疆去了。

从事情的表面情况来看，"焚书"起源于秦初"师今"与"师古"的争论，但就实际而言,它是秦始皇加强专制统治所不可缺少的手段之一。作为一个刚刚统一天下的帝国首领,他要统一意志、统一思想、统一行动。儒生们"百家争鸣"的学术争论和他的统治需要背道而驰,他自然是不能容忍的。顺我者昌,逆我者亡,是专制主义本身的性质,至高无上的皇权是不能够侵犯的。而"坑儒"则是"焚书"的继续。如果说焚书是由于秦始皇容不得政治思想上持不同意见者,那么,侯生、卢生等方士们没有求得仙药,而被秦始皇视为是直接的欺骗,这同样是专制皇权所致。为了能够控制人们的思想,专制皇权是不择手段的。

然而,对和自己思想不一致者的压制与消灭意见不统一者的肉体的行为,并没有阻止秦王朝走向灭亡,反而加快了它的灭亡。公元前 210 年秋,秦始皇在外出巡视的途中病逝于沙丘,次子胡亥伪造了遗诏而继位,是为秦二世。一年后,中国历史上第一次大规模的农民起义——陈胜、吴广起义便爆发了。随后,农民起义在全国各地连续发生,公元前 207 年农历十月,秦始皇病逝后仅仅三年的时间,秦王朝便在刘邦大军的反抗下,宣告灭亡。对此,唐代诗人章碣曾作诗云:"竹帛烟销帝业虚,关河空锁祖龙居。坑灰未冷山东乱,刘项原来不读书。"

秦始皇的"坑儒",特别是他所坑杀的人究竟是方士还是儒生,学术界各持己见。从分析"坑儒"事件的起因来看,秦始皇所坑杀的人应该是方士;而从长子扶苏的进谏"众儒生都学习孔子的学说"来看,秦始皇所坑杀的又好像是儒生。对此,顾颉刚先生认为,从秦开始,方士和儒生渐渐走到一起,特别是那些儒生们,看到秦始皇对仙道方术如此崇信,因此,他们在讨论政治制席时也借用邹衍的五德终始说来迎合他的意图,这样儒生便向方士慢慢靠拢;而方士们看到仅靠仙法道术不能完全满足秦始皇的需求,尤其在政治上不如儒生,便表现出崇尚儒学的样子。这样,一方面是儒生们尽量方士化,另一方面是方士为了政治权力也尽量儒生化。就此可以推断,秦始皇所坑杀的人中间,方士和儒生并存。

让人迷惑不解的是,如此大规模的坑杀方士儒生,其坑杀的地点在史籍中却没有详细的记载。据东汉卫宏在《诏定古文官书序》中记载,秦始皇在骊山温谷挖坑用以种瓜,以冬季瓜熟的奇异现象为由,诱惑博士诸生集于骊山下谷观看。当众儒生们争论不休、各持己见时,秦始皇趁机下令秘杀填土而埋之,七百多名儒生全部被活埋在山谷里。有人认为卫宏的这个记载与司马迁《史记·秦始皇本纪》所记载的是两次坑儒事件,有的人认为卫宏的记载只是一个传说罢了。总之,骊山温谷从此改名叫坑儒谷,汉代又把这里叫愍儒乡,有学者考察证明,地址是临潼区西十公里的洪庆堡,洪庆堡过去又叫灭文堡。

刘修明先生经过实地考察认为,坑儒谷应该是在据临潼西南五里处的一个狭长幽深的山谷里,此处"温泉水脉纵横,瓜果能不按季节而生"。山谷的两边都是高坡峻岭,只要投下黄土石块,把口堵住,进的人,别说是数百人,就是数千人也同样逃不出来,但这一切都缺乏明确的证据。因而真正的"坑儒"地点至今仍然是一个谜。

## 秦二世胡亥改诏杀兄揭秘

### 1.秦始皇巡途身亡

秦始皇现在威风四起,找回了以往的少壮气息。这一天,他带了人,去行将竣工的阿房宫巡视了一圈。皇宫的豪华宏伟,绝无仅有,勾起了他心中无限的畅想。当看到泾渭的水流缓缓流进了宫墙,独自漫步于这迷宫般曲折回转的地方时,他不觉迷失在其中:如果,将来住在这儿的嫔妃宫女一齐打开妆镜,那将是天上的繁星降落到了人间;她们洗剩下的脂粉,以及流出来的胭脂水,也会让渭河腻潮。要是宫中燃起椒兰香气,那将烟雾缭绕,宫廷内外香气满天。哦,这无疑是我大秦帝国强盛的体现,无疑是我秦始皇权力无边的象征。秦始皇回到咸阳宫后一直处于极度的亢奋之中。可是,他的亢奋还未过去,就听说在东郡从天上掉下一块大陨石,并且一落下就被人在上面刻上"秦始皇死而地分"的学样。他怒不可遏了,马上要御史亲自调查这件事情,抓住肇事者。但与那次遇刺一样,作案者不知去向。气急之下,他下令处死了所有在陨石附近住的人,又命人将这块陨石给焚毁了，然而这件事在他心头还是蒙上了一层阴影，那时是公元前211年，他觉得这个年头对他不大吉利，心中有一股不祥的预感，于是闷闷不乐。

到了秋天，秦始皇的使者从关东来到咸阳，夜经华阴平舒道时，突然被一个拿着玉璧的人截住，这人大叫："今年祖龙死！"使者本要问怎么回事，而那路人丢下玉璧就跑了。使者拿了玉璧奔赴咸阳，把玉璧献给秦始皇，并把经过告诉了他。秦始皇一看，原来这一块是他在第二次出游湘江之时，突然遇到风浪掉到江中的玉璧，默然良久，自我宽慰说："这没什么！"可他内心，感到了恐慌。大臣们知道这件事后，议论纷纷，都认为这祖是指人的祖先，龙是天子的象征，祖龙看来指的就是秦始皇。

这接二连三的不祥之兆，让秦始皇坐卧不安，感到非常晦气。他不得不召来了方士，算了一卦，结果是："晦星来临，是有不利；要想吉利，只有搬家，或者到处游玩。"

他是帝王，怎么能搬家呢？权宜之计，只好命令咸阳的三万户百姓搬迁到北河、榆中郡等地。可是，这能行吗？他还是不放心。到了第二年，也就是公元前210年，秦始皇又开始了第五次出游，他以为只有这样，才能躲避灾难。

这一次出游，他兴师动众，派右丞相去疾镇守咸阳，而让左丞相李斯、小儿子胡亥、中东府令赵高等陪同上路。

十月金秋，以皇家仪仗气势，秦始皇威风凛凛，于咸阳启程，出了武关，从丹江、汉水来到湖北云梦，又从长江到了虎丘山，吴王阖闾的墓地就在此地。他听说，当年吴王死后，陪葬了三千把宝剑，就命令手下开山取剑，然而把剑池翻遍了，三千宝剑却没有到手。秦始皇无可奈何，失望之极，也只有领着群臣向东进发，来到会稽。

秦始皇出游的显赫气派，引得当地老百姓前来观看，小项羽和叔父项梁也在观望的人群中，小项羽羡慕得忘乎所以，叫嚷起来："你可以夺取他的地位，去代替他啊！"项梁急忙掩住了项羽的嘴巴。亏得马车喧哗，离得稍远，因而秦始皇全然不觉，此时他在那里正不可一世地威风呢！

到了会稽，秦始皇祭了大禹，又登山望海，心胸不由为之一阔，但是，不知什么原因，他突然想起母亲和吕不韦以及缪毐之间见不得人的事来，哦，是因为此地民风淫乱才勾起对往事的回想的吗？他不能容忍这一切。在刻石以记功名的时候，他刻下了自己过去的宏伟业绩，同时也在上面刻上了"宣传教化习俗，黔首要整齐庄重"的训条，将女人的贞操，首次列入了国家的法令。秦始皇从会稽山下来，又沿着长江来到了琅琊。久违了，琅琊，他在心里呼唤着。他又想起了徐市，九年过去了，不知道徐市回来了没有？徐市已经回来了，听说他来到这里，就来找他了。徐市对他说："九年之中，我本来有好多次都能登上蓬莱仙岛的，但是由于海里的鲸鱼作怪，兴起风浪，几次都被阻断了去路，要不，早把仙药给弄回来了。假如陛下能够给我一支弓箭手部队，和我一起前往，杀死鲸鱼，弄回仙药是不成问题的。"秦始皇对徐市将信将疑，不过仍没有处死徐市，说："待朕考虑一下再说吧！"

就在当天晚上，秦始皇做了一个怪梦，梦见自己大战人形的海神。第二天，他找了个解梦博士为他解梦，博士说："一般是看不见真正的水神的，这肯定是大鱼龙在作怪，因此只有除掉这些恶神，才能引来真神！"这正应了徐市的话。秦始皇立即下令准备好弓箭手，出海来到芝罘半岛，果然出现了大鲸鱼。秦始皇一声令下，众卫士一齐发箭。大鲸鱼挣扎着，血水染红了海面，不一会儿，鱼肚子漂上来了。秦始皇杀死了鲸鱼，非常兴奋，马上返航找来徐市，叫他赶往蓬莱仙岛再去求仙药，得到后速回咸阳。徐市怕一人独行，有卢生、侯生两人，遂向秦始皇奏道："虽然神仙和凡人是很不同的，但是向他们索求东西与送礼这一道理是一样的，因此陛下应该给仙人们送些礼物才好啊！"秦始皇说："这个自然，但是不知道神仙们需要些什么东西。当地官府金玉珠宝，尽你挑选，你想要带什么去，就带什么去，只要你能够把长生不老的仙药带回来就可以了。"

徐市说："我见那蓬莱仙岛，黄金白银如同粪土，珍珠美玉好似瓦砾，神仙们自不稀罕。但是这仙岛上由于没有什么人，神仙们也大多数是上了年纪的人了，很少有青年男女一辈的人。有一位神仙向我流露过这样的意思，说他们是极喜欢小孩子的。如果能在人间有一些聪明伶俐的少年男女们去当他们的弟子,那是他们求之不得的事情啊!"

秦始皇说:"我大秦国地广人多,物产丰富,想要少男少女多得是,这倒不是难办的事情。送他们去当神仙的弟子,也是他们的福分。"于是,秦始皇立即命令当地官吏在民间挑选少男少女,从中选出五百童男童女给徐市送往蓬莱仙岛去做神仙的弟子。

不过三两日,官吏便挑选出了五百名童男童女,而且还为徐市准备了特大的帆船以及在路上所需要的物品。一切准备就绪,徐市率众乘船立即出发。

徐市一走,又是泥牛入海,音信全无。而徐市与五百童男童女去蓬莱仙岛失踪之谜,直到了两千年之后才被人们揭开。原来,徐市率众出走后,因怕秦始皇发觉派兵追杀,驾大船直到蓬莱仙山。原来所谓的蓬莱山也就是今天的富士山,徐市到达后就在那里定启下来,繁衍后代,发展至今,就变成了日本这个国家。

徐市率众东行远走蓬莱以后演变成日本国,这当然是后话了。且说当时,秦始皇安排徐市出海去仙岛之后,他就带领大臣们从临淄这条道路,往西返回到咸阳。这时,已是公元前209年的夏天了。

可是,圣驾刚到达平原津,秦始皇突觉腹部疼痛难忍,大颗大颗的汗珠冒出来,不一会儿,即昏了过去。大臣们及侍从一看到这种情况,不免都慌了手脚。李斯叫来了御医,御医诊脉之后,已知凶多吉少,但是又非常了解秦始皇一直都很信方士,想要求得长生不老之药,因此很忌讳说"死"字,所以怕自己倒霉。只好开了个药方了事,但连服了几付,都不顶用。李斯看见秦始皇的病情一天比一天加重,而又没有什么良药可医,很是着急,就令御官快马加鞭,迅速返回京城。好不容易赶到沙丘,然而秦始皇病情更为严重,眼看就不行了,好在沙丘有原来赵国的行宫,于是就在这暂时安顿下来。

秦始皇一倒在病榻之上,跟随秦始皇的重臣和嫔妃们都纷纷来探望他,并且求神的求神,问卜的问卜,送物侍候的络绎不绝,人人脸上都写着担心与忧虑。秦始皇着实烦了,他有气无力地睁开眼睛,十分烦躁地说:"你们干吗都这样围着我?难道我马上就要死了吗?我怎么能死呢?我是绝不会死的!我是天帝派到人间代替上天行使权力的君主,自有神灵保佑,是永远也不会死的。而且,徐市他很快就会回来了,他也一定会找到长生不老之药的。等我吃了这些仙药,就会长生不死的!你们走吧,走吧!……"众人见秦始皇发怒,全都嗫嚅着退下。然而暗地里他们一个个都很关心秦始皇的身体情况,只不过每个人都有着自己的目的。

　　然而秦始皇的病情,并没有因为他的自信、大臣们的祝愿、嫔妃们的祈祷而有所好转,反而更加严重了。这一日,他竟然浑身乏力,卧床不起,水米难进,出气急促,眼看就快要见到死神了。他仰面长叹道:"今年是朕登基37年,朕才刚刚50岁。而如今,虽然征服了六国,统一了天下,但我还有很多很多的事情要做啊,怎么能在这个时候匆匆离开人世呢?几十年来,我到处膜拜仙人道士,到处寻求仙药,但结果是神仙没有见到,药也无处可寻,寿命不能延长,反而减少,到死也得不到好的报应啊。难道,这果真是'自食其果'吗?""自食其果"本是扶苏所言,秦始皇只有快死之时,才明白扶苏所说的话有道理,非常悔恨不能相见,便大声疾呼:"朕子何在?朕子何在?"胡亥看见秦始皇病情严重,天天守在他身边侍候,但心里却只想得到那继承皇位的遗诏。今闻父皇疾呼,忙探身而出,笑吟吟地来到秦始皇身边,但却不肯行礼,只是等着听他的吩咐。

　　始皇因深悔自己远遣扶苏,并不怪胡亥少礼,只是叹道:"我刚才要叫唤的,是你的兄长扶苏啊!"

　　胡亥以为始皇至死仍记恨扶苏,于是说:"父皇你不用担心,你就只管安安心心地走吧!扶苏这个叛徒,朕即位后,就会立即把他杀了!"

　　"什么,什么,你说什么!"秦始皇听到胡亥已经自称为朕了,并且他还要把自己的兄长扶苏害死,就气得脸都紫了,胡须也抖了起来,他拼力大骂道:"犬子快快滚出!犬子快快滚出!你趁早死了这条心吧,朕还没有死呢,怎么能够就让你来取代我做皇帝啊?"

　　胡亥被骂了一顿,满面羞涩,而且还有些生气,惶惶不安地走出了宫殿。望着胡亥鬼鬼祟祟走出的背影,秦始皇突然想起"亡秦者胡"这句话,这是卢生手中的天书上说的……啊,亡秦者胡,亡秦者胡!难道这是真的?要把我秦国引向灭亡的人，正是我这不孝之子胡亥？胡亥，胡亥……亡秦者胡！我怎么就没有想到胡亥这个人呢？于是秦始皇就更加想念他的大儿子扶苏了。他含着泪，喃喃地呼唤着："扶苏，扶苏，我懂事的儿子呵，你怎么此刻不在父皇的身边呢？父皇对不起你，对不起你呵！"于是秦始皇长吁短叹，但是他清楚，要想再见到扶苏，那是不可能的事情，唯一的办法就是立下遗诏来补救这一过错了。他边喘气边令李斯、赵高、蒙毅来见。

李斯来了，忧戚不安；赵高来了，心怀鬼胎。蒙毅没有来，因为赵高假借秦始皇之旨，让他到深山远地为秦始皇寻求仙药去了。当秦始皇问蒙毅为什么不来时，赵高急忙说："蒙毅因看大王有病自己去为大王寻求长生不老药去了，以望大王长生不老。"

秦始皇长吁了一口气，悲声叹道："仙药啊，仙药啊，你在哪里啊？长生长生，五十就得寿终。不老不老，阎王殿上报到。真是天命难违，人的寿命不可强求啊！唉，看来，阎王爷要来收我了，我没有太多时间了，快给我拿笔来，我要写遗诏，我要写遗诏，我得赶快安排后事啊！"

李斯赶快取过一支狼毫毛笔。秦始皇一看到那支毛笔，不禁触景生情，又想起了扶苏和蒙恬。而今，他就是要用这支笔，来给他们写遗诏呢！

李斯在这时已在榻前铺好了一块白色绸布，并放好刚研好的墨。

秦始皇执笔在手，颤颤抖抖地在白绸上写道："朕将要去了！我立扶苏为太子，赐死胡亥。把兵权交给蒙恬管理，我死后，安葬在咸阳。"写毕，叫赵高拿来玉玺，在绸帛上按了下去，那手竟再未抬起……秦始皇一代枭雄，却就在出巡的途中，在这赵国的行宫里，归西了。但他至死也不曾想到，他铲除了那么多叛逆，却扶植了将使他的功业毁于一旦的赵高，他即使防之又防，而自己一手创立的秦王朝却断送在自己儿子手中。果然是"亡秦者胡"，天意难违呵！

### 2.赵高改遗诏乱政

李斯见秦始皇已去，忙与赵高商议，说："我们应该如何来处理陛下的后事呢？我们是否应该立即发丧啊？"

赵高说："咸阳距离沙丘还有千里的路程，我们几天之内是无法到达的，一旦皇帝死的事传扬出去，诸公子或天下有变，那就坏事，不如这样，先保密不说，也暂不发丧，临时将圣上殓棺放好，放置辒辌车里，赶回京师再说。"

李斯说："言之有理，就这么办。"说着就张罗去了。

赵高等李斯一走，马上思虑起来，想出一个计谋。他拿了遗诏，匆匆去找胡亥，一见面就给胡亥说："陛下仙逝，但他没有分封各位公子，只是单单给扶苏留下遗命，让他速回咸阳接位，主持丧事，扶苏一到，你就无立锥之地了。你的前途不是很乐观啊！"

"是啊。"胡亥经这一说，双眉紧锁，也觉得问题很严重，思虑了好一会，说："我听说：'知臣莫若君，知子莫若父。'父皇既然这样留下遗诏，而且没有分封公子，而我这个当儿子的也只有遵从父命了！我看不应乱加议论，妄自猜测。就这样了，还能怎样呢？"

赵高说："今天下大权，就全在公子你、李斯丞相和我的手里，这是难得的机会啊！但机不可待，你如想即位，现在还来得及。"

"怎么来得及？"胡亥瞪大了两只眼睛看着赵高，满脸狐疑地说："听说遗诏已经写好了。既然父皇留有遗诏，谁敢不遵从呢？"

"好，那你就遵从去吧！我倒看看，对你伟大父皇的遗令，你要怎样的遵从？"他一边冷笑着说，一边出示了遗诏。

胡亥看了遗诏大吃一惊，已经吓得脸如土色，瘫倒在地上好半天。稍稍思索一阵，他跪行到赵高面前，悲惨地说："老师在上，请快想一良策，如果能够救得学生我这条性命，以后我心甘情愿做牛做马报答你！"

赵高则显得十分轻松，他不屑地说："这点小事情，何必愁苦到如此？这事情很简单，只要在遗诏上稍稍改动几个字不就行了吗？"

胡亥早已吓得没有一点主意，忙问："改哪几个字？"

赵高手拿着遗诏说："如果将你的名字与扶苏调换一下，再将'兵属蒙恬'的属字改为诛字，不就行了吗？也就是仅仅改动它一个字，不就扭转乾坤了吗？"

胡亥一时被吓得还反应不过来,而赵高让他用毛笔将遗诏抄改了以后,再一看竟是:"朕将已矣!立胡亥为太子,赐扶苏以死。以兵诛蒙恬,与丧,会咸阳而葬。"他就一下子喜出望外了。

赵高又说:"还有一出好戏让你看呢!"他拿起毛笔和白绸,自己伏案写就一道假遗诏,笔迹竟与秦始皇的丝毫不差!原来,赵高自为始皇近侍,日日偷仿始皇笔迹,准备什么时候会有用的,想不到今天就用上了,而且在这假遗诏上又盖上了玉玺,这样就谁也看不出一点破绽了。

胡亥又惊又喜,问道:"真假遗诏各一,如何以假乱真呢?"

"这还不容易?"赵高把真遗诏放到灯前点燃了,白绸随即就化成了灰烬,又说:"这真的一烧,那假的不就变成真的了?这时皇帝的位子不就是你的了吗?"

胡亥这才会意,他叩头向赵高拜谢:"你是我的再生父母啊!我会孝敬你的,就像是你的儿子一样!我现在只是担心,万一群臣不服怎么办呢?"

赵高说:"伴驾大臣,唯我和李斯、蒙毅三人。而在你父皇驾崩之前,我早就使个法子,将蒙毅弄到深山里为你父皇找仙药去了,到现在还没有回来。只剩下说服李斯一件事了。"

此时胡亥的心已经沸腾起来,好像他已经是一位威风凛凛的皇帝了。但稍一思索,他又觉得离当皇帝还有一段艰难的路程,便转而叹息说:"只是如今父王丧事还没有办,这正是关键时刻,怎么能开口去求丞相呢?"

赵高说:"时间紧急,事关重大,至于丞相那边,只要公子同意,我有自己的办法,你就不用操心了,专听好消息就是!"

胡亥放心了:"你们同意,我哪还有不愿意的?"

赵高走出了胡亥的营帐,并带同两位力士,往李斯住处走去,赵高有了这个准备,一旦李斯说不通,就马上杀了他。见了李斯,赵高犹豫了一下,吞吞吐吐地说:"丞相,陛下给扶苏的遗诏,现在还没有发出,还放在我这里啊。"

李斯吓了一跳,惊讶地问:"这是为什么?"

"唉!"赵高叹一声说:"这事难啊!皇上刚死,到现在为止,很多人都还不知道。遗诏只有你我两人清楚,那么让谁来当太子,这里也只有你和我说了才能算的,不知丞相考虑谁最合适呢?"

李斯感到很是奇怪,他有些摸不着头脑,不知道赵高葫芦里卖的是什么药。他说:"你怎么说这话? 遗诏上写得明明白白,你我做臣子的,怎能这样做呢?"

赵高说:"丞相你先不要这样大惊小怪的,等我请教了丞相几个问题之后,然后丞相再表态,好吗?"

李斯无奈地说:"好吧,你说。"

赵高说:"论才能、功绩、谋略,你以为自己能比得过蒙恬吗? 你与扶苏的关系,比得上蒙恬与扶苏的关系吗?"

李斯被这些问题问住了,他笑着说:"要说这几桩,我当然不如蒙恬。"

"这不就对了吗?"赵高得意地一笑说,"我在秦宫里已经呆了有二十多年了,因此很了解扶苏此人刚毅、耿直,让他接位,必用蒙恬为丞相,到了那个时候,你到哪里去容身呢? 你想要告老还乡吗? 依我之见,不如在扶苏之外的二十多位公子当中,选出一位太子拥立为皇上,那你我都有靠头了,这总比你失去大权要强啊! 不知你是怎么样想的呢?"

"不妥不妥。"李斯赶忙说:"我曾经接受浩大皇恩,怎么能够为此而背信弃义呢? 个人事小,失节事大,此事万万行不得。"

赵高一笑说:"古人说:安乐就有危险,危险才能安乐。如今丞相你尚且不知是安乐还是危险,仅仅奢谈信义,那有什么价值呢?"

李斯说:"我原本只是上蔡闾巷的平民,正是由于始皇帝看重提拔,才位至丞相,声名显赫,子孙万代,不愁衣食俸禄。而今始皇帝在临终之时,将国家安危托付于我,并且圣上也尸骨未寒,我怎能有负于他呢? 你不要再说了,此事万万不可!"

赵高冷笑了,说:"丞相的车骑多了一点,让始皇帝知道了,说了些话,你便被吓得魂飞魄散,心惊胆战。扶苏接了位,对你有那么多的成见,又是你出馊主意把他贬往上郡的,你想扶苏可能放过你吗? 你呀,还是明智一些,识时务一些吧! 眼下,也只有我说的这条路可以走了。"

李斯一听,只感到背后寒风凛凛,他面如死灰,低下头来,呆住了。老半天,才长叹一声说:"我是生错了时候啊,偏偏在这个乱世之中,而且不能一死了之,还有什么可以依靠的呢?始皇帝不负我,我却要负始皇帝了。"

赵高说:"什么负不负的,皇上的这些儿子当中,不会真的挑不出一个比扶苏强的人当太子吧?"

李斯见事已至此,心里想到,自己虽然大权在握,纵有回天的力量,但是让扶苏即位却是件极难的,甚至是不可能的事。更何况,他自己还有着许多像赵高所说的顾虑呢!为了摆脱窘境,他将话题一转,对赵高说:"这沙丘行宫距咸阳京城,至少有一千多里的距离,驾车快的话也需五六天的时间,慢的话也要七八天的时间,始皇帝的死讯,不可能一丝破绽不露。别人倒是无妨,只那胡亥,万一知道了皇上遗诏的内容,肯定会生出些事端来,因此须先把他给杀了。至于扶苏,即使不让他即位,也该让他出面主办丧事,因为他是长公子。"

赵高佯装大惊地说:"丞相怎么说出这番话来?遗诏上怎么会有先杀胡亥,还让扶苏主丧的话呢?"

李斯更加吃惊,他"嚯"地站起来道:"难道还会有另一个不一样的遗诏吗?"

"有,有,确实有另一个遗诏!"赵高边说边拿出那个假遗诏来,递给李斯,说道:"请丞相过目!"

李斯拿过遗诏一看,顿时神色大变,浑身发抖,直冒冷汗,连声道:"不,不,这是假的,这是假的……"

赵高冷笑道:"是的,是假的,可是如果你我说它是真的话,那谁也不会怀疑它的真实性了。实话对你说吧,是我把那真的遗诏烧了!"

李斯拍案而起,喊道:"你当臣子的,怎么会做出这种事来呢?"

于是赵高轻轻拍了拍巴掌,两位跟随的力士立刻从外面闯进来,手持利刃逼近李斯,单等赵高发话。赵高故意视而不见,他慢慢向李斯说道:"方才我已问过丞相了,丞相地位至极但才能和功绩能比得上蒙恬吗?"

李斯仍壮着胆答道:"我知道自己在各方面不如蒙恬,但是我不会因此嫉妒他人的才能!"

"妙,妙呀! 妙极了!"赵高用凶狠的目光直逼李斯说:"你说你不嫉妒他人贤能,那你怎么会在狱中逼死韩非,怎么会在全国实行焚书坑儒呢? 其实,你所做的这些事对于我倒无所谓,可我听说,公子扶苏不赞成,而且是最不赞成的!"

这时听得"公子扶苏"四字,李斯不由地浑身一颤。因为他心里也明白,扶苏因为焚书坑儒而对他深恶痛绝,如果他日后登位,一定不会放过自己……怎么办? 怎么办呢?

赵高看出了李斯已经心动,接着又说:"蒙恬与扶苏的关系比你与扶苏的关系近,但是蒙恬现在地位在你之下,你在蒙恬之上,扶苏即位之后难道就不可以把你们的位置调换一下吗? 当然,位置调换倒还是其次的,而且可能还会人头落地呢! 可话又说回来,丞相若是不从,脑袋也许会掉得更快一些!"话音刚落,他便向两位力士使了使眼色。

两力士会意,一前一后把两柄利剑架在了李斯脖子上。李斯满怀悲哀地说:"罢罢罢,我依你所言就是了!"

### 3.秦二世凶残无道

赵高这才喝令两力士退下,赵高又在李斯前面,亲自写了一个假遗诏:"皇帝诏曰——扶苏为人子不孝,赐其剑自裁! 将军蒙恬与扶苏居外,不匡正,为人臣不忠,赐其死。"随后命令曲官御史携带着假遗诏,拿着御剑,挥鞭飞马赶往边关。

这时,正值夏末初秋,骄阳如炽,照彻车驾,过不了几天,尸体已开始腐烂发臭,发出了难闻的气味。赵高令索取鲍鱼,命令侍从把这些鲍鱼在随从官员车中各放了一担,官员们百思不得其解,但圣命不能违,只好忍气吞声。鲍鱼的臭味使得路人都掩鼻而行,但借此也把秦始皇的死讯给暂时掩盖了过去。

车队日夜赶路,一路经过井径、九原,直到咸阳。胡亥宣布始皇帝噩耗,即日发丧。同时赵高宣诏,胡亥为秦二世皇帝。赵高被胡亥封为郎中令,主要管理宫内大小之事。

过了几天，使者已将扶苏自刎的消息带回，但是同时，蒙恬怀疑诏书有假，于是写了奏书，让使者带了回来。

胡亥看了蒙恬的奏书，问赵高："蒙恬对这些事起了疑心，怎么对付他呢？"

赵高当然很害怕胡亥又重用起蒙氏兄弟，便奏道："很早的时候，先帝就想立陛下为太子，但蒙氏兄弟一再阻拦，说陛下愚笨，毫无才能；而扶苏却有才有德，想让始皇帝只立扶苏而不立陛下为太子啊。陛下已见得那真遗诏，虽出自先王之手，实为二蒙之意，蒙恬与扶苏关系甚密，而今扶苏已经自刎，他自然很不满，并且极力为自己和扶苏辩护。而且，他既已看出遗诏有假，必然图谋不轨。蒙恬不轨，蒙毅岂能不随？如今蒙恬手握兵权，把守重镇，蒙毅在外面寻求仙药，他俩难道不会密谋？他们兄弟一旦举事，蒙恬有勇，蒙毅有谋，同党又极多，是一股强大的祸水，这样会直接使陛下的皇位和秦国的安危受到威胁，因此你应借此机会把他们杀了。"

功高震主的蒙氏兄弟，终于被胡亥和赵高秘密处死了。

除掉二蒙之后，赵高又害怕李斯和曲官御史揭发其秘改遗诏的隐私，便结伙谋反之罪，把二人打入死囚牢，先杀了御史，再杀李斯。

在李斯被处死之前，赵高假心假意来到牢房，责问李斯道："你罪已至死，难道还不招供吗？只要你老老实实招出自己谋反的事情，我可以面奏当今圣上，免你死罪。否则，只怕你就死无葬身之地了。"

李斯愤恨之极，狠狠地扑上前去，对着赵高叫喊道："我有罪，我有罪，罪大恶极，罪孽深重！在沙丘密改遗诏，假传圣上旨意，并且诛杀扶苏而立胡亥为太子！胡亥……胡亥，亡秦者胡也。我即使变成厉鬼，也要吃了你的肉，喝了你的血，我不除掉你这个奸贼赵高，不除那个昏君胡亥，我死不瞑目！"

狱卒们死命地拉住李斯。赵高被吓得惊恐万分，暴怒之下，挥舞双手叫喊道："他疯了！完完全全地疯了！给我割下他的舌头，剜下他的眼睛，剁下他的手脚！"

就这样，李斯的舌头被割掉了，两只眼睛也被挖掉了，两只脚也被剁掉了，但仍像一头受了重伤的怪兽那样，朝着赵高蠕动，仿佛不咬赵高一口，他绝不罢休。

赵高被吓得连连后退，惊恐地怪叫道："把他碎尸万段！碎尸万段！！！给我灭九族！灭九族！！！"

赵高的随从们一拥而上，将李斯砍成了肉泥……次日，李斯九族被灭。

世上哪有不透风的墙？胡亥、赵高杀了扶苏与蒙氏兄弟，自认为一切做得天衣无缝，从此高枕无忧了。岂料沙丘政变的真相却渐渐地露了出来，诸公子、公主已经开始怀疑，背地里议论开了。

那些风言风语传到胡亥那里，他害怕起来，觉得问题非常严重，因怕自己皇位难保，急召赵高商议对策，说："朕自即位以来，大臣们不服我，而且众公子也在下面诽谤我，我该怎么办呢？"

赵高说："我早已预料到会出现这种事情的。想这朝廷大臣，多半是累世功臣，像我本为微贱，受先帝与陛下恩宠，不断地提拔我，让我跃居高位，管理朝政，因此大臣们不一定都很心服的。陛下刚刚继位，公子们就已经开始怀疑猜忌了，而你又有被他们取而代之的危险。为今之计，要防祸起萧墙，须得果断处置，凡是有不轨之心、心怀叵测之人，无论是宗室大臣，都应该全都铲除，再任用一批后起之秀为陛下尽忠，陛下自然就可以高枕无忧了。"

"对对对！"胡亥赶紧附和，"但是朕下了诏书之后，还要靠你多多地出力啊，帮我审讯。"

赵高巴不得这句话，说："那当然，除恶务尽！"

第二天，胡亥便下了一道诏书，逮捕了二十多名自己怀疑的公子、公主，打入天牢，并诏令赵高，严加审讯，务将图谋不轨的阴谋搞个水落石出，再行处理。

这一下，赵高得到了一个可以大打出手，疯狂报复的绝好机会。他将这些平日养尊处优的公子、金枝玉叶般的公主，一个个在天牢里严刑拷打逼供，甚至当场毙命。这些公子、公主一个个都受不了这非人的严刑摧残，只得按照赵高的意思招了供，画了押。赵高顺藤摸瓜，乘机把一些他看着不顺眼的皇亲国戚、功臣名将都抓了起来，统统定了死罪。

胡亥的圣旨下达了，十二位公子和大批官员，被押往咸阳市曹处斩了；十位公主,也被押往杜县处决了。

可是,这难道就够了吗?这些仍然还不足以解赵高的心头之恨,因为他恨秦始皇,恨那些为秦始皇打下江山而为人耿直的大臣,恨秦始皇的后代们,以至每一个曾经受秦始皇宠爱的人!他让胡亥下令,将秦始皇的姬妾、嫔妃中没有儿子的一律殉葬,又令将在骊山墓内干活的工匠一律殉葬,真是死者无数,怨气冲天。又因那赋敛愈重,戎役剧增,贪官污吏,强取豪夺,因此,引起人怨家仇,诸侯叛秦于四方,盗贼群聚于山林。刚建立不久的秦王朝,面临着重重的危机!

## 汉高祖娶吕雉为妻之谜

刘邦是西汉的开国皇帝。他自幼出身贫寒,没什么文化,整天吊儿郎当地在乡里游荡,虽然胸有大志,却没有机会施展。这样的人,在一般的乡里人看来,简直就是一个无赖混混,没有什么大出息,所以也就没有人愿意把女儿嫁给她。结果,到了老大不小的时候,还是单身汉一个,没有娶上媳妇。但是后来,他却出人意料地娶到了一个富贵人家的漂亮女儿做妻子,旁人都说这是他前生修来的艳福。这个甘愿下嫁给刘邦的名门千金就是日后的高皇后吕雉。那么,出身高贵的吕雉又为什么愿意下嫁给刘邦这样一个穷小子呢?这可就说来话长了。

汉高祖刘邦

秦末,刘邦曾经担任过他所在的沛县的泗水亭长的职务。亭长在当时是个很小的官,大抵上相当于今天的派出所所长的职务。刘邦充其量就是一个秦朝的微不足道的小吏。

刘邦出生在一个贫寒之家,在家中排行老三,没有任何强有力的人物当靠山,他也未曾钻研过治国平天下的方略,肚子里更没有什么墨水。由于没有封建社会里长子所肩负的重担,他有足够的闲暇时间结交各种各样的朋友,同时他又是一个厌恶种田劳作的人。因此，就连他的父亲都看不上他这一点，嫌他浪荡不羁，认定了他将来不会有什么大的出息。父亲的鄙视在家中占有绝对的重要性，故此全家人都瞧不起他。然而，虽然在生活上不拘小节，可刘邦却有着远大的志向。曾经有一次，他在路上看到秦始皇浩浩荡荡出行的样子，威风凛凛的帝王排场深深地震撼了他，于是，刘邦由衷感慨，有朝一日成为向秦始皇这样的大丈夫，享受这样的豪华排场，才不枉来人世一遭。

这样一个为家人所鄙视，为邻里所不耻的人，却有着很好的桃花运，能娶到别人梦寐以求的妻子。

刘邦的原配妻子姓吕名雉，是当时距沛县不远的单文县一个望族吕公的女儿。吕公与沛县县令的私人感情不错，也曾到沛县避过一阵的风头，后来便在沛县大摆宴席，以此来表示对县令和沛县人的谢意。当时，吕公委托一个叫萧何的人来主办宴会。由于前来给宴会捧场的人太多，其中也不乏鱼龙混杂之辈，所以萧何宣布，贺礼不满一千钱的人，只能坐在堂下，只有贺礼在一千钱以上的人，才有资格进入堂内，被奉为贵宾。萧何用这样的方法来区分宾客的贵贱。这样，就在很大程度上杜绝了那些想骗吃骗喝的人来捣乱。

刘邦身无分文，却宣称带了万钱的贺礼前来赴宴。他这样大大咧咧地往门口一站，顿时被周围人耻笑，可在内堂的吕公听说有人未带分文却敢言万钱，心中好奇，当下出门亲自来迎接。却未料善于算卦相面之术的吕公一见到刘邦，马上惊为天人，只见面前这农民模样的壮年男子，高鼻梁长脖子，长相异于常人。吕公由此判断，刘邦他日必飞黄腾达，富贵万分。于是，欣然携刘邦之手，邀其赴宴。周围人见此景连连称奇，倒也都艳羡起刘邦的好命来。

然而，更离奇的事还在后面。酒过三巡，吕公一直在用独特的眼神打量着刘邦。宴会过后，吕公就下定了决心，不顾妻子的强烈反对，对刘邦说，愿意把自己的女儿吕雉许配给他为妻。此时的刘邦已经四十三岁了，仍然是光棍一条，听吕公说要把女儿嫁给自己，如坠云中，飘飘然起来，这是做梦都想不到的美事啊！当下，刘邦迎娶吕雉回家。这吕雉正是日后驰骋汉朝宫廷的吕后。

吕雉的家境与刘邦相比，简直是天壤之别，而且吕雉颇有几分姿色，也是当

·秦汉秘史·

图文珍藏版

时附近县城里青年们争相献殷勤的对象,就是岁数大了点,嫁给刘邦之时已经是二十八岁的老姑娘了。为什么她嫁人这么晚呢?不是因为吕公舍不得女儿,而是吕雉自己的心气儿特别高,看不上寻常普通百姓。这样高不成低不就的,就熬成了老姑娘。或许,这也是姻缘天注定吧,刘邦、吕雉这对大龄青年,注定要等候长久的时间,直至对方出现才能婚配,这样一来,四十三岁的刘邦与二十八岁的吕雉,也可称得上是天作之合了。

刘邦在担任泗水亭长时,曾带领所管辖的刑徒逃走,躲藏在砀山之中。砀山地形险峻,易守难攻,更不容易被人找到隐蔽的藏身之处。可吕雉却能轻而易举地找到他,刘邦问她原因是什么,吕雉笑着回答说,刘邦藏身之处,上方总有五彩祥云飘拂,按照云气所指引的位置,就可找到刘邦等人的藏身地点。这样的事,真是神了,莫非刘邦真的是人中之龙吗?

其实,这样的故事,仅仅是传说,但也是政治的需要。刘邦从一个不务正业的农民发迹,无势无权,更没有强大的财力基础做后盾。他要是想号召众人起事,获得广大人民的拥护,必须要有一种强大的舆论的支持。编造这样的神话出来,是需要勇气的。刘邦正是有这种勇气,造出舆论声势,从而震慑了百姓,笼络了人心。后来,他的谋士、亲属们纷纷传播这个神话,使更多迷信的人们相信了他是龙的传人,命中注定要做天子。结果是人们纷纷赶来投靠他,使他领导的起义队伍不断地壮大,直到最后夺取了天下,建立了汉朝,当上了皇帝。

在他逐步得到帝位的过程中,吕雉自然也起了不小的作用。他们夫妇俩盘算着,等到刘邦真的当上了皇帝,谁还敢说他当初是在编造神话?统治阶级利用神话故事,可以加强和巩固自己的统治,让老百姓不得不从心里服从并且拥护自己的统治。岂能给老百姓辨别故事真假的权利?就算有人敢于直言,戳穿他们的阴谋,也一定会不明不白地遭受迫害。历史真相,就是他们手中所掌握的工具,无论是否出现过笼罩在刘邦头顶的祥云,都无关紧要,重要的是,它起到了帮助刘邦登上了皇位的作用,有助于其成为西汉的开国皇帝。

## 汉文帝刘恒身世之谜

汉文帝刘恒,是我国历史上著名的皇帝,他开创了我国封建时代的第一个盛世——"文景之治",因此而被历代士人誉为一代圣明的君主。汉文帝刘恒深明治国之道,也颇具治国之才,他奉行汉初以来的"休养生息"的政策,采取了轻徭薄赋、发展生产、安抚百姓的措施,使全国上下呈现出国富民强的景象。汉文帝还大力推行了安抚边疆、减少征战的条例,节俭费用、废除苛政、教化百姓、杜绝诽谤,他还虚心纳谏,重用廉吏,使汉朝出现了国泰民安的盛世中兴。汉文帝的政治清明为后人所敬仰,他的身世之谜也同样让人很是好奇。

公元前204年,当时的汉王刘邦打垮了魏王豹,掠夺了魏王豹的宫人侍女,让她们负责织布服役。有一次,刘邦偶然来到织布之处巡视,在人群中看见一个女子长得清秀沉稳,柔弱可爱,好色的刘邦就把她带回了自己的后宫。这个女子姓薄,是她父亲和魏王宗室的魏氏女子私通生下的孩子。她以为被汉王看中,自己就有了出头之日,所以高高兴兴地来到了汉王后宫。可是没想到,刘邦转身就把她忘掉了,从此再也没有被召幸过。

有一次,刘邦的心情很好,就找来几个嫔妃,和她们一起饮酒作乐。其中的两个美人和薄氏女子本来是很好的姐妹,她们一起从魏王的后宫来到了刘邦的宫中。在还没有发达之前,三个女孩子曾经相互约定过"富贵莫忘故人"。可是,这两个女子一心只想追求荣华富贵,哪里还记得当初一起共同患难的姐妹呢?她们俩还把这个约定当作笑话讲给了刘邦听。而刘邦听了之后,忽然激动了恻隐之心,觉得那个薄氏女子很可怜,于是就决定当天晚上召幸她,让她沐浴一下自己的龙恩。

薄氏女子昔日里和那两个美人十分要好,又同是从魏王豹的宫中被掳来的,三个人感情好得像亲姐妹一样。那曾想今日却是天壤之别呢?人家夜夜莺声笑语,倍受恩宠,可自己这儿却是冷冷清清,一个人苦熬着漫漫长夜。想到这些,薄氏女子不禁常常泪流满面。

这日，薄氏又在暗自垂泪，怨恨命运的不公平，忽然听说刘邦驾临。薄氏战战兢兢地起身欢迎。刘邦看到这个女子干枯瘦弱的身材，哭肿的双眼，又没有施些粉黛，顿时兴趣索然，转身就想走。这时，薄氏女子不知哪儿来的勇气，拉住了刘邦的衣袖，禀告说昨夜梦见苍龙缠绕着自己的身体，自己竟与龙交合起来，她问刘邦此征兆是何意义？刘邦这时正处在与楚霸王争夺天下的最关键时刻，听了薄氏的话，顿时大喜过望，说这是地位尊贵的吉祥之兆，于是当天就宠幸了薄氏。就是这短暂的一夜欢娱，薄氏竟然产下一子，刘邦给孩子起了个名字就叫刘恒。虽然如愿的生下了皇子，但是薄氏却并没有如自己当初想象的一般，从此可以攀龙附凤，彻底改变自己低贱的身份地位，而是仍旧是个姬妾，没有当上妃子。而刘恒也因为母亲不受宠的原因，极少见到父亲，自然也不被刘邦喜爱。母子二人一直在宫中小心谨慎地生活。

刘邦一共有八个儿子，诸子结局都很不幸，唯独刘恒因为薄姬不受宠，所以不被吕后嫉恨，母子两个反而因此得以保全性命。

公元前180年，执掌汉室大权多年的吕后死了！这是个天大的好消息！忠于刘氏的朝臣们密谋抄斩吕氏满门，还政于刘氏子孙。众大臣们推选皇位继承人时，综合考虑后，否定了齐王刘肥、淮南王刘长，最后一致推举了代王刘恒。原因除了刘恒为人宽厚仁孝外，他的母家即薄姬母家没任何势力，不会出现外戚专权的现象，也是最主要的原因。于是，代王刘恒因为母亲家庭的惨淡，反而幸运地当上了皇帝。

刘恒就是日后的汉文帝。他即位之初，就赏赐功臣，安置亲信，把刘氏宗室的利益予以恢复。还命令诸侯们都离开京师，回到自己的封地去居住，维护和巩固了自己的皇权。

汉文帝刘恒在位达二十三年，其间推行"与民休息，安定百姓"的国策。他和平地解决了边疆问题，如南粤；又采取和亲与防御相结合的政策对付匈奴。他在位期间，尽量减少战争开支，重视农业，降低田税，鼓励生产。汉文帝在国事开支和个人花费上，也是精打细算。他为人简朴，只穿粗绸的衣服，就连他最宠爱的慎夫人，也不能穿曳地的长衣，不能用绣花的贵重丝织物，从而杜绝了后宫效仿奢侈的风气。他还废除了从秦汉以来一直被沿用的许多酷刑,如连坐、肉刑等,对民施教,以教化育人。于是,全国上下的犯罪率不断下降。他不把自己的过错归结给臣民,鼓励百姓大胆地讲真话讲实话,废除了诽谤和妖言罪。此外,汉文帝重用了一些敢于执法的官吏,如冯唐、魏尚、张释之等。他采取的一系列措施,开创了"文景之治"的国泰民安的盛世局面,他也被后人赞扬为仁君和明主。

　　与其他古代帝王相比,汉文帝刘恒是否是真龙下凡,还是君权神授,并没有那么重要。只要他仁政待民,体恤百姓,并且保持政治清明,使汉朝呈现出繁荣兴盛的盛世景象,他就是好皇帝,或许,当初他母亲薄姬只是急中生智为了挽留刘邦,才想出与苍龙交合的梦说出来听,却无意中注定了,自己的命运,或者说,改写了汉朝的历史。无论如何,身世是否是个谜对于汉文帝而言已经不重要了,后世人民评价他是个明君,才是他最想听到的话。

## 汉武帝宠爱过几个女人

　　中国的历代皇帝多是好色之徒,他们总是恨不得把天下的美女全部占为己有才好。连万世敬仰的孔夫子都说"食、色,性也"了,也就难怪有的君王非常坦白地说出"寡人有疾,寡人好色"的话来了。汉高祖刘邦,就是一个有名的好色之徒。但是,他得天下时已是暮年,心有余而力不足,再加上妻子吕后又好嫉妒,所以刘邦的嫔妃不是很多。惠帝早死,文景二帝好黄老之术,清心寡欲,嫔妃自然不多。到了汉武帝时代,这个情况就发生变化了。汉武帝的雄才大略一向被后人称赞,同样的,他也以后妃最多而著称于世。据说有上千人之多,后代的皇帝即使再好色,也鲜有能够及得上他的。不过,值得我们注意的是,汉武帝毕竟是一代枭雄,他虽然好色,但却并不贪色,也不把自己的全部精力都专注于声色犬马之事。所以,刘彻十六岁即位,之后在位五十余年,直到七十岁才驾崩,成了中国古代历代帝王中为数不多的长寿者之一。通过研究汉武帝的帝王生活,我们发现,他不但是一位专制的君主,而且他对于女人,对于性的独特认识和处理,也是不同凡响的。那么,汉武帝一生中尽管妃嫔上千,他到底又真的宠爱过几个女人呢?

汉武帝刘彻原本只是一个藩王,被景帝封为胶东王。汉景帝的另一个儿子刘荣,则被立为太子。景帝的姐姐长公主想把自己的女儿阿娇许配给太子为妃,借此来亲上加亲,巩固自己的实力,结果遭到了太子的母亲反对。长公主大怒,于是极力向景帝进谗言,说了许多太子的坏话。景帝的耳根子很软,终于听信了姐姐的话,废除了刘荣的太子之位,改立胶东王刘彻为太子,就是以后的汉武帝。刘彻当了太子后,非常感谢自己的姑妈长公主帮自己夺得了太子之位,就遵从长公主的意思,娶了她的女儿陈阿娇为妻。武帝即位后,阿娇也就顺理成章地当上了皇后。其实汉武帝少年时和阿娇的感情很好,两个人青梅竹马,心心相印,甚至有"金屋藏娇"的约定,可惜长大了之后,人的感情就发生了变化。汉武帝即位之前和即位之初,仍需要借助长公主的势力,所以才答应娶阿娇为妻,这样的婚姻,其实只是一场政治交易罢了。阿娇却因此恃宠而骄,在宫中飞扬跋扈,不可一世。可惜,她十多年不孕,而自己的嫉妒心又极强,得知汉武帝宠幸卫子夫后,几次寻死觅活,终于惹得汉武帝大怒。这时武帝的地位已经稳固,再也不需要借助别人的力量了,于是他毫不犹豫地废除了陈阿娇的皇后之位。

汉武帝的第二任皇后就是卫子夫。卫子夫原本是一名歌女,后来偶然得到汉武帝的宠幸,大为受宠,进入了皇宫。在汉武帝二十九岁时,卫子夫又适时地为汉武帝生下了皇子刘据,于是在阿娇被废后就被立为皇后,刘据也被立为太子。卫子夫得到汉武帝的专宠,除了自己貌美之外,母以子贵也是一个重要的原因。她的兄弟和子侄,卫青和霍去病,皆因此而得宠,成为汉朝显赫一时的名将,在抗击匈奴的战斗中立下了大功。可惜,在巫蛊之祸中,卫子夫和刘据皆受牵连,不幸丧命。

汉武帝一生中真正最喜欢的其实是李夫人。她是李延年的妹妹,据说武帝也好男色,因而极宠李延年。于是,李延年就趁机把自己的妹妹也献给汉武帝。汉武帝见到后果然十分欢喜,对这位李夫人宠爱有加,李氏兄妹从此专宠于汉室朝廷。据说，李夫人的美，倾国倾城。可惜，红颜薄命，李夫人在为汉武帝生下皇子后不久，就一病不起。在她病重之时，汉武帝多次想去探视她，可是每一次她都以自己久病，容貌不整作为理由，拒绝武帝的探视。这使得汉武帝很不高兴，可是却又无可奈何。然而，李夫人深知自己从贫贱中得到汉武帝的宠爱，就是因为自己的美色，如果汉武帝见到自己现在这幅病态容颜，必会十分扫兴，忘了自己往日的千娇百媚与两人之间的百般恩爱，与其那样，倒还不如不让汉武帝见到现在的自己，这样他就会在心中时时刻刻念着自己最美丽时的容颜，从而也能够念及往日的夫妻情分，关照自己的儿子和兄长。

果然，李夫人死后，汉武帝日思夜想，不仅以皇后的礼仪安葬了李夫人，甚至派画师画下李夫人的音容笑貌，挂在甘泉宫，供自己思念时观望。同时，汉武帝还封她的兄弟李广利为将军，封李延年为都尉，李氏一门继续荣耀。据说，汉武帝由于过度思念李夫人，甚至找了一位方士进宫作法，在帐中点燃蜡烛，只求能见到李夫人的鬼魂一面。李夫人可以算得上是汉武帝一朝的虽无正名，却有其实的皇后了。由此可见，汉武帝对她的确是情有独钟的。

在汉武帝的后妃中，遭遇最惨的要数汉昭帝的母亲钩弋夫人了。汉武帝在年纪很大的时候得到了钩弋夫人这位年纪轻轻而又如花似玉的美人，自然十分喜爱。钩弋夫人也一步步攀登后宫的高位，最后贵为婕妤。老夫得娇妻，本来就十分疼爱，而且汉武帝六十二岁时，钩弋夫人又为他生下了皇子刘弗陵。刘弗陵聪明伶俐，汉武帝更是喜爱非常，常常夸他长得最像自己。

最后，汉武帝下决心要立爱子弗陵为太子，可是又担心钩弋夫人年轻，自己死后她淫乱后宫，控制朝政。于是在自己临终前，就下令赐死了钩弋夫人。可怜这位婕妤，临死都不知道自己到底是什么地方得罪了汉武帝，为何平日里百般恩爱，千般宠幸，到头来却落得个如此下场？

其实，汉武帝和其他帝王一样，纵然再喜欢一个女人，也只不过是把她作为发泄自己欲望和传宗接代的工具。一旦自己的愿望被满足，就视女人为祸水，恣意蹂躏摧残，甚至不惜加以杀害。在汉武帝的历任妃子中，也就幸亏李夫人看得明白，死得早，死后让汉武帝如此怀念，否则到头来一样是悲惨的结局。

## 汉武帝为什么要杀死自己的宠妃

汉武帝晚年时,很是孤独。自己最宠爱的李夫人病故,使汉武帝深感自己的寂寞。

在他六十五岁那年,带着侍从,到河间地区布了鹰犬巡狩。这时,有一个善于观察天象云气的侍从进奏说,河间地区佳气升腾,这里肯定有一位奇异的女子。汉武帝闻听此言,立即命令侍从们四处寻找。果然,找到一位容貌清秀的女子,这位女子身材姣美,更神奇的是,她的一双玉手,总是紧握成拳状,不能伸展开来。

汉武帝见此情景,觉得很奇怪,于是就亲自走过去,将女子那双如钩一样的玉手捧了起来,抚摸着。这时,出乎众人意料的是,这双多年一直不能伸直的手,居然在汉武帝的抚摸下,自如地伸展开来,而且展开的玉手煞是精致。汉武帝龙颜大悦,一时间惊为奇迹,当下,就宠幸了这名女子,并将她带回了后宫,从此倍加宠幸。

汉武帝专门为这名女子设置了一处宫殿,起名为钩弋宫。这位玉手如钩的女子从此就居住在这里,宫中都称她为钩弋夫人。钩弋夫人其实姓赵,被封为婕妤。这位赵婕妤就是汉武帝一生中最后宠幸的一位女子。

被选进宫时,钩弋夫人只有十八岁,不久,她就怀孕了。汉武帝老年得子,喜出望外。然而,令人奇怪的是,她怀孕居然用了十四个月的时间,才生下了一个儿子,起名叫刘弗陵。汉武帝对臣子们说,当年尧帝十四个月才降生,今天钩弋夫人生下的孩子也是如此,这是吉兆啊。汉武帝赐钩弋夫人居住的宫门名为尧母门,对这位十四个月才降生的小皇子刘弗陵更是宠爱有加。

刘弗陵三岁的时候,即公元前92年,汉武帝在建章宫内,偶然看到一个男子,身佩宝剑走进龙门的背影,行迹很是可疑。于是汉武帝命令侍卫们搜索此人,可是翻遍了整个皇宫,都一无所获。汉武帝愤怒,就下令关闭长安城的城门,在全城展开大规模的搜索,可是十多天过去了,还是没有结果,甚至连皇家的上林苑都搜遍了,还是找不到可疑的人。于是,汉武帝的心中就蒙上了一层阴影。

随后的日子里,巫蛊案就接连不断地发生了。丞相公孙贺父子惨死在狱中,株连九族。阳石公主、长平侯等人连带诛死。还牵连到太子和皇后,最后,皇后卫子夫自杀,太子因为拒捕而自尽,一时间长安城内人心惶惶,死伤无数。

在整整两年的时间里,汉武帝不理政事,只是痴迷于巫蛊之事,而太子的位置也就那么悬着,没有定论。后来,汉武帝年事已高,他逐渐感到自己是力不从心了。那么,这先祖开创的汉室江山社稷,该交给谁呢?谁能够被立为太子?汉武帝日夜冥思苦想,犹豫不定。

一天,汉武帝在钩弋宫里徘徊,刘弗陵走了过来。此时已经七岁的刘弗陵,聪明伶俐,很是惹人喜爱。汉武帝仔细端详着自己晚年得到的这个儿子,他的样貌,他的步态,都很像年轻时的汉武帝,而且,汉武帝还觉得刘弗陵像尧帝一样,是十四个月才降生的。于是,汉武帝彷徨的心中,有些激动起来,渐渐有了答案。

于是,汉武帝决定,立七岁的爱子刘弗陵为太子。

可是,自己已经是垂老暮年,时日无多了。如果自己西去之后,年轻的太子该怎么办?刘弗陵能顺利地入主天下、总理朝政吗?汉室天下会不会再出现一个像吕后那样乱政的女人?汉武帝又踌躇起来,最后,他终于决定,依旧立刘弗陵为太子,但是要同时杀死刘弗陵的母亲、自己的宠妃钩弋夫人赵婕妤,以绝后患。

不久后的一天,钩弋夫人款款地走来,面带微笑,恭迎汉武帝。可她想不到的是,汉武帝竟阴沉着脸,于是钩弋夫人连忙跪拜,不知自己犯了什么错。汉武帝勃然大怒,对钩弋夫人大声呵斥,吩咐左右把她带下去,押送到监狱中关押。钩弋夫人很是不解,不知这到底是为了什么,被押走的时候,还在不停地回头,惶恐地凝视着愤怒中的汉武帝,恳请皇上能够念着平日里和自己的恩爱,心软下来,回心转意。

然而,出乎钩弋夫人意料的是,汉武帝冷笑着呵斥左右,快点把钩弋夫人带下去。钩弋夫人就这样迷迷糊糊地被押走了,并且随即被处决。这个可怜的女人,直到临死都不知道自己究竟犯了什么罪。

据史书记载,钩弋夫人被杀的那天,暴风扬尘,百姓感伤。汉武帝在杀死了钩弋夫人后,问左右的人,外面对他杀死钩弋夫人有什么看法?左右回答说,外臣不明白,既然要立钩弋夫人的儿子为太子,为什么还要杀了她。汉武帝叹息道,国家大事,不是一般人所能了解的。从前之所以乱亡,就是因为主少母壮,盛年的女主寂寞难耐,所以淫乱朝廷,结果导致国家危亡。现在如果要立她的儿子为太子,就得杀了她。

钩弋夫人处死后,被葬在云陵。据说汉武帝为了纪念她,还造了一座通云台,可见心中还是很爱怜她的。还有传说记载,通云台建成之后,每天都有一只青色的鸟光顾这里,直到汉武帝逝世,这大概就是钩弋夫人的灵魂和汉武帝之间的沟通吧,或许她在诉说着自己不明不白的哀怨,或许汉武帝在告诉她必须杀死她的理由。

## 汉景帝为什么腰斩晁错

汉高祖刘邦统一了天下之后,满以为自己的汉家天下能够仙福永享了。可是他却想不到,在自己死后的短短几十年之后,汉家的天下就出现了危机,而且这危机还是自己认为可以屏卫王室的诸侯王发起的。这次叛乱,在历史上就被称为"七国之乱"。

原来,汉高祖刘邦得了天下后,为了使自己的王朝统治更加巩固,他开始大肆封赏同族刘姓为王,给每个有功爵的刘氏子弟一块封地,让他们在自己的封地内居住生活。到了汉景帝刘启的时代,同姓王的势力越来越大。他们当中,有的作威作福,有的仗势欺人,实际上已经不受朝廷的约束了。还有的同姓王封地太多,比如齐国,有七十多座城池;又如吴国,有五十多座城池;还有楚国,有四十多座城池。同姓王的泛滥和他们的不服从中央政府管辖,实际上已经严重影响了汉朝的社会政治秩序。汉高祖刘邦当初分封刘姓子弟是为了巩固自己的统治,可却给后代帝王带来了麻烦。

这时,汉景帝的御史大夫晁错站了出来,他担心这样的局面若持续下去,会引起叛乱,甚至把好不容易稳定下来的汉朝的天下瓜分得四分五裂。晁错对汉景帝说,吴王刘濞不来上朝,按理应当将他处斩。先帝(指汉文帝刘恒)仁慈宽厚,对他宽大,可他反而更自大狂妄,不思悔改,越来越傲慢。吴王在其封地内开山铸钱,煮海为盐,并且招兵买马,准备叛乱。如果陛下不及时地削减他的土地,一定会养虎为患的。这样的话,将来就不好收拾局面了。

汉景帝刘启平素就很欣赏晁错的才华横溢,晁错提出了"削藩"的建议,就是削减诸侯王的封地,得到了汉景帝的同意,然而同时,汉景帝又有一些顾虑。汉景帝对晁错说,削地固然好,可怕他们造反啊。晁错宽慰汉景帝说,如果削地要反,不削地也要反,那么他们现在造反,对陛下和社稷的危害还小些,但如果等他们势力强大了再造反,后果就不堪设想了。汉景帝前思后想,认为晁错的话很有道理,于是终于下定决心:削藩。

晁错的父亲听说儿子劝谏皇上削藩,特地从老家赶到京师劝阻儿子。晁父说,你身为御史大夫,位高俸厚,你怎么不安分守己,好好度日,反倒多管闲事,自寻烦恼呢。各诸侯王都是皇室的亲戚,你能管得了他们吗?你削了他们的封地,他们必定会怨恨你,你图什么呢?

晁错回答父亲说,怨恨是必然的,但如果现在不削地,国家就会不稳定,这样下去,天下总有一天会大乱起来的。晁父听了,叹气道,这样下去,刘家是安全了,可我们晁家就大难临头了。我已经老了,实在不想看到这样的结局啊!晁错再三劝导父亲,可老人依旧只是叹气。后来,晁父回到老家,就服毒自杀了。父亲自杀的消息传到晁错耳中,他非常伤心,可削地一事关乎国家安危,千秋社稷,他又必须去做。可是最终他的命运仍然没有能够逃脱掉父亲的预言。

汉景帝听从了晁错的建议,先削去了楚王、赵王和胶西王的一部分土地。随后商议着要削减吴王刘濞的封地。吴王刘濞得到这个消息,心想,与其束手就擒,还不如先发制人。于是,他联络了楚、赵、胶西、胶东等七个地区的诸侯王,起兵叛乱。他们打着"诛晁错,清君侧"的旗号,这七个国家一起叛乱,在历史上被称为"七国之乱"。

汉景帝没想到吴王刘濞能联合七个诸侯王一起来反叛自己,而且叛军声势浩大,于是不免心中惊惶。他想起先帝汉文帝临终遗言,就派了善于治军的将军周亚夫去讨伐叛军。当时,朝廷上有人嫉妒晁错,想把七国起兵叛乱的责任推给晁错。这些人对汉景帝进谗言说,七国造反,是为了诛杀晁错。如果陛下能够答应他们的要求,杀了晁错,赦免七国无罪,并将原属他们的封地归还给他们,他们的要求被满足了,自然就会撤兵的。汉景帝早已没了主意,便听信了这番话,说如果真的这样,我又何必舍不得晁错一人呢?于是,汉景帝批准了腰斩晁错的奏折,并下诏让七国速速退兵。

吴王刘濞听说汉景帝腰斩了晁错,哈哈大笑说,晁错该杀,但杀得晚了,我现在已经是东方的皇帝,还接刘启的诏书何用呢?说完他继续长笑,并继续向长安进军。

不久后,校尉邓公回到朝廷来汇报军情。汉景帝见了邓公就问他,吴楚七国是不是知道晁错已经死了,他们愿不愿意退兵?邓公回答说,吴王早就有意谋反,他处心积虑,准备了几十年。这次,因削地而叛乱,打着诛晁错的招牌,只是借口而已。想不到皇上真的把晁错给杀了,今后恐怕再也难有人敢替朝廷替皇上出主意了。景帝听了,心中再后悔也没有用了。

但是,幸亏景帝仍记得父亲留给自己的遗言,起用了周亚夫做大将去平定叛乱。周亚夫将军治军严谨,用兵巧妙,他避免跟吴、楚两国的叛军正面作战,只是派一队精兵断绝了叛军的粮草运输。吴、楚两国军队没有了粮食的供应,自己就先乱了起来。相持几日后,吴楚军队已弹尽粮绝。周亚夫看此情景,认为时机已到,就立即调兵遣将,他又亲自率领将士出击,把吴楚军队打得是人仰马翻,一败涂地。

吴楚两国是带头叛乱的两国,他们一败,其他的国家也就不战而败了。三个月内,七国之乱就被平定了。

七国之乱后,汉景帝下令诸侯王不得再亲自治理其封国,封国中所有的官吏,都由朝廷任免,诸侯王逐渐只剩下了一个虚名。以后更实行了推恩法,让同属同一封国的弟子,都在其封国内受封土地,从而使一个封国的能够继承的人越多,每个人的封地就越小。由于对诸侯王斗争的胜利,汉室朝廷的威仪也大大地加强了。

七国之乱,实际上随着汉景帝诛杀晁错这个替罪羊而告终。"诛晁错,清君侧"只不过是吴王刘濞叛乱的一个借口罢了。就算没有晁错在汉景帝身旁,他也会找其他的借口和机会的。这就是汉初高祖刘邦分封同姓王时所没有料想到的一大弊端。

## 汉宣帝为什么险些被杀

汉宣帝刘询是西汉有名的中兴皇帝。当他即位的时候,已经是西汉中期,汉朝开始走上了下坡路,相继登基称帝的皇帝们一个个荒淫无道,不学无术。在这种背景下,出现了汉宣帝这样一个敏而好学,勤于政事的英才之主,实在是一件出人意料的事。而这位皇帝之所以能够有别于其他荒唐的皇帝的原因,就是他自幼遭受了太多的苦难,尽管身上流着高贵的皇室血统,却屡经磨难,好几次都险些死于非命。正是这种成长的经历造就了他明察善断、英武果决的性格。那么,他究竟是怎样当上皇帝的呢?他又为什么屡受磨难呢?

原来,宣帝刘询原来的名字叫作刘病己,他是汉武帝的嫡亲曾孙,他的父亲就是被汉武帝无辜诛杀的卫太子刘据。武帝在晚年听信谗言,杀害了自己培养多年的太子刘据,一时之间没有了合适的皇位继承人,不由得为此大为头痛。在他临终之前,匆匆忙忙的立了钩弋夫人所生的皇子刘弗陵为太子,做自己死后的接班人。

结果,汉武帝死后,年仅八岁的刘弗陵继承皇位当上了皇帝,就是汉昭帝。武帝死前,因为太子年幼,曾经向朝中重臣托孤,嘱咐大臣们好好辅佐小皇帝。这其中就有大司马霍光。他德高望重,功勋卓著,在武帝死后,掌握了汉朝的实际大权。昭帝即位三年后,就在霍光的安排下举行了大婚,立了霍光的外孙女、年仅六岁的上官安之女为皇后,这可真是一对名副其实的娃娃夫妻。此时身为辅弼大臣,同时也是大司马大将军的霍光,就是想达到让皇后专宠后宫,早日生下小皇子的目的,这样,朝政大权就可以为自己所控制了。可是谁知道天公不作美,这对尚未成年的小夫妻不但没有生育,还因为太早纵情于声色犬马而导致汉昭帝刘弗陵过早的体力透支,竟支撑不住而一命呜呼了,年少的皇后上官氏,只得做了寡妇。汉昭帝的英年早逝,让霍光等人措手不及,汉室政权一时间陷入了无人可为帝嗣的危险局面。当时,在汉武帝的其他子孙中,还有广陵王刘胥健在,但刘胥奢侈无道,汉武帝在世时就不考虑立他为子嗣,所以霍光也不能选择刘胥。仓促之中,霍光只得急急忙忙的选定汉武帝之孙、昌邑哀王之子刘贺即位为皇帝。可谁知刘贺为人奸淫狡诈,在宫中淫乱是非,没有一个君王该有的样子,霍光只得废了他。这样一来,群臣更加担忧,朝廷群龙无首,非常容易发生大乱,一时之间都不知该如何是好了。汉室朝廷又一次陷入了混乱和危机之中。

正在这危急的时刻,光禄大夫给事中丙吉上书,经过群臣廷议,奏请皇太后迎立流落在民间的卫太子之孙,人称皇曾孙的刘病已为皇帝。皇太后也同意了这个建议,这刘病已就是后来西汉有名的中兴君主汉宣帝。

这位汉宣帝前半生虽然生于太平盛世,但自身却经历坎坷,生活里充满了艰难险阻,很有传奇色彩。

汉宣帝刘病已本来是汉武帝的嫡亲曾孙,汉武帝征和二年,即公元前91年,奸臣江充利用汉武帝晚年生性多疑,迷信鬼神的心理,为了保全自己,就勾结了奸党,制造了巫蛊大案。结果导致当时的卫太子矫诏发兵想铲除江充,却让汉武帝以为太子是想谋反,遂出兵镇压,结果导致汉武帝父子骨肉相残。最后,卫皇后自杀,卫太子刘据,太子妃史良娣,史皇孙刘进及其妃子王夫人和其他一些皇孙、皇孙女,都罹难了。就连出生数月的皇曾孙都未能逃过劫难,幼年即入狱,这个孩子也是唯一的一个蒙难不死的汉武帝的嫡亲骨血。襁褓中的皇曾孙刘病已,父母双亡,自己的命运又危在旦夕,多亏得到了当时负责审理此案的丙吉的照顾和怜悯,让女犯人们轮番抚养他,方才留下了一条性命,奇迹般地活了下来。

"巫蛊之祸"后来查清了是江充的诡计，是莫须有的冤案，但由于汉武帝一时的震怒，群臣又多惶恐，竟没有人敢说出真相，致使汉武帝晚年变本加厉地怀疑左右人用巫蛊之术害他。后来，汉武帝怀疑有漏网之鱼，生怕更会对自己不利，就派人到狱中去查点罪犯，不论罪行轻重，一经查处，一律格杀勿论。这样一来，灾难又一次降临在了刘病已这个年少的孩子身上。这时，又是丙吉深明大义，他明白皇曾孙的无辜，于是激于义愤，坚决不给汉武帝派来检查的人打开狱门，并且大义凛然地说："皇曾孙在，他人无辜死者犹不可，况皇曾孙乎！"双方就这样一直对峙抵抗到了天亮，使者还是没能进入狱中。回来后禀报给汉武帝，汉武帝命令深究，这才知道太子无罪，原来是一个受害者，于是明白了一切。他下令将江充全家抄斩，诛灭九族，继而又盖了一座思子宫，用来悼念巫蛊的卫太子。而对于存活下来的皇曾孙刘病已，汉武帝慨叹道："这真是天命啊！"于是大赦天下，时年四岁的皇曾孙刘病已得以再一次幸免于难。

　　皇曾孙为什么叫刘病已呢，就是因为他自幼体弱多病。汉武帝大赦天下后，刘病已无家可归，丙吉先是让女犯人们继续抚养他，后来又把刘病已送到了其母太子妃史良娣的娘家交人抚养。汉武帝死后，遗诏中交代要把刘病已收养在宫中，并在家谱中记录下他的名号，号为皇曾孙。掌管后宫的太监张贺曾与卫太子是旧识，因而格外照顾皇曾孙刘病已，并用自己的钱来供他读书，使刘病已得到了系统的学习机会。等到刘病已长大成人，张贺又为他娶了一门亲事，即许广汉之女为妻。皇曾孙刘病已自幼遭难，先是在监狱，后来又在外祖母家和掖庭中长大，所以很珍惜自己的学习机会，敏而好学，对于民间疾苦和吏治得失也很了解，并且有自己的心得体会。坎坷艰难的前半生遭遇，造就了刘病已的能力，也丰富了他的阅历，更增长了他为人处世的经验和才能。刘病已具有操行节俭，仁慈爱人的优秀品德，并且在百姓和大臣中口碑极好，汉朝宗室的其他皇子皇孙们没有能胜过他的。

　　于是，在昌邑哀王刘贺被霍光废掉后，皇曾孙刘病已就以最佳人选的身份被推为帝嗣的继承人。公元前74年，刘病已入主未央宫，拜见皇太后。同时按照汉室的传统，先是封为阳武侯，后即立为皇帝。刘病已嫌自己的名字"病己"

不雅,遂改名为刘询,并立自己的患难妻子许氏为皇后。

俗话说得好,大难不死,必有后福。汉宣帝即位后,经过多年的努力和奋斗,终于铲除了霍光及其霍氏家族的势力,夺回了汉朝的实政大权。粉碎了霍氏的阴谋诡计后,汉宣帝也就剪除了自己治国方略中最大的敌对势力,结束了其前半生的坎坷多难的遭遇,开始日理万机,励精图治。在汉宣帝刘询统治时期,汉朝吏治安定,百姓安居,匈奴臣服,国家强盛,出现了汉武帝之后难得的中兴的局面。

## 汉哀帝割袍断袖之谜

汉哀帝,名刘欣,是汉元帝的孙子,汉成帝的侄子。他三岁时世袭中山王爵位,十九岁时在汉成帝皇后赵飞燕的帮助下,继承大统,可谓是尊贵无比。

然而,汉哀帝身上却少有一般贵族的奢华气息,他崇尚简朴的生活。继位后不久,他就废掉了汉成帝时兴盛起来的乐府官,反对皇族贵戚们过奢靡的生活。接着,他又罢止了齐国的三服官(是汉朝管理织造丝服的官员),提倡臣民们过节俭的日子。汉哀帝自己仅仅册立了一后一妃,以缩减后宫的用度。皇帝带头过朴素平淡的生活,古今少有,汉哀帝这样的做法是为什么呢?

早在汉成帝时期,土地兼并现象严重,贫苦的农民无立足之地,统治阶级又拼命地征收重税以敛财,从而供自己大肆挥霍。民不聊生,苦不堪言。汉成帝还营造了昌陵,花费钱财一百亿元,同时征地平掉了百姓的坟墓几万座,颠沛流离甚至死亡的百姓有几十万人,导致民怨载道。汉成帝时又有连年水灾,大批饥民难民流落异乡,只得卖身为奴。这样一来,贫苦的农民再也无法生存下去了,他们只能揭竿而起,掀起了农民起义的高潮。

汉成帝初年,关中地区有数百人起义;河平三年、阳朔三年、鸿嘉三年、永始三年……都有人起义。虽然农民起义最终被汉朝统治者镇压了下去,但却暴露出汉王朝的统治已是危机四伏了。

汉哀帝即位之时,面临的就是这样一个局面:阶级矛盾严重,农民反抗剧烈，王莽把持朝政、觊觎汉室天下，官僚生活腐败、敷衍国事政务。这也是汉哀帝初年的三大统治危机。他必须要缓和阶级矛盾，笼络人心，才能维护和巩固自己的统治。

于是，汉哀帝下诏，罢掉乐府管，禁止靡靡之音在汉朝的继续泛滥。他一向反对贵族奢侈无度、纸醉金迷的生活，提倡士民过平淡的生活，勤俭节约。同时，免去齐国三服官，不再设立专门管理织造丝织服装的部门，提倡君臣都衣饰朴素，减少用度。汉哀帝的本意是通过减少高档消费，从表面上看，缩小了贫富差距，使对比不再那么悬殊，让穷人感到心理平衡，化解了农民反抗的怨气。

汉哀帝

汉哀帝的个人生活，也可称得上是简朴了。据说，他"雅性不好声色"。他还是定陶王的时候，娶了王妃；他被立为太子后，王妃跟着被改立为太子妃；他登基为帝后，太子妃即成为皇后。汉哀帝从没有喜新厌旧，对原配不离不弃。他虽贵为天子，却从不纵情声色，仅册立了一位昭仪，姓董。董昭仪的住处名为椒风，和皇后的住处椒房相呼应。董昭仪是汉哀帝最欣赏的女子，可她的住处也是很简朴，生活上也很简单，不讲究铺张浪费。汉哀帝的私人生活如此朴素，除了上述政治意义，可以号召臣民效仿学习，减少用度之外，会不会有什么隐衷呢？

事实上，汉哀帝身子孱弱，不能多近女色，他不得不强迫自己减少对女人的兴趣。他选择了补偿的目标——男宠。他的男宠名叫董贤，原本是他做王爷时的舍人。有一次董贤在殿下报时，汉哀帝见到了，顿时一见钟情。董贤蒙汉哀帝恩宠，先后拜为黄门郎、驸门都尉侍中。董贤以身侍帝，同卧同起。据说一次午睡，汉哀帝的衣袖被董贤的身体压住了，他想起床，可又怕吵醒董贤，于是就用刀割断了衣袖，可见恩宠无可比拟。董贤美丽温柔，又妩媚缠绵，深得汉哀帝的欢心。董氏一门由于董贤的缘故，得以升官加爵，荣耀无比。他的亲妹妹即是上面所提到的汉哀帝最欣赏的女子——董昭仪。此外，董贤的父亲、岳父、内弟，都先后被封了高官。董贤自己也成为大司马，权倾天下，傲视权贵。

董贤其实是个绣花枕头，胸无点墨。汉哀帝是个饱读诗书、熟悉治国之道的人，怎么会把大司马这样的重要权位放心地交给董贤呢？

这要从王莽说起。汉哀帝即位之初，正是王氏外戚专权、独揽朝纲的时候。汉哀帝要夺回军政大权，就必须要削弱王氏的权力。汉哀帝用自己的外戚丁氏代替王氏外戚，夺回了朝权。但他只给了丁氏尊贵的地位，并不交给他们实权。后来，他罢免了大司马丁明，由董贤代之。傀儡董贤当大司马，实际上等于全部权力都掌握在汉哀帝自己的手中。汉哀帝得以暂时实现了他的君主高度集权。他尊崇董贤，就可以压制和控制朝野的各派势力，震慑皇族贵戚，使他们不敢与王权抗衡，否则就是死路一条。

汉哀帝提倡节俭，很大程度上缓和和掩盖了社会贫富分化的矛盾，但不能解决实质的问题。实际上，社会矛盾愈演愈烈。他重用董贤，看似夺回了大权，实则，王莽的势力不久就东山再起了。汉哀帝下诏时还限定了田宅和奴婢的数量，触动了大地主的利益，势必会遭到反对，他的设想流于破产。汉哀帝的措施，实际上已经无法挽救岌岌可危的汉王朝的封建统治，刘氏天下已摇摇欲坠。

那么，汉哀帝的节俭，到底是真是假，是不是做样子给别人看？他到底是不是同性恋？我们暂且取他真节俭的一面，因为他或多或少为支撑汉王朝的危机统治，做出了自己的贡献；至于同性恋的问题，不管他是不是，至少他的后宫和历代汉室天子相比，都是清静很多的，他不宠女色是事实，后宫用度的缩减也是事实。从这个角度看，也未尝不是一件好事。

## 汉平帝是被王莽毒死的吗

西汉后期,朝廷政局非常混乱,外戚掌握了朝政大权,皇帝不过是他们手中任意控制的工具,所以,整个国家也是掌握在这些人手中的。而西汉的最后一个皇帝——汉平帝,就是被外戚、自己的岳父王莽下毒毒死的。

王莽,字巨君。他原是汉元帝的皇后王政君的侄儿,在汉成帝、汉平帝时都任大司马,总揽大权,风光无限。他把女儿嫁给汉平帝为后,更是以国丈这无与伦比的尊贵身份掌控朝纲,权可倾国。王莽的权势和地位已经是位极人臣,且皇帝又是自己的亲女婿。可他却杀死了汉平帝,这是为什么呢?

让我们从王莽的身世说起。他的姑母王政君,登上了汉元帝皇后的宝座,娘家一族封爵授官,显贵无比。王莽的父亲早逝,没有能受到皇恩,分得

王莽

个一官半职,他们家仍旧生活贫困。但是王莽却胸怀大志,并不跟那些受到皇后封授的亲友攀比,而是洁身自好,苦读诗书,结交名士,很有远见,因此受到了广泛的赞誉。王莽还小心地侍候自己的贵族亲属,颇受他们的青睐。当时朝中的大司马大将军就是他的伯父,名叫王凤。王凤病重时,王莽比亲生儿子还要细致周到地服侍他,这让王凤很感动,临终前托付汉成帝和王皇后,授王莽个一官半职。

于是,王莽从黄门郎做起,开始步入仕途。不久他就因为表现突出而升为射声校尉。他经常做一些沽名钓誉、哗众取宠的事,把自己伪装成一个爵位越

尊贵、节操越谦逊的圣人的形象。在众人的盛赞下，他被荣封为新都侯，晋官骑都尉光禄大夫侍中，在年仅三十岁的时候，就成为朝廷重臣。公元前8年，王莽更是击败了姑表兄淳子长，成为大将军。

在他任职后，勤于政务，谦和待人，可一年后他却被迫辞职离去，这又是为什么呢？

原来，汉成帝死后无子，就立了侄儿刘欣即位，即是汉哀帝。汉哀帝即位后一个月，就尊奉自己的亲祖母傅昭仪为太皇太后，母亲丁氏为皇太后，追封傅、丁两族的已故亲属。一时间傅、丁两族显赫无比，荣耀至极。傅、丁两姓新的外戚与把持朝政已二十六年的外戚王氏一族产生了尖锐的矛盾。汉哀帝为维持政局的稳定，命令王莽让出大司马之位给丁氏，王莽无奈只好辞职。

后来，汉哀帝着手开始削夺王氏的爵位，把王氏权贵纷纷赶下台。傅、丁两家封侯受赏，跋扈不已。王莽此刻深刻地体会到什么是一朝天子一朝臣的滋味，他认识到了权力的宝贵，积极等待时机，以图东山再起。

公元前1年，汉哀帝逝世，王莽重新执掌大司马的职位。这时年仅九岁的汉平帝即位，因年幼无法亲政，就由王太后临朝，大权实际上落在了王莽的手里。王莽害怕汉平帝日后重演哀帝更换外戚的历史覆辙，就封汉平帝的母亲卫姬为中山孝王后，封平帝的舅父卫宝、卫玄为关内侯，命令他们留居中山，不得入京。

当时朝中有个大臣叫申屠刚，他上书建议应该迎卫姬入京，这一下可触怒了王莽，导致被罢官。王莽的长子王宇害怕汉平帝亲政后，因王莽苛毒而迁怒于自己王氏一族，就想用计使王莽还政给平帝，以求日后能得到皇帝的宽恕。他派妻兄吕宽去王莽府门前喷洒污血，利用王莽怕鬼神的弱点来吓唬王莽。不料王莽的门吏发现了吕宽鬼鬼祟祟的行动，报告了王莽，得以追查出真相。王莽真不愧是心狠手辣，他逼死了自己的儿子王宇，将吕宽下了狱，把自己的叔父王立，堂弟王仁、王安都赐死，肃清了反对自己的势力。王莽还趁机把卫氏一族牵扯进来，除卫姬外，他屠杀了所有的卫氏族人。一时间，朝中再也没有人能跟他一争长短了，他终于可以为所欲为了。

王莽设计剪除了平帝母亲一族,又计划把自己的女儿嫁给平帝为后,安享国丈的无上荣耀。汉平帝十二岁时,王莽就上书为帝选后,他先虚伪地把自己女儿的名字划掉,再暗示朝臣们请愿。这样一来,每天都有上千人上书,请汉平帝立王莽的女儿为后。最后,他的阴谋终于实现了。从此,他的女儿成为帝后,他成为当朝天子的岳丈,又是唯一的外戚。作为国丈执掌朝中大权,甚至还凌驾于汉平帝之上。

汉平帝内有王莽的女儿的监视,外有王莽的控制,又远离自己的亲生母亲,心中对王莽自是十分仇恨。到底还是年少不经事,汉平帝无意中流露出了对王莽的怨恨,被监督他的人知道了,报告给了王莽。这使得王莽警觉起来,他明白小皇帝一旦长大后亲政,第一个要杀的就是自己这个国丈。于是,他决心不留汉平帝,必须除掉他。

公元5年,大臣们欢聚一堂,为汉平帝贺寿。王莽献上一杯酒给皇帝祝寿,平帝喝了这杯酒后,毒性在夜间发作起来,腹痛难忍。王莽得讯,知道毒酒发作,心中大喜。但是为了掩人耳目,他还虚情假意地仿照周公替武王祈祷的故事,将自己甘愿代死的祷文封在匣内,以示忠心。汉平帝几天后终于不治身亡,王莽又假惺惺地令天下官吏穿孝衣三年,以示郑重怀念。

汉平帝死后,王莽又选择了更年幼的仅仅两岁的小王孙刘婴立为皇太子,自己摄行皇帝之事,称"摄皇帝"。公元9年,他再也装不下去了,终于自立为帝,定国号为"新",史称新朝。

为了争权夺势,历朝的宫廷内都充满了腥风血雨。王莽的女婿汉平帝因为怨恨王莽而招致杀身之祸,可刘婴仅仅五岁就被废掉,说明了什么呢?由此可见,任何人阻挡了王莽窃取天下的脚步,都成为他的绊脚石,不管是女婿还是儿子,他都毫不手软,坚决除掉。权贵的心中只有权力,根本就没有骨肉亲情。这样看来,王莽为了保护自己的权势,而杀害自己的女婿,宁可让女儿当寡妇的行为,就不奇怪了。

## 王莽真的杀死了亲生儿子吗

王莽是西汉末著名的外戚,他以外戚的身份专权,掌握汉室大权,并最终篡夺了刘氏的江山,自立国号为"新",自己当起了皇帝。在他逐渐攀登上权力顶峰的日子里,他杀害了自己的女婿汉平帝,毫不手软,令人发指。那么,他的亲儿子是怎么死的,是史书上所记载的自杀吗,还是另有原因?

实际上,王莽为了他朝思暮想的皇位,可以说是"大义灭亲"地逼迫了自己的亲儿子自杀,这要从他担任大司马时说起。

公元前8年,王莽刚刚三十八岁,就被升为大司马。他平素一向尽力表现出仁义礼孝、忠君爱国的样子,希望博取皇帝和朝臣们的尊敬与信任。旁人也确实都被他表面上做出来的样子骗住了,认为他是一个正直诚实的君子。然而,信任他的汉成帝的去世后,哀帝即位,任用了新外戚傅、丁两族,王莽的大司马之职刚当了一年,就不得不被迫让位给丁氏。王莽于是回到自己的老家南阳,积极结交地方上的士大夫,准备东山再起。

但就在他家居之时,他的家人却又出了问题,到了考验王莽的时候。他的二儿子王获,意外之下杀死了一个奴隶,这种事在当时本来不是什么大事。要知道那个时候,官宦世家都养着很多奴隶和婢女,尽管皇帝有严令,不允许任意杀害奴隶,但是在大家族里死一两个奴隶实在不是什么大事。可是王莽为了博取自己的好名声,却对自己的儿子痛加斥责,而且还命令儿子王获自杀给那个奴隶偿命。王莽这样"大义灭亲"的举动,虽是小题大做,却果然如愿地为自己赢得了极好的声誉,朝野上下对他是一片赞美之声。在强大的舆论压力下,汉哀帝只好恢复了王莽的官职。于是,他踏着亲生儿子的鲜血,重新登上了大司马的高位。

公元前1年,汉哀帝驾崩,汉平帝即位,平帝的皇后就是王莽的亲生女儿。平帝年幼,王莽从此得以掌握了朝政大权。他还怕有其他人来争夺自己手中的权力,就卑鄙地用计排挤了平帝的母亲卫氏一族,不许平帝的亲生母亲和小皇帝见面,也不让卫氏族人到京城来。他的大儿子王宇很担心汉平帝长大后怨恨王莽造成自己骨肉分离,从而迁怒于王氏一族,甚至要王氏后代遭受灭门之祸,一直为此而忧心忡忡。可他知道,父亲是无论如何也不会听从自己的劝说的。为了避免日后的灾祸,他想出了一条"妙计",但他却绝对没有想到,这条"妙计"一出,就搞掉了自己的性命。

为了这件事,王宇找到了自己的老师吴章和妻子的哥哥吕宽商议计策。吴章知道王莽迷信鬼神,就出主意说,把狗血洒在王家的大门上,让他感到害怕,吴章再去借机说天神之意是让王莽迎接汉平帝的母亲卫姬入京,还政于卫氏一族。王宇也认为这个办法行得通,就让吕宽赶快去办理。于是这三个人分头行动,吕宽趁着夜黑人静的时候,把狗血淋在王莽府门上,随后慌慌张张地就跑开了。不料王莽的门吏竟然看见了他,还认出这黑影竟是吕宽,就禀告了王莽。正感觉毛骨悚然的王莽听说此事,连夜审问吕宽,吕宽又供出了王宇。

王莽面对自己的亲儿子王宇,气得眉毛倒竖。他呵斥王宇,问是谁指使的,谁是主谋。王宇战战兢兢地供出了老师吴章。他以为父亲这一次大发雷霆,一定会重重处罚自己的。可他万万也没想到,王莽问完话后,什么也没再说,只是冷冷的跟他说:"你自杀谢罪吧!"说完就走开了。王宇实在想不到父亲竟然如此绝情,失魂落魄地倒在地上,再也起不来了。逼着儿子自杀后,王莽又杀掉了吴章。然后,他决定一不做、二不休,又将屠刀伸向了卫氏一族,杀尽了除平帝的亲生母亲以外的所有卫氏亲族,还把王氏一族内与自己不和的亲属,全都扣上通谋卫氏作乱的罪名,杀了个干干净净。朝中大臣也被他借此机会铲除异己,死掉了许多人。

这一次,王莽的"大义灭亲"又为他赢得了巨大的荣誉,王宇的鲜血让他荣膺了"宰衡"的称号,得到了"九锡"的待遇,荣耀显贵,无可比拟。

王莽踏着两个儿子的鲜血,一步步登上日益升高的台阶,平步青云。公元8年,他成功地篡夺了刘氏的汉室江山,坐上了自己所建立的新朝的龙椅。

然而,因为是靠阴谋夺位,他也时时刻刻提防着别人篡夺他的宝座。王莽共有四个儿子,王宇、王获被他逼死后,另外一个儿子被吓疯了,他只好封仅剩

·秦汉秘史·

图文珍藏版

的一个儿子王临为皇太子。王莽连续诛杀了两个儿子，妻子为此而哭瞎了双眼，王莽就让王临来侍奉亲母。王莽的妻子有个侍女叫原碧，曾经与王莽私通，这时王临来到后宫时，也和原碧勾搭在一起。日子久了，王临害怕自己的丑事被父亲知道，就和妻子密谋杀掉王莽篡位。可是在他还没来得及行动前，王莽就发觉了这件事，废掉了王临的皇太子之位，并把他撵出京师。第二年，皇后病危，王临写信给母亲，说皇上对子孙太苛刻，大哥、二哥都是三十岁时被父亲逼着自杀了，就不知道自己今年也已经三十岁了，能否保得住这条性命。正巧这时王莽来探视病危的皇后，见到了这封信，顿时震怒异常。皇后一死，他就拷问原碧，问出了她和王临私通的事。王莽怕家丑外扬，竟把参与审问的官吏一同处决，并勒令王临自杀，王妻也被逼自尽。

为了皇位，王莽不惜杀死了自己的三个儿子，充分暴露了他性格中恶毒残忍的本性。连亲生儿子都可以杀了，还有什么是他不能做的呢？为了权力而不择手段，这样的人在历史上也不是没有。但像王莽这样杀子杀婿的，倒真是不多见的。俗话说："虎毒不食子"，这句老祖宗的话用在王莽身上，是肯定不会合适的。

## 新朝皇帝王莽的结局如何

公元 8 年，西汉的外戚王莽在蓄谋已久后，终于如愿以偿地篡夺了汉朝的天下，建立了自己的新朝。

王莽即位做了皇帝以后，面临着西汉末年一片衰败混乱的政治局面。为了挽回败局，王莽实行了一系列的改革措施。王莽首先改革了官制，将传说的上古官制拿来和汉朝官制结合，就成了新朝的官制。关于土地改革，王莽参照了夏商周的井田制，颁布"王田令"，即将天下土地改称为"王田"，同时禁止土地的买卖。如果一家人中男丁不满 8 人，但土地超过了 900 亩，就要将多余的土地交给国家，再分给本族人耕种。以前没有土地的家庭则依照一夫一妻一百亩的标准分配，违背法令的人将被流放。流放在封建社会是仅次于死刑的一种刑罚,流放后还要服劳役,以后也不准再返回家乡。为了防止奴婢的增多,影响国家劳动力的减少,还颁布了"私属令",将奴婢改称为"私属",禁止买卖,违令者也是流放。另外,国家还将盐、铁、酒收回专卖,国家垄断铸钱,国家管理山林水泽,并收山泽税等等。他还先后改革币制,有四次之多,可是每改一次,都使人民更加贫困不堪。

王莽的新政并没有使他的政权稳固。他的所作所为导致了北方匈奴的不满,致使边陲重起战祸。当对外的战争正节节败退的时候,朝中的大臣又发生了叛乱。因为这次事件的刺激,对很多的亲信也不再相信了。每当外出的时候,他都要事先派兵在京城搜查,还取名叫作"横搜"。有一次外出,王莽惶恐得竟命令在京师搜查了五天之久。为了防范其他的人谋反,王莽对大臣入宫的随从人数做了限制,这又导致了新的矛盾。太傅平晏有一次进宫时带的随从超过了规定的人数,结果被把守宫门的仆射拦住,双方发生了纠纷,平晏的随从盛怒之下将仆射捆了起来。王莽听说后,气得七窍生烟,马上命人围攻太傅府,把闹事的卫士处死,这才算完。王莽还总是觉得自己的儿子想夺权,因此把儿子也一个一个地杀死了。

就这样,他虽然用杀戮的手段将内部的祸患消除了,但外面的威胁即起义军却已经壮大起来无法消灭。王莽的统治已经走上了末路。

在这动荡的乱世之中,王莽再有办法,也不知道该如何挽救自己的命运了。最后,他的所谓救亡措施给后人留下了很多的笑柄。

有人见他很害怕,便对他说,远古的黄帝曾经建了一个华盖,后来黄帝就成了仙。王莽听了,赶忙命人建了一个九重的华盖,高达八丈一尺,将这当成了成仙的车。每次外出,都要在前边拉着。还让几个人在车上击鼓,同时,拉车的三百名勇士边拉边喊:"登仙!登仙!"

还有人献计说,按照古时礼制,国家有大难时,就以哭来向上天求救。于是,王莽就率领大臣们到了郊外,王莽抬头喊道:"苍天!你已将天命授予我,但为什么不替我消灭反贼!如果是我有大错,就请用雷电击死我吧!"然后,王莽就痛哭不止,也许是王莽真的着急了,结果哭得昏了过去。为了向上天表示自己的真心,王莽还命令太学生和百姓们每天都到郊外去哭,早晚各哭一次。他为了让大家尽心地替他哭,还下令说,哭得悲痛的就给郎官做。重赏之下必有"哭夫",结果短短几天工夫,就有五千人得到了郎官的职位。

在公元23年,即地皇四年,绿林起义军拥立刘玄称帝,年号定为"更始",刘玄就是更始帝。这使王莽受到了前所未有的打击,为了冲走这个不好消息带来的晦气,王莽举行了盛大的婚礼。为了显示自己没有老,他还特意将自己的胡子染成了黑色,但这丝毫不能挽救王莽的败亡命运。

公元23年的六月,王莽派出的军队和起义军在昆阳交战,结果王莽军几乎全军覆没。起义军乘胜直捣长安。十月一日,义军攻进了长安的宣平门,进入城内。最后,王莽被起来响应义军的一名商人杜吴杀死。

王莽死后,民间流传着这样一个传说:当初刘邦起义的时候路上遇到了一条巨大的白蛇挡住去路,刘邦抽剑要斩杀这条蛇时,那条蛇忽然说出刘邦有帝王相,但它还是要和他作对。它说,如果刘邦斩它的头它就在他朝代的头捣乱;如果斩它尾,它就在朝代的尾捣乱。结果刘邦将蛇拦腰斩断,最后,汉朝(包括西汉和东汉)就在中间被王莽的"新"朝捣了十七年的乱。而王莽就是这条蛇后来变成的,而"莽"正好和蟒蛇的"蟒"同音。如此看来,王莽的灭亡真是从一开始就定下来了。

# 后宫秘录

## 吕后成为中国第一个女主之谜

在中国几千年的封建社会历史中,有一种不太常见的现象,就是女子当朝专权执政。在封建社会男尊女卑的大环境下,这种情况的出现是很偶然的。纵观中国历史长河,女子专权,从汉初吕后始,至清末慈禧终,可以说,贯穿了整个封建社会的历史。尽管吕后帮助汉高祖刘邦平定天下,治理国家,加强了汉室王朝的中央集权统治,功不可没;而慈禧祸国殃民,淫威肆虐,为害大清,她们二人的功过是非是不可同日而语的。然而,这两个女人,在获得皇权,施展阴谋的过程中,狡诈残忍的狠毒心肠却是如出一辙的。

吕后,名雉。她和刘邦是一对患难夫妻。在楚汉战争时,吕雉一度被项羽抓获,扣为人质,以此来挟制刘邦,她也因此而吃尽了苦头。据史料记载,吕雉为人刚毅,辅佐汉高祖刘邦定天下,并且在刘邦夺取政权和巩固政权的斗争过程中,吕后直接插手策划诛杀有功之臣,铲除异己。这样的事件,首当其冲的,就是韩信之死。

公元前201年,即汉高祖六年,有人上书诬告楚王韩信谋反。刘邦听从陈平的建议,以巡游云梦泽、朝会各路诸侯为名,诱捕了韩信。在回到洛阳之后,他派人百般审问韩信,却始终不得要领,根本找不到韩信要谋反的证据。按说在这种查无实证的情况下,韩信可以说是无辜的。刘邦实在找不出什么毛病,只好赦免了韩信,但是把他降为了淮阴侯。韩信自己也知道得很清楚,在天下已经平定的今天,皇帝已经用不着自己了,自己的才能反而遭到刘邦的嫉恨。为了躲避灾祸,韩信于是从此称病不起,再不上朝。这样日积月累下去,韩信心中很不是滋味,自己为刘邦夺取天下、建立汉朝可谓是立下了汗马功劳,到如今却遭到这样的对待,于是他终于下定了决心,联合陈豨准备谋反。

公元前91年,汉高祖十年,陈豨举兵叛乱,刘邦亲自率兵征讨,韩信暗地里和陈豨联合,准备在京城之内起事,里应外合。在韩信各方面部署周详,只等陈豨消息的时候,却未料到被舍人告发,让吕后知道了。吕后和丞相萧何秘密商量后,一方面派人诈称是从刘邦处归来报捷,扬言陈豨已经兵败身亡,要诸侯群臣火速入朝祝贺;另一方面,她又让萧何骗韩信入朝。韩信对萧何一直很是敬重,因为当年自己由楚入汉时,就是萧何向刘邦举荐了自己,对自己有知遇之恩。萧何的邀请,韩信自是不会怀疑,果然如约入宫朝贺。可韩信万万没想到的是,自己刚一进入长乐宫,就被吕后抓起来杀掉了。

接下来,吕后要对付的是梁王彭越。在刘邦讨伐陈豨时,曾经想征调彭越前往,可彭越却称病而不出兵。他的部下还曾经建议说不如自己也发兵谋反,可彭越又犹豫不决。后来,彭越的太仆向刘邦告密,说彭越要谋反,于是刘邦把彭越抓了起来。刘邦本想治彭越的罪,可考虑到彭越只是思考谋反,并未实行,就把他的梁王封号废掉,从此贬为庶人,迁往蜀郡居住。在彭越去蜀郡的途中,遇到吕后,彭越向吕后申诉,说自己无罪,哀求吕后,放自己迁回故乡昌邑。吕后假装安抚彭越,答应了他的请求。可回到洛阳,吕后却向刘邦进言说,不要放虎归山,以免成为后患。她又设计让旁人再次诬告彭越谋反,随即以这个理由杀了彭越,并将他的尸体剁碎,制成肉酱,让各诸侯吃下去,借此杀一儆百,不但杀人不眨眼睛,所用的手段更是残忍异常。

这样残忍的做法,终于引起了另一个诸侯王的反抗,这就是淮南王英布,他也继韩信、彭越之后,兴兵起事,叛乱汉朝,最后也落得个被诛杀的下场。

吕后用她残忍的计策,杀死了异姓三王,对刘邦的汉室江山而言,起到了免除内乱,巩固中央集权统治的作用。然而,在这样一个过程中,吕后也从中渔利,借机铲除了异己,结党营私,威服群臣,为她日后篡权夺位扫清了障碍,铺平了道路。这可谓是一箭双雕的做法,也是吕后在摘取皇冠,夺得皇权的道路上,迈出的第一步。

果然,在汉高祖刘邦病逝后,吕后的族人和刘氏宗室就展开了激烈的斗争。首先遭到吕后毒手的,是刘邦生前最宠爱的戚夫人和她的儿子赵王如意。戚夫人在刘邦生前,想让刘邦废掉太子、吕后的亲生儿子刘盈,而改立自己的儿子刘如意为太子。虽然最后刘邦没能行废改之事,可吕后却更加嫉恨戚夫人了。在刘邦死后,吕后让人将戚夫人砍断手脚,挖去双眼,烧聋耳朵,毒哑嗓子,并把她装在一个大罐子中,让戚夫人求生不得,求死不能。这样悲惨的戚夫人,竟然被吕后称为“人彘”。吕后随即又毒杀了赵王刘如意,虽然汉惠帝刘盈竭尽全力保护如意,可还是百密一疏,让吕后得逞了。

不仅如此,吕后还折磨自己的亲生儿子汉惠帝。她让汉惠帝娶自己姐姐鲁元公主的女儿为皇后,这是汉惠帝的亲外甥女啊,乱伦且不说,近亲结婚,自然弊端多多,最直接的后果,就是汉惠帝没有子嗣。于是,在吕后的安排下,惠帝只得立后宫美人之子为太子。随后，吕后又让惠帝去观看可怜的"人彘"——戚夫人，这让汉惠帝大受刺激，深感吕后的惨无人道，歹毒无比。于是从此汉惠帝不理朝政，直到忧郁病死。这样，惠帝所立的太子，并非亲生，又没有强硬的后台支持，吕后垂帘听政成为必然趋势。这就是吕后登九五之尊的第二步。

然而，刘氏汉家江山的宗族力量还是很强大的。而且人心向汉，群臣也不服。于是，吕后想出一个计策，让诸吕姓之女成为刘氏诸王的妃妾，这样一来，就可以名正言顺地在刘氏宗族身边安插耳目，监视他们的一举一动了。吕后用这样的方法，先后杀害了刘邦的其他几个儿子，只剩下齐王刘肥，代王刘恒和淮南王刘长三个人。还以幼帝并非汉惠帝亲生子为名，杀害了聪明伶俐的幼帝。吕后还将自己的吕氏族人全部封王封侯，这虽然违反了刘邦开国时立下的"非刘氏不得王，非有功不得侯"的规矩，但是在吕后的淫威之下，大臣们虽然都很气愤，却没有一个人敢提出反对意见。

这样，吕后终于实现了生杀予夺，随心所欲的梦想，完成了她篡权夺位的最终目的。而刘氏江山，这时已经岌岌可危了。

## 戚夫人究竟是怎么死的

汉高祖刘邦前半生过的孤孤单单的，后来当上了汉王，继而又成为皇帝，则一改往日的惨景，招揽了许多美女环绕在自己身边，供自己享乐。在这些美人之中，他最宠爱的就是戚夫人。据说这位戚夫人生性温婉，美丽迷人。刘邦常常当着大臣的面儿，毫不避嫌地怀里抱着她，同时纵谈国事。戚夫人还为刘邦生了一个儿子，起名叫如意，就是后来的赵王。如意这孩子也很得刘邦的宠爱，聪明伶俐、坚决果敢，常在刘邦身边撒娇，喜得刘邦合不拢嘴。刘邦常觉得如意才真正像自己的继承人，比太子刘盈合适多了。

戚夫人当然也明白母以子贵的道理，自己现在还很年轻，容貌尚在，所以刘邦还很宠爱自己，但是等到自己年老色衰了，刘邦对自己失去了兴趣，或是刘邦不在了，自己母子的日子就难过了。于是，她也把宝押在儿子如意身上，希望刘

吕后对戚夫人

邦因为对自己和儿子的宠爱,能废掉吕后所生的儿子刘盈,改立如意为太子。这样,日后自己就能成为皇太后了。所以,为了这个目的,她经常在刘邦的耳边吹枕边风,说什么也要刘邦改立太子。那时,吕后尽管把戚夫人视为眼中钉、肉中刺,但是因为刘邦太宠爱她,也无可奈何,尤其是废立太子的事,更让吕后感到忧心忡忡。戚夫人整天在刘邦身边哭哭啼啼的,刘邦被她哭的实在烦了,而且自己也确实有改立太子的想法,就决定让大臣们讨论改立太子之事。

然而在群臣的坚决否决和吕后的干预下,戚夫人的计划最终没能实现。刘邦在权力平衡的思量之下,仍旧选择了保留刘盈的太子之位。刘邦深知自己的妻子吕后善妒,在他临死前,仍然对戚夫人和如意感到非常不放心,对他们的归宿做了很好的安排。他封如意为赵王,留守赵地,同时派周昌保卫辅佐他,希望这样可以让如意避开吕后,或许可以使他们母子免于劫杀。然而,他的苦心安排终于还是没有能够避免惨剧的发生。刘邦一死,戚夫人母子就遭了殃。

刘盈即位为惠帝后,知道母亲一心想害自己的弟弟如意,就特意把如意接到自己身边,以便就近保护他。但是,惠帝千防万防,如意还是被吕后下毒毒死了,而戚夫人更是遭受到灭绝人寰的杀戮。

吕后实在恨戚夫人入骨,她让人拔掉戚夫人的头发,给她戴上沉重的枷具,整日游街行走,极力羞辱她。后来,吕后还觉得不甘心,又命人斩断戚夫人四肢,挖眼熏耳,灌哑药使其失声,再把她扔到茅房里,让她身上长满了蛆虫。她还非常恶毒的通知宫中的人,让大家都来看"人彘"。应命而来的人们看到这种惨状，全都不禁落泪。可怜戚夫人这一代美人，在刘邦生前集万千宠爱于一身，身后却落得个如此下场，死时连尸骨都未能保全，更何况临死前还要遭受如此非人的折磨。

惠帝刘盈也曾经亲眼目睹了"人彘"，当时只觉得恶心。后来，当他知道如此残忍的事正是自己的母亲所为时，更是感到深恶痛绝。然而，当他知道那"人彘"就是宫内最美艳、当初父王最宠爱的戚夫人时，他的精神受到了强烈的刺激，竟然从此病了一年多。从这以后，他也就心灰意冷，不理朝政了，使汉室大权落于吕后之手。

戚夫人的死是吕后铲除眼中钉肉中刺、不择手段的结果。和戚夫人相比，薄姬就是幸运的了。同为刘邦的妃子，戚夫人受宠，薄姬则遭冷遇。年轻时她颇为伤怀，可到老了这失宠却帮了她的大忙。薄姬由于不怎么受宠，日日以泪洗面，憔悴异常，尽管她也生下了一个皇子，却也同样不受刘邦的喜爱。就是因为这样，这对母子才得以在宫中平平安安的存活了下来，没有因为招致吕后的妒忌而被害死。这个不受宠的皇子刘恒，后来被封为代王，就是日后的汉文帝。

史家关于戚夫人的死因，没有太多的争执。女人间勾心斗角的动心眼儿，最终演变成你死我活的杀戮之争。吕后的残忍有目共睹，可其也为汉室的发展奠定做出了不可磨灭的贡献，因而深得老臣们的敬重。戚夫人虽得刘邦宠爱，可刘邦越是宠她，吕后就越是嫉妒她，而她年轻不经事，却也不懂得迂回处世的道理，倚仗刘邦的宠幸，就不把吕后放在眼里。这样下去，矛盾一日深似一日，终于在刘邦死后招致杀身之祸。同时，她不似吕后善于与权臣们搞好关系，也是她不得人心的原因之一。况且，大臣们还都以她为祸水，认为是她导致刘邦欲违反立长不立幼的祖制，演出废立太子之说的罪魁祸首。

自古红颜多薄命，戚夫人因为太疏于心计，没为儿子刘如意找到一个可靠的归宿，不仅自己香消玉殒，反累得儿子也跟着自己丧了命。如果她当初机敏一点，懂得左右逢源、见风使舵，也许在刘邦死后，她们母子的日子也就不会这么难过了。不过，即使她改变了，吕后依然是那个心狠手辣的吕后，依旧是不会轻易放过她们母子的。可叹刘邦生前指点江山、纵横疆场，死后竟连一个自己

·秦汉秘史·

图文珍藏版

最心爱的女人、最宠爱的儿子也保护不了。

## 卫子夫母子惨死之谜

人们总是说红颜薄命,汉武帝的皇后卫子夫虽然谈不上什么红颜薄命,并不是年纪轻轻就死了,而是稳稳当当的作了三十几年的皇后,但是这并未避免她最终落了一个悲惨的下场。

卫子夫

汉武帝刘彻年轻的时候很宠爱卫子夫。卫子夫出身卑微,她的母亲卫氏是汉武帝的姊夫平阳侯曹寿家的一名姬妾。据说这个卫氏人长得风流秀美,曾经和人私通,生下了一男三女。后来,她到了平阳侯的府中,又与府中的郑季欢相好,生下了一个儿子,就是后来的大将军卫青。卫氏这先后私通,一共生下了三子三女,长子卫长君,次子卫青,三子卫步;长女卫君孺,次女卫少儿,小女卫子夫。

其中,卫氏的长女卫君孺嫁给了胡人公孙贺,次女卫少儿和霍仲孺私通,生下了一个儿子,就是后来的大将军霍去病。三女卫子夫明艳动人,从小在平阳侯家中学习歌舞,是一名多才多艺的歌女。有一次,汉武帝到平阳侯家中喝酒,在众多的歌女之中一眼就看中了年轻貌美的卫子夫,并且在更衣室中迫不及待地临幸了这个美人。随后卫子夫就被送入汉武帝的后宫之中。

但是后宫的美女实在太多了,卫子夫原本以为入宫之后就会得到汉武帝的宠爱,可没想到汉武帝竟然忘了她,而且这一忘就是一年多。直到一年以后,后宫遣散多余的宫女,卫子夫也在遣散之列,出宫时汉武帝亲自做最后的鉴别,才发现了卫子夫。此时的卫子夫，面对自己未卜的前程，想起汉武帝之前在平阳侯府中对自己的恩爱，不尽悲从中来，掩面而泣。汉武帝见到这个哭得梨花带雨的娇小美人很是惹人怜爱。再定睛一瞧，竟是被自己临幸过的更衣室中的女子，于是亲自拉过她，卫子夫就这样留了下来，后来就渐渐受宠起来。

不久，卫子夫怀孕了。卫子夫于是趁机请汉武帝封自己的兄长卫青以官职，卫氏一门渐渐飞黄腾达，显贵起来。

后来，汉武帝原来的皇后陈氏失宠被废，卫子夫更加专宠后宫。她的兄弟卫青也因此跟着发达起来，官拜大将军，竟然婚配了平阳公主。原来的主子变成了现在的妻子，可见卫氏一族的地位早已经不同往日了。

卫子夫接连给汉武帝生了三个女儿，后来，在公元前128年，她终于如愿地生下了儿子刘据。这时，汉武帝二十九岁，已经即位十三年了。母以子贵，既然陈皇后已经被废，卫子夫便被册立为皇后了。又过了六年，刘据被立为太子。太子喜爱读书，汉武帝就在太子宫中盖了一座博望苑，供太子招纳文人。

卫子夫中年之后，年老色衰，汉武帝移情于赵夫人、李夫人。晚年的汉武帝喜怒无常，猜忌疑心，经常无中生有。结果，宫中兴起巫蛊之祸，无数人惨死其中，皇后卫子夫和太子刘据就是巫蛊案中的最大牺牲者。

巫蛊是当时盛行于宫中的一种民间巫术，即是用巫术诅咒，据说将木偶埋在地下，就可以害死自己憎恨的人。汉武帝晚年多病，总疑心是左右有人用巫蛊害自己，于是就在宫中大兴巫蛊之祸。

巫蛊之祸从公孙贺开始。有人上书汉武帝，说公孙贺的儿子和阳石公主私通，并且在汉武帝常常出入的甘泉宫地下埋有木偶，诅咒汉武帝。汉武帝听了大怒，立即查办治罪。公孙贺父子惨死在狱中。

随后，又有人诬告说太子宫中也有木偶人，且木上有字，不堪入目。太子大为恐惧，知道一旦沾惹上这种事端，就于事无补了。慌乱中，竟调用了皇后的车马和军队，打开了宫中的武器库，集结卫士，想去捉拿散布谣言的奸人。结果一时间长安城里大乱，人心惶惶，都传说太子要谋反。

于是，和太子有私仇的奸人江充禀告汉武帝，说太子兴兵作乱。汉武帝开始还不相信，后来就派兵镇压，要捉拿太子。太子很害怕，就匆匆忙忙地逃出了长安，到一农户家避难。可地方官一路追杀至此，太子无处可逃，只好闭门自缢身亡了。皇后卫子夫，也在宫中含恨自尽了。

一年之后，汉武帝才查清了此事的原委，方知错怪了太子，也连累了皇后卫子夫。他后悔不已，可是已经太迟了。

后来，汉武帝为了追思太子，在长安城内修建了思子宫，以寄托自己对卫氏母子的哀思。可无论如何，他的妻子，他的儿子，都死于他的一时昏庸和不辨是非。可叹卫子夫当年如此专宠，到头来竟落得个如此悲惨的结局。太子刘据也是自幼就深受父皇和母后的喜爱，可谓是衔金而生，最后却仍旧死于非命。就是因为汉武帝的一时糊涂，大兴巫蛊，害死了众人，导致汉朝宫廷混乱，也直接害死了自己的皇后和太子，使自己晚年尽尝了苦果。

## 赵飞燕为什么能得宠

赵飞燕是汉成帝的皇后，而且是第二任皇后。据说她妖娆冷艳，舞技高超，貌美不可方物。她的妹妹赵合德，也被选入汉宫之中，封为昭仪。赵氏姐妹受汉成帝专宠近十年，权倾后宫。那么，赵飞燕是如何"集三千宠爱于一身"的呢？

让我们从赵氏姐妹的家庭背景谈起吧。赵飞燕的父亲赵临是汉朝官府中的家奴，由于生活贫困潦倒，女儿赵飞燕出生后他无力抚养，于是将她扔到了荒郊野外。传说赵临回家后晚上总是梦到婴儿在啼哭，心中不安，四天后他终于决定到郊外再去看看自己的女儿。结果所见令他大吃一惊，孩子竟然没死。于是赵临就又把她抱回家中，日子拮据，勉强养活。赵飞燕由于家境的原因，从小就被卖到当时的阳阿公主家做歌舞伎。她聪敏过人，很有天分，练成了一副迷人的歌喉和高超的舞技。

有一次，汉成帝微服出巡，来到阳阿公主的家中。公主命令自己的歌舞伎们为汉成帝表演助兴。这是汉成帝与赵飞燕的第一次见面。只见赵飞燕眼神勾人魂魄，歌喉清丽动人，舞姿曼妙婀娜，一下子就深深地吸引了汉成帝，使之为她倾倒。从此，汉成帝就非常乐意来到阳阿公主府，每次都为赵飞燕而来，时间长了，渐渐有了感情。

这阳阿公主看出了汉成帝的心思，一直不主动提出让赵飞燕侍奉汉成帝的事，为此汉成帝心中很是痒痒，多次来到公主府邸，阳阿公主从中获得了不少的好处，便开始为汉成帝和赵飞燕的独处创造条件。

赵飞燕

终于，汉成帝将赵飞燕带回宫中，

正以为自己如愿以偿得到佳人的时候，没想到赵飞燕使了个欲擒故纵的计谋，一连三夜都拒绝了汉成帝召幸的要求，她这样的举动极大地激起汉成帝作为男人和帝王的征服与掠夺之心，从此夜夜临幸赵飞燕，再也离不开她了。

赵飞燕容貌出众，身材娇小，舞技过人，这些因素使得她在汉成帝众多后宫嫔妃中鹤立鸡群，非常突出。她创造出一种舞步，手做拈花颤动状，身则仿佛轻风移动，这令年轻的汉成帝十分着迷。

曾经，汉成帝专门为赵飞燕举行舞技表演，安排在汉宫太液池中的瀛洲高榭之上。汉成帝用玉环来击打节拍，令乐师冯无方吹笙伴奏，赵飞燕跳起"归风送远曲"。一阵风吹过，赵飞燕竟被吹了起来，险些落在太液池中，多亏冯无方抓住她的水裙衣角，才有惊无险。汉成帝又产生奇思妙想，令宫女手托水晶盘，让赵飞燕站在盘上跳舞。她的绝妙舞伎，可谓是前无古人后无来者，深深地吸引了汉成帝，给年轻的君王以全新的视觉享受，从此对她更加迷恋。

赵飞燕不仅是个美貌的女人，更是个心思缜密的女人。为了能够抓住汉成帝的心，她又把容貌更胜自己一筹的妹妹赵合德推荐给成帝。本来赵飞燕的美貌已令汉成帝倾心不已，又见到赵合德，这让他非常惊羡，而赵合德柔情万种，更令汉成帝神魂颠倒。于是,他一刻见不到赵氏姐妹就心神不安。赵氏姐妹的话汉成帝更是言听计从。当时他本有一位皇后,姓许,赵飞燕姐妹俩设计陷害许皇后,成帝就废后,改立赵飞燕为皇后,册封赵合德为昭仪。从此,赵氏姐妹掌握了汉室后宫的生杀大权,不可一世。

赵氏姐妹虽然得宠,可从未怀孕,也有人说这是她们的报应。然而,自己怀孕不成,她们便害怕别的嫔妃怀孕生子,威胁到自己在后宫专宠的地位。于是,姐妹俩开始疯狂地摧残宫人,一时间,宫里堕胎的宫女无数。由此,民间流传着"燕飞来,啄皇孙"的儿歌。曾有位曹姓宫女生下一个男孩,她竟被赵氏姐妹活活逼死,孩子也被扔出宫外。许美人生下一子,赵合德哭闹不已,逼迫汉成帝赐死许美人母子才罢休。色迷心窍的汉成帝,直到年近不惑时,仍然膝下无子。为讨好赵氏姐妹,他竟然不惜两次杀害亲生儿子,置江山社稷于不顾,可谓是"爱美人不爱江山"的古代典范。

赵飞燕姐妹为什么没能怀孕呢?原来是她们为使自己皮肤白皙娇嫩,把一种药丸塞入肚脐之中。这种药丸确实有很显著的功效,使用后皮肤如凝脂,香气甜蜜,可以青春不老,用现在的话说叫养颜美容永葆青春。可这种药却导致了她们姐妹俩不能怀孕,也算是报应了。

据说赵氏姐妹服用此药后,浑身散发撩人的香气,令汉成帝不能自持,不施云雨绝不罢手。于是她们就把汉成帝死死迷住,成帝毕竟精力有限,遂服补药以满足自己淫乐的需要。为了取悦汉成帝,当时的方士们争相献上自己研制的灵丹妙药,都号称有补肾益气的作用。起初汉成帝服用一粒丹药,即刻精神亢奋,继而临幸赵氏姐妹,好像恢复了青春活力一般。可长期服用,汉成帝体力不消,便不断增加剂量,最后竟在某日连续服用十九丸丹药,终于泄阳而亡。

这一次,汉成帝死在了昭仪赵合德的床上。朝野震动,群臣声讨赵氏姐妹,说她们是祸水,祸及后宫。赵合德自知罪责难逃,终于自杀而亡。

赵飞燕不愧是心思缜密的皇后,她帮助汉成帝的侄儿刘欣即位,就是汉哀帝。汉哀帝感谢她的恩德,仍然尊奉她为皇太后。谁知汉哀帝是个短命皇帝,六年后即逝世,大司马王莽掌握了实权。他以杀害皇子的罪名,逼迫赵飞燕自尽。风光一时,权倾一时的赵飞燕,就这样香消玉殒了。

赵飞燕从一个小小的歌舞伎,一直爬到皇后的宝座上,可谓是费尽心机,用尽手段。不过她善于把握机会,不择手段地迎合汉成帝的色心,也是很大的因素。为讨好汉成帝,她不惜献出亲妹妹赵合德;为了引诱汉成帝的淫乐之心,她不惜以不孕的代价服用药丸;为鼓励汉成帝纵欲,她积极搜罗天下的春药;为迷住汉成帝使自己获得专宠,她苦练歌舞技能。一个女人,如此利用自己的优势,尽情发挥,终于在设计陷害并成功除掉许皇后之后,当上了皇后,得以母仪天下,集三千宠爱于一身。到最后,仍是落得个横死的下场,也可谓是红颜薄命了。

## 赵合德真的比姐姐还漂亮吗

中国的成语中有一句"环肥燕瘦"的话,"环"指的自然是杨贵妃,而"燕",则是指的中国古代的另一位大美人——赵飞燕。据说她身轻如燕,色艺俱佳,才得以从一个舞姬的卑贱身份爬上了皇后的宝座。有一种非常夸张的说法,就是描述她能够用一双纤纤玉足在汉成帝的手掌上跳舞。不过,人们殊不知,赵飞燕的妹妹赵合德的姿容比姐姐更是美上十倍,不知为什么却没有被列入四大美人之中。

飞燕姐妹的母亲本来是汉朝的一个郡主,她嫁给了一个叫赵曼的人,但是又不守妇道的和人私通,生下了飞燕和合德姐妹。狠心的母亲不敢抚养自己的女儿,就把她们扔到了郊外。可谁知这两个小女孩竟然大难不死,活了下来。后来她们凭着绝美的容貌,被成帝的姐姐阳阿公主看中,买进府中学习歌舞。

汉成帝有一次路过阳阿公主的家,进去坐了坐,却在众多美貌的舞妓中发现了轻盈如燕的赵飞燕,立时惊为天人,马上把她招入后宫,大加宠幸。

赵飞燕从此一步登天。但是,她又一直惦记着从小相依为命的妹妹合德,加上妹妹的姿色比自己更胜一筹,就向汉成帝推荐了自己的妹妹。

赵合德一入宫,成帝一下子就看傻了眼。他本来以为赵飞燕的容貌就足以能倾国倾城，是天下第一的美人了，却怎么也想不到，赵合德竟然比姐姐还美上十倍！赵飞燕见了皇帝的一副呆样，不由得美目流盼，巧笑嫣然，合德则是羞红了脸，含娇带媚地垂下了臻首。就这一微笑，一低头，成帝的魂魄顿时被姐妹俩勾了去，从此一头撞进她们织下的温柔陷阱，再也不能更不愿自拔了。他左拥右抱，大感人生至此再无他求，不禁喃喃自语道："温柔乡，温柔乡，我宁愿死在这温柔乡，也不想要什么长生不老的白云乡！"看来，他为了这两个美人，连帝王一向最热衷追求的长生不老都不要了，这可真是"牡丹花下死，做鬼也风流"啊！

成帝从此再也不看别的女人，对赵氏姐妹的宠爱日甚一日，极度的幸爱竟然导致成帝心理和生理上都发生了病态的扭曲。据说，他只有握住赵合德的一双白玉小脚，才能产生出强烈的性欲。于是，贪淫好色的皇帝要想享乐，就更离不开赵合德了。

赵合德不但是天生丽质，更十分善于打扮。她发明了许多独特的化妆技巧，都巧夺天工，独出心裁。例如，她刚入宫时，用一种类似于今天发胶一样的东西抹在头上，把头发向上梳起来，做成一个挺立俏拔的发髻。她还把眉毛描得又细又长，线条柔美，这种眉型后来就被人称作"远山黛"。她又在脸上薄施粉妆，画的若有若无，好像一抹朝云，这就叫作慵来妆。这一套迷人的打扮，再加上她原来的风姿柔骨，白玉肌肤，更让宫里的众多女子相形失色了。

见到妹妹日渐受宠，赵飞燕倒也不嫉妒，她的心思已经转到别的地方去了。原来，这时赵飞燕已经当上了皇后，虽然受宠日久，却始终没有怀孕。聪慧的赵飞燕深知，在这诡谲万变的后宫中，单凭美貌是不足以常侍的，只有生下皇子，立为太子，自己姐妹的荣华富贵才能够得以长久。可是成帝又不能让自己姐妹受孕，于是她开始派出心腹，四处搜罗年少美貌的男子，偷偷引入宫中，日日私通，这样既可以享受偷情之乐，又可以使自己尽快怀孕。有了妹妹合德拴住了成帝的全部心思，她才好放手去做。后来，她干脆以祈祷为名，另开一室居住，除了贴身的宫女以外，任何人，甚至包括成帝，都不能擅自进入。她就在里面整日和那些四处找来的美貌少年寻欢作乐。

与此同时，合德与姐姐分工合作，施展出各种手段，牢牢地把成帝拴在自己的身边，迷得他神魂颠倒，寸步不离。她知道姐姐的事情一旦败露，恐怕就会性命不保。于是她就处心积虑的为此做好准备，经常向成帝吹吹枕边风，含泪诉苦说姐姐的个性过于刚烈，很容易招人嫉恨，如果有人告她不贞，请皇帝千万不要听信那些诬告之词。成帝这时对她爱如珍宝，对什么都言听计从，又怎么舍得让美人流泪呢？于是对她的要求一一答应。果不其然，后来不断有人向皇帝告发皇后的淫乱丑行，但是因为有了赵合德打下的"预防针"，成帝把这些一概视为诬告，不但不加详察，反而还把那些上告的人都杀了。这样一来，有了妹妹的掩护，赵飞燕就更加肆无忌惮了。

成帝对合德的宠爱由貌及人，不但是言听计从，而且还产生了一种帝王之中并不多见的惧内之情。有一次，赵合德听说了后宫有一位许美人前几天生下了一个皇子，立刻不依不饶地哭闹了起来，责问成帝说："你有时候不回我的寝宫，说是去了姐姐的中宫，原来却是去了许美人那里！你倒是说说看，许美人是怎么生下儿子的！"说完，她就发疯似的用手拉扯着自己梳得整整齐齐的一头秀发，还半真半假地作势把头往墙上撞去。成帝一向最爱她的美貌，怎么忍心让她如此自残？连忙让人上去拉住了赵合德。赵合德本来也不是真的要撞墙，这时就一下子扑在床上大哭了起来。成帝站在床边急的手足无措，也陪着美人一起落泪。结果，两个人就这样闹了一夜。第二天，赵合德仍然余怒未消，不吃不喝地闹绝食。成帝也不上朝了，就坐在宫里不吃不喝地陪着。两个人就这么僵持了一天，到了晚上，赵合德也觉得这样下去不是办法，就含着泪对成帝说："我本来就是一个卑贱之人，饿死了也没什么。可你是皇帝，是君临天下的君主，天下的子女玉帛都是你的，你陪着我不吃干什么？你曾对我们姐妹说，绝不辜负我们移情别恋。现在倒好，孩子都生出来了，你还能说什么！"成帝一见赵合德终于肯和自己说话了，连忙赔不是，还保证说今生再也不会负于她们姐妹。赵合德这才回心转意，但她仍逼着成帝用实际行动表明诚意，让他把许美人生的孩子赐死。在当时，皇帝的儿子地位尊贵无比，更何况已经而立之年的成帝还没有嗣子，这个孩子也就显得格外重要。但是成帝可不管这些，为了讨美人的

图文珍藏版

欢心,他命人把孩子抱来,当着赵合德的面掐死在摇篮中。赵合德这才最终转怒为喜。

赵飞燕、赵合德姐妹俩就这样完完全全地把成帝玩弄在自己的股掌之中,想借此谋求一世的尊荣。但是她们费尽了心机,却始终没能生下皇子,她们永保富贵的美梦也在成帝死后不久灰飞烟灭了。

## 班昭真的就是班婕妤吗

在史传中常常有父子同传,一起留名后世的事情,但是像班彪一家一样,父子女四人个个立传记颂的例子却极为少见。这父子女四人个个文采出众,颇有史才,又各有功业,是当时名副其实的才学望族。但是在两汉的历史舞台上,还有一位班姓女子非常有名,她就是汉成帝的宠妃班婕妤。常常有人认为这位班婕妤就是班彪的女儿,历史上有名的女史家班昭。其实这是一种误解,班婕妤与班昭并不是同一人,两人甚至不是同一个时代的人物。但是,这两位奇女子倒并不是毫无关系的。

汉朝的班氏,是战国时期楚国令尹子文的后代。楚国灭亡之后,班氏一族迁徙到塞北,过上了游牧生活,经济实力也日益丰厚起来。到了秦末汉初,随着秦朝的崩溃和刘邦建立汉朝,班氏子孙逐渐开始出来做官了。

班昭

当时班氏一族中,有个越骑校尉,叫班况。他有三个儿子,一个女儿。长子名叫班伯,次子名叫班斿,三子名叫班稚。班稚的儿子,就是班彪,即那位东汉著名的史学家。班彪的儿子就是班固和班超,女儿就是班昭。其中,班固和班超,也都是东汉著名的史学家,班超还被尊称为曹大家,班超是弃文从军的著名将领,抗击匈奴时立下了汗马功劳。而班况还有一个女儿,就是汉成帝的宠妃,班婕妤。所以从辈分上派,班婕妤是班彪的姑母,是班固、班超和班昭三人的姑祖母。由此可见,班婕妤和班昭,不是同一人。

汉成帝即位之初,班氏女子就入选了后宫,位居后宫第十位的少使。不久,她以才气征服了汉成帝,得以受恩宠,很快就晋升为婕妤,是仅次于昭仪的宠妃。班婕妤住在未央宫第三区的增成宫,不久就怀孕了,生下了一个儿子。可惜,几个月后,儿子就不幸夭折。当时的许皇后就是因为没有儿子渐渐失宠的。班婕妤生下的儿子夭折了,自己的未来也是前途叵测了。

一次,汉成帝到后苑游览,宣诸位美人们陪伴侍驾。汉成帝当时很宠爱班婕妤,想和她一起乘龙辇游览。班婕妤自幼熟读史书,当即就婉言推辞了,她说,我看历代的图画,古时的圣贤君主们,左右侍驾的都是贤臣,只有三代以下的君主,才要女子相伴左右。现在皇上要与我同辇,这不是和三代的末主有些相似了吗?汉成帝深感班婕妤的话言之有理,随即打消了同辇出游的念头,左右也交口称赞。

这件事很快就传遍了后宫,太后王政君听说了,高兴地说,古有樊姬,今有班婕妤! 樊姬是春秋时期楚庄王的夫人,贤淑稳重,知书达理。她曾谏止楚庄王出宫打猎,激励楚国丞相推荐孙叔敖,使楚庄王得到如此贤臣,从而使楚国兴旺,人才济济。王太后将班婕妤和樊姬相提并论,可见她对班婕妤很是赏识。

太后赏识班婕妤,汉成帝也宠爱她,对她很是礼遇。汉成帝爱好诗文,班婕妤喜好读书,能诗能文,聪慧灵敏,得到汉成帝的喜爱。可以说,班婕妤是个才德兼备,知书达理,本分娴静的美女。

可是,这样才德兼备的美女,在后宫风平浪静的时候是很容易得宠的。然而一旦出现一位风格迥然不同,风骚艳丽的尤物,后宫失去了往日的平静,本分娴静的美女就会显得苍白无力,黯然失色了。随着赵飞燕、赵合德姐妹的入宫,班婕妤就面临了失宠的命运,就连许皇后也是一样的。

汉成帝即位后,太子妃许氏就晋升为皇后。许皇后的父亲是大司马车骑将军,封平恩侯。汉成帝即位后,也封自己的亲舅舅王氏一族高官厚禄,升王凤为大司马大将军领尚书事。朝中由此分为许派和王派。不久,许氏落败,王氏昌盛。许皇后的日子也便不好过了。

许皇后长年无子,又少有汉成帝临幸,更是因为一篇《上疏言椒房用度》而得罪了汉成帝,导致自己日渐被冷落。直到赵飞燕入宫后,中巫咒计而被废,从而也祸及了班婕妤。汉成帝亲自审问班婕妤,为何与许皇后串通一气,参与巫咒?班婕妤沉着冷静,从容地回答说,天地间生死有命,富贵在天,修正行善尚且没有蒙福,何必去行邪巫蛊?如果鬼神有知,一定能听到我的倾诉;如果鬼神无知,那么我倾诉又有何用?听天由命好了。汉成帝为班婕妤的话所深深折服,下令不追究班婕妤。可班婕妤却从此心灰意冷了,她向汉成帝要求,从此长住于长信宫,终日侍奉太后。

然而,盛年寡居,这样的滋味是很难受的,孤独、寂寞尚且不说,最难熬的,就是那一个个漫长的没有尽头的长夜。班婕妤郁闷伤怀,写出了一篇感人凄切的《自伤悼赋》,还写出了一首诗《怨歌行》:新裂齐纨素,皎洁如霜雪。裁为合欢扇,团团似明月。出入君怀袖,动摇微风发。常恐秋节至,凉飚夺炎热。弃绢匣箧中,恩情中道绝。

后世文人大都对班婕妤有很高的评价,并为她写赞。如曹植的《班婕妤赞》,傅元的《班婕妤画赞》等等。可怜这样一个兰心蕙质的才女,为了一个贪淫纵欲的皇帝就这样埋葬了自己的一生。

## 李夫人为什么能得到汉武帝的宠爱

汉武帝刘彻很好美色,他不仅贪恋女人,还迷情于男宠,有断袖之癖。他少年时就迷恋聪明漂亮的男宠韩嫣,后来又移情于艺人李延年。李延年是中山人,相貌英俊,精通音律,能歌善舞。后来因为犯罪而被施以宫刑。此后,他的嗓音更加甜美,脸蛋也更加迷人,深得汉武帝的宠爱。

李延年知道汉武帝好色的秉性，想到自己的妹妹比自己更美，也许更能获得汉武帝的宠幸。如果这个愿望能够达成，自己一家的权势就会更加稳固，若是妹妹能生下个一儿半子，说不定日后还有可能君临天下呢！于是，他想千方设百计，就想伺机把妹妹也献给汉武帝，兄妹俩专宠后宫。

有一次，李延年在武帝身边侍驾，他一边歌舞，一边唱道：北方佳丽，绝世独立，一顾倾城，再顾倾国。汉武帝听罢之后，不禁大为叹息，这样的绝色佳丽，世间难找，哪里有这样的人呢，倾城倾国。

这时，早已经和李延年串通好了的平阳公主就借机告诉汉武帝说，李延年的妹妹，能歌善舞，就是歌曲中所唱的倾城倾国的美人。汉武帝不相信，当即召见，果然是曼妙无比的一个女子，果真能歌善舞，汉武帝惊为天人，于是对她大加宠幸，又封她为李夫人，一时间宠贯后宫，无人能比。不久，这位李氏夫人果真为汉武帝生下了一个儿子，就是昌邑哀王。李延年也因为妹妹的受宠而更加受到汉武帝的喜爱。

可惜李夫人红颜薄命，很快就患了绝症，卧床不起。汉武帝这时正在情深之中，好几次前来后宫想探视她，照顾她。但是每一次李夫人见到汉武帝到来，都会立即拉起被子遮住脸。汉武帝要她拿下被子，她却苦苦哀求道，我患病已久，容貌损坏，不能用这样的容貌见皇上，只是将儿子和兄长，托付给陛下，臣妾就放心了。汉武帝坐在她的床边，恳切地说，夫人病情严重，恐怕难以好转，如果见我一面，当面将孩子和兄长托付给我，岂不更好？未料李夫人哭了起来，再次哀求道，臣妾貌不修饰，不见君父。汉武帝再次恳切地说，夫人只要见我一面，我即赐你千金，并封你的兄弟为官。可李夫人还是坚决地拒绝了。汉武帝仍是坚持非要见李夫人不可，李夫人就翻过身，背对汉武帝，在被中哭泣起来，再也不说话了。汉武帝很是扫兴，闷闷不乐地走了。

汉武帝走后，李夫人的姐妹们责备她说，你怎么能这样，你让皇上见你一面，当面托付孩子和兄弟不是更好吗？李夫人面对姐妹们的责问，哀痛地说，我之所以不愿意见到皇上，正是为了更好地将孩子和兄弟托付给他。我因容貌美丽而得宠，即使出身卑微，也深得皇上宠爱。现今皇上如此对我念念不忘，这样眷顾我,正是因为念及我平日里的姣好容貌。现在,我的容貌已经因为这场大病而损坏了,他如果现在见到我,必会厌恶唾弃现在的我,哪里还会顾及我的孩子和兄弟呢?她的姐妹们听了,都默默无语了。

李夫人不久就病逝了,汉武帝非常痛苦,每天都沉浸在对李夫人的思念之中。因为追怀她的音容笑貌,所以也就想到她临终前的托付,于是汉武帝就封李夫人的哥哥李广利为贰师将军,授海西侯,又封李延年为协律都尉。

时光飞逝,汉武帝对李夫人的思念不但未曾减弱,反而一日胜似一日。他每天都呆坐在李夫人生前所居住的寝宫里,看着屋里的陈设,想着物仍在,人已逝,就更加思念李夫人的音容笑貌,为之伤怀不已,还特地为此赋诗一首,以示怀念。汉武帝因为饱受相思之苦,觉得实在无法忍受,就招来画师为李夫人作画,挂在自己的寝宫中。汉武帝日夜对着画像,梦想着能再次见到李夫人那楚楚动人的面容,两人能够相依相偎地再诉衷情。

这时,恰巧宫里来了一位方士,自称有招魂之术,能让死者复生。汉武帝急忙召见他,让他为李夫人招魂。入夜,这方士施法,居然真的让汉武帝隔着纱帐,看到了一位面貌极似李夫人的美人,还能站起来走动,简直栩栩如生。汉武帝按捺不住,就想要起身近看,方士却不允许。不久后,李夫人就从帐中消失了。之后,汉武帝重赏了方士,却发现自己益发思念李夫人了。

汉武帝情迷李夫人,这对于一个好色的皇帝而言,也实在是难得了。就是可惜那红颜薄命的李夫人无福消受汉武帝的专宠了。

## 马皇后为什么不给自己的兄弟封侯

汉光武帝去世以后,即位的皇帝是汉明帝。他的妻子马皇后,是一位赢得了全天下人称赞的好皇后,她一直在背后支持劝谏着明帝,才促使明帝勤政爱民,延续了光武中兴的盛世局面。

马皇后是光武帝的大将伏波将军马援的小女儿。她小时候非常聪明,才思敏捷。据说她十岁的时候就能帮助母亲很周全地料理全家的事务了。后来,她被选入宫中做了太子的妃子，那时她刚刚十三岁。她虽然年纪小，但是做起事来有条不紊，头头是道，很会伺候人，所以当时的光武帝的殷皇后非常喜欢她。太子也非常喜欢这个聪敏得体的妃子。

汉明帝即位的那年，马氏已经二十二岁了，但是一直没有生下儿子。她有一个表妹，是和她同时入宫的，这时已经生下了一个男孩，取名叫刘炟。明帝因为喜欢马氏，就把这个孩子要过来交给马氏，做了马氏的儿子。马氏小心翼翼地带着这个孩子，母子俩人感情非常好。

明帝一直想立马氏做自己的正宫皇后，但是又不愿意由自己提起。后来，有很多大臣们都上书请求立马氏为皇后，明帝还是回答说要和太后商量。殷太后听说了这件事，马上说："在这个后宫之中，马氏的品行数的上是第一了，不立她做皇后还要立谁呢？"于是，明帝这才名正言顺地昭告天下，正式的立马氏位皇后，立刘炟为太子。

马皇后现在做了正宫，但她还是像以前那样谦虚谨慎，一点也没有皇后的架子。她总是穿着粗布做的衣服，也不加什么装饰。那些每天忙着争奇斗妍的后宫嫔妃们都觉得很奇怪，问她为什么总是喜欢穿这样的衣服。马皇后笑着回答说："这种布料并不坏，染上颜色也不爱褪色。"那些妃子一听都傻了，她们有谁在意过衣服褪不褪色的问题呀？

汉明帝即位的时候还很年轻，很喜欢四处游玩，马皇后则总是好言好语地劝告他，希望他能够专心政事。有一次，明帝去一个有名的花园赏花，把自己所有的妃子都带去了，唯独马皇后没有来。那些妃子平时都很喜欢敬重马皇后，这时见她没来，就纷纷请求派人去叫她。明帝却摇了摇头说："还是不要叫她了，她不喜欢游玩。即使来了，她也不会高兴的。"就因为马皇后一直在明帝身边督促他，所以明帝游玩的时候就少多了。

明帝见马皇后一天到晚一有时间总是在读书，不知道她到底有什么本事和才能，成心想考一考她。他把大臣们的奏章拿来给马皇后看，询问她处理的意见。马皇后仔仔细细的看过奏章以后，果然一条一条，清清楚楚地列出了各种事情的处理办法。明帝见了非常佩服她，从此以后，凡是在朝廷上遇到了难以解决的事情时，明帝就会回来和马皇后商量，听取她的意见。

明帝当了十八年皇帝，一直是兢兢业业的管理着国家大事。后来，他病死了，太子刘炟即位做了皇帝，就是汉章帝。马皇后也升格做了皇太后。她亲自动笔给明帝写了一篇《起居注》，章帝看过以后，请求马太后加上他的舅舅马防服侍明帝的事情。他对太后说："先帝生病的时候，我舅舅不分昼夜地在身边伺候了一年多，太后既不奖赏，也不记功，现在《起居注》上也没有记载这件事。这样未免太不公平了吧？"马太后回答说："我是不想让后人知道先帝和外戚亲近的事。"章帝听了，很赞成母亲的这种做法。

第二年，有些大臣为了讨好皇帝和太后，找了个理由，上书请求加封马皇后的亲戚，像光武帝加封殷皇后的族人一样，也封马防等人为侯。汉章帝马上回去和马太后商量这件事情。马太后知道后很生气，马上下了一道诏书，大意是说："封不封侯，和天旱有什么关系呢？你们拿这件事做借口，无非是想向皇帝讨好，为自己谋求富贵罢了。汉成帝在位的时候，把外戚王家五人同时封了侯，也没见天下雨。汉武帝在位的时候，那些受到封赏的外戚横行非法，最后没有一个有好下场。所以先帝才没有让马家的人担任中枢要职，也没有封他们为侯。光武帝在位的时候，殷家确实有几个人封了侯，但是那是因为他们跟随着光武帝打天下，立下了大功的原因。现在，马家的人毫无功劳，怎么能跟殷家相比呢？"

章帝读了诏书以后，深受感动。以后，他又几次想为舅舅加封，但是都被马太后严词拒绝了。章帝没有办法，既佩服又遗憾，最后只好听从了马太后能要求。

建初四年（79年），马太后终于去世了。在中国历史上，像她这样严于律己，约束外戚，劝谏皇帝的皇后真是太少见了。

# 政坛内幕

## 飞将军李广缘何没能封侯

唐朝诗人王昌龄有一首诗写道:"秦时明月汉时关,万里长征人未还。但使龙城飞将在,不叫胡马度阴山。"这里面所说的"龙城飞将"就是指在汉朝有"飞将军"之称的将军李广。李广是西汉镇守边关的一员猛将,他英勇善战,威震边塞,特别令匈奴人闻风丧胆,因此被匈奴人敬畏地称为"飞将军"。

飞将军李广

李广一生征战沙场,与匈奴军队交战达七十余起。在这些战役中,他一直都是身先士卒,勇猛杀敌,因此非常受将士们的爱戴。他在十七岁的少年时期,就投身于军队,在汉文帝时候就做了将军;汉景帝的时候,他跟周亚夫一起平定七国之乱,立过大功;后来,汉景帝又派他去做上郡(治所在今陕西榆林东南)太守;汉武帝时,又常常派他和大将军卫青、霍去病等人一起带兵去攻打匈奴,可谓是劳苦功高。

据说有一次,景帝派了一名亲随到李广军中,这名亲随带了几十骑卫士出游,不巧正遇上匈奴进攻上郡,结果他们在回营的路上遭遇三名匈奴骑士,卫士们全被射杀,亲随本人也中箭逃回。李广听说了,马上带着一百个骑兵去追赶那三个匈奴射手,追了几十里地才追上。他射死了其中的两个,把第三个活捉了,正准备回营,却远远望见有几千名匈奴骑兵赶了上来。他们见到李广等人,还以为是汉军的诱敌之兵,连忙抢占了一座高地。李广所带的百骑兵士一看自己已经让匈奴的军队包围了,都慌忙地上马想调头逃跑。李广大喝一声制止了他们,镇静地对他们说:"我们离开大营还有几十里地。如果现在往回跑,匈奴兵追上来,我们就完了。不如干脆停下来,匈奴兵以为咱们是来引诱他们的,一定不敢来攻击我们。"于是,他不退反进,在离开匈奴阵地仅仅两里的地方停了下来,命令兵士一齐下马,把马鞍全卸下来,就地休息。匈奴的将领看到李广这样布置,心里更加害怕了。他们远远地观察汉军动静,不敢上来。只派了一名将官出阵试探,李广却飞马奔出,很快地抢到阵前,一箭就将他射落马下,然后从容归队。双方就这么对峙着,一直到了半夜,匈奴人认定这一定是汉军的诱敌之计,怕汉军半夜袭击他们,就连夜全部逃回去。到了天亮,李广一瞧,山上已没匈奴兵,才带着一百多名骑兵安然回到大营。

公元前129年,匈奴人大举入侵中原,攻到了上谷郡。汉武帝派卫青、霍去病、公孙贺和李广等人兵分四路,各率骑兵万余名,赶赴边塞。匈奴军臣单于探明了汉兵的情况,知道四名将军中最难对付的是李广,就把大部分兵力集中在雁门,沿路布置好埋伏,命令部下活捉李广。匈奴兵多势盛,经过一场激烈的战斗,李广的人马被打散,李广自己也受了伤,被匈奴兵俘虏了。匈奴兵见到李广身受重伤,昏迷不醒,就把他放在一张网上,把网挂在两匹马中间,就这样把李广拉回匈奴大帐。途中李广清醒过来,拼命跃起,骑上了一匹匈奴的战马,把原本在马背上的匈奴兵踢了下去,又抢走了他的弓箭,一路向南急驰,匈奴派了几百名骑兵追赶。李广一面使劲夹住马肚子,催马快跑,一面回转身来,拈弓搭箭,一连射死了几个追在前面的匈奴兵。匈奴兵跟着赶不上李广,只好眼睁睁让他跑了。李广会合了部下的残兵败将,返回了雁门关。但是,李广惨败,兵将损失严重的消息传到了京师,汉武帝顿时大怒,本来想将他问斩,可是又想到他德高望重,屡立战功,就让他交纳了赎罪金,贬为庶民。几年之后,因为匈奴又在边境骚扰,汉武帝才又重新起用李广。

多少年来,李广一直在北方边境防守。因为李广行动快,箭法精,忽来忽去,叫人摸不准他的路子。所以匈奴人给他起一个外号叫"飞将军"。李广做了右北平太守,匈奴人害怕飞将军,所以一直不敢进犯。据说,有一次李广回来晚了,天色朦胧,他和随从一面走,一面提防着老虎的袭击,忽然瞧见前面山脚下草丛里蹲着一只斑斓猛虎。他连忙拿起弓箭,使尽全力射了过去。凭他百发百中的箭法自然射中了。手下的兵士见他射中老虎,拿着刀枪跑上去捉虎。他们走近一瞧,全愣了,原来中箭的不是老虎,竟是一块大石头,而且这支箭陷得很深,几个人想拔都拔不出来。大伙儿真是又惊奇,又佩服。李广走过去一看,自己也纳闷起来,石头怎么能射得进去呢?他回到原来的地方,对准那块石头又射了几箭,箭碰到石头,只迸出火星儿,却再也射不进去了。但就是凭这一箭,人们都传说飞将军李广的箭能射穿石头。

后来,汉武帝又派李广跟随大将军卫青去进攻匈奴。李广向卫青请求担任大军的先锋队,卫青不许,反倒命令他从荒凉的东道行军,限期会合。卫青率领汉军追杀匈奴大军,在赵信城时,捕获并斩杀了一万九千余名匈奴兵。而此时李广的军队却因为道路险恶而迷失了方向,从而延误了军机。卫青指责李广故意拖延军务,按律当斩。李广十分悲愤,他流着热泪对将士们说:"我自少年从军,与匈奴大小七十余战,从没贪生怕死过。想不到今日却因为迷途而误了军期,现在却被大将军如此催逼,我已年过花甲,哪能再受这样的屈辱!"说罢拔出佩剑引颈自刎。一代名将就这样含冤、悲惨地死去了。将士们看到平素里爱兵如子的李广将军竟死得如此悲壮,不禁都失声痛哭起来。附近的百姓们知道了这个噩耗,也都是泪水涟涟。

李广的一生,大都投入了抗击匈奴的事业。他身经大小七十几次战斗,由于他英勇善战,成为匈奴贵族心目中可怕的劲敌。虽然李广没有被封侯,可他在将士、百姓心目中的地位却是难以磨灭的。就像王昌龄诗中所感叹:"但使龙城飞将在,不教胡马度阴山!"

## 蔡邕为什么被下狱处死

蔡邕是东汉末年的名士,在社会上的声望非常高,被当时的人盛誉为"旷世逸才"。就是这样一个博才多学的人,却在东汉末年风云变幻的政治斗争中无辜地陨落了。

　　蔡邕(133~192),字伯喈,是陈留圉县(今河南杞县西南)人。他的六世祖蔡勋,好黄老之术,是汉平帝时的郿县县令。那时候,王莽篡夺了汉朝的江山,建立了新朝,他想拜蔡勋陇西郡守的重要官职。但是蔡勋却面对印绶,仰天长叹道:"我既然已经在汉朝做官,那么我就是死也要归属于正统的王朝。当年曾子为了保住自己守礼法的清白名声,就连季孙氏赐的竹席子都不肯接受,更何况要我今天去仕官两朝呢?"于是,蔡勋就带着全家人逃入了深山,拒绝在新朝任职。蔡邕的其他几个先人也都有着清正高洁的品行。

蔡邕

　　蔡邕的为人也像他的先人们一样没有让人失望。据说,蔡邕侍母至孝。他的母亲曾经缠绵病榻多年,在母亲重病的这些年里,蔡邕衣不解带地服侍着母亲,甚至有七十多天连续照顾着母亲而没有睡过一个安稳的觉。在母亲死了以后,他就在母亲的墓旁搭建了一座小木屋,住在那里为母亲守孝。传说,他的孝行感动了天地,甚至有些小动物都反常地呆在它的小木屋旁不肯离开,神态非常安详平和。远近的人听说了都跑来观看,觉得十分奇怪。因为这样,蔡邕受到了乡里的一致推崇,很多人都慕名前来拜访他。

　　蔡邕博学多才,而且精善音律。他不但善于弹琴,还能制作琴,深知琴音。在他逃难到吴地时候,偶然间在山中听到吴人用桐木烧火做饭时,木头燃烧爆裂的声音,就知道是良木,他要求用这块桐木制琴,琴制成之后,果然发出美妙之音,而琴尾犹有一块烧焦的痕迹,所以被人们称为"焦尾琴"。他在家乡时,时常应邻人的邀请去饮酒,因此两家的关系非常好。有一天,他又被邻居请去,到达了邻居家门口了,却听到邻居家有一位客人正在屏后弹琴,他仔细一听,顿时觉得琴音中有阵阵"杀心",不由得十分奇怪,心里想着,这家的主人请我来喝酒,怎么弹的琴声中又有杀我之心呢?于是,他没有进门,转身返回家去。主人这时得知蔡邕已经到了门口却又离去了,不禁觉得奇怪,连忙追了上去,向蔡邕追问原因。蔡邕说了这个原因,主人也觉得很奇怪。等他们一起回到了邻居的家中,和那个弹琴的客人一说,那个客人说:"刚才我弹琴时,看见窗外树上有一只螳螂正向着一只鸣蝉爬过去,蝉马上就要飞走了,螳螂却还有些犹豫,进了一步又退后一步,我很着急,唯恐螳螂捕不到蝉,这难道就是'杀心'反映在琴声上了吗?"蔡邕听完莞然而笑说:"这就是了。"

桓帝的时候,当朝掌权的大宦官听说了蔡邕弹的一手好琴,就禀告了皇帝,招蔡邕到朝廷来。蔡邕迫不得已,只好在当地的地方官看管之下向京城出发,但是走到半路上,他就装病跑了回来,从此就呆在家中弹琴画画,读史研经,不再与当时的人有什么交往,过了一段安稳自在的日子。

灵帝建宁三年(公元170年),蔡邕才终于步入仕途,先在司徒桥玄府上干事,受到了桥玄的礼遇和器重,不久就补任平阿县的县令。不久,他又被拜为郎中,负责在东观整理图书,进而又被迁为议郎。在他的建议下,平帝命令重新校勘六经,并由蔡邕亲自将校勘好的经书用红笔写在石碑上,让工匠们照样镌刻后立在太学的门口,供全国学习经书的士子们抄写之用。这就是著名的"熹平石经"。据说,石碑刚刚立起来的时候,来观看和摹写的人非常多,每天来的车辆多达千余辆,把附近的道路都堵塞了。

后来,蔡邕被朝中的奸臣诬陷,被关进了监狱,开始被判以处斩,后来平帝又念及他以前的功劳,减了一级,改为流放到远地。当蔡邕终于被赦免还朝的时候,当地五原郡的太守王智慕名为他饯行。当酒兴正浓的时候,王智请蔡邕起身歌舞,蔡邕觉得这是个污辱,就不予理睬。王智是当时掌握朝政大权的宦官王甫的弟弟,一向骄横惯了。他觉得蔡邕在宾客面前让他失了脸面,恼羞成怒,骂蔡邕道:"你这流徙敢轻视我!"蔡邕听了,便拂衣而去。王智从此却记恨在心中。后来他密告蔡邕心怀怨恨,诽谤朝廷。朝中的宦官因此更加厌恶蔡邕了。蔡邕为了避祸,便亡命到江海之间,远逃到吴地躲藏了起来,一躲就是十二年。

中平六年(公元189年),灵帝死后,董卓当上了司空。他听说蔡邕名气很大,就命令招他到京城做官。蔡邕一直推说有病,不肯应征。董卓大怒,骂说:"我的权力足以能使他满门抄斩,蔡邕再这样高傲,那可就离死不远了。"蔡邕实在没有办法,只好应命来到朝廷,被董卓拜为祭酒,很得到董卓的敬重。继而他又补任侍御史,又转为侍书御史,迁尚书。在三天之内连升了三次。随后,他又迁为巴郡太守,复又留在朝中为侍中。初平元年(公元190年),蔡邕被拜为左中郎将,随献帝迁都长安,封为高阳乡侯。蔡邕在董卓身边的时候,一有机会就向董卓提出一些好的建议,但是董卓为人一向刚愎自用,听不进别人的劝告。蔡邕曾经对别人叹息着说:"董公性格刚强,又好掩饰自己的过错,最终是很难有成就的。我想找机会逃走,可是我每次弹琴都有那么多人围观,担心走到哪里也有人认识我。这可怎么办好呢?"结果到最后,他也没能逃出京城。

等到董卓被王允诛杀后,蔡邕偶然和人谈起董卓的事,不禁叹息。不料这件事被已经掌握大权的王允知道了,为此勃然大怒,骂蔡邕是董卓的同党,把他关进了监狱,要处死他。蔡邕上书承认了自己的错误,甚至甘愿在脸上刺字或者是砍去双腿,只求能让他保留生命以继续完成汉史的写作。许多士大夫们也都怜惜蔡邕的才学,不断有人为他求情。但是王允却说什么也不答应。最后,蔡邕就这样死在了监狱之中,而没能完成他写作汉史的心愿。

蔡邕的出名,除了他本身就是当时的大名士以外,还因为他培养出了一个有当世罕见之才的女儿——蔡文姬。文姬归汉的故事一直流传到了今天,人们在提起蔡文姬这个才女之时,也总是不忘提一提她的父亲蔡邕。

## 韩信真的谋反了吗

韩信是西汉最著名的开国功臣。韩信出身平民,性格放纵而不拘礼节,未被推选为官吏，又无经商谋生之道，常常依靠别人糊口度日，许多人都讨厌他。
韩信的母亲死后，穷得无钱来办丧事，然而他却寻找又高又宽敞的坟地，要让那坟地四周可安顿得下一万家。

韩信

韩信在下乡南昌亭长家吃闲饭，几个月后便引起亭长妻子的不满。之后，亭长家一大早就烧好饭，在床上就把饭吃了，等到吃饭时间韩信去了，就不为他准备饭食。韩信看出他们的用意，一怒之下同亭长绝交而去。无奈之下，他只好在城下钓鱼果腹，那时有许多老妇在冲洗丝絮，其中一人见韩信饿得可怜，就给他饭吃，一连几十天都是这样，直到漂洗完毕。韩信对这位老大娘说：“我以后一定会重重报答您。”谁知那个老妇听了这话却很生气，斥责韩信说：“大丈夫不能自食其力，我只是可怜你才给你吃食，难道是为了希图你的报答吗？”

淮阴屠户中有个年轻人想侮辱韩信，说韩信虽然个子长的又高又大，出入还总是带着刀剑，其实却是一个没用的懦夫，并当众侮辱他说：“你要是不怕死，就当众刺我一剑；要是怕死，不敢刺，就从我的胯下爬出去。”韩信注视对方良久，终于慢慢低下身来，从他的胯裆下爬了出去。街上的人都耻笑韩信，认为他是个怯懦之人。

陈胜、吴广起义后，项梁也渡过淮河北上，韩信此时带着宝剑投奔了项梁，留在部队，但是一直默默无闻。项梁败死后，他又归属项羽，项羽让他做郎中。韩信多次给项羽献计，项羽不予采纳。刘邦入蜀后，韩信离楚归汉，做管理仓库的小官，依然不被人所知。他曾经多次同萧何交谈，萧何十分赏识他，多次向刘邦推荐韩信，但是还是一直没有动静。最后，当韩信准备再次逃亡的时候，萧何不顾一切地在夜里去追回了他。这个举动终于震撼了刘邦，他终于听从萧何的意见,拜韩信为大将军,把手下的几万士兵都交给了韩信率领。

韩信又给刘邦分析了当时天下群雄争霸的局势,认为项羽虽名义上为天下的领袖,实质上已失去民心,所以他的强大会很快衰弱的。只要刘邦反其道而行之,就能收拢人心,最终夺取天下。刘邦听后大喜,自以为得到韩信太晚了,从此对韩信言听计从,并且部署诸将准备出击。韩信的这番议论,实际上为刘邦东征并且夺天下制定了方略。

韩信果然不负所望,一连灭魏、徇赵、胁燕,转眼间大半个天下已经握在了汉军的手中。但是这时候,他和刘邦却产生了他们之间的第一次矛盾。原来,韩信在平定齐国之后就派人向刘邦上书说:"齐国狡诈多变,是个反复无常的国家,南边又与楚国相邻,如不设立一个代理王来统治,局势将不会安定。我希望做代理齐王,这样对形势有利。"当时,项羽正把刘邦紧紧围困在荥阳,情势危急,看了韩信上书内容,刘邦十分恼怒,大骂韩信不救荥阳之急竟想自立为王。张良、陈平暗中踩刘邦的脚,凑近他的耳朵说:"汉军正处境不利,怎么能禁止韩信称王呢? 不如就此立他为王,好好善待他,使他自守一方,否则可能发生变乱。"刘邦经提醒也明白过来,改口骂道:"大丈夫平定诸侯就是真正的王了,又何必做代理王呢!"于是,他就派张良前去立韩信为齐王,征调他的部队攻打楚军。

齐国失利使项羽非常恐慌,赶忙派盱台人武涉前去游说韩信反汉与楚联合,三分天下称王齐地。韩信谢绝说:"我奉事项王多年,官不过是个郎中,位不过执戟之士。我的话没人听,我的计谋没人用,所以才离楚归汉。汉王刘邦授我上将军印,让我率数万之众,脱衣给我穿,分饮食给我吃,而且对我言听计从,所以我才有今天的成就。汉王如此亲近、信任我,我背叛他不会有好结果的。我至死不叛汉,请替我辞谢项王的美意。"

武涉游说失败后,齐人蒯通知道天下大局举足轻重的关键在韩信手中,于是用相人术劝说韩信,认为他虽居臣子之位,却有震主之功,名高天下,所以很危险。韩信的心被说动了,但韩信仍然犹豫着而不忍背叛刘邦,又自以为功劳大,刘邦不会来夺取自己的齐国,于是没有听从蒯通的计谋。

在汉军终于赢得了垓下之战后,刘邦率军还至定陶,出其不意地驰入韩信军中,收夺了他的兵权,然后又改封韩信为楚王,都下邳(今江苏邳州市东)。韩信到楚国后,召见了当年给他饭吃的漂母,赏赐她千金。轮到下乡南昌亭长时,只赏他一百钱,并说:"你是个小人,做好事有始无终。"又召见曾经侮辱自己,让他从胯裆下爬过去的少年,封他为中尉,并且告诉诸将说:"这是位壮士,当他侮辱我时,我难道不能杀了他吗?那时候就是杀了他也不会扬名,所以我就忍了下来,这才有了今天的成就。"

项羽兵败后,他的逃亡将领钟离昧因素来与韩信关系很好,就投奔了韩信。刘邦记恨钟离昧,听说他在楚国,就下令楚王逮捕他。那时韩信初到楚国,到各县乡邑巡察进出都派军队戒严。汉六年,(前201年)有人告韩信谋反。刘邦用陈平的计策,说天子要出外巡视会见诸侯,通知诸侯到陈地相会,说:"我要游览云梦泽。"其实是想要袭击韩信,韩信却不知道。刘邦将到楚国时,韩信打算起兵谋反,但又认为自己无罪;想去谒见刘邦,又怕被擒。这时有人向韩信建议:"杀了钟离昧去谒见汉高祖,高祖必定高兴,也就不用担心祸患了。"于是韩信把此事与钟离昧商议,钟离昧说:"刘邦之所以不攻打楚国,是因为我在你这里,如果想逮捕我去讨好刘邦,我今天死,随后亡的定是你韩信。看来你也不是位德行高尚的人。"结果钟离昧自杀而亡,韩信持钟离昧首级去陈谒见刘邦。刘邦令武士把韩信捆绑起来,放在随从皇帝后面的副车上。韩信说:"果然就像人家说的,'狡兔死,良狗烹;高鸟尽,良弓藏;敌国破,谋臣亡。'现在天下已经安定了,所以我也应该死了!"高祖刘邦却说:"我抓你是因为有人告你谋反。"说完就给韩信戴上械具。回到洛阳,刘邦没有马上杀掉韩信,而是赦免了他的罪过,改封他为淮阴侯。

韩信被贬为淮阴侯之后,深知高祖刘邦畏惧他的才能,所以从此常常装病不参加朝见或跟随出行。韩信由此日益怨恨,在家中闷闷不乐。韩信部将陈豨被封为巨鹿郡郡守,前来向韩信辞行。韩信辞去左右,拉着陈豨的手仰天长叹道:"你可以同我说知心话吗?我有话想同你讲。"陈豨表示一切听从将军的命令。韩信说:"你所管辖的地方,是屯聚天下精兵的地方,而你又是陛下亲信宠爱的臣子,若有人说你谋反,陛下一定不相信;如果再有人告你谋反,陛下就会产生怀疑;如果第三次有人告你谋反,陛下定会大怒而亲率军队征讨。我为你在京城做内应,就可图谋天下了。"陈豨平素就了解韩信的才能,相信他的计谋,表示一切听从韩信的指示。

后来陈豨果然谋反。刘邦亲自率兵前去征讨,韩信称病不随高祖出征,暗地里派人到陈豨处联络,要陈豨只管起兵,自己定从京城策应。韩信与家臣谋划:可以在夜里假传诏旨,赦放那些在官府中的囚徒和官奴,然后率领他们去袭击吕后和太子。部署已定,只等陈豨方面的消息。这时韩信的一位门客得罪了韩信,韩信囚禁了他并准备杀他。那位门客的弟弟就向吕后密告韩信要谋反的事。吕后打算把韩信召来,又恐怕韩信的党羽不肯就范,于是与相国萧何商议,假装有人从皇上那里来,说陈豨已被杀死,诸侯群臣都前来进宫朝贺。萧相国欺骗韩信道:"虽然您有病,还是要勉强朝贺一下。"韩信入朝进贺,吕后派武士把韩信捆缚起来,在长乐宫中的钟室里斩杀了他,并被诛灭三族。韩信临斩时说:"吾不用蒯通计,反为女子所诈,岂非天哉!"

韩信是继战国时孙武、白起之后最为卓越的将领,其最大的特点就是灵活用兵,是中国战争史上最善于灵活用兵的将领,他在拜将时的言论成为楚汉战争胜利的根本方略;作为统帅,他一人之下,万人之上,率军出陈仓、定三秦、破代、灭赵、降燕、伐齐,直至垓下全歼楚军,无一败绩,天下莫敢与之相争。但人无完人,韩信在政治上犯有严重的失误,几次关键时刻都优柔寡断,最终死于妇人之手,后人评价韩信"成败一萧何,生死两妇人",这话说得实在太对了。

## 卫青升任大将军之谜

卫青是汉武帝时出击匈奴的著名将领。有人说,他之所以能够当上位高权重的大将军,是因为他的姐姐卫子夫赢得了武帝的宠爱,当上了皇后。于是,在当时的京城长安中有歌谣说:生男无喜,生女无怨,独不见卫子夫霸天下。意思是说卫氏一门的显贵全靠了卫皇后,当然卫青也不例外。但是事实的真相真是如此吗？

实际上，在两汉时期，许多左右朝政的外戚的确都是靠裙带关系窃居高位的，但是卫皇后的家人称霸朝廷却是另有原因的。这其中包括卫青、霍去病，他们都出生入死，浴血奋战，为国家做出了重大贡献。正因为如此，即使后来卫皇后失宠，二人在朝廷的地位也丝毫未受影响。

卫青的母亲是平阳侯家中的帮佣，她和同在平阳侯家中做事的县吏郑季私通，生下了卫青。后来，因为他的母亲感觉供养他非常艰苦，就把他送到了亲生父亲郑季的家里。但郑季的夫人根本看不起卫青这个私生子，让他到山上放羊，郑家的几个儿子也

卫青

不把卫青看成手足兄弟，随意苛责。卫青在这样的环境下生活，受尽了苦难，在他的性格形成上打下了深深的烙印。有一次，卫青跟随别人来到甘泉宫，一位囚徒看到他的相貌后说："你现在穷困，将来定为贵人，官至封侯。"卫青笑道："我身为人奴，只求免遭笞骂，已是万幸，哪里谈得上立功封侯呢？"

卫青长大后，不愿再受郑家的奴役，就回到母亲身边，做了平阳公主的骑奴。又因为他怨恨郑家对他没有一点亲情，所以就自己决定改姓为卫，从此与郑家完全的断绝了关系。

公元前139年春，卫青的姐姐卫子夫被汉武帝选入宫中，卫青也被召到建章宫当差。这确实是卫青命运的一大转折点，但却不是他发达的唯一原因。如果仅仅是这个原因，那么，卫青就有可能在皇宫中当一辈子的侍卫了。

公元前129年，匈奴又一次兴兵南下。汉武帝果断地任命卫青为车骑将

军,迎击匈奴,从此,卫青开始了他的戎马生涯。这次用兵,汉武帝派卫青、公孙敖、公孙贺和李广分为四路出击。卫青首次出征,但他英勇善战,直捣龙城(匈奴祭扫天地祖先的地方),斩首700人,取得胜利。另外三路则有两路失败,一路无功而还。汉武帝看到只有卫青胜利凯旋,非常高兴,加封他为关内侯。从此,卫青开始在北击匈奴的大业中崭露头角。

公元前127年,匈奴贵族集结大量兵力,进攻上谷、渔阳。武帝决定避实击虚,派卫青率大军进攻久为匈奴盘踞的河南地(黄河河套地区)。这是西汉对匈奴的第一次大战役。在这次战斗中,卫青率领汉军活捉敌兵数千人,夺取牲畜一百多万头,完全控制了河套地区,立下了大功,被封为长平侯,食邑3800户。在紧接着的战斗中,卫青又抓获了匈奴的右贤王,俘虏了一万五千多人和几百万头牲畜。汉军大获全胜,高奏凯歌,收兵回朝。汉武帝接到战报,喜出望外,派特使捧着印信,到军中拜卫青为大将军,加封食邑8700户,所有将领归他指挥。卫青的三个儿子都还在襁褓之中,也被汉武帝封为列侯。卫青非常谦虚,坚决推辞说:"微臣有幸待罪军中,仰仗陛下的神灵,使得我军获得胜利,这全是将士们拼死奋战的功劳。陛下已加封了我的食邑,我的儿子年纪尚幼,毫无功劳,陛下却分割土地,封他们为侯,这样是不能鼓励将士奋力作战的。他们三人怎敢接受封赏。"汉武帝随后又封赏了随从卫青作战的公孙敖、韩说、公孙贺、李蔡、李朔、赵不虞、公孙戎奴、李沮、李息、窦如意等。

后来,卫青又率领着汉朝的大军,多次进击匈奴人,终于打垮了匈奴的主力,使匈奴的大将军、朝中官员无不巴结奉承。这时,平阳公主寡居在家,要在列侯中选择丈夫,许多人都说大将军卫青合适,平阳公主笑着说:他是我从前的下人,过去是我的随从,怎么能做我的丈夫呢?左右说:大将军已今非昔比了,他现在是大将军,姐姐是皇后,三个儿子也都封了候,富贵震天下,哪还有比他更配得上您的呢。汉武帝知道后,失笑道:当初我娶了他的姐姐,现在他又娶我的姐姐,这倒是很有意思。于是当即允婚。时迁事移,当年的仆人就这样做了主人的丈夫。这样一来,卫青与汉武帝亲上加亲,更受宠信。但卫青为人谦让仁和,敬重贤才,从不以势压人。

后来，汉武帝对霍去病恩宠日盛，霍去病的声望超过了他的舅舅卫青，过去奔走于大将军门下的许多故旧，都转到了霍去病门下。卫青门前顿显冷落，可他不以为然，认为这也是人之常情，心甘情愿地过着恬淡平静的生活。

公元前106年，大司马大将军卫青去世，汉武帝命人在自己的茂陵东边特地为卫青修建了一座像庐山（匈奴境内的一座山）的坟墓，以象征卫青一生的赫赫战功。

## 霍去病少年得志之谜

霍去病（公元前140~前117年），河东郡平阳县（今山西临汾）人，是大将军卫青的外甥。他的母亲卫少儿是汉武帝姐姐平阳公主家里的奴婢，在与平阳县衙役霍仲孺私通后，生下了霍去病。

霍去病从小生活在奴婢群中，生活十分艰苦。但他勤奋好学，小小年纪就精通了骑马、射箭、击刺等各种武艺。

后来，霍去病的姨母卫子夫被汉武帝看中，并被立为皇后。卫氏家族从此平步青云。到十六七岁时，霍去病已经长成了一个相貌奇伟、性格坚毅、智勇过人的青年。汉武帝很赏识他，派他做了保卫皇帝安全的侍中官。

霍去病

这时，西汉王朝与匈奴的斗争已达到白热化程度。匈奴屡次入侵，汉武帝一改以前的和亲政策，开始了对匈奴的反击战争。霍去病的舅舅卫青几次领兵攻打匈奴，立下赫赫战功。

公元前123年春，汉武帝再次组织对匈奴的反击战争。这一年，霍去病刚刚18岁。他听说舅舅又要出征，便跃跃欲试急不可耐地向汉武帝请战。汉武帝见他少年英武,就答应了他的请求,任命他为骠姚校尉,由卫青挑选了800名骁勇矫捷的骑兵归他指挥。

霍去病率领着这800骁骑一往无前地向北奔去。莽莽草原,人迹全无。他们不知不觉地走了好几百里,将近黄昏,忽然发现前方远处有一片黑点。霍去病判断应是匈奴的营帐,当即命部下衔枚而行,以迅雷不及掩耳之势杀了过去。匈奴兵根本没想到汉军会这么远地杀来,顿时一片混乱。霍去病身先士卒,首先闯入匈奴营帐,800骁骑也个个勇猛无比,把匈奴兵杀得四散逃窜。

这次战役,霍去病功居第一,其他各路有胜有负。卫青将战争的经过报告了汉武帝。汉武帝对霍去病大加赞赏,大大夸奖他以800骁骑斩杀了2000多名敌人,又封他为冠军侯,并给了他许多赏赐。

公元前121年,汉武帝命霍去病率一万骑兵,从陇西地区出发,孤军深入沙漠,去寻找匈奴的主力,伺机作战。霍去病的军队一路顺风,势如破竹。他们先穿越了今甘肃省山丹地区东南的焉支山,深入达千余里,遇见了匈奴大军,短兵相接后,他们杀死了匈奴的两个王,活捉了浑邪王的太子和相国,就连休屠王平时祭祀用的金佛像也成了他们的战利品。

紧接着,霍去病又带兵第二次出击,孤军深入到祁连山腹地,与匈奴军队会战。这一仗,又擒获了匈奴王、单于、王子、相国共百余人,取得了很辉煌的胜利。汉武帝加封霍去病食邑5400户。从此,霍去病的声望日益显赫,地位日益尊贵,几乎与舅舅卫青相当了。两次河西战役之后,汉朝完全控制了河西地区,这对匈奴是一个很大的打击。匈奴人非常惋惜,他们悲伤地唱道:"亡我祁连山,使我六畜不蕃息;失我焉支山,使我妇女无颜色。"

为了根除匈奴对大汉侵犯,公元前119年,汉武帝经过了充分的准备之后,决定再一次派卫青、霍去病各自率领五万精兵,分两路夹击匈奴军队。卫青和霍去病各领五万骑兵,分东西两路向漠北进军。卫青从定襄出塞,北进1000多里,与匈奴伊稚斜单于所率主力相遇,经过激战,大败匈奴单于,斩获19000多人,一直追到真颜山赵信城才胜利班师。

汉武帝原来的计划是由霍去病专力对付匈奴单于,所以给他配备的全是经过挑选的精兵强将。霍去病率军从代郡出发，大胆地重用匈奴降将赵破奴、复陆支、伊即轩等，在大沙漠地带纵横驰骋，行军两千多里，越过离侯山，渡过弓闾河，与匈奴左贤王相遇。汉军发动猛攻，左贤王大败而逃。这次战役，活捉匈奴屯头王、韩王等三人以及匈奴将军、相国、当户、都尉等83人，歼敌七万名。匈奴左贤王部几乎全军覆灭。霍去病率军追至狼居胥山（今蒙古境内德尔山）。为庆祝这次战役的胜利，霍去病在狼居胥山积土增山，举行祭天封礼，又在姑衍山（狼居胥山附近）举行祭地禅礼，并登临瀚海（今贝加尔湖），刻石记功，然后凯旋还朝。

霍去病因功加封食邑5800户，并与舅舅大将军卫青一起被拜为大司马。从此以后，匈奴向北向西迁到更偏远的地方去了，长城内外一片和平气象，人民安居乐业。

传说在河西战役期间，汉武帝特地从京城送来一坛美酒，霍去病没有独自享用，而是将酒倒入泉水中，让全军将士饮用。后来，此泉就称为酒泉，当地也就以酒泉命名。

霍去病一生曾四次领兵出塞攻打匈奴，共歼敌11万多人。他平时少言寡语，战场上却勇猛无比。他是一位军事天才，汉武帝常常劝他学习孙吴兵法，他却说："为将须随时运谋，何必定拘古法呢？"他是凭借战场上的直觉指挥战斗的，随机应变，闪电式行动，使他百战百胜，成为名扬后世的一代名将。

霍去病屡立战功，获得了高官厚禄，但他把个人的享受搁在一边，一心以国家利益为重。河西战役胜利后，汉武帝为了奖励他的卓越战功，特意命人在长安为他建造了一座豪华住宅，叫他去看看是否满意。霍去病谢绝了汉武帝的好意，气概豪壮地说："匈奴未灭，何以家为！"这句传诵千古的名言就是霍去病光辉一生的写照。

公元前117年，霍去病因病去世，年仅24岁。对于这位青年名将的过早离去，人们都感到无比的悲痛和惋惜。汉武帝特地命人在自己的茂陵旁边为霍去病修建了一座形状像祁连山的坟墓，并发动陇西、北地等五郡的匈奴人民，身穿黑甲，把霍去病的灵柩从长安护送到墓地安葬。霍去病的墓至今仍然矗立在茂陵旁边,墓前的"马踏匈奴"的石像,象征着他为国家立下的不朽功勋。

## 周勃是如何消灭诸吕的

周勃是汉初的功臣,他的祖先原是卷城(在今河南省原阳)人,是迁徙来沛县的。后来,刘邦在沛县起义时,周勃投身义军,做了刘邦的侍卫官。从此,他跟随着刘邦东征西战,在战场上冲锋陷阵,立了不少战功。

周勃

汉朝建立以后,周勃又接受刘邦的命令,到处征讨叛乱的诸侯王,先后赢得了许多胜利,因为功劳很大,被刘邦赐爵列侯,食绛县八千多户,所以又被称为绛侯。刘邦去世后,周勃就以列侯辅佐惠帝。惠帝六年(公元前189年),朝廷设置了太尉的官职,这是掌管权过军事的重要官职,周勃因为深受朝廷的信任,就被任命为太尉。

不过,当时朝廷的大权都掌握在太后吕雉的手中,因为惠帝没有儿子,吕后就从外面找了一个婴儿冒充是惠帝生的,立为太子。公元前188年,惠帝一死,由这个婴儿接替皇位,吕太后就名正言顺地临朝执政。她陆续地把自己的内侄、侄孙,像吕台、吕产、吕禄、吕嘉、吕通等一个个都封了王,还让他们掌握了军权。整个朝廷大权几乎全落在吕家的手里了。所以,周勃虽然名为太尉,实际上却手无寸兵,没有实权。

吕太后临朝的第八年,得了重病。临死前封赵王吕产为相国,统领北军;吕禄为上将军,率领南军,并且叮嘱他们说:"现在吕氏掌权,大臣们都不服。我死了以后,你们一定要带领军队保卫宫廷,不要出去送殡,免得被人暗算。"

吕太后死后,兵权都在吕产、吕禄手里。他们想发动叛乱,但是一时不敢动手。

刘章从妻子那里知道了吕家的阴谋，就派人去告诉他哥哥齐王刘襄，约他从外面发兵打进长安来。

齐王刘襄向西进兵，吕产得到这个消息，立刻派将军灌婴带领兵马去对付。灌婴一到荥阳，就跟部将们商量说："吕氏统率大军，想夺取刘家天下。如果我们向齐王进攻，岂不是帮助吕氏叛乱吗？"

大家商量下来，决定按兵不动，还暗地里通知齐王，要他联络诸侯，等待时机成熟，一起起兵讨伐吕氏。齐王接到通知，也就暂时按兵不动。

周勃、陈平知道吕氏要发动叛乱，他们想先发制人，但是兵权在吕氏手里，怎么办呢？

他们想到大臣郦商的儿子郦寄和吕禄是好朋友，就派人要郦寄去劝说吕禄："太后死了，皇帝年纪又小，您身为赵王，却留在长安带兵，大臣诸侯都怀疑您，对您不利。如果您能把兵权交给太尉，回到自己封地，齐国的兵就会撤退，大臣们也心安了。"

吕禄相信了郦寄的话，把北军交给太尉周勃掌管。

周勃拿了将军的大印，迅速跑到北军军营中去，向将士下了一道命令："现在吕氏想夺刘氏的权，你们看怎么办？谁帮助吕家的祖露右臂，帮助刘家的祖露左臂。"

北军中的将士本来都是向着刘家的。命令一传下去，一下子全脱下左衣袖，露出左臂来（文言叫"左祖"）。周勃顺利地接管了北军，把吕禄的兵权夺了过来。

吕产还不知道吕禄的北军已落在周勃手里，他跑到未央宫想要发动叛乱。周勃派朱虚侯刘章带了一千多个兵士赶来，把吕产杀了。接着，周勃带领北军，把吕氏的势力消灭了。

到这时候，大臣们胆子就大了。他们说："从前吕太后所立皇上不是惠帝的孩子。现在我们灭了吕氏，让这种冒充的太子当皇帝，长大了不是吕氏一党吗？我们不如再在刘氏诸王中推一个最贤明的立为皇帝。"

大臣们商议的结果，认为代王刘恒在高祖的几个儿子中，年龄最大，品格又好，就派人到代郡(治所在今河北蔚县)把刘恒迎到长安，立为皇帝，这就是汉文帝。

文帝即位以后，右丞相陈平却声称有病不肯上朝。文帝觉得很奇怪，就亲自到陈平家中去探望他，询问他不愿上朝的原因。结果，陈平对文帝说："当初跟随高皇帝打天下时，太尉周勃的功劳不如我；但是现在平定诸吕之乱，我的功劳就不如周勃了。因此，我想把自己右丞相的职位让给周勃，所以才没有去上朝。"文帝见他说得很诚恳，这才放下心来。第二天上朝，他果然拜周勃为右丞相，改任陈平为左丞相。但是汉朝是以右为尊，所以这样一来，周勃的官位就在陈平之上了。

不过，周勃虽能征善战，但是对治理国家、处理政事却是一窍不通，很快就在朝廷上闹出了笑话。有一天上朝，文帝问周勃："现在全国一年判处的囚犯有多少?"周勃摇了摇头说："不知道。"文帝又问："那现在全国一年的赋税收入有多少?"周勃仍然答不上来，急得出了一身汗。文帝见了，就转过身来问陈平："左丞相知道吗?"陈平不慌不忙地答道："这些事都有主管的人。陛下如果想了解监狱的情况，可以问负责刑狱的廷尉；要了解钱粮的收支情况，可以问负责税收的治粟内使。"汉文帝又说："既然这些事情都有主管的人，那么你是管什么的呢?"陈平严肃地回答说："我的职责就是管理群臣。对外，镇抚四方；对内，爱护百姓，让文武百官都能各尽职守。"汉文帝听了，不禁笑着称赞陈平答得好。

散朝以后，周勃感到很羞愧，不由得埋怨陈平说："你怎么不早教给我这些呢?"陈平听了也不禁笑了出来，说："你做了丞相，却怎么不知道丞相的职责呢? 如果陛下问你这长安城中到底有多少盗贼，你也能强答吗?"周勃听了，心里更加清楚，陈平的才能远在自己之上，第二天，他就上书给汉文帝，交回了自己丞相的相印，仍然让陈平来做这个丞相。

后来，周勃就终老在家。他的儿子周亚夫在日后也出将入相，成了一代名臣。

## 周亚夫为什么受冤而死

周亚夫是西汉文景时期的名将。他的父亲周勃也大大有名,在吕后死后,扫灭诸吕的行动中立下了大功,就连当时任丞相的陈平都承认在这件事情上,自己的功劳不如周勃大,因此想把自己的丞相之位让给周勃来做。

周亚夫起初当河南太守,未曾封侯。传说当时著名的观相者许负给他相面,说:"你三年以后能够封侯。封侯之后八年会成为将相,秉持国政,贵极人臣,当世不二。在以后九年,你就会饿死。"周亚夫根本不相信这些话,笑着说:"我的哥哥已经承袭了我父亲的爵位,如果他不幸早逝,也是由他的儿子来承袭,我又怎么会封侯呢?更何况既然你预言我会位极人臣,贵不可言,又为什么会说我饿死呢?请

周亚夫

你给我解释解释。"许负看他根本不相信自己的话,摇了摇头,什么也没说就走了。

过了三年,周亚夫的哥哥绛侯周胜之因为犯罪而被处死,文帝下令要选择周勃之子中最贤能的人,结果大臣们都推举周亚夫,于是周亚夫真的被封为绛侯,应验了许负当年的预言。

汉文帝后元六年(公元前158年),匈奴大举侵扰边塞。周亚夫受命带兵在前线。他治军严谨,一丝不苟,就是皇帝亲自来了,他也要求军中的士兵必须严守自己的命令,毫不松懈。文帝视察回来后,还因此称赞他是"真将军"。以至于文帝临死时,还告诫太子刘启说:"如果国家有紧急的大事,周亚夫可以相信,尽管派他去带兵。"这些话,太子刘启一直深深记在心里,始终没有忘掉,并且最

终终于依靠周亚夫平定了诸侯王的叛乱。

汉景帝三年(公元前154年),吴、楚等七个诸侯王国发动武装叛乱。吴王刘濞亲自领兵二十万来犯,北渡淮河,会合楚军。先向梁国进击,又派奇兵到崤、函之间埋伏起来,伺机行动。周亚夫以中尉的身份代行太尉的职务,奉命率领大军东进,反击吴楚叛军。他拟了个先予后取、避实击虚的策略,前后三个月,就平定了吴楚七国之乱。

汉军凯旋回朝后,朝廷就重新设置太尉官,正式任命周亚夫为太尉。过了五年,景帝七年(公元前150年)二月,周亚夫被升任为丞相,深受皇帝的器重,完全应验了当初许负的预言。只是这时,周亚夫正处于志得意满之中,根本没有时间去细细思量许负接下去的预言。

正是周亚夫任丞相时,麻烦来了。景帝想要废掉太子,但是遭到了周亚夫的强烈反对,君臣为此而发生争执,景帝最终也没有能够达到目的。从此以后,景帝就开始疏远了周亚夫。

在平定七国之乱时,周亚夫和梁王刘武之间发生了嫌隙,梁王从此怀恨在心。以后,刘武每次进京朝见,都在窦太后面前说周亚夫的坏话。

这时景帝的生母窦太后提议要封景帝王皇后的哥哥王信为侯。她对景帝说:皇后之兄王信可以封侯。景帝感到很为难地说:"当初先帝并没有封太后的亲属为侯,是我即位以后才封他们为侯,现在我即位不久,实在不能封王信为侯。"窦太后说:"君主应按当时的情况办事。我的哥哥窦长君活着的时候竟然不能封侯,死后,其子窦彭祖反而得到侯爵。我为此事深感遗憾。"她说到这里,用命令的口吻说:"皇帝赶快封王信为侯吧!"景帝答道:"这件事我得与丞相商量商量。"后来,景帝与周亚夫商议这件事。果然不出所料,周亚夫坚决表示反对,认为不能违反高祖刘邦"非刘氏不得王,非有功不得侯。不如约,天下共击之"的禁令。他明确地表示不同意封王信为侯。景帝听了默然不语,也因此一直没有封王信为侯。因为这件事,窦太后也记恨在心。后来,匈奴有一些人来投降汉朝,景帝打算封他们为侯,以鼓励后来的人。周亚夫却说:"他们背叛了自己的君主来投降陛下,陛下现在却要封他们为侯,以后又怎么能责备那些不守节者的臣子呢?"景帝这次很坚决,直接否定了周亚夫的意见,封那些来降的人为侯。周亚夫因为皇帝没有采纳自己的意见,感到很不高兴,因而称病在家闲居。景帝中元三年(公元前147年),失去了皇帝欢心的周亚夫终于被罢免了丞相的职务。

过了不久,景帝在宫中召见周亚夫,赏赐饮食。席上放了一大块没有切开的肉,又没有放筷子。周亚夫心里不满,就叫主管筵席的去取筷子。景帝看着发笑,说:"这不是没有给你的筷子吗?"周亚夫向景帝免冠称谢。景帝说:"起来吧。"周亚夫快步出宫,不告而别。景帝两眼直盯着他出去,说:"他如此含恨在心,终究不是我这年轻君主的臣子。"

时过不久,周亚夫的儿子从工官那里购买了五百具甲盾,准备将来父亲死后作殉葬品之用。因为他苛待雇工,不给工钱,了解实情的雇工知道,这是私买皇帝的器具,就上书告发了周亚夫的儿子,这件事也牵连到周亚夫。景帝看了告发之书,就交给官吏查究。官吏按照告发书中所列罪状审问周亚夫,周亚夫根本就不知道这件事,所以也无从回答。景帝却因此大为恼怒,把周亚夫交给执法官廷尉处治。廷尉责问周亚夫说:"侯爷为什么想造反呢?"周亚夫说:"我所买的器具,只是葬器而已,又怎么说得上是谋反呢?"廷尉官说:"你即使在活着的时候不谋反,恐怕也准备死后在地下谋反吧?"这可真是欲加之罪,何患无辞!于是,这些严酷的官吏更加紧了对周亚夫的威逼。起初,官吏去逮捕周亚夫时,周亚夫本来就打算自杀,但是被他的夫人制止了,所以没有死成,就被廷尉捉了去。现在他知道自己在这些酷吏手中是活不了的,于是自己绝食五天,最后吐血而死。他的封国也被废除了。一代名将周亚夫就这样含冤枉被折磨死在监狱里。

## 汲黯为何失宠

汉武帝初年,大刀阔斧地兴造功业,他收揽天下豪杰,求之唯恐不及。所以,一时间,贤臣良将济济一堂。然而,满朝文武当中,饱学者众多,敢于直言、讲真话、为民请命的人，却少之又少。这里，我们要提到的汲黯，就是这样一个使权贵忌惮的人。但是这样一个忠正之臣，却始终没有受到汉武帝的重用，这是为什么呢？

汲黯，字长孺，是河南濮阳人。他出身于官宦世家，当汉武帝刘彻还是太子时，汲黯出任太子洗马，侍奉在太子左右，严而有礼，很得刘彻的赏识。刘彻即位后，封汲黯为谒者，出入禁中，管理内外事务，是汉武帝的心腹之臣。

传说汲黯为人严以律己，很重视气节，他不畏权贵，甚至连汉武帝也要勘畏他三分。当时，汉武帝的舅舅武安侯是丞相，贵极人臣，朝中权臣拜谒武安侯时，常行大礼，可武安侯从不回礼。汲黯见到武安侯，从不跪拜，只是拱拱手作罢。大将军卫青因为自己是皇亲国戚，就自以为尊贵无比，别人参见他时也都行跪拜之礼，唯有汲黯，也只是拱手就得。汉武帝接见其他大臣时，衣着都很随便，或是不穿戴整齐就坐在床边，或是不戴帽子，唯独见到汲黯时，汉武帝不敢不穿戴整齐。一次，汉武帝没戴帽子，听说汲黯来奏事，就赶紧躲到帷帐之中，隔着帷帐让汲黯奏事。汉武帝对汲黯尚如此忌惮，就更不用说其他大臣们了。

汲黯刚正不阿，疾恶如仇，不能容人之过，并且他敢于直言犯众。汉武帝独立执政后，尊崇儒术，任用吏治，外儒而内法。因此，公孙弘得以以公羊学博士封侯拜相，张汤以更定律令封为廷尉，受到汉武帝的重视和任用。汲黯对此事很是不平，多次与公孙弘和张汤进行辩论，斥责他们是奸贼。他甚至当着满朝文武的面指出汉武帝的好大喜功，结果惹得汉武帝大为光火，怒而罢朝。

汉武帝嫌汲黯说话太直，一点都不留余地，不注意场合与分寸。旁人听说了就转告汲黯，替他捏了把汗，可汲黯却满不在乎。由此可见，他的刚正不阿。也正是因为如此，淮南王谋反时，还暗自说，从丞相公孙弘起，满朝文武都好对付，唯独汲黯难以对付，肯定会守节死义。

汲黯又敢于坚持己见，守节死义，为民请命。汉武帝曾多次派兵攻打匈奴，取得了一定程度的胜利，导致匈奴单于率领部众投降。汉朝准备派两万辆车去迎接匈奴降兵，需要数十万匹民间良马。当时长安的县官没有钱，只得向百姓赊马。但是由于多年征战，长安城内的马匹已所剩不多，再加上有人把自己的马藏起来,使得一时间难以凑齐几万匹马。汉武帝听说此事大怒,就要杀了长安县令。这时汲黯挺身而出,向汉武帝直言劝谏,他说:长安县令有什么罪呢?您只要杀了我一个,百姓害怕,就会献出马匹了。而且,匈奴人投降汉朝,本来是一件好事,为了这件事,又何必搞的天下骚动,人心大乱呢?汉武帝被汲黯说得无言以对。

等到匈奴降兵到来,又有商人纷纷和他们做买卖,结果五百多商人被判死罪。汲黯再次进谏,指出讨伐匈奴,死伤费用不可计算,纵使不能以胡人降兵赐予死难烈属,以谢天下之苦,塞百姓之心,也不该像奉养一般良民一样侍候他们。再说,普通百姓哪里知道和匈奴降兵做买卖会犯法呢。枉杀五百多人已经够惩戒的了。汲黯建议汉武帝立即下令停止杀戮,汉武帝答应了。可这次为民请愿后不久,汲黯就被罢官了。

汲黯这么敢于直言进谏的人,为什么得不到汉武帝的重用,反而多次被贬外放?直接的原因是汲黯的忠正和耿直导致他敢于直言犯上,得罪了皇亲国戚和达官贵人们,伤害了汉武帝的"天子的威信",因此,汲黯受到了排挤。但另一方面,问题主要集中在汉武帝和汲黯二人君臣之间在治国方略上的分歧。汲黯喜好黄老之术,这在文景时期,需要恢复经济,保持政局稳定的情况下,是可行并适宜社会发展的。但是到了武帝时期,社会财富逐渐积累和丰富起来是守成之术,人们的物质、精神生活的需求日益有了提高,清静寡欲的黄老之术已不再适应变化了的社会形势和发展趋势了。这时,汉武帝适应社会进步的需要,采取了罢黜百家、独尊儒术的方针,以儒学辅助吏治,本质上是开放的进取的。可汲黯依旧固执己见,不能与时俱进,继续因循守旧,在思想认识、价值观念、待人接物各个方面都与汉武帝形成了很大的反差,纵然汲黯有无比的刚正不阿、忠诚老实,守节死义的高风亮节,汉武帝还是嫌他迂腐,所以外放贬官。尽管后来张汤等人以欺君之罪而被杀,汉武帝开始怀念汲黯的朴实,可最终汉武帝并未诏汲黯返回京师。汲黯就这样含恨死在了淮阳郡守任上。

汉武帝和汲黯能够互相都变通一些,他们之间也不会是这样的结局了,但历史不容假设。纵观汉武帝一朝,有学识的人不少,有真正出类拔萃学识的人却不多,尽是些在汉武帝招揽天下贤能之士时浑水摸鱼来的。像汲黯这样刚正不阿、秉公执法的人更少,失去汲黯,不能不说是汉武帝的悲哀。

## 李广利缘何投降匈奴

李广利,汉武帝征西时的得力干将,人称"贰师将军"。他曾远征大宛,使大宛重新建立了亲汉朝的政权,为确立汉朝对西域的宗主统治地位立下了汗马功劳。他还曾率部和匈奴军队血战边塞,立下过显赫军功。然而,当他最后一次征战匈奴时,听说其李氏家族因受"巫蛊"的牵连,遭受满门抄斩。李广利悲愤之余,率七万汉朝大军投降匈奴。那么,这位贰师将军是汉朝的功臣,还是罪臣呢?

李广利出身于一个艺人之家,起先并不懂得军事理论和养兵、用兵之道。但是他的妹妹和兄长,都是汉武帝身边的红人。其妹李夫人是汉武帝的宠妃。李夫人娇媚迷人,且舞艺精妙,深得汉武帝宠爱,生有一个皇子,后尊称为李夫人。其兄李延年因为妹妹的关系,被授予两千石的官职,称"协声律"。李延年擅长逢迎汉武帝,本人又漂亮柔媚,得以和汉武帝同榻而眠,极得宠幸,地位也相当显赫。李氏兄妹俩都受到汉武帝的宠爱,自然李广利也就被破格提拔,得以去沙场扬名立功,升官封侯。

当时,汉朝正在开拓西北疆域,对西域各国攻伐和安抚相结合,恩威并施。汉武帝听说大宛贰师城盛产汗血宝马,就想据为己有,于是派使臣带了千金前去交换。可大宛人却抢夺了汉朝使臣带去的财物,并且杀掉了汉使。这使得汉武帝很是震怒,命李广利为贰师将军,率领六千骑兵,以及几万备用人马,攻讨大宛。

李广利率兵向西,在过盐泽时粮食供应发生了问题,士兵饥饿劳顿,攻打又受阻,于是只得退回敦煌。两年后,再次携带充足的军需供应,杀向大宛城。汉军断绝了大宛的水源,包围了城池。四十多天后,外城被攻破,大宛的守城勇将被俘虏,大宛人开始恐惧汉军。于是,密谋杀掉了当时的大宛皇族,献出了汗血宝马,以求汉朝退兵。李广利同意了大宛的求和条件,结盟罢兵,班师回朝。

李广利凯旋时,沿途小国听说大宛被汉军攻克,纷纷派遣王子王孙随同汉军,前往长安拜见汉朝天子。他们让王子王孙住在长安,作为人质,以此来寻求得汉朝的保护。李广利此次出征,威震西域,为确立大汉王朝对西域的宗主统治地位,立下了汗马功劳,汉武帝封他为海西侯。然而,他却纵容下属贪污粮饷,克扣士卒,而且不加制止,结果汉军饿死的远多于倒毙在战场上的,老百姓对此怨声载道。可由于其妹李夫人的原因,他一直都深得汉武帝的偏爱,所犯过错也不被追究。

汉朝西北疆域的匈奴,极不好管制,经常出尔反尔,侵扰汉朝边关。匈奴单于还扣押了汉朝使臣苏武,以此向汉朝示威。公元前100年,贰师将军李广利率领三万汉朝大军出击匈奴,他在酒泉和当时的匈奴右贤王相遇,大败匈奴,斩获敌军首级一万多个。可匈奴不甘失败,召集大批人马将李广利所率的军团团包围,李广利几次突围,均告失败,危在旦夕。这时,赵充国将军杀开一条血路,才使汉军突围成功,可惜伤亡十分惨重。

两年后,贰师将军李广利再次率骑兵六万人,步兵十万人,攻打匈奴。同时,有三路侧军配合李广利。李广利本无将帅之才,缺乏军事指挥的能力,苦战十多天,无功而返。匈奴由此得势,侵入五原、酒泉等地,杀死、抢掠汉朝居民,老百姓苦不堪言。汉武帝命李广利率兵七万赴五原,另派马通率兵四万赴酒泉,商立成率兵三万出西河攻打匈奴。而此时,李广利忽然听得自己李氏家族因为受到"巫蛊之祸"的牵连,满门抄斩。想到妹妹李夫人曾经非常得宠,现在备受冷落,竟难逃一死;兄弟李延年也遭遇不幸。这都是因为汉武帝听信谗言所至。李广利想到此处心情悲愤难忍,知道自己就算回到汉朝也难免一死,于是干脆报复性地投降了匈奴。

李广利虽然由于妹妹受宠而被破格提拔为贰师将军,可他也确实做出了大破大宛、大败匈奴的壮举。他在驻守边关,征战多年,为汉朝西北边疆的安定做出了很大的贡献。尽管其缺乏军事才能和英雄气概,并且对属下疏于管理反倒纵容,致使士卒生活困苦,可他的战绩是不能抹杀的。即使他没有立下像卫青、霍去病、李广那样的赫赫战功,可他也有英名存世。至于他投降匈奴,走上叛国通敌之路,虽然结合当时史实,情有可原,但也的确是很大的罪过,也是他的任何功绩所不能掩盖的。

总之,对于李广利,人们的评价褒贬不一。我们既要看到他对国家以及边疆对稳定做出的巨大贡献,也要看到他由于裙带关系登上将军之坐后又由于裙带关系失宠而一怒叛国的事实。可以说,在某种程度上,他的作为恰恰体现了他是由于攀附权贵才出人头地的,正是由于这一点,他不如那些经过正式文举或武举而出仕的人,他的心胸是很狭窄的。所以,他投降了匈奴,也是可以理解的,也是符合他的为人的。

## 理财家桑弘羊为什么被杀

西汉景帝四年(公元前153年),在洛阳的一个富有商人的家里,降生了一个男孩,他就是汉武帝时著名的理财家桑弘羊。桑弘羊成为著名的理财家,协助汉武帝处理财政问题几十年,这和他的家庭与故乡洛阳有很大的关系。

桑弘羊的家庭是洛阳很富有的大商人,他十三岁就做了汉武帝的侍中。侍中是一种加官,大至列侯、将军、卿、大夫,下至太医、郎中,都可以加官为侍中。当了侍中,就可以经常出入禁中,接近皇帝,所以它很为大家所重视,成为升官的一个重要途径。但当侍中的,除了贵家子弟和著名的儒生外,一般人很难得到。才十三岁的桑弘羊,既非贵家子弟,也非名儒,他怎么能当了侍中呢?

后人猜测这可能是用钱买的。西汉初年,要做比较大的官,有两条途径:一条是由郡太守、诸侯王这样二千石以上的官吏定期向中央政府推荐,他们当然是推荐自己的子弟,桑弘羊不会有这种机会;另一条是拿钱买官,也就是"入粟补官",桑弘羊作为商人的儿子,在十三岁的时候,他家就给他花钱买了个侍中,他大概走的是这条路。

汉武帝时,为了培养一批忠于自己的得力官吏,选拔了很多有才干的青年在他的身边作侍中。像朱买臣、卫青、霍去病、霍光、桑弘羊这些以后的文武大臣,就都当过他的侍中。

汉武帝的这些侍中,并不仅仅是帮助他做点身边的琐事,有时也与他们商量一些军国大事,遇有他的意见与大臣不合时,还常常让这些侍中出面与大臣们进行辩论。如汉武帝元朔三年(公元前126年),汉武帝为了抗击匈奴的侵扰,决定在河套筑朔方城,御史大夫公孙弘多次上书反对,汉武帝就让侍中朱买臣等人与公孙弘辩论,说服了公孙弘,使他转变为筑朔方城的积极支持者。

桑弘羊在当侍中期间,参加了很多汉武帝决定军国大事的讨论,他了解了汉武帝的为人和抱负,自己也深受汉武帝思想的影响。这期间,他虽然没有什么突出的表现,也没有受到汉武帝的重用,但他却学习和锻炼了参与国家大政的能力,为以后的从政准备了条件。

桑弘羊从十三岁作侍中,一直到三十九岁出任大农丞,当了二十六年的侍中。这期间,由于汉武帝大规模的对匈奴用兵,国家的府库余财已经用尽,财政发生了困难。元狩三年(公元前120年),桑弘羊这时已经三十四岁,他由于善于计算经济问题,汉武帝让他帮助东郭咸阳和孔仅估算研究盐铁官营的规划。这个规划经过一年的起草才完成,主要是将原属少府管的盐铁划归大农令管,由国家垄断盐铁的生产,不许私人经营。汉武帝很快就批准了这个计划,并派孔仅和东郭咸阳到全国各产盐铁的地区,设立盐铁官营的机构,任命原来经营盐铁生产的商人为各地官营盐铁的主管官。汉武帝对经营盐铁政策的改变以及孔仅、东郭咸阳和桑弘羊对这一新政策的执行,取得了很大成效。三年之后,孔仅升任为大农令,桑弘羊也被提拔为大农丞。大农令是封建政府掌管财政的最高官员,大农丞是他的主要助手,从这时开始,桑弘羊在理财上显示出他的突出才干,越来越受到汉武帝的重用。

算缗是封建国家向商人征收的一种财产税,告缗是与商人瞒产漏税做斗争的方法。这也是由于大规模的对匈奴用兵,而山东一带又遭了水旱灾,为了弥补财政不足而对工商业者采取的一种筹款措施。最初提出这个办法的是御史大夫张汤,武帝元狩四年(公元前119年)颁布了推行的法令。但是由于当时的大农令颜异不赞成此事,所以未能认真贯彻执行。桑弘羊出任大农丞后,才在全国雷厉风行地加以推行。

桑弘羊当了大农丞后,为了支持杨可把告缗坚持下去,又重申了告缗令。这样,告缗的活动就在全国普遍推开了,中等以上的工商业者,大都受到了告发。政府派出官吏到各地处理算缗和告缗的事,政府得到以亿计的财物、成千上万的奴婢,没收的田地大县数千顷,小县百余顷,还有很多房屋。中等以上的工商业者纷纷破产,而政府的国库却充实起来,有力地支援了汉武帝的对外战争。

后来,桑弘羊的一个家人犯了罪,被朝廷逮捕了。按照汉朝的法律,子弟犯法,父兄也要连坐。所以桑弘羊被由大司农被降职为搜粟都尉。但是桑弘羊被贬职后,直到昭帝始元六年(公元前81年)杨敞被任命为大司农止,中间有十六年,大司农的职务一直空缺着。这可能是由于桑弘羊被降职为搜粟都尉,但是桑弘羊在理财上深受汉武帝的信任,而大司农一职当时又找不到合适的人选,所以汉武帝就采取了一个折衷的做法,虽然罢了桑弘羊大司农的职,但还让他代理大司农的职务。这样做,既尊重了法律,又继续发挥了桑弘羊理财的特长,确实是一个两全其美的办法。

盐铁会议后的第二年,昭帝元凤元年(公元前80年)九月,发生了燕王旦与昭帝争夺皇位的斗争,历史上叫作"燕王之变",桑弘羊也被牵连到这一事变中,结果桑弘羊一家都被霍光处死了。

汉武帝有六个儿子,太子刘据因"巫蛊事件"被迫自杀,齐王刘闳早死,剩下的四个儿子中燕王旦最大,他理应立为太子,但汉武帝不喜欢他。在齐王刘闳和太子刘据死后,燕王旦就上书汉武帝,要求到汉武帝身边帮助他,以太子的身份入宫宿卫,引起汉武帝的不快,把他派的使者都杀了。后来又因为他窝藏逃犯,将他的封国削去三县。所以汉武帝死的时候,没有选他为继承人,而立了小儿子弗陵为继承人。

燕王旦是一个很有政治野心的人,他好读书,很有谋略,到处招罗人才,决心与昭帝争夺皇位。他首先散布谣言,说昭帝不是汉武帝的儿子,汉武帝也不想立他为太子,而是汉武帝死后几个大臣违背他的意愿拥立为皇帝的,所以他継承帝位不合法,号召大家反对他。他知道维护昭帝地位的主要是霍光,就挑拨霍光与昭帝的关系,上书诬告霍光外出检阅羽林兵时,用天子礼仪,有谋反的野心。这时昭帝已经十四岁,他对这些人攻击霍光的话,已经有所警惕,并不相信,有时他听烦了,还发怒说:"霍光是我父亲给留下帮我辅政的忠臣,你们要再攻击他,我就要治你们的罪了。"燕王旦一伙发觉用攻击霍光的办法来挑拨他和昭帝的关系难以达到清除霍光的目的,于是他们决定改用暗杀霍光的手段,来达到推翻昭帝的目的。

昭帝的姐姐鄂邑公主在他小的时候抚育过他,姐弟俩感情很好,但公主与上官桀父子相勾结,求封她的情夫丁外人为列侯时,被霍光拒绝,因而对霍光不满。这样,燕王旦与上官桀父子就与公主勾结,再加上因求封子弟为官而为霍光所拒的桑弘羊,就设下圈套,让鄂邑公主亲自出面宴请霍光,乘其不备将他杀死,然后废昭帝,迎立燕王旦为帝。这个阴谋不知怎么被公主的一个舍人发觉了,并告诉给了他父亲燕仓,燕仓是大司农下属的农官代理稻田。他马上向自己的上司大司农杨敞告了密。杨敞觉得事关重大,不敢出面告发,就以自己有病为名,将此事透露给大夫杜延年。杜延年立刻将此事告诉给霍光,于是他们的阴谋很快就被霍光粉碎了。燕王旦、鄂邑公主被迫自杀,上官桀父子和丁外人被杀,当时已经七十四岁的桑弘羊和他的儿子桑迁,也被霍光下令处死

## 郦食其被烹杀之谜

战国时代的诸子百家中,有一派叫作纵横家,他们的代表人物,就是苏秦和张仪。这些辩士们只凭着三寸不烂之舌,就能达到强于百万之师的效果。在战争时期他们往往会受到重用,但是一旦战争结束,君主就会变得非常厌烦他们,认为他们取口舌之利,朝秦暮楚。就像秦始皇一样,他灭掉六国得力于纵横家的地方很多,但是当他统一了全国后,就像对付别的学派一样,禁止纵横家的流行。那么,在汉朝初期,跟随刘邦打天下,建立并巩固政权的辩士,命运如何呢?这里,我们主要来谈谈郦食其。

郦食其是陈留郡高阳县人,自幼好读书,但家贫落魄,只得以贱吏为职业,但他并未丧失自己的志向。秦末豪杰并起,郦食其从旁观察,发现尽是些胸襟狭隘、目光短浅之辈,不足以成大事。因此,他藏而不露,伺机而动。

后来,他听说沛公刘邦要从陈留经过,刘邦尚未抵达高阳之前,就派人寻访当地的贤士能人。郦食其知道刘邦非常人,这应该是自己实现理想,大展宏图的好机会。于是,郦食其就头戴儒冠前去拜见。刘邦平素游手好闲,未发达时是顽劣之徒,生平最厌恶只会摇头晃脑,背诵六经,不识时务,缺乏办事能力的儒生。结果,他一见郦食其头戴儒冠来访,就很厌烦,拒绝接见。后来,旁人介绍说,郦食其是个高阳酒徒,刘邦方才决定勉强一见。

郦食其见到刘邦时,只见沛公正坐在床上,让两个侍女替自己洗脚。郦食其进来后,只行了礼而不跪拜,劈头就问刘邦,"足下欲助秦攻诸侯乎?欲率诸侯而破秦乎?"刘邦大怒,郦食其又批评刘邦说,听郦食其陈述自己的方针,也给了郦食其一个施展自己才能的机会。

郦食其给刘邦献上的第一个策略是夺取战略要塞陈留城。当时适逢刘邦起事不久,他所率领的一群乌合之众不过万人,在这样的情况下对抗秦朝,无异于鸡蛋碰石头,与虎谋皮。在郦食其看来,陈留城是天下枢纽,道路四通八达,城内又存有数千万石粮食,历来都是兵家必争之地。如果刘邦能够拿下陈留城,在这里招兵买马,那么粮食充足,城墙坚固,进可功,退可守,就能横行于天下了。在分析了这样的形势后,郦食其向刘邦自告奋勇,利用自己和陈留县令的私人友好关系,前去劝降。陈留县令当然没那么容易就投降,郦食其一见劝降未果,竟在当夜暗杀了陈留县令,归来禀报刘邦。

次日,刘邦率军攻城,守城的陈留将士见自己的县令都死了,就没了战斗的信念,全都投降了刘邦。于是,刘邦兵不血刃就进入了陈留城,短短三个月的时间,他的兵马就发展到了十万人,这和郦食其的建议是分不开的。

后来,刘邦西人函谷关,消灭了秦朝。攻取陈留,是刘邦在战略战术上,由弱转强的重要转折点,郦食其为此立下了汗马功劳,也因而得到了刘邦的信任和重用,他号为广野君,从此常任专使,游说于各诸侯之间,替刘邦解决纷争。

在楚汉之战中,双方多次争夺的战略要地有两个,一是荥阳,二是成皋。成皋的粮食是天下粮仓中存粮最多的,所以是兵家必争之地。王者以民为天,而民以食为天。公元前204年,刘邦再次被项羽赶出了荥阳城,他想放弃了。而当时项羽虽然占据了荥阳,可赵和梁两地被韩信和彭越攻取了,于是项羽只得出兵去救援这两地,因而只留了很少的兵力镇守在成皋。郦食其建议刘邦说,这是天下给汉的大好时机,力劝刘邦尽快收复荥阳,占据成皋粮仓。而自己稍后则会游说齐王,让他发兵助汉攻楚。刘邦思前想后,同意了郦食其的建议,收复了成皋粮仓。

于是,郦食其来到齐国,对齐王田广细说利害关系,对比刘邦和项羽的为人处事和功过是非,论证了天下所在,归汉不归楚的道理,齐王田广接受了郦食其的意见,撤除了战备,每天和郦食其一起饮酒高歌,纵情欢唱。

郦食其凭着自己的三寸不烂之舌,不费一兵一卒,说服了齐国,这消息传来,激怒了韩信。他率兵攻打了齐国,趁齐王和郦食其饮酒作乐时长驱直入,到达了齐国都城临淄城下。齐王田广以为郦食其欺骗了自己,对他怒道:"你若能制止汉军,就能活命,否则我就把你煮了。"韩信的攻打是出乎郦食其意料的,他哪里能治得了韩信呢,于是只好自认倒霉,被田广烹杀,壮烈地死去了。

郦食其的悲剧,其实本不该发生。假如刘邦能及时下令,让韩信不要攻打齐国;假如韩信以国事为重,停止攻打齐国,就不会让郦食其面临这样的结局。造化弄人,一介书生的郦食其和野心勃勃的韩信,在名利场上,可谓是水火不容的。韩信要逞武功之强,就容不得辩士郦食其的口舌之术,可如果从郦食其身上检讨,如果他完成使命后,马上回去复命,不饮酒作乐,也就可以避免这悲剧了。郦食其错过了生存的机会,高阳酒徒最终栽在了酒上。

辩士郦食其凭借自己的三寸不烂之舌为刘邦建汉立下了大功,最终也败在了自己这张嘴上,可悲可叹。

## 刘歆为什么被迫自杀

刘歆,字子骏,是西汉后期的著名学者。他不仅在儒学上很有造诣,而且在目录校勘学、天文历法学、史学、诗赋等方面都堪称大家。他既是一个伟大的天文学家，又是一个对中国古代典籍分类整理做出过重要贡献的学者，在政治上也有着不平凡的经历。

刘歆是西汉皇室宗亲，他的父亲刘向也是当时的知名学者，博通经史，在天文学方面也很有造诣，在朝廷中做过官。刘歆从小生长在这样一个学术气氛很浓的名门之家，很小的时候就开始读书，逐渐显露出了非凡的才华。由于严格的家学渊源和个人的天赋，刘歆很早就以才学闻名。少年时代，他已精通了《诗经》《尚书》等当时被认为是最古老、最经典的书籍。成帝之初，朝中就有亲信大臣向皇帝推荐他说"通达有异材"，并且由此受到皇帝的召见，皇帝十分喜爱他，甚至想把他留在宫中作中常侍，只是由于当时掌握朝政大权的大将军王凤的反对而未能得逞。最后，皇帝让他做了黄门郎，这是刘歆走上天文学研究和进入政治漩涡的第一步。

河平三年(公元前26年)汉成帝下令官员陈农到各地搜求遗书，并且由光禄大夫刘向负责对这些收集上来的书进行系统的整理编目工作。此时，刘歆就已经参与到了父亲的工作中来。刘向逝世不久，汉哀帝下令刘歆领校五经，以完成其父未竟之业。两年以后，经过刘向、刘歆父子两代人20多年的努力，终于圆满地完成了中国历史上第一次由政府组织的大规模图书整理编目工作。

皇帝令刘歆与其父一同负责整理、校订国家收藏的书籍，使刘歆有机会接触到当时的各种书籍，他更加如饥似渴地钻研，无论是史书、典章制度、政论文章，还是诗词歌赋、科学著作，他都认真研习，成为一位无所不通的大学问家。

汉成帝死后，汉哀帝继承了皇位，西汉王朝的统治权逐渐落入王莽手中。刘歆曾与王莽共事，二人关系十分密切。王莽在汉哀帝面前盛赞刘歆才能卓著，品行高尚，推举他做了待中太中大夫，此后又逐渐升为骑都尉、奉车光禄大夫，成为当时的显赫人物。

刘歆和王莽有着复杂的恩怨。原来，当刘歆初入仕途为黄门郎不久，以孤贫恭俭而声名盛高的王莽也因伯父王凤的临终之托而当上了黄门郎。两个出身豪贵而又博学的年轻人从此结下了较深的情谊。在王莽走向权力顶峰的过程中,刘歆一直是积极支持王莽的。他曾参与谋划加封王莽"安汉公"等封号的活动,在刘歆带领或启发下,各地钻营之徒也纷纷奏上符瑞,其中梓潼人哀章更是做了一个假铜柜,在里面藏了两封据说是汉高祖刘邦遗留下来的文书,其中写着"高帝承天命,以国传新皇帝",意思就是说,刘邦曾经说过,要把皇帝的宝座让给王莽来做。当然,这些所谓的祥瑞纯属胡编乱造,只是那些人为了迎合王莽的心思而捏造出来的。而这股风气正是刘歆带领出来的。所以王莽也一直十分看重他,屡次推荐他,使他平步青云。可是,当他看到王莽羽翼已成,即将夺取汉朝皇位时,他又开始不安起来。一方面,作为汉室宗亲,他打心里不愿意看到王莽取代刘姓称帝;另一方面,由于他一直支持王莽,他又怕汉宗室和天下一切反对王莽的人仇视他。但是,大势已定,他已无能为力。

始建国元年(公元 9 年),王莽正式做了皇帝,刘歆被封为国师、嘉新公,是当时皇帝之下权力最大的四辅之一。但是,刘歆此后为王莽做的事越来越少。

在新朝建立后,他们君臣之间必然因权力分配不均而发生矛盾。王莽得以为帝,甄丰、刘歆、王舜是其助臣。王舜与王莽为同曾祖弟兄,且于始建国三年即病死。甄、刘二人就成了王莽的眼中钉。最后,甄丰被王莽逼的自杀了,临死之前却咬出了刘歆的两个儿子和门客。二子及门人被杀,使刘歆受到很大的震动,从此思想消极,闭门自守,未再参与重大政治活动。

到了地皇四年(公元 23 年),各地反王莽的起义势如烈火,王莽政权摇摇欲坠。王莽手下的另外两个重臣王涉、董忠劝刘歆与他们一同起来反对王莽,刘歆终于同意了劫持王莽,投奔南阳新建立的更始帝的汉政权。当时,董忠统领中军精兵,王涉负责宫廷守卫,刘歆之子伊休侯刘叠为侍中五官中郎将担任殿中警卫,如果三人同心协力,大事可成。可惜,刘歆过于迷信天意,非要等到主管军事的太白金星出现才肯动手。为等太白星出来,他们不得不推迟行动,结果延误了时机,反而在地皇四年(公元 23 年)七月,提前被孙极、陈邯告发,董忠被中黄门格杀,刘歆、王涉都被迫自杀了。刘歆等人精心策划的兵变竟毁于一旦,自己也丢了性命。

但是,刘歆、王涉等人的反叛对王莽的精神打击也很大。王涉为王莽叔父王根之子,刘歆是与其有几十年情谊的旧臣,这真是所谓"军师外破,大臣内叛,左右无所信",王莽此时面临的是众叛亲离的局面。从此以后,王莽"忧懑不能食",整天寝食难安,行动也更为怪癖了。时隔不久,更始兵入长安,王莽就被分裂身体,肢解肌骨窝分,其新朝政权也就在农民起义的凯歌声中宣告灭亡了。

刘歆的迷信害了他自己,导致机密泄漏,未及行动就被迫自杀。中国古代天文学家都精通占星术,但是,他们一般并不迷信占星术,在星象与人事之间,更强调人事的作用,甚至有人仅把占星术作为制造玄虚的手段。而刘歆却不是这样,一个伟大的天文学家却成了占星术的牺牲品,演出了一场历史的悲剧。

## 毛介为什么被人诬陷罢官

东汉末年,朝政腐败,卖官鬻爵,贿赂公行;群雄四起,军阀割据,人民苦不堪言。然而,却出了个廉洁无私、力倡俭朴、帮助曹操统一北方的谋臣,他就是被称为"清公"的毛介。

毛介年轻的时候做过县吏,那时就以清廉公正著称于世。中平六年(公元189年),董卓拥兵入京,专擅朝政,使朝廷处在一片混乱之中。毛介为了躲避战乱,就离开了京城。

后来,曹操占据兖州,大力招揽贤才。毛介被聘为治中从事,帮助曹操筹谋献策,深受曹操的青睐。针对当时曹操的力量还不够强大的局势,毛介洞察时局,向曹操分析说:"如今天下四分五裂,皇帝颠沛流离;老百姓饱受战乱之苦,无法生产,饥寒交迫,离乡背井。国家没有一年的存粮,老百姓没有安居的保障。这种局面是难以长久的。只有奉行仁义的军队,才能取得胜利;只有拥有丰富的财源,才能巩固自己的地位。"接着他又提出了两条卓有远见的良策。"一是'奉天子以令不臣'。也就是遵奉天子,把傀儡皇帝汉献帝掌握在自己手中,以取得政治上的有利地位,借用朝廷的名义向那些不法之臣发号施令,号召天下,讨伐异己。二是'修耕植,蓄军资'。也就是积极恢复和发展生产,增强经济实力,安定人民生活,充实军备物资。"毛介最后满怀信心地说:"如果能够做到这两条，就一定能够立于不败之地，成就霸王之业。"毛玠的精辟分析，对曹操来说具有重大意义，改变了曹操的命运。他果然听从了毛玠的建议，亲自到洛阳朝见汉献帝，并迎汉献帝迁都许昌，从此控制了东汉朝政，占据了政治上的优势。曹操还广募民众，在许昌实行屯田。结果，当年收获粮食百万斛，解了燃眉之急。曹操尝到了甜头，于是下令各州郡都设置田官，负责屯田事宜，大力推广民屯和军屯。几年后就出现了仓库丰实，百姓殷富的局面。在军饷兵员充足的情况下，曹操经过了一系列的战斗，终于统一了北方地区。可以说，毛玠的筹谋对曹操势力的发展和北方的统一，是起了巨大作用的。

建安十三年（公元208年），曹操被任命为丞相。他提拔毛玠为丞相府的东曹掾，负责人事管理工作，与尚书崔琰一起负责官吏的选拔、考核与任免。由于他们自身清廉，俭率天下，因而所选任的官员，也都是清廉正直的人才。他们二人选任的原则是既要有真才实学，又必须廉洁俭朴，尤其注重敦厚务实与谦逊和睦的人才。对于那些华而不实，只会空谈的浮华虚伪之辈，一概不用；对于那些结党营私，投机取巧的人，坚决摒弃；对于现任官吏，长期无政绩，或利用职权营私舞弊、贪赃枉法者，一律罢黜。

这样一来，天下的士大夫无不以清廉俭朴的节操自勉。即使是朝中的显官宠臣，也不敢妄为，出门乘坐的车子和平时穿的衣服款式都不敢过度奢华和超越制度的规定。东汉末年以来竞相奢靡的风气为之一变。

毛玠选任官吏坚持原则，不徇私情；即使亲朋显贵，也决不为说情所动。建安十六年（公元211年），曹丕趁着曹操西征，马超、韩遂不在朝中的机会，亲自到毛玠的官邸，请他给自己的几个亲戚眷属安排较好的职位。面对权臣无理的要求，毛玠不卑不亢地回答说："老臣因为平素忠于职守才幸免于别人的指责，如今你所说的这几个人还不够升迁的资格，请你原谅，我是不敢奉命任职的。"

后来，曹操被封为魏王，毛玠也被提升为尚书仆射，仍然主管官吏的选任工作。当时，曹操在立谁为王太子上犹豫不决。长子曹丕是众望所归，可是，曹操特别宠爱文思敏捷的四子曹植。由于他迟迟不立太子，致使外界盛传曹操可能要废长立幼，曹丕忧心忡忡。毛玠也十分忧虑，他向曹操密谏说："废立太子，历

·秦汉秘史·

图文珍藏版

来是关系国家兴亡的大事。前不久袁绍因嫡庶不分,导致袁谭、袁尚兄弟相攻,结果覆宗灭国。此事不可不慎,切不可废嫡立庶,酿成骨肉相残的内乱。再说太子不立人心动荡,还请三思,早立为是。"曹操对此表示同意,不久便立曹丕为嗣。

毛玠身居高官显位,掌握着用人大权,但从未以权谋私。他对自己要求很严,常常布衣素食;所得俸禄与赏赐,大都抚育了兄长的遗孤,周济了同族的贫苦人。为官数十年,家无余财。他廉洁无私,朝野无不敬慕。

毛玠一生始终忠心耿耿的为曹操服务,出谋划策。但是后来他却无端地遭到了曹操的怀疑,差一点做了冤死鬼。此时曹操已近花甲之年,失去了当年用人不疑的气度,猜疑之心越来越重,一些朝臣因稍有不慎便遭到杀身之祸。毛玠的好友崔琰官至尚书,一向谨慎从事,朝野称赞。不料被仇人诬告,曹操在不加详察的情况下,就听信谗言,认定崔琰心怀叵测,将他逮捕下狱,然后又迫使崔琰自杀。毛玠和崔琰同朝共事多年,互为知己。崔琰死后,他深为悲痛,心中闷闷不乐。生性猜疑的曹操开始怀疑他的言行,于是,又有小人乘机在曹操面前告发毛玠心怀怨恨。曹操又未加调查,就大发雷霆,认为毛玠恶意攻击朝廷,下令将毛玠逮捕入狱。后来由于大臣桓阶、和洽的拼死相救,曹操才免毛玠一死。毛玠被革职罢官,闲居家中数年后,在忧愤中与世长辞。

## 彭越为什么被冤杀

彭越,昌邑人,别号彭仲。他常在巨野湖泽中打鱼,纠集了一帮人做强盗。陈胜、项梁揭竿而起时,有的年轻人就对彭越说:"很多豪杰都争相竖起旗号,背叛秦朝,你也站出来吧,咱们也效仿他们那样干。"彭越说:"现在两条龙刚刚开始搏斗,还是等一等吧。"

过了一年多,泽中一百多年轻人,前去追随彭越,大家说:"请你做我们的首领。"彭越拒绝说:"我不愿和你们一块干。"这些人执意请求,他才答应了。他们约好第二天太阳出来集合,迟到的人杀头。第二天太阳出来的时候,迟到的

有十多人，最后一个人直到中午才来。当时，彭越很抱歉地说："我老了，你们执意要我当首领。现在，约定好的时间而有很多人迟到，不能都杀头，只杀最后来的一个人。"于是命令校长杀掉他。大家都笑着说："何必这样呢，今后不敢再迟到就是了。"但彭越还是把最后到的那个人杀了。设置土坛，用人头祭奠，号令所属众人。众人都大为震惊，害怕彭越，没有谁敢抬头看他。于是他带领众人夺取土地，收集诸侯逃散的士兵，有一千多人。

沛公刘邦从砀北上攻击昌邑，彭越援助他。昌邑没有攻下来，刘邦带领军队向西进发。彭越也领着他的人马驻扎在巨野泽中，收编魏国逃散的士兵。项籍进入关中，分封诸侯后，就回去了，彭越的部队此时已发展到一万多人，却没有归属。汉王元年秋天，齐王田荣背叛项王，派人赐给彭越将军印信，让他进军济阴攻打楚军。楚军命令萧公角率兵迎击彭越，却被彭越打得大败。汉王二年春天，汉王刘邦和魏王豹以及各路诸侯向东攻打楚国，彭越率领他的部队三万多人在外黄归附汉王。汉王说："彭将军收复魏地十几座城池，急于拥立魏王的后代。如今，魏王豹是魏王咎的堂弟，是真正魏王的后代。"就任命彭越做魏国国相，独揽兵权，平定梁地。

刘邦在彭城战败，向西溃退，彭越把他攻占的城池又都丢掉，独自带领他的军队向北驻守在黄河沿岸。汉王三年，彭越经常往来出没替汉王游动出兵，攻击楚军，在梁地断绝他们的后援粮草。汉王四年冬，项王和汉王在荥阳相持，彭越攻下睢阳、外黄等十七座城邑。项王听到这个消息，就派曹咎驻守城皋，亲自向东收复了彭越攻克的城邑,又都归复楚国所有。彭越带着他的队伍北上谷城。汉王五年秋,项王的军队向南撤退到夏阳,彭越又攻克昌邑旁二十多个城邑,缴获谷物十多万斛,用作汉王的军粮。

汉王刘邦打了败仗,派使者叫彭越合力攻打楚军。彭越说:"魏地刚刚平定,还畏惧楚军,不能前往。"汉王刘邦举兵追击楚军,却被项籍在固陵战败,便对留候说:"诸侯的军队不跟着来参战,可怎么办呢?"张良说:"齐王韩信自立,不是您的本意,韩信自己也不放心。彭越本来平定了梁地,战功累累,当初您因为魏豹的缘由,只任命彭越做魏国的国相。如今,魏豹死后又没有留下后代,何况彭越也打算称王,而您却没有提早做出决断,您和两国约定:假如战胜楚国,睢阳以北到各城的土地,都分封给彭相国为王;从陈以东的沿海地区,分封给齐王韩信。齐王韩信的家乡在楚国,他的本意是想再得到自己的故乡。您能拿出这些土地答应分给二人,这两个人很快就可以招来,即使不能来,事情发展也不致完全绝望。"于是刘邦派出使者到彭越那里,按照张良的策划行事。使者一到,彭越就率领着全部人马在垓下和刘邦的军队会师,于是大败楚军。那年春天,封彭越为梁王,建都定陶。汉六年(前201),彭越到陈地,朝见汉高祖。九年,十年,都来长安朝见。

汉十年秋天,陈豨在代地造反,汉高祖亲自率领部队前去讨伐,到达邯郸,向梁王征兵。梁王说有病,派出将领带着军队到邯郸。高祖很生气,派人去责备梁王。梁王很害怕,打算亲自前往谢罪。他的部将扈辄说:"大王当初不去,被他责备了才去,去了就会被捕,不如就此出兵造反。"梁王不听从他的意见,仍然说有病。梁王对他的太仆很生气,打算杀掉他。太仆慌忙逃到汉高祖那儿,控告梁王和扈辄阴谋反叛。于是皇上派使臣出其不意地袭击梁王,梁王不曾察觉,逮捕了梁王,把他囚禁在洛阳。经主管官吏审理,认为他谋反的罪证具备,请求皇上依法判处。皇上赦免了他,废为平民百姓,流放到蜀地青衣县。向西走到郑县,正赶上吕后从长安来,打算前往洛阳,彭王见到吕后就对着她哭泣,分辩自己没有罪行,希望回到故乡昌邑。吕后答应下来,还和他一块向东去洛阳。可是到了洛阳,吕后这个心狠手辣的女人反而向皇上陈述说:"彭王是豪壮而勇敢的人，如今把他流放蜀地，这是给自己留下祸患，不如杀掉他。所以，我带着他一起回来了。"于是，吕后就让彭越的门客告他再次阴谋造反。廷尉王恬开呈报请诛灭彭越家族，皇上就批准，于是诛杀了彭越，灭其家族，封国被废除。后来，刘邦为了杀鸡儆猴，还残忍地把彭越的尸体轧成肉泥，做成人肉丸子，送给那些开国功臣们吃，借此警告他们不要谋反。但是，刘邦这种毫无人性的做法反而激起了更多功臣宿将们的恐惧和反感，以后起兵叛乱的人更多了。

## 王嘉为什么不愿服毒甘愿下狱

王嘉是汉朝非常有名的丞相，他在地方上做太守时，政绩有口皆碑，受到了当地老百姓的衷心爱戴。后来，因为他的政绩显著，在建平三年被朝廷提升，担任了丞相的最高官职，还被封为新甫侯。他做事都是出以公心，常常向哀帝直言劝谏，得到了哀帝的敬重。

不久，历史上那个"割袍断袖"的男主角董贤出现了，并且从一开始就受到了哀帝的极大宠爱，被招为驸马，受到宠信，哀帝恨不得把自己所有的东西都送给这个自己心爱的人，便设法要对他大加封赏。但是他又对执掌朝政的王嘉有所畏忌，所以他写好了诏书，派人先送去给王嘉看，希望他在私底下先同意诏书上的内容。但是，王嘉一看到这份诏书，大为生气，联合了朝中的御史大夫就上奏劝阻，表示出自己坚决的反对。哀帝看到王嘉不肯通融，也没有办法，便暂时停止了封爵行动，也没有对王嘉怎么样。可是，这件事过了几个月后，王嘉又再一次上奏，直言劝谏皇上不要再对奢侈淫逸的董贤赏钱赐地了，这一下哀帝就很不高兴了。后来，他还是借着祖母傅太后去世的机会，下诏书增加董贤的封地，王嘉再次直谏，终于触怒了哀帝。

后来，哀帝与几个亲信大臣讨论如何惩治王嘉，给他随便编造一个"误国罔上"的罪名。大臣们都认为王嘉位居高位，不宜公开逮捕，尤其是他实际上并没有犯什么大罪，就更不能在朝廷上堂堂正正地审问他。于是，哀帝就派专使到丞相府逮捕王嘉入狱，实际上是想暗示他提前自杀。

专使到达丞相府，府上的幕僚知道后都哭泣不已，便进药酒给王嘉吃，王嘉不肯吃，这绝不是怕死，而是他不愿这样糊里糊涂地死。丞相府的主簿对王嘉说："自古以来，位居极品的丞相是不能对簿公堂受人审问的，您还是自杀吧。"

专使早已经得到了皇帝的密旨，在丞相府的大堂上坐等不走，等着王嘉赶快自杀好回去复命。主簿又一次进奉毒酒劝饮，王嘉接过酒掼在地上，对幕僚们说："我官至三公位，如果在职守上有负国家，就应当在大街上公开伏法示众。我堂堂的丞相难道是一小辈吗？怎么可以吃毒药悄悄自杀！"说完，他装束停当，出来见专使拜受诏书，又自己坐上吏员坐的小车，去掉车盖不戴官帽，准备跟随专使到廷尉那儿去了。专使没有办法，只好把他押送到了监狱。负责审理案件的廷尉收了王嘉的丞相大印，将王嘉送入大牢。

哀帝听说王嘉没有按照自己希望的自杀，却乘车去廷尉那儿下入监狱要对簿公堂，心中大为恼怒，便把案子交给大臣们处理。

办案的官吏审讯时，问王嘉为什么不顾颜面，一定要这么做时，王嘉回答说："办案要公正必须获得真实可靠的证据，我见前任的梁相审理东平王刘云的案子时设，他不是认为东平王应该死，而是要让有关官员了解事实真相以示办案的慎重之意，并特驿马快递传送囚犯至长安复查，且复查的时限，绝不会超过判处死刑的日期，也绝没有脚踏两船待政局变化讨好刘云的意思。皇上误解了他而将判罪，后来总算有幸遇到了大赦。梁相、鞠潭、宋泊凤这些办案的官员都是贤才，如果朝廷不重用他们，实在是一大损失。我是从为国家爱惜人才出发才报奏皇上极力保举的，并不是存私心包庇他们。"

办案的官吏说："既然如此，你为什么又认为自己犯了罪，辜负了朝廷，甘愿被捕入狱，而并不是受人冤枉进入监狱的？"

王嘉仰天长叹说："我侥幸充当了宰相这一重职，却不能辅佐君王举荐人才，斥退不肖之徒，这就辜负了国家信任，我死有余辜。"

官吏又问："你说的贤才和不肖之徒指的是谁？"

王嘉回答说："我所说的贤才，就是前任宰相孔肖，前任大司马何武，我无法举荐他们；不肖的恶人，就是高安候董贤父子，他们奸邪专扰朝纲，我无法将他们斥退。我的过错太大了，所以即使死了我也毫无怨恨。"这话后来传到了哀帝的耳朵里，听到王嘉说自己所喜欢的董贤是奸臣，更加憎恶王嘉了，下决心决不宽恕他。

王嘉也知道皇帝一定要置自己于死地的心思，他觉得自己已经把想说的话都说出来了，于是，他在牢中绝食二十余天，最后呕血而死。

哀帝的外戚、大司马骠骑将军丁明，素来就很敬重王嘉的品行，对他的死十分惋惜，哀帝知道后就罢免了丁明的官职，让董贤来代替。

王嘉一心为国，最后却惨死在狱中，实在是太冤枉了。幸好据史书记载，在王嘉死后，哀帝总算还没有昏庸到底，大概在查询了狱吏与王贤的讯答案卷，有所感悟，把王嘉推举的贤才孔光、何武委任以要职。王嘉这是在用自己的生命举荐人才，真是可敬可叹！

## 张汤为什么被人称为"酷吏"

西汉时候，有个叫张汤的人。他是汉武帝时候有名的酷吏，武帝任用他，杀了数也数不尽的人。最后，一生使用严刑峻法的张汤终于也被皇帝逼着饮下了一杯毒酒，毫不被人怜悯地死去了。

张汤的父亲曾任长安丞。7岁那年，父母外出，他因为贪玩不顾家，结果厨房的肉被老鼠叼光了。父亲回来后严厉地批评了他。张汤决定惩办"盗肉贼"，他先是进行"侦察"，接着"捕拿"：在一个洞口张好网，另一个洞口采取烧柴灌油的方法，老鼠果然一一落网。张汤又挖出洞内的残肉做"罪证"，然后，一拍惊堂木，历数"罪犯"的"罪状"，最后，对老鼠处以极刑——就地打死。他的父亲看到后暗暗高兴，知道他有审理案件的才能，于是让他书写治狱的文书。父亲死后，张汤继承父职，为长安吏，任职很久。

周阳侯田胜是武帝的母亲王太后的弟弟。他在任职九卿时，曾因罪被拘押在长安。张汤一心帮助他，对他关怀备至。他在释放后被封为侯，与张汤交情极深。田胜经常引见张汤遍见各位贵族，使他的名气大增。后来，张汤担任给事内史，因为办事无误，由内史宁成推荐给丞相，调任为茂陵尉，在陵中处理事务。武安侯田纷为丞相时，征辟张汤为丞相史（丞相府幕僚），不久，又向皇帝推荐他，任为侍御史，办理案件。在处理陈皇后巫蛊的案件时，他深入追查其党羽。因此，武帝认为他很能干，晋升他为太中大夫。

他与赵禹共同制定各种律令，务必依法令严峻细密，对任职的官吏尤为严格。不久，武帝以张汤明法令，擢其为掌管全国刑狱的廷尉，赵禹迁为掌山海池泽税的少府，皆居九卿之位。两人关系密切，张汤像对兄长一样对待赵禹。但是两人交谊虽深，而志趣不同。赵禹为人廉洁奉公，性情倨傲，自从任官以来，舍第中从未有食客。公卿相继邀请赵禹，赵禹却从不回报，其用心在于杜绝知交、亲友及宾客的邀请，以便坚持自己的主张。他收到法律判决文书都予以通过，也不复查，以便掌握官属们过错。张汤却为人狡诈，玩弄智谋驾驭他人。开始时担任小吏，虚情假意地与长安的宫商大贾田甲、渔翁叔等人关系密切。及至官达九卿的职位，收纳和交结全国各地的知名士大夫，自己心中虽然并不赞许对方，然而表面上仍表现出敬慕之情。

当时皇上偏爱有文才学问的人，张汤断决大的案件，一定预先为皇上区别断案的原委，凡是皇上肯定的，就确定为成法，作为延尉断案的法律依据，以显示主上的英明。奏事受到斥责，张汤便向皇上拜谢，他还揣摩皇上意图，引证廷尉正、监、掾史的正确言论，说："他们本来曾为臣提出来建议，如果圣上责备臣，认为臣没有采纳他们的建议，臣下愚昧，只及于此。"因而错误常被原谅。有时向皇上奏事，受到称赞，便说："臣下并不懂得这样向陛下进奏，而是某个廷尉正、监或掾史写的奏章。"他欲推荐某人，常常这样表扬此人的优点，遮掩缺点。他断决的罪犯，若是皇上欲图加罪，他便让廷尉监或掾史穷治其罪；若是皇上意欲宽免其罪，他便要廷尉或掾史减轻其罪状。在判断刑事案件中，如果此人是皇上想要治罪的，就将此案交给断狱严刻的属官去办；反之，如果案中此人是皇上想要释放或从轻发落的，就将此案交给断狱轻平的属官去办。他所想要治罪的，即使是有权势的豪强，必定"舞文巧低"，引用严刻的法令条文，多方罗织其罪；他所想要开释的，即使是无权无势的平民百姓，虽然具文上奏，按律应当治罪,他却常在皇上面前为之开脱,往往得到从轻发落或无罪开释。

张汤对于高官,非常小心谨慎,常送给他们的宾客酒饭食物。对于旧友的子弟,不论为官的,还是贫穷的,照顾得尤其周到。拜见各位公卿大夫,更是不避寒暑。因此,张汤虽然用法严峻深刻不公正,却由于他的这种做法获得了很好的声誉。而那些严酷的官吏象爪牙一样为他所用者,也依附于有文才学问的人。丞相公孙弘多次称道他的优点。在处理淮南、衡山、江都三王谋反的案件时,都穷追狠治,彻底审理。武帝欲释放严助和伍被。张汤与武帝争论说:"伍被本来就曾谋划反叛之事,而严助亲近交结出入皇宫的陛下近臣,私自交结诸侯亦如此类,不加惩处,以后将无法处治。"武帝因此同意将伍被、严助治罪。他以审理案件排挤大臣作为自己功劳的表现,多像这样。从此,张汤更加受到尊崇信任,晋升为御史大夫。

田甲本是张汤当小吏时的朋友。他见张汤的权势太盛,就指出其过失,告诫他不要结怨太多。但是张汤却不以为然。后来,他当了七年的御史大夫,果然遭到杀身之祸。

河东郡人李文曾与张汤有隔阂,不久担任御史中丞。为了泄愤,多次在上奏的文书中寻找对张汤不利的证据,都没有得逞。张汤有个心爱的属吏名鲁谒居,知道张汤对李文不满,便指使他人上奏影射李文有图谋不轨的奸邪之事,武帝将此事交给张汤处理,张汤将李文处以死罪。实际上他心里明白此事是鲁谒居所为。武帝问起这件事说:"告发李文图谋不轨的事是怎么引起的?"张汤假装吃惊地说:"这大概是因李文以前的熟人怨恨引起的。"

这时有人盗走了孝文帝陵园的下葬钱,丞相庄青翟上朝,与张汤相约一起谢罪。到了武帝面前,张汤暗想,只有丞相在四时到各皇陵拜祭,此事只应由丞相请罪,他自己并不参与其事,没有必要承担责任。丞相谢罪后,武帝派御史审查这件事。张汤还想奏报说丞相知道盗钱之事,丞相庄青翟深感恐惧。于是,丞相府的三位长史因此准备打击张汤,以罪名陷害他。他们派属吏逮捕审讯了张汤的友人田信等,说张汤向武帝奏报提出建议,田信都事先知道,因此囤积取利,与张汤平分。他们还说张汤有其他奸邪之事,这些话很快传到武帝那里,武帝向张汤说:"我有什么打算,商人都事先知道,加倍囤积货物,这都是因为有人把我的计划告诉了他们。"张汤听后,没有谢罪,还惊讶地说:"肯定是有人这样做。"武帝果然认为张汤心中险诈,当面撒谎,派使臣带着簿籍以八项罪名指责张汤。张汤一一予以否认,不服。于是武帝又派赵禹责备张汤。赵禹见到张汤后,责劝张汤说:"你怎么还不明白呢?你审讯处死了那么多人,如今人们指控你的事情都有根据,圣上想让你自己赶快妥善处置自己,好平息这些案子。你又为什么要多次对证呢?"张汤这才明白了皇帝的心意,于是上疏谢罪说:"张汤没有尺寸的功劳,从刀笔吏起家,因得到陛下的宠幸而官至三公,没有任何可开脱罪责之处。然而阴谋陷害张汤的,是丞相府的三位长史。"于是自杀身死。

张汤死后,家里的财产不超过五百金,都是得自皇上的赏赐,没有其他产业。他的兄弟之子要厚葬张汤。张汤的母亲说:"张汤作为天子的大臣,被恶言污蔑致死,有什么可厚葬的!"遂用牛车装载他的尸体下葬,只有棺木而没有外椁。武帝知道后说:"没有这样的母亲,不能生下这样的儿子。"因此将三位长史处以死罪,丞相庄青翟也被迫自杀。武帝很为张汤之死惋惜,晋升了他的儿子张安世的官职。

张汤虽用法严酷,后人常以他作为酷吏的代表人物,但他为官清廉俭朴,不失为古代廉吏。

## 郅都为什么被冤杀

郅都是西汉初年的名臣,他为官忠于职守,公正清廉,对内不畏强暴,敢于抨击豪强权贵;对外积极抵御外侮,使匈奴闻名丧胆。后来的人对他的评价都很高,把他与战国时赵国的廉颇、赵奢等名将相并列,誉为"战克之将,国之爪牙"。

郅都是西汉河东郡杨县(今山西省洪洞县东南)人,生卒年不详。他主要生活于汉景帝时期,是西汉最早以严刑峻法镇压不法豪强,维护封建秩序的名臣。

汉文帝时,郅都踏入仕途,初任郎官,是文帝的侍从官员。汉景帝继位后,郅都被晋升为中郎将。他性格耿直,敢于直谏,也能抛开情面,当着全体朝臣的面进行参奏弹劾,于是很快就得到了汉景帝的重视和尊重。

郅都的成名,最初是从镇压豪强开始的。汉朝刚建立的时候,汉朝政府提倡"无为而治",这样虽然有利于人民生活生产的发展,但是因为缺乏必要的控制,豪强地主势力也得以迅速膨胀起来,有的居然横行地方,蔑视官府,不守国法。例如当时济南郡的闲氏家族,仗着宗族户多人众,称霸地方,屡次和官府为难。地方官员都畏首畏尾,循于常法,根本就管理不了地方上的事务。于是,汉景帝就拜敢言敢做的郅都为济南太守。郅都到了济南以后,针对不法豪强目无国法、肆行无忌的特点,采取了以暴制暴的酷烈手段。刚一到任就捕杀了闲氏家族到处逞凶的首恶,推行严法,开了西汉以严厉手段打击豪强之先河。济南郡的首恶都被诛杀,其他那些跟随的人都为郅都这种强硬的手段所震惊,心中都非常害怕,再也不敢和官府对抗了。他在任一年多,一向号称难治的济南郡形势非常安定,达到了郡中路不拾遗的程度。郅都雷厉风行地摧折济南豪强,影响极大,周围十几郡太守对他衷心敬服,视他如上司。

汉景帝七年(前150年),郅都迁升为中尉,掌管京师治安,负责率领驻守京城的北军。他执法不阿,从不趋炎附势,或视权臣脸色行事。当时统治者一意恢复国家的经济实力,实行"轻徭薄赋"的政策,因而人民受的剥削较轻,安居乐业,极少有百姓触犯法律的事,犯法的人多数是那些皇亲国戚、功臣列侯。郅都行法不避权贵,凡是犯法违禁的,不论何官何人,一律依法惩处。因此,列侯宗室都对郅都又恨又怕,在路上看见他都侧目而视,还在背后称他为"苍鹰",就是指他执法异常凶猛。

汉景帝最早立的太子是刘荣,后来,因为刘荣的母亲栗姬失宠,所以刘荣也受到影响,被废为临江王。汉景帝中元二年(前148年),刘荣因为侵占宗庙土地,修建自己的宫室犯了罪,被传到中尉府受审。郅都才不理睬他的身份,抓来以后对他的责讯很严。刘荣知道郅都的名声,所以很害怕,他请求郅都给他纸笔,想亲自写信直接向景帝谢罪,郅都不同意。有一个叫魏其侯的人偷偷派人

图文珍藏版

给刘荣送了一只刀笔,刘荣向景帝写信谢罪后就在中尉府自杀了。窦太后听到这个消息大为愤怒,深恨郅都不肯宽容,逼着景帝将郅都免官还家了。

当时匈奴铁骑连年南侵,汉朝一直没有得力的边疆大吏去驻守边境,所以沿边数郡总是得不到安宁。因此,郅都罢官回家不久,汉景帝又派专使到郅都的家乡,任命他为雁门郡太守,命他抗击匈奴,还特许他不必按常规回朝谢恩,而是由家中直接取道赴任,并且景帝还允许他"便宜从事",一切事情都可以先行后奏。匈奴人早就听说过郅都的节操威名,现在得知他就任雁门太守,都觉得惊恐万分。郅都才抵达雁门郡,匈奴骑兵就自动地全军后撤,远远离开雁门郡。这种情况一直维持到郅都死去,他们都不敢靠近郅都驻守的雁门郡。据说,匈奴单于恨郅都挡住了自己侵犯汉朝的通路,曾经用木头刻成郅都的形貌,立为箭靶,让匈奴骑兵飞马试射,用来发泄心中的怒火。结果众骑兵都因为畏惧郅都,竟然没有一个人能够射中。这下子匈奴单于对郅都更是恨之入骨了。他派人深入内地,四处散布不利于郅都的谣言,早就对郅都心怀不满的窦太后听到后,不加分辨,立即下令逮捕了郅都。汉景帝心里知道郅都是冤枉的,还称赞他是忠臣,准备释放他。但是窦太后不忘旧恨,坚决不许,在她的蛮横干涉下郅都终于被杀。郅都一死,匈奴单于立时高兴起来,不久之后,匈奴的骑兵就再一次侵入雁门关了。这一次,再也没有人能够阻挡匈奴骑兵的攻势了。

## 汉高祖为什么要立下白马之盟

汉高祖刘邦晚年的时候,宠爱戚夫人。戚夫人生了孩子,叫作刘如意,被封为赵王。汉高祖总是觉得吕后所生的太子刘盈生性软弱,怕他将来干不了大事,倒是如意说话做事都很像自己,有帝王风范,很有魄力。因此就想改立如意为太子,而戚夫人也是经常向汉高祖吹枕边风,要求立如意为太子。

汉高祖刘邦曾经为这件事跟大臣们商量过,但是大臣们都反对,就连他一向敬重的张良也帮着吕后和刘盈。吕后还请了当时很有名望的四个隐士叫"商山四皓",来辅佐太子刘盈。这让汉高祖很是惊讶,平素里自己多次相邀,四皓都不出山,此时却义无反顾地支持太子刘盈。于是汉高祖知道没法废掉太子,就对戚夫人说:"太子有了帮手,翅膀已经长硬了,没有法子改变了。"戚夫人也伤心得没法说,只得哭泣。

汉高祖在讨伐英布的时候,胸部中了流箭。后来,伤势越来越厉害。有一次,有人偷偷地对他说:"樊哙(吕后的妹夫)和吕后串通一气,只等皇上一死,就打算杀掉戚夫人和赵王如意。"

汉高祖大怒,立即把陈平和将军周勃召进宫来,对他们说:"你们赶快到军营,立刻把樊哙的头砍下来见我。"

那时候,樊哙正带兵在燕国。陈平、周勃接受了命令,两人私下商量说:"樊哙功劳大,又是皇后的妹夫,咱们可不能随便杀他。这会儿皇上发火要杀他,以后万一后悔起来,怎么办?"两人商量了一阵,把樊哙关在囚车里,送到长安,后来果然被吕后释放。陈平和周勃也因此而逃过了一劫。

汉高祖病情日益严重了,他把大臣召集在他跟前,吩咐手下人宰了一匹白马,要大臣们歃血为盟。大伙儿当着高祖的面,歃了血,起誓说:"从今以后,不是姓刘的不得封王,不是功臣不得封侯。违背这个盟约的,大家共同讨伐他。"这就是"白马之盟"的由来。其实,刘邦之所以这么做,就是为了防备吕后在自己死后大权独揽,坏了刘家的天下。他和吕雉作了几十年的夫妻,深知自己的妻子胸怀大志,野心勃勃,在自己活着的时候,还不至于出什么大乱子,但是自己死了以后,吕后的儿子登基作了皇帝,她成了太后,恐怕就无人能治了。也正是因此,刘邦才打算废掉太子刘盈,其中也有防止日后吕后专权的意思。既然废太子的事不能成功,他也就只好另想办法遏制吕后了,于是就有了这个历史上闻名的"白马之盟"。

大臣们宣了誓,汉高祖才放下心。他的病越来越重了,不得不把吕后找来,嘱咐自己的后事。吕后问他:"陛下百年之后,要是萧相国死了,谁可以接替他?"汉高祖说:"可以让曹参接替。"吕后又问:"曹参以后呢?"汉高祖说:"王陵可以接替。不过王陵有点直,可以叫陈平帮助他。陈平有足够的智谋,但是不能独当一面。周勃为人厚道,办事慎重,只是不大懂得文墨。但是将来安定刘

国学经典文库

中国古代秘史 · 秦汉秘史 ·

图文珍藏版

173

家天下的,还是靠周勃。"吕后再问下去,汉高祖摇摇头说:"以后的事,就不是你能够知道的了。"

公元前195年,汉高祖死去。吕后把消息封锁起来,秘密把她的一个心腹大臣审食其找去,对他说:"大将们和先帝都是一起起兵的。他们在先帝手下已经不大甘心。如今先帝去世,更靠不住,不如把他们都杀了。"

审食其觉得这事不好办,就约吕后的哥哥吕释之做帮手。吕释之的儿子吕禄把这个秘密消息泄露给他的好朋友郦寄,郦寄又偷偷地告诉他父亲郦商。郦商得知这消息,赶忙去找审食其,对他说:"听说皇上去世已经四天。皇后不发丧,反倒打算杀害大臣。这样做,一定激起大臣和将军们的反抗,天下大乱不用说,只怕您的性命也保不住。"

审食其吓住了,忙去找吕后。吕后也觉得杀大臣这件事没有把握,就下了发丧的命令。大臣们安葬了汉高祖,太子刘盈即位,就是汉惠帝。吕后就成了太后。

汉惠帝的确是个老实无能的人,一切听他母亲吕太后做主。吕太后大权在手,想怎么做就怎么做。她最痛恨的就是戚夫人和赵王如意。她先把戚夫人罚做奴隶,又派人把赵王如意从封地召回长安。汉惠帝知道太后要害死弟弟如意,亲自把如意接到宫里,连吃饭睡觉都和他在一起,使吕太后没法下手。

可有一天清晨。汉惠帝起床出外练习射箭。他想叫如意一起去,如意年轻贪睡,汉惠帝见他睡得很香,不忍叫醒他,自己出去了。等惠帝回宫,如意已经死在床上。惠帝知道弟弟是被毒死的,只好抱着尸首大哭一场。

吕太后杀了如意,还残酷地把戚夫人的手脚统统砍去。挖出她的两眼,逼她吃了哑药,把她扔在猪圈里。汉惠帝瞧见戚夫人被太后折磨成这个样子,不禁放声大哭,还吓得生了一场大病。他派人对太后说:"这种事不是人干得出来的。我是太后的儿子,没有能力治理天下。"打那以后,汉惠帝就不愿再过问朝廷的政事。

刘邦生前尽自己最大的努力,让臣子们立下了"白马之盟"。可是死人还是斗不过活人的,苦心经营的刘氏天下,就这样一时间被吕后给篡夺了权力。

自己的儿子遭到杀戮,太子即位后成为傀儡政权,这不得不说是汉高祖刘邦的悲哀。"白马之盟"的实际作用,远没有发挥出来。

## 汉朝是何时打响对匈奴的第一仗的

汉朝刚刚建立的时候,国力非常衰弱。因为自从春秋战国以来,中国一直处在不停地征战之中,已经持续了好几百年之久,人民的生活也因为长久的战乱而贫困不堪。到了秦始皇统一六国,本以为终于可以获得安定的机会了。可是秦始皇却是一位外向的皇帝。他不断地发动对外战争,征发人民去当兵,去服徭役。为了保证北方边境的安全,他还动用了大量的人力物力去修建万里长城。这位皇帝还不顾人民生活的窘迫,自己一心想要奢侈豪华的宫殿楼宇。这些行动不仅没有改善人民的生活,反而更进一步地把百姓推进水深火热之中。所以,在汉高祖刘邦刚刚建立汉朝的时候,国家的残破是可想而知的。据说那时皇帝想出行,却找不到四匹一样颜色的马。就是在这种情况之下,汉朝的前几位皇帝都推行了无为而治的治国方针,实行与民休息的经济政策。汉文帝、汉景帝两代就都继承了高祖的休养生息的政策,在这几位皇帝统治的六十多年时间中,除了短时期的七国叛乱,中国国内没有发生过大的战争。因此,社会的经济得到恢复和发展。据说,到了景帝的后期,国力日渐昌盛。历史上把这段时期称为"文景之治"。

但是,已经强盛起来的汉朝却常常受到北方匈奴的威胁。从汉高祖在白登山受包围以后,汉朝被迫对匈奴一直采取"和亲"的政策。这种"和亲"政策,实际上是力量不足时的一种妥协,不但要把汉朝皇室的女儿嫁给匈奴单于,每年还得送给匈奴许多财物。即使这样做,匈奴贵族还是经常违背约定,侵犯中原,杀害百姓,掠夺粮食和牛羊,使北方地区不得安宁。

汉景帝死后,即位的汉武帝刘彻是个雄心勃勃的年轻皇帝,他一心要想改变这种屈辱的地位。

公元前 135 年,匈奴的军臣单于又派使者来要求和亲,汉武帝要大臣们议

国学经典文库

中国古代秘史

·秦汉秘史·

图文珍藏版

论一下。有个将军王恢说:"过去朝廷同匈奴和亲,匈奴老是不守盟约,侵犯边界,我们应该发兵打击他们一下才好。"

朝中的许多保守大臣都反对王恢的建议,汉武帝虽然跃跃欲试,但是自己又觉得没有必胜的把握,所以只好暂时答应匈奴和亲的要求。

过了两年,马邑地方有个大商人聂壹来找王恢,说:"匈奴在边界经常侵犯,总是一个祸根。现在趁刚跟他们和亲的机会,把匈奴引进来,我们来一个伏击,准能打个大胜仗。"

王恢问他:"你有什么办法能把匈奴引进来?"

聂壹说:"我经常在边界上做买卖,匈奴人都认识我。我可以借做买卖的因头,假装把马邑献给单于。单于贪图马邑的货物,一定会来。我们把大军埋伏在附近地方,只要等单于一到马邑,将军就可以截断他们的后路,活捉单于。"

王恢把聂壹的主意告诉汉武帝。汉武帝决心采用聂壹的计策,派王恢、韩安国、公孙贺、李广等将军带领三十万人马埋伏在马邑旁边的山谷里。

聂壹故意逃到匈奴,跟军臣单于说:"我有办法混进马邑,杀死那里的官吏,这样可以稳稳当当拿下马邑。"

军臣单于听了很高兴,但是到底有点怀疑,先派几个心腹跟聂壹一起到马邑去,只等聂壹真的把官吏杀了,再发兵进去。

聂壹回到马邑,按照事前和王恢商量好的办法,杀了几个已经定了死罪的犯人,把他们的头挂在城头上,骗匈奴使者去看,说这就是马邑县官的脑袋。

匈奴使者见了人头,信以为真,立刻回去报告军臣单于。

军臣单于亲自带领十万骑兵去接管马邑,到了离马邑大约一百多里地的武州地方(今山西左云县),只见草原上放着许多牲口,却没放牲口的人。军臣单于一边走一边犯了疑。这时候,他见到前面有一座亭堡,就决心打下这座亭堡,问个明白。

他们打下亭堡,抓住守在那里的亭尉。军臣单于威胁他说:"你把情况老实告诉我!要是说半句谎话,我马上把你的头砍了。"

那亭尉吓得要命,就把汉兵布置的埋伏全都告诉了军臣单于。

军臣单于一听,大吃一惊,赶快命令全军撤退。出了武州地界,他才喘口气说:"幸亏我抓到亭尉。真是好险哪。"

埋伏在马邑的汉军,得到匈奴逃回去的消息,赶快带大军追上去,可哪儿再追得上?只好空手回来。

汉武帝的这次诱击战没有成功。但是,打那以后,汉朝和匈奴的和亲关系正式破裂了,汉朝开始向匈奴接连发动了大规模的战争,并且在几次大战之后,终于把匈奴的势力赶出了中国的北方边境。从此,中国的北方终于安定下来。

## 汉朝为什么会有"巫蛊之祸"

汉武帝刘彻平生最敬畏的就是鬼神。他中年得子,晚年多病,因而贪生怕死,经常祈福求仙,这种活动也贯穿了他一生。于是,就有人利用汉武帝迷信鬼神的心理,怀着自己的目的,操纵了一幕幕巫蛊的闹剧。大体说来,汉武帝时期的巫蛊事件一共有三起,并且分别导致了前皇后被废,丞相被杀和皇后太子沉冤,这三次巫蛊之祸,可谓是一次比一次惨烈。

第一次巫蛊之祸发生在公元前130年。当时的陈皇后是汉武帝的姑表妹,名阿娇。汉武帝在由胶东王被立为太子的过程中,他的姑母长公主起到了关键的作用,武帝对她很感激,于是按照姑母的意思,娶了长公主的女儿陈阿娇为妻。武帝即位以后,阿娇也升为皇后。这样的政治联姻使得陈阿娇飞扬跋扈,不可一世。她的忌妒心异常的强烈,为了独占丈夫,对汉武帝的管束也很严格,以至于婚后十余年,非但自己不能生育,还使出各种手段迫害其他的嫔妃,使其他嫔妃也未能产下一子半女。古人云,不孝有三,无后为大。汉武帝少年登基,年近三十却仍然膝下空虚,自然十分郁闷,满朝文武,也都为此而忧心忡忡,纷纷想方设法,推荐了十几位美貌女子给汉武帝。可是,汉武帝没看上这些出身高贵、修饰得体的女人,反而爱上了一个歌女,名叫卫子夫。

卫子夫出身卑微,却深得汉武帝宠爱,这使得陈皇后十分嫉恨。她几次三番地寻死觅活,想用这种手段来威胁汉武帝,这让汉武帝焦急万分,心中更是恼怒。而且,陈皇后每闹一次,汉武帝的恼怒怨恨也就更加深一层,更是从此对皇后不闻不问。最后,陈皇后为了保住自己的皇后宝座,竟然铤而走险,使用巫蛊之术诅咒汉武帝。这可是大逆不道,十恶不赦的罪行。东窗事发后,陈皇后被汉武帝废除了皇后之位,从此居住在冷宫之中,再也得不到宠幸,孤老终死了。

第二次巫蛊之祸发生在公元前92年。当时朝廷正在搜捕一个罪犯朱安世,可逮捕的命令下达了很久,都没有能将其抓获,汉武帝催得更紧。这时,丞相公孙贺的儿子,身为太仆的公孙敬声,自以为是皇后的外甥,就目无纲纪,擅用军饷,导致被捕入狱。公孙贺为了救儿子,主动请缨追捕朱安世,以弥补儿子的罪孽,汉武帝恩准了。后来,朱安世果然被他抓获。在狱中,他得知丞相捉拿自己是为了替儿子赎罪时,他就立即上书,向皇帝告发了公孙敬声和汉武帝的女儿阳石公主私通的事情,并且检举说他们还用巫术诅咒汉武帝。汉武帝派人查办,发现朱安世所举报的情况属实,就下令杀死公孙父子,株连九族。而汉武帝的女儿阳石公主和卫皇后的侄子等人,也都被牵连诛杀。这一次的"巫蛊之祸",牺牲要比第一次大得多。

如果"巫蛊之祸终"止于此,也就罢了。然而,汉武帝晚年益发崇信鬼神,体弱多病,更加好猜疑,有了前两次的经验,总是担心左右人会用巫蛊害自己。他的猜疑心理,被奸人江充利用,制造了第三次也是规模最大的一次"巫蛊之祸"。

江充本是赵国邯郸人,他曾出使匈奴,回到京师后拜为绣衣使者。据说有一次,江充跟随汉武帝去甘泉宫,路上遇到太子的家奴乘马车在道路中央驰骋,这是逾矩的行为,江充将太子的家奴送去法办。尽管太子再三求情,他仍不许,由此和太子结下了仇怨。而汉武帝认为他刚正不阿,很是赞赏,遂大加任用。

公孙贺的"巫蛊之祸"后,汉武帝住在甘泉宫,此时已经病重。江充见汉武帝年老,担心以后皇帝死了,太子登基,自己会被诛杀,就上书说汉武帝的病情加重是巫蛊在作祟。于是汉武帝听信了江充的话,责成他处理巫蛊案。江充借机大肆严刑逼供,使人诬告太子,因这次巫蛊案而获罪的,有数万人之多。随后,江充揣度汉武帝的心思,投其所好,说宫中有巫蛊之气,汉武帝于是命令宫人掘地,江充伺机在太子宫地下埋了木偶。当时汉武帝住在甘泉宫,消息不怎么灵通,太子害怕自己说不清道不明,就和卫皇后商量,准备杀死江充。

结果,一时间长安城内大乱,都谣传说太子要谋反,结果众将士都不听太子的指挥。太子兵败,只得外逃,卫皇后被赐死。不久后,太子被围困致死,皇孙也一并被害。这一次巫蛊案,皇后被赐死,三十七岁的太子遇害,而其他被牵连诛杀的人,数以万计。最重要的是影响是帝嗣空缺,后宫无主,朝纲失控,这给汉朝统治带来了巨大的损失。汉武帝来不及重新立嗣,驾崩之前,在仓促之间,不得不采用周公辅政的办法,托孤给朝中的大臣。

纵览汉武帝时期的三次"巫蛊之祸",其结果是两位皇后被废杀,两位丞相死于非命,太子、两位公主和皇孙也被牵连诛杀。再加上其他遭难的人,前后不下十数万之众。制造巫蛊,一害他人,二害自己,牺牲太大了。虽然后来汉武帝知道了太子惶恐的真相,其实并不是想谋反,汉武帝很是后悔,可惜已经太晚了,他只有建造了追思台来凭吊自己的皇后和太子了。

死者已矣,逝而不返。纵观中国古代封建社会历史,在以后的朝代中,也曾发生过"巫蛊之祸",有的皇帝也能以汉武帝时期的巫蛊案为戒,提高警惕,有的则不能,导致了滥杀无辜的局面的形成,很是悲壮。不过,后世人提到"巫蛊之祸"时,首先想到的,就是汉武帝时期的这三次"巫蛊之祸"了,毕竟,他们的影响和意义都太深远。

## 邓禹辅佐刘秀建立东汉之谜

邓禹是东汉最重要的开国功臣之一,他在东汉王朝建立的功臣榜中功劳名列第一。邓禹之于刘秀,就相当于萧何辅佐刘邦,刘伯温辅佐朱元璋一样,他的重要地位不言而喻。那么,他究竟是如何辅佐刘秀开创了中兴的东汉王朝呢?

邓禹(2~58年),字仲华,新野三泉阪(今城郊乡板桥铺村)人。他少年学习诗书,勤练武艺,得到了乡里人们的交口称赞。后来,为了进一步充实自己,他就去长安求学,进了当时国家的最高学府——太学,继续学习。在这里,他与同在太学学习的刘秀成了好朋友。新莽末年，全国各地义兵蜂起。等到更始皇帝时，许多豪杰都推荐邓禹去为刘玄服务，但是邓禹看得很清楚，刘玄不是能为人君的适当人选，所以全都拒绝了。后来，他听说刘秀在河北起义，就连夜北渡黄河，追到了邺县才赶上刘秀的队伍。刘秀一见他很高兴，对他说："我现在在更始皇帝的属下，有委官封赏之权。你千里跋涉而来，是想当官吗？"他回答说："我不是要在现在的朝廷里当官才来的。只是因为您的威德加于四海，如果我能为您

邓禹

效劳，就可以开创一代新王朝了！"刘秀一听更是大喜过望，本来他也是西汉的宗室出身，一直不甘心屈居于更始帝之下，总想取而代之。现在听到邓禹说出了自己的心里话，当然很高兴遇到了知己，于是就把邓禹留在了自己的身边，随时同他长谈。邓禹针对时势，对刘秀说："现在更始帝虽然在关西建立了统治，但是山东还没有安定，赤眉、青犊等义军，数以万计，三辅自立名号的人，往往在那里群聚。刘玄既未挫伤他们，而又不善听取忠言做出正确的决断，他的诸多将领皆都是一些目光短浅的庸才，他们都只知道掠夺钱财，争用武力，图一时之快而已。他们之中没有忠贞明智、深谋远虑、能辅佐皇帝兴邦安民的人。现在四方分崩离析，形势可见。您虽对刘玄有辅卫之功，但恐怕还难以自立。今日之计，不如广揽英雄，取悦民心，立高祖之业，救万民之命。这样做，天下还不能够平定吗？"刘秀大喜，令左右称邓禹为邓将军。自此，邓禹就常居中军，跟在刘秀身边，帮助刘秀共议军政大事。刘秀感到自己的地盘太小，势力不大，拿着地图对邓禹说："天下郡国这么多，现在我却只得到了其中的一个，怎么能说天下很容易平定呢？"邓禹回答说："现在海内淆乱，人们都渴望有一个英明的君主，

这就像赤子思慕慈母一样,再说,从来兴旺称雄的人都是因为威德的传播,而不是以现在国家的大小而定的。"刘秀认为邓禹言之有理。

邓禹不但是一个政治理论家,而且能文能武,既对当时的形势有清醒的认识,还是一个能上马带兵打仗的勇将。这一点,就是萧何和刘伯温恐怕都不如他了。

王郎起兵反汉,刘秀自蓟至信都,命令邓禹征集将士,得数千人,在邓禹的率领之下攻占了乐阳,首立战功。邓禹又很擅长推荐贤能,所举之人都才干出众,才尽其职。刘秀非常赏识邓禹识才、举才和用才的贤德,所以每次任命和调整将领时,多听取他的意见。乐阳之战后,他又奉命与盖延到清阳镇压铜马义军,大获全胜,平定北川。当赤眉大军入关,刘秀料定赤眉义军必破长安,自己则想乘机收取关中。由于他深知邓禹善于谋略,器量恢宏,遂委以西征之重任,任命他为前将军,使其持节率精兵两万西入函谷关。建武元年(公元 25 年)正月,邓禹由箕关进入河东,大战十天,攻占箕关,时而围困安邑。更始大将军樊参数万人攻打邓禹,邓禹在解南大败樊军,斩杀樊参。接着,王匡、成丹、刘均等将领汇合十余万大军,共同攻打邓禹。他大败王匡,生擒刘均及河东太守杨宝,平定河东。

刘秀即位,任命邓禹为大司徒,封酂侯,食邑万户,并下诏表扬他极有忠孝之心,运筹帷幄,决胜千里,斩将破军,平定山西,功勋显著。邓禹一上任,就率兵渡汾阴河、入夏阳,击败更始十万兵将。他军纪严明,军队所到处,均受到百姓的欢迎,降者日以千数,众号百万,倍受百姓拥戴。男女老少齐集其车下,莫不感悦,名震关西。他又北击栒邑,所到之处,郡邑皆开城门归顺。建武二年(公元 26 年)春,他被更封为梁侯,率军抵达长安,犒劳三军,斋戒将士,选择良辰吉日,备厚礼到高庙拜祭,并收集十一个帝王牌位,派使者敬奉到洛阳;又巡查帝王陵墓,设官吏守护。后来邓禹因为一次战败,就辞去大司徒之职和梁侯的封号,上交了印缓。但是几个月后,他又被拜为右将军。

建武四年(公元 28 年)春,他奉命率复汉将军邓晔、辅汉将军王匡南攻,收降刘嘉,击败延岑,迫使延岑逃奔汉中,余部皆降。建武十三年(公元 37 年),天下平定,邓禹被定封为高密侯,放弃了原来的将军之职。这正是他急流勇退,明哲保身的明智之举。他淡泊名利,待人敦厚,孝敬父母。天下已定,常思远离名誉和权势。邓禹还教子有方,他有十三个儿子,他不引导他们追求高官厚禄、追名逐利,而是让他们各掌握一种安身立命、养家糊口的技艺。他修整家庭伦理,教养子孙,食封邑,不置产业。后来,他的子孙皆称名天下。中元元年(公元56年),邓禹复任大司徒。显宗即位,因为感到他的功劳太高,就拜他为太傅。永平元年,邓禹逝世,谥元侯。永平中,显宗追念邓禹开国功勋,诏画像绘其像于南宫云台,为二十八宿之首。

# 名人秘闻

## 吕不韦之死是因为《吕氏春秋》吗

### 1.秦王扔弃《吕氏春秋》

从秦一统天下后的历史看,秦始皇虽然依照法家学说来治国,但其治理国家的思想理论实际是五行学说:即依照金、水、木、土、火的相克、相生思想。水克火,周为火德,而秦是水德。这就已经是战国时代阴阳五行家传播的观点,后被《吕氏春秋》加以体系化。秦始皇在统一中国之后,更加努力地扶持这种"五行终始说",以说明秦王朝建立的必然性和合理性。公元前221年(秦始皇二十六年),始皇自称"皇帝"的同时就宣扬:秦取代周是水德代替火德,这个历史宿命早在五百年前就被确定下来了。传说五百年前秦文公外出打猎时得到了一条黑龙,这条黑龙就暗示着化身为水德的秦人要取得天下。于是,秦统一中国后,便一切都依照五行学说办事:规定河水更名为"德水",各种颜色中以代表水的黑色为等级高的颜色。除此之外,与水德有联系的声音、数目也颁布法律加以规定：数字以六为尊，其原因是六代表五行中的水，故而秦王朝能凑成整数的皆为六：车六尺，乘六马，六尺为步，符、法冠都是六寸，凡是与数有关者，都以六为上。这些例子都说明：秦始皇的政权是在五行学说之下运行的。

由上可见，对于《吕氏春秋》中提出的统治理论，秦王嬴政绝对赞成。他十分认可这部书，因为书中道出了他自己的肺腑之言，所以在读简时兴奋得连连喝彩。

可是，在殿外侍候的宫女们注意到：读简的秦王嬴政并非总处在这种兴奋的情绪中，有时见到他自言自语，似在谩骂着什么。

"哗啦"，突然听到竹简落地的声音，这声音在寂静的深夜听起来非常恐怖。正在巡逻的宫中卫士也从远处赶来。大家看到秦王嬴政把竹简全摔在地上，愤怒地来回走动，灯光照着摇摆的人影映在窗纱上，像是一头被关在笼中发怒的野兽。宫娥、侍卫都清楚，在这个时刻最好让他一个人独处，一定是书中的某些观点激起年轻君王的怒火了。

宫娥、侍卫们的想法很正确，秦王嬴政确实是因《吕氏春秋》而发怒。特别是当他看出这部书不仅提倡法家思想，而且对儒、道、法、墨各派兼容并包的时候。秦王嬴政还看出这本书在治理国家方面除主张严刑酷法的法治以外，还鼓吹儒家的"仁义"、实行怀柔政策。看到与这方面相关的内容，秦王嬴政肯定会联想到吕不韦在对关东六国进行统一时，除动用武力彻底消灭之外，有时还用笼络与绥靖手段。吕不韦甚至有时采用"兴灭国，继绝世"的策略，以此获得某些诸侯的退让和支持。软硬兼施的两手策略，在吕不韦当权时期是最明显的一个特点，但秦王嬴政不大赞同这种做法。

长大成人的秦王嬴政，是不喜欢这种手法的，他不仅继承秦国一直推崇的遵法传统，而且将法家的严酷统治方法推向极端。对法家学说的赏识，首先是因为秦人的环境和传统。秦人起初处于黄土高原的陇地，这里土地贫瘠，气候寒冷，生活艰苦，人民性格爽朗。而历来的统治者都是采用重罚、重赏的办法统治人民。因此，秦民形成了"重功利轻仁义"的价值观；其次是因为秦王嬴政本人的品性。他在认识李斯之后与之不谋而合。李斯是荀卿的学生，但他的主张、思想都已经超出荀子儒家观点的范围,把荀卿的性恶论——即认为人性是先天"恶"的,发展成法家以严刑峻法治国的方式。李斯早在吕不韦当政时就来到了秦,后来深得秦王嬴政的倚重。秦王嬴政在统一中国的进程中及统一以后施行的政治、军事措施,可以明显地看出和《吕氏春秋》中宣扬的刚柔相济、"德""刑"并用的做法之差异;其苛法严刑前所未有,以至"囹圄成市","赫衣塞路"。在战争中杀人遍野就不说了,刚刚平定六国后又大搞建设,建六国宫殿,北筑长城,南戍五岭,致使数以百万计的劳动力死于边塞及工地。在这十余年中,唯有暴力的淫威在肆虐,吕不韦所推崇的仁德与刑罚兼施的统治方法,已为极端的、单一的严刑酷法的统治方式所取代。秦王嬴政所信奉的治国原则早在吕不韦掌权时期初见端倪了。怪不得秦王嬴政气愤之极地将《吕氏春秋》扔在了地上。

除此之外,还有让秦王嬴政更为恼火的地方。当他读到《吕氏春秋》有关用人之道的论述时,恨不得一把火烧掉这些竹片。在《孟夏纪·用众》中有:"物固莫不有长,莫不有短",善于经商者则取长补短,以长济短才能赢利,当权者也应该遵循这个道理。善于吸取别人长处以弥补自己短处的人,才能成功。而善于以长处弥补自己不足的人,才能获得天下。

### 2.秦王嬴政独断专行

"天下无粹白之狐,而有粹白之裘,取之众白也。夫取于众,此三皇、五帝之所以大立功名也。凡君之所以立,出乎众也。立已定而舍其众,是得其末而失其本。得其末而失其本,不闻安居。"

这段话认为:君主成就丰功伟业必须依靠众多比自己高强的臣下,只有这样才能"出乎众"。若不借助大家的力量,仅依靠自己的力量乃是舍本逐末,没有不以失败而告终的。事实上,这正是吕不韦所遵循的信条。在他掌权的数年,其在军事、政治方面成就的取得往往依靠的是其大臣将军。吕不韦甚至没有直接发布命令。尽管如此,在他执政的十余年中,文武大臣们个个鞠躬尽瘁,忠于职守。由此可见吕不韦极善用人,善于发挥众人之长。不独裁并善于听取臣下的意见,正是吕不韦为政作风的一大特色。

秦王嬴政并不这么认为。他历来就不相信臣下,尤其在统一中国后,他变得更加独断专行,不信任任何臣下,成为名副其实的孤家寡人。这种作风在统一中国后发展到了极端,他不仅不相信臣下,而且对身边关系最为密切的大臣也不放心,他的行动诡秘,基本上没人知道。有一次,秦始皇到梁山宫,从山上远远看到丞相李斯的车骑很多,顿时龙颜不悦。伴随左右的宦官私下通知丞相,令其减少车骑以免引起秦始皇不高兴。谁想到秦始皇见到丞相减少车骑后反而大为发火:"谁将我的话泄露出去了!"他质问身边的宦官,当然没人敢承认。于是,秦始皇命令将当时在场的宦官全部杀掉。从此以后再没有人了解秦始皇的行迹了。一个国君怀疑臣民,甚至连左右近臣都不信任,还能信任臣下扬长避短吗?难怪当时有人评论秦始皇"天性刚愎自用,起诸侯,并天下,意得欲从,以为自古莫及己。专任狱吏,狱吏得亲幸。博士七十人,特备员弗用,丞相诸大臣皆受成事,依办于上。上乐以刑杀为威,天下畏罪持禄,莫敢尽忠。"

这里提到他有"博士"却"备员弗用","丞相"也只不过是"皆受成事",毕恭毕敬地"依办于上",所有的人都"莫敢尽忠"。这同吕不韦放手让臣下享有充分的自主权的作风截然不同。而那些本应由臣下去做的事,秦始皇却喜欢亲自动手。

"天下之事无大小皆决于上,上至以衡石量书,日夜有呈,不中呈不得休息,贪于权势如此。"

很明显,秦始皇的喜欢独裁、事必躬亲、不信任臣下的性格和作风,绝不是在统一中国之后才出现的。早在吕不韦执政期间,这种专断作风就已慢慢地在年轻的秦始皇身上形成了。只是,在没亲政之前,他不得不强忍着不显露出来而已。见到《吕氏春秋》中的论述,秦王嬴政自然怒发冲冠,气得他在屋内走来走去。

### 3.秦王嬴政不满《吕氏春秋》的原因

读过《吕氏春秋》后,始终感到有一点不满意,那就是对天命和鬼神的认识。《吕氏春秋》中收有墨家的学说,但《墨子》一书中专门辟有《名鬼》一章宣扬鬼神,而《吕氏春秋》中却与之相反,很少有相信鬼神之类的话语,反而常常见到强调人的作用,不赞同迷信天鬼的言论。例如《有始览·名类》中提道:"祸福之所自来,众人以为命,安知其所?"《季春纪·尽数》中说:"卜筮祷词,故疾病愈来。"《不名论·博志》中有论述说:"精而熟之,鬼将告之。非鬼告之也,精而熟之也。"这些言论正是吕不韦所遵行的鬼神观,他的一生从来没有拜神求鬼,也没有放任自己的表现,始终都在靠自己打拼。

秦王嬴政想到这些,十分不高兴,他不仅笃信阴阳五行学说并努力将其神秘化,而且一直迷信命运、鬼神。这种心理到统一中国后愈来愈严重,最突出的例子就是为了获得长生不死之药,多次派人到海中求仙。梦想长生不老已是荒唐,又妄求神仙和灵丹信奉仙怪近乎荒诞。难怪一再上当被骗,而自己却始终执迷不悟。公元前219年(始皇二十八年),方士徐福奏报,提到东海有蓬莱、瀛洲、方丈三座仙山,山上有仙人,可以获得长生之药。秦始皇马上派徐福率数千童男、童女人海求仙,但徐福一去便没了音讯。公元前215年(始皇三十二年),秦始皇又指派燕人卢生去求仙人,命令韩终、侯公、石生去寻找不死之药。不仅徒劳无功,反而被方士给耍了,先是向秦始皇呈献图书,后来又说"真人"必须隐秘,才能得到不死之药。于是,始皇自己号称"真人",行动隐蔽不被人知道"以辟鬼"。但不管怎样求神装鬼,都不可能得到原来就不存在的不死之药。最后,秦始皇杀掉咒骂他的儒生、方士,制造了影响极坏的"坑儒"惨案。然而,屡屡上当的秦始皇,对寻求长生不老之药寻鬼神矢志不渝。当他巡行到东海岸,听说海中有大鱼,射中就能找到仙人,竟然亲自乘船出海,不惜冒生命危险在风浪中射鱼求仙。见到"亡秦者胡也"的迷信预言,就认为胡人——匈奴绝对是秦王朝的死敌,马上下令伐匈奴。听说周鼎中有一个沉没在泗水,他相信找到这个鼎就可永远保住皇位,就在公元前219年(始皇二十八年)东巡至彭城(今江苏徐州市),斋戒祷词,命令千人潜入水中求周鼎,结果一无所获。更可笑的是,这一年秦始皇南下渡淮,经南郡到湘山时,因船行水中遭遇大风影响过江。侍从说此地有湘山神乃是尧之女、舜之妻,因而触怒始皇,下令砍光湘山上的树。这种与"神"搏斗的毫无理性的行为,后来被某些史学家赞扬为"不惧鬼神的精神",这恰恰反映了秦始皇是深信鬼神的,否则他何必对山和树如此发火呢?从秦始皇一生的活动中可以得出结论,他始终相信命运、鬼神,对于《吕氏春秋》中流露出不相信命运和鬼神的态度怎么能接受呢?

秦王嬴政明白,《吕氏春秋》尽管不是吕不韦自己所写,但仍明确地表达了吕不韦的想法,待看完《吕氏春秋》之后,秦王嬴政又清楚了吕不韦为什么要赶在自己亲政之前的这一年将这部书公布于众。

秦宫的白天,显得幽静而漫长,上完早朝的秦王嬴政倚案凝思,不觉睡意袭来。待从睡梦中醒来,已见一抹夕阳挂在天边。窗外,天边一角映出金色的晚霞,他才知道昏睡了一整天,大概是近日连续深夜读书太累的原因吧。不过,一到晚上,秦王嬴政的精神立刻就振作起来。这个习惯一直到他的晚年依然如此。待吃过晚饭后,脑子里已逐渐勾勒出他与吕不韦之间的异同。这种感觉早在几年前就隐约地萌生,只是并不清晰。看完《吕氏春秋》之后,静下心来思考,才得出明确的概念。

"乱莫大于无天子"。秦王嬴政踱着方步自言自语,他喜欢一个人沉思,一般不喜欢与别人探讨自己心中的问题。"要有统一天下的天子,这句话说得对!"

"用义兵取得天下。"他自己提出这个问题,然后自问自答:"说得极对!秦军讨伐其他国家,就是正义的士兵。我就是未来的天子。"

"阴阳五行支配宇宙中的万事万物。"他又想起《吕氏春秋》中浓厚的阴阳五行色彩,"说得一清二楚,不愧是一些有思想的人。"

想到这里秦王嬴政心花怒放,他觉得在原则问题上和吕不韦根本就是英雄所见略同。

但是,笑容在秦王嬴政脸上停留了片刻后马上又不见了。他那一副阴森的"尊容"似乎刚被蛇咬了一口,扭曲得令人望而生畏。胆战心惊地侍候在门外的宫女和宦官们又听到熟悉沉闷的诅咒声。

"什么德政!什么仁义,纯属瞎扯!"骂骂咧咧的口气,明显是不赞同《吕氏春秋》的观点。

"不相信神鬼,也不信命运?"一个接一个的问题都要经过他自己早年形成的成熟的理性天平掂量了一下,这是秦王嬴政在整理《吕氏春秋》留下的一大堆疑问,也在检查自己与吕不韦的矛盾:"胡说,妄论!"

"君主也不用干,把权力交给臣下?"看到这个主张时,秦王嬴政不由自主地大声叫了起来,他怒不可遏,再一次抓起竹简摔到地上。

至此,秦王嬴政终于搞明白了,他与吕不韦在统一天下的大目标方面虽大致相同,可是在治理未来一统天下的手段、策略方面,以及个人主张方面,都和吕不韦格格不入。反过来又想起吕不韦这么多年的主张,使自己居于毫不起眼的地位,以及他和自己母亲之间那些风流韵事,不由得怒火中烧:"势不两立""不共戴天"! 这就是秦王嬴政经过左右权衡后得出的最后想法。

不过,秦王嬴政也非常明白:现在还不到和吕不韦闹翻的时候,因为他还没有直接掌握实权,秦国的大权还控制在吕不韦手中,还需要默默地忍耐,仍需表现得似乎没有一点才能的样子,对吕不韦处理朝政不加干预,听其指挥。

### 4.吕不韦坚持"节""道"而丧命

神秘莫测的秦王嬴政,难解的秦王之谜,千百年来无数人面对这些谜加以揣测。但是吕不韦面对的最难解的谜大约就是此刻秦王在想什么,吕不韦一生最大的遗憾恐怕就是没有猜透这一造成吕氏悲惨命运的千古之谜。

吕不韦对秦王嬴政即将亲政虽有充分的防备和种种安排,但对这个逐渐懂事的年轻君主究竟想些什么,肯定是无从知道的。秦王嬴政和吕不韦两人间潜伏着矛盾,一个在明处被人看得一清二楚,一个在暗处使对方不可捉摸。这种力量对比就注定了这场悲剧的最终结果。

秦王嬴政借缪毐事件,剥夺了吕不韦的相国职位,并把他赶出政治中心,"就国河南"。吕不韦在秦国是没有权势了,但他的声望在山东六国还是极高的。"诸侯宾客使者相望于道,请文信侯。"此时此刻,吕不韦如果稍有异心,逃离秦国是无任何阻碍的。但他立场坚定,毫不动摇。当秦王嬴政以一纸书信历数他"莫须有"的罪状，要把他全家发配到蜀地时，形势更发展到性命攸关的严峻时刻。然而吕不韦还是不愿逃跑。在没有办法的情况下，他甘愿饮鸩自尽，含恨于九泉。他大概明白秦王嬴政刚愎自用，生性暴戾，不按常理办事，将在亲政后对自身权势和性命构成威胁，所以他在《序意》文末插了一个豫让的故事，以说明他自己的态度：

赵襄子游于囿中，至于梁，马却不肯进。青荓为参乘，襄子曰："进视梁下，类有人！"青荓进视梁下。豫让却寝，佯为死人，叱青荓曰："去！长者吾且有事。"青荓曰："少而与子友，子且为大事，而我言之，是失相与友之道。子将贼吾君，而我不言之，是失为人臣之道。知我者，惟死为可！"乃退而自杀，青荓非乐死也，重失人臣之节，恶废交友之道也。青荓豫让可谓之友也。

这里的豫让故事是为了表明"人臣之道"和"交友之道"。

吕不韦与秦王嬴政朝夕相处那么多年，自然了解他的为人和他的思想，因此他很是清楚，要用《吕氏春秋》来教育秦王嬴政，根本就是一件极端危险的事，弄不好连性命都要搭上。但是，他是庄襄王的"友"，秦王嬴政的"臣"。臣有臣"节"，友有友"道"，一旦死与"节""道"发生冲突，他必须做出选择：是保全性命而废"节""道"呢，还是坚持"节""道"而丢掉性命？吕不韦记叙了那段故事，而且还加上了自己的几句见解，说明他是决心选择后者。如果这个看法没有出入的话，那就更能体现吕不韦的忠诚了。

## 李斯为何要设计害韩非

韩非作为先秦法家的集大成者，以其法、术、势为中心的法家学说体系为建立专制主义中央集权的封建王朝提供了理论基础，并在秦王朝的建立过程中扮演了重要角色。韩非的著作流传于后世，对后世学者影响颇大，为统治者的政权建设提供了许多有益借鉴。但是，韩非的命运却令后人产生无限感慨。

韩非是战国末期韩国的贵族。他对刑名法术学家特别感兴趣，与楚国人李斯一同拜当时著名的思想家荀卿为师，向荀卿学习治国平天下的学问。

韩非的理论成果在于他融合了商鞅的"法"治、申不害的"术"治、慎到的"势"治，提出了"法""术""势"三者合一的封建君主统治理论。

韩非说话结巴，不善言辞，但他善于著述。他总结历史上君主统治成功和失败的经验教训，将其"法""术""势"三者合一的主张融于其著述之中，写出了《孤愤》《五蠹》《内外储说》《说林》《说难》等洋洋洒洒十余万字的巨著。

韩非

韩非的著作传到秦国，秦王嬴政读后十分感慨地说："唉！我若能见到此人并同他交往，也就死而无憾了！"

秦王嬴政为了得到韩非，于秦十四年(公元前233年)派兵攻打韩国。韩王开始没有起用韩非，直到秦国攻打韩国非常危急了，才派韩非出使秦国。秦王见到这位读其书却未谋其面的学者非常高兴。他尊韩非为上宾，常与他一起商讨天下大事。丞相李斯在同韩非一起跟随荀卿学习时，就自愧不如，如今见到秦王对韩非倍加赏识，便产生了嫉妒怨恨的念头。

作为一种卑鄙而又可怕的心理，嫉妒是邪念的源头、罪恶的加速剂。后来，正是李斯的嫉妒，促使秦王听信谗言，杀害了韩非。

韩非入秦后不久，正赶上荆、齐、燕、代四国联合起来，准备攻打秦国。秦王连忙召见群臣宾客商讨应对之策。秦王说："现在四国联合起来，将要对付秦国，而秦国国内财力缺乏，军士在外死伤很多，应该如何对付四国呢?"群臣宾客面面相觑，没有办法。这时，谋臣姚贾对秦王说："我愿出使四国，定能挫败四国联合之谋，使四国放弃攻秦。"

秦王极为高兴，尊姚贾为上卿，赏赐一千户，给姚贾准备好车辆一百乘，金钱一千斤，并将自己的皇冠、皇服及宝剑赐给姚贾，令他出使四国。姚贾接受了秦王所赐衣物宝剑，向秦王辞行，表示要与四国搞好关系，破坏四国联合攻秦之谋,以此来报答秦王。

但是,姚贾骗取了秦国的大量钱财,借机周游各国,结交各国诸侯,以满足自己的私欲,三年而不返,把秦王的使命抛在了脑后。

韩非早就看穿了姚贾的骗术,他在秦王面前揭穿了姚贾的骗局,他说:"姚贾带着秦国的巨财重宝,南到楚国和吴国,北到代国和燕国,一去三年而不返。再说,根据荆、齐、燕、代四国的关系来判断,他们也未必能够联合起来共同伐秦,但是,秦国的巨财重宝却被姚贾挥霍了。姚贾出使去各国的真实目的,是想凭借大王的权力威望、国家的财宝,到各国去结交诸侯,以满足自己的私欲,希望大王谨慎考虑。况且,姚贾是梁国一个守门人的儿子,曾在梁国偷盗,事发后跑到赵国当臣,又被赵国驱赶出来。大王用一个世世代代守门人的儿子、一个梁国大盗、一个被赵国驱逐的臣子,与他共同掌管秦国的大事,这样能使群臣信服吗?"

听了韩非一席话,秦王猛然醒悟,他派人将姚贾召回,责问他说:"我听说你用我的钱去结交各国诸侯,有这回事吗?"姚贾毫不掩饰地答道:"有。"秦王紧绷着面孔说:"那么,你还有什么颜面来见我呢?"

姚贾反应敏捷,能说会道,连忙为自己辩解说:"鲁国的曾参孝敬自己的父母,天下人都希望他来做自己的儿子;吴国的伍子胥对国君忠诚,天下各国都希望他来做自己的臣子;一个女子温良贤惠,天下人都希望她来做自己的妻子。如今我姚贾忠于大王,您却不理解我,我不到四国去,怎破坏四国攻秦之谋?假使我不忠于您,四国的国君又怎能肯任用我呢?夏桀听信谗言杀死了他的良将关龙逢,致使夏朝灭亡;商纣王听信谗言杀死了他的忠臣比干,致使商朝亡国。现在大王您如果听信谗言,那么您的忠臣就会走掉了。"

秦王轻蔑地说:"你不过是守门人的儿子,是梁国的大盗,是被赵国驱逐出来的臣子。"姚贾答道:"姜太公吕望,曾是齐国一位被妇人驱逐出家门的丈夫;他在朝歌卖肉,肉上散发出臭味,被人们称为废物屠夫;他在棘津(今山东日照市境内)钓鱼,鱼不上钩;他想给人当佣人,却没人用他。然而,当周文王起用他之后,他却帮助周文王获得了天下。齐国的管仲,曾是一个商人,他在南阳(今山东以南汉水以北一带)隐居,没有人起用他;他曾侍奉公子纠奔鲁,公子纠死了,他不去殉难因而被鲁国人捆绑起来送回齐国,被人们称为鲁之免囚。然而,当他被齐桓公任用后,辅佐齐桓公九合诸侯,号令天下,使齐桓公成了霸主。姜太公、管仲等人都曾受辱,遭到天下人的诋毁,可是圣明的君主却能够起用他们,因为明君知道这些人可以辅佐他建功立业。明君用人之时,并不去考虑他们的毛病,而是看他们是否有真才实学,为自己所用。因此,那些能够治理国家、安定社稷的国君,对于他所任用之人,虽然听到有诋毁之言也不在乎,而对那些虽然有很高声望,没有尺寸之功只会清谈的人,一点儿赏赐也不给,只有这样,群臣才能竭力效忠国君,忠心不二。"

听了姚贾一番引经据典,旁征博引的话后,秦王有所心动,觉得他心诚意切,连忙对姚贾说:"你说得很对。"于是,又重新起用了姚贾。姚贾探听到韩非在秦王面前说了他的坏话,从此对韩非产生了愤恨之心。

丞相李斯见姚贾能说会道,又痛恨韩非,觉得自己多了一个对付韩非的帮手,于是便与姚贾串通一气,图谋陷害韩非。他们在秦王面前诽谤韩非说:"韩非是韩国公子,最后一定会帮助韩国而不会帮助秦国,这也是人之常情。现在大王既然不能任用他,如果放他回国,是纵虎归山,不如找出他的过错,依法杀掉他。"

秦王听信了李斯和姚贾的谗言,下令将韩非囚禁起来,并令狱吏处死韩非,李斯乘机派人送毒药给韩非。韩非要求见秦王为自己辩解,狱吏不准,韩非只得服药自杀。不久,秦王后悔惩办韩非,派人去赦免他,但韩非早已死去多时了。

## 赵高为何乱秦政

秦始皇和二世皇帝宠信赵高,让他身居高位,有一个著名的"指鹿为马"的故事说的就是他玩弄权术,蒙骗君臣。很多历史学家有这样的看法:秦朝这个统一的封建专制王朝的覆灭,与这个人物篡权误国多少有些关系。

中国历史上著名的史学大师司马迁在《史记·蒙恬列传》中写到了赵高的身世:"赵高者,诸赵疏远属也。赵高昆弟数人,皆生隐宫,其母被刑僇;世世卑贱。秦王闻高强力,通于狱法,举以为中车府令。"

赵高为什么能平步青云地进入秦王朝中央政权机关?这是因为他"通于狱法",这一点与"喜刑名之学"的秦始皇不谋而合,因而成为秦始皇的心腹。后来赵高偷偷地勾结公子胡亥,企图利用胡亥来篡夺秦王朝的大权。出巡途中秦始皇病死于沙丘。弥留之际,秦始皇命令赵高拟旨通知远在上郡监军的长子扶苏到咸阳吊丧并继承皇帝大位,但是诏书还没有发出,秦始皇已死,李斯在赵高的威逼利诱之下,同他一起伪造了秦始皇遗诏,扶助胡亥为二世皇帝,赐公子扶苏自尽。接着,他又千方百计陷害并杀死了掌握兵权的大将蒙恬和蒙毅。胡亥继承皇帝大位后,赵高又怂恿他"尽除去先帝之故臣",结果赵高帮助胡亥除去了许多宗室大臣,连李斯也难免一死。从此,秦朝的中央大权完全被赵高掌握。

关于赵高的身世,历来众说纷纭。清人赵翼在《陔余丛考》卷四十一《赵高志在复仇》条云:"高本赵诸公子,痛其国为秦所灭,誓欲报仇……卒至杀秦子孙而亡其天下。则高以勾践事吴之心,为张良报韩之举,此又世论所及者了。"他自称,这种观念出自《史记索隐》,得到许多人的认同,连郭沫若先生主编的《中国史稿》第二册中"秦末社会矛盾的激化"章节中对这个观点也表示赞同。郭沫若先生指出:"赵高原是赵国远支宗室的后代,因其父犯罪被处宫刑,当了宦官……骗取了秦始皇的信任。"

还有一种说法,认为赵翼的观点分明是主观臆断,本意只不过是为了故作惊人之论。因为今本《史记》三家注中"索隐"部分并无这种内容。就算赵翼真见了什么"孤本秘籍",此说也很难令人信服。因为这种说法和《史记》原文大相径庭,而"索隐"是唐人司马贞所作,其史料价值不能与《史记》并论。《史记·蒙恬列传》原文说赵高为"诸赵疏远属也",并不能理解为"赵诸公子"。因为"诸赵"一语,犹《史记》《汉书》中常用"诸吕""诸窦","赵"乃姓氏,并非国名。而"诸赵"实际上指的是秦国王室,以赵为氏。尽管姓嬴,《史记》中记载得很明确,太史公曰:"秦之先为嬴姓……然秦以其先造父封赵城,为'赵氏'。"

《史记·秦始皇本纪》也指出：秦始皇"及生，名为政，姓赵氏"。可见，所谓"诸赵疏远属也"乃指赵高是秦王室宗室，因而所谓"赵高乃赵诸公子，痛其国为秦所灭，誓欲报仇"之说是不能成立的。

赵高是个"宫人"已被大多数学者肯定，但他是怎么变成"宫人"的，诸家说法又截然不同。清代赵翼认为，他是"自宫以进"，以苦肉计进行报仇。但是这与《史记》中说的"生隐宫"差别颇大，今本《史记》三家注中有一段"索隐"的文字说："盖其父犯宫刑，妻子没为官奴婢，妻后野合所生子皆承姓赵，并宫之，故云'兄弟生隐宫。谓隐宫者，宦之谓也'。"这段话明显指出赵高并非"自宫"，而是因其父犯罪导致他也受刑，成为"宫人"。另外，又有一种比较新鲜的看法，以为赵高其实并不是"宫人"，这种说法以京剧传统剧目《宇宙锋》中有赵高逼女嫁二世皇帝为妃的情节作为证据，如赵高有女，则非"宫人"无疑，但仅仅以一出京剧为根据，很难令人信服。而京剧《宇宙锋》是根据什么来编写赵高逼女嫁给二世这一出的，恐怕也是很少有人知道。

综上所述，赵高根本就不是赵国公子，并非"痛其国为秦所灭，誓欲报仇"向乱秦政。事实上，赵高乱秦政的故事，历史上流传颇多，却只能供参考。如前秦王嘉（一说梁萧绮）撰《拾遗记》中记载一则故事说："秦王子婴立，凡百日，郎中令赵高谋杀之。"秦始皇的鬼魂在梦中对子婴说："余是天使也，以沙丘来。天下将乱，当有同姓欲相诛暴。"子婴因此"囚高于咸阳狱"。这个故事以天道轮回为凭，胡编乱造，当然难以令人相信。

其实，就算赵高是赵国公子，他曾为"宫人"，他与秦二世胡亥加紧盘剥百姓，又任意诛灭异己，滥用刑戮，使社会矛盾迅速激化起来，将建立不久的秦王朝推向崩溃的边缘，这一历史重罪他也难辞其咎。在这种形势下，只要有星星之火，就会燃成燎原之势，曾经显赫一时的秦王朝就是这样被陈胜、吴广领导的农民起义以排山倒海之势、雷霆万钧之力推翻了。

## 陈平助刘邦脱困之谜

陈平是西汉初的著名谋士，他足智多谋，锐意进取，屡次用奇计辅佐刘邦定天下。汉初,陈平按照功劳被封为曲逆侯。汉文帝时,陈平又因为剿灭诸吕而立下大功,当上了丞相。他的一生充满了传奇色彩。

陈平小的时候,家中十分贫困,可他又偏偏喜欢读书,尤其喜欢黄帝、老子的学说。陈平的哥哥见陈平喜欢交游,便承担了家中的全部劳动,使陈平有时间出外游学。有一年,陈平的家乡正逢社祭,人们推举陈平为社庙里的社宰,主持祭社神,为大家分肉。陈平把肉一块块分得十分均匀。为此,地方上的父老乡亲们纷纷赞扬他说:"陈平这孩子分祭肉,分得真好,太称职了!"陈平却丝毫不为人们的称赞所动,而是感慨地说:"假使我陈平能有机会治理天下,一定也能像分肉一样恰当、称职。"可见,陈平是从小就胸怀鸿鹄之志的。

公元 209 年,陈胜、吴广发动了秦末农民起义,陈平觉得终于到了自己施展报复的机会,就辞别了哥哥,投到了起义的队伍中去。他先是在魏王手下,后来又去为项羽效力,但是一直得不到项羽的重视,郁郁不得志。后来,他在鸿门宴上见到了刘邦,认为刘邦将来必成大器。于是,才华横溢的陈平就处于"身在楚营心在汉"的矛盾之中了。

正在这时,刘邦被项羽困在咸阳,等于软禁。刘邦问计于张良,可张良也身陷敌营,一筹莫展。这时,他们想到了陈平,张良决定孤注一掷,暗中去找陈平。没想到两人一见如故,相见恨晚。张良向陈平直言了来访的意图,陈平思考片刻后,说:"要从项羽身边救出刘邦,首先要'调虎离山',必须让范增离开项羽几天,不然怎么也不行。"

第二天,陈平就向项羽建议说:请项羽给楚怀王上义帝的尊号,送他到郴州去养老,这样项羽就可以此号召天下了。陈平的话,正中项羽的意。不久,范增上朝见项羽,项羽对范增说:"天无二日,民无二主。"接着,把陈平的话变成自己的话说了一遍,说是自己想起来的,范增立即附和说:"大王,这事儿还真得解决,宜快不宜迟。而且,这事儿还就得我去。"但是范增毕竟也是谋士,他在临行前向项羽提出三件事,第一件就是不能让刘邦回到汉中,项羽答应后,范增才走。陈平估计范增走远了,就趁着早朝奏上一本说:"现在国家刚安定下来,必须节约。可是现在诸侯们全都聚集在咸阳,每路兵马都不下四万人,军粮的负担极重,若不赶快让诸侯们回国,恐怕老百姓就负担不起了。"项羽一听,大吃一惊,马上传旨:天下诸侯,路远的给 10 天期限,路近的给 5 天期限,在限期内做好回国的准备;唯有刘邦留在咸阳,陪王伴驾。

项羽扣住刘邦,也在陈平的意料之中,陈平趁各路诸侯返国的机会,授意张良,使用声东击西的计策。于是,刘邦依张良之意上表,向项羽请假回故乡沛县省亲。项羽犹疑不决,张良故意说:"不能叫刘邦回乡取家眷,不然他也许就在沛县称王了。您不如派遣他带着残兵败将回汉中去,再派人去沛县取他的家眷做人质,好教他规规矩矩做人。"陈平也乘机上奏:"陛下既封刘邦为汉王,也已经布告天下,臣民共知,却不让他上任,恐怕不足以取信天下吧。人家也许会说,陛下一登位便说假话,那以后执行法令,也会阳奉阴违了。不如听张良的话,把刘邦的眷属当人质,留在咸阳,遣他回汉中去,这样既可以保全信用,又可以约束刘邦,这不是两全其美吗?"

项羽想了很久,终于同意了。刘邦心里欢喜无比,回营后立即拔寨启程,终于逃出了咸阳。陈平早就看清了项羽是个鲁莽武夫,最终是不可能取得胜利的,于是此后不久,他也挂印封金、偷偷地走了。

他想起在汉王手下的魏无知是自己的老朋友,不如也去投奔刘邦。天快黑时,他逃到了黄河边,他请船夫送他过河。陈平上了船,从船舱里又出来了一个船夫。他想这两个人可能是水盗,以为他身上带着珠宝,想图财害命。陈平为人机灵,浑身是计。为了保全自己的性命,他马上脱了衣服,扔在船上,光着上身来帮船夫划船。船夫看他腰间什么也没有,衣服掉在船上也没有什么声音,知道他身上什么贵重东西都没有,也就打消了加害他的念头。一场凶险,竟被他轻而易举地化解了。

到了刘邦的军中,陈平经过魏无知推荐,面见刘邦。两人纵论天下大事,十分投机。刘邦破例任陈平为都尉,留在身边做参谋,并命他监护三军将校。这一下引起了将领的不满,纷纷说他品行不端,贪图贿赂,认为这种人不能信任重用。刘邦经不住众人再三诋毁陈平,便也心生疑团,召陈平来质问道:"听说你原来是帮助魏王的,后来离开魏王去帮助楚霸王,现在又来帮助我,这怎么不让别人怀疑你的信义呢?"陈平不紧不慢地回答道:"同样一件有用的东西,在不同的人手里作用就不同了。我侍奉魏王,魏王不能用我,我离开他去帮助楚霸王,霸王也不信任我,所以我才来归附大王。我虽然还是我,但用我的人可不一样了。我久慕大王善于用人,所以才不远千里来投奔大王。我什么也没带,来到这儿,所以什么都没有,才接受了人家的礼物。没有钱,我就生活不了,也就办不了事。如果大王听信谗言,不起用我,那么,我收下的那些礼物还没有动用,我可以全部交出来,请大王给我一条生路,让我辞职回家,老死故乡。"陈平这寥寥数语,道明了各方的政治优劣,说的在情在理。刘邦听了,顿时打消了疑虑,对陈平倍增好感,并重重地赏赐一番,提升他为护军中尉,专门监督诸将。从此,陈平一心一意为刘邦"六出奇计"夺取天下,成为西汉安邦定国的著名谋臣。

## 班昭真的续写《汉书》了吗

东汉有一个女子,在史学上做出了重要贡献。她去世时,当朝的皇太后亲自素服举哀,为她行国葬之礼。这个女子,就是我国第一位女历史学家班昭。

班昭(49~约120年),名姬,字惠班,是扶风安陵(今陕西咸阳东北)人。她出生在一个"家有藏书,内足于财"的显贵人家。她十四岁的时候,嫁给了同乡曹世叔为妻,所以也被后人称为"曹大家"。她的父亲班彪,是东汉著名的学者,很有学问;长兄班固,也是东汉著名的历史学家、文学家;次兄班超,则是东汉的一代名将,在西域立下大功。班昭出生在这样的仕宦之家,深深受到了家庭的熏陶、父兄的影响,再加上自身的聪颖努力,使她成为一个博学广识的学者,对儒家经典和各种史籍都耳熟能详,也在年纪轻轻之时就积累了大量的历史、天文和地理等多方面的丰富知识。

据说,班昭的丈夫曹世叔年纪轻轻的就死去了,班昭十几岁就做了寡妇。但是,她幼收庭训,敬养舅姑,抚育儿女,为人处世很有法度。这种美德最后还传到了皇宫里,再加上当时在位的皇帝汉和帝早就听说了她才学过人,就把她招入宫中,专门教授皇后和后宫的嫔妃们各种礼仪。到了邓太后临朝听政的时候,班昭更是深受太后的喜爱,以师傅之尊参议朝政,随时出入宫廷。当时,人们把学识渊博、德高望重的妇女称为"大家(gu 姑)",班昭的丈夫姓曹,因而被尊称为"曹大家"。因为她的功劳很大,朝廷还特封她的儿子曹成为关内侯,官职一直做到了齐国的丞相。

班昭一生,在很多领域都有所贡献。但是,她对祖国文化事业的最突出贡献,却是整理并续写完成了重要的史学巨著——《汉书》。

自从司马迁完成《史记》以来,因为这部书的记事截止于汉武帝太初年间,所以班彪一直想续写西汉的遗事,还为此收集了大量的前朝遗事和档案资料。后来,他曾经作了《史记后传》六十五篇,续补汉武帝以后所缺的部分,这就是《汉书》前身,为《汉书》的写作完成奠定了基础。班彪去世后,班昭的哥哥班固继承了父亲的遗志,在《史记后传》的基础上,着手编写"包举一代"、囊括西汉历史的史书《汉书》。经过了二十余年的努力,班固终于完成了《汉书》的主要部分,使《汉书》初具规模。不料,公元 92 年,班固因为受统治阶级内部争斗的牵连,入狱而死。这样,班氏父子花费几十年心血编纂的《汉书》,尚有八表和《天文志》未能写完,同时整个书稿面临着散佚的危险。眼见《汉书》的著述就要功亏一篑,这时,汉和帝想到了只有班固的妹妹班昭能堪当此任,于是就下诏宣班昭到东汉当时的国家图书馆东观藏书阁,继续完成《汉书》的写作。班昭毫不犹豫地接受了这个任命,毅然担起整理、续写《汉书》的重任。她补撰了八表,又在马续的协助下,写出《天文志》,终于最后全部完成了我国第一部断代史《汉书》的编撰工作。

《汉书》成书后,在社会上得到了很多好评,但是因为书中多用古字,比较难读,一般人不太容易理解。所以,班昭在书成之后,又花费了大量的精力,亲自向学者们传授,使《汉书》得到更广泛的传播。她曾在皇家图书馆的东观藏书阁讲解过《汉书》,当时奉诏跟随她学习的人有很多,包括后来成为东汉经学大师的马融。班昭为《汉书》的传播和普及,起了重要作用。这部书凝结了班家父子四人的心血,终于完成了这部流芳百世的史学巨著。

除了在史学上做出了不可磨灭的贡献外,班昭在文学方面也有所建树。她写过赋、颂等文章十六篇,后由其儿媳丁氏辑成《大家集》三卷,可惜此书已经散佚,只有《东征赋》等八篇流传下来。

尽管后代的有些人一直在怀疑着班昭续写《汉书》的真伪,但是不论学者们的意见如何,大家都公认的一点就是班昭在《汉书》的成书过程中下了大力,费了苦功。即使她没有续写,但是编辑、润色之功也是大家都承认的。而且,在《汉书》成书之后,班昭还成了唯一通晓《汉书》的权威,这就无怪当时的达官贵人们都心甘情愿地拜她为师,听她讲解《汉书》,从而被这些一向心高气傲的学者们尊敬地称为"曹大家"了。

班昭是我国第一位有著述的女学者。在妇女受歧视、受压迫的封建社会里,才学出众的班昭,真好似一株冲寒怒放的奇葩,她是古代妇女智慧的代表,也是古代妇女的骄傲!

## 华佗真的有起死回生之术吗

凡是对医学药理稍有兴趣的人,对华佗的名字都不会感到陌生,即使对医学药理不感兴趣的人,只要生过病,上过手术台,也都不会忘记一个人,那就是最早发明了麻醉剂的人——华佗。

华佗是东汉末年时的沛国人,他的家乡大抵在今天安徽亳县一带。华佗从小喜爱读书学习,学会了一手高强的医术。他品德高尚,疾恶如仇,看不上那些追逐功名利禄的人。在华佗的一生中,有很多有名望的人想举荐他做官,可都被他拒绝了。和入仕做官相比,华佗更愿意自由自在地,用自己的医术为劳苦大众服务,让普通百姓能起死回生。

华佗精通内科、外科、妇产科、儿科和针灸,他最擅长的是外科。所以,后世人常常把他看作是中医外科的鼻祖。

有一个县吏尹世苦于四肢发热,口中干燥,不愿听到人说话的声音,小便也不顺利。华佗说:"做热饭试试看,吃后如果出汗,病就可以好,如果不出汗,三天后就会死去。"于是立即做了热饭给病人吃,吃后没有出汗,华佗说:"五脏的生机已在体内断绝,可能会哭着断气。"结果那个县吏真像华佗所说的一样,在三天后哭着死了。

华佗

一个叫严昕的人,听说了华佗的本事,就和几个人一起去拜访华佗,刚一见面,华佗就对严昕说:"您的身体好吗?"严昕说:"和平常一样。"华佗说:"从脸上看出您有急病,不要多喝酒。"严昕等人听了很不以为然,觉得华佗言过其实了,说了几句话就回家了。可是,刚走了几里路,严昕突然头晕从车上掉了下来,人们扶着他乘车回家,第二天夜里就死了。

军吏梅平得了病,解职回广陵的家,还没有走二百里,住宿在亲戚家中。不久,华佗偶然来到主人的家里。主人让华佗给梅平看病,华佗对梅平说:"您如果早些见我,还不至于到这种地步。现在疾病已成绝症,赶快回去还可以与家人相见,再过五天就要死了。"梅平即刻回家,死的日期同华佗预计的完全一样。

又有一位郡太守患病,华佗认为这个人大怒一场病就会好,于是收下了他的许多钱财却不给他治病,不久就丢下病人走了,还留下一封信骂这位太守。郡太守果然大怒,命手下人把华佗捉来杀掉,郡守的儿子知道真实用意,嘱咐手下人不要追赶。郡守愤怒到了极点,吐出了几升黑血,病就痊愈了。

从这些例子来看,华佗的医术简直神奇极了,似乎他真的有一双起死回生之手。但是,华佗之所以在外科扬名,除了他精湛的外科医术外,还因为他发明了一种麻醉药剂——麻沸散。

在华佗为病人实施外科手术治疗的过程中,他看到很多病人因为疼痛难忍破坏了医治效果,或是不堪忍受剧痛而昏厥甚至死亡,很是痛惜。华佗特别想寻找到一种可以让人在接受手术医治医治时被实施麻醉的药剂,这样就可以既剪除了病痛，又不让病人太过痛苦了。

为了寻找麻醉药剂，华佗带着自己的弟子吴普、樊阿等人，在黄河上下、大江南北的山区里长途跋涉。一天，他们偶然间遇到了一个砍柴人，这个砍柴人讲述了他自己经历过的一件奇事，这引起了华佗师生的极大兴趣。砍柴人说，有一次，和他一起打柴的一个年轻人，因为在山里又饿又渴，就随手摘了许多果子吃到肚子里，结果，一会儿的工夫，这个年轻人就昏迷不醒了。砍柴人以为他中了毒没了救，就把这年轻人拖回了家，结果，三天三夜之后，这年轻人竟然苏醒了过来。后来他们回想，定是那果子有问题，于是就给它起名为麻果。

华佗闻听此言，兴奋极了，他感到这种麻果就是自己要找的麻醉药剂的原料。于是，马上带着弟子们进山寻找麻果。这次进山让华佗师生收获颇丰，他们采集了很多麻果，下山后，利用麻果研制成了麻痹人的神经系统的麻醉药剂——麻沸散。麻沸散的研制成功，比西方的麻醉药剂早了1000多年，这是中华民族献给世界人民的礼物。

在最初采集麻果、研制麻沸散的日子里，由于不了解麻沸散的药性，华佗决定用自己的身体做试验。吴普等弟子担心他年纪大了，弄不好可能还会出人命，就争着要替华佗当试验品。他们的争先恐后都被华佗阻拦了，他说，你们的医道都还浅，只有我亲自来试验，才能做到心中有数。

在自己服用麻沸散之前，华佗还详细地告诉弟子们，等自己服药昏迷后，你们要先用针刺，看看我有没有反应，没有反应时再用刀割，刀口要至少有三寸长，三分深，这样才有效果。就是这样，一代名医华佗，身先士卒，用自己的身体验证了麻沸散的功效，从而得以让麻沸散在百姓中运用开来。

后来，随着病例的不断应用，麻沸散在临床手术上的使用越来越广泛，华佗用麻沸散做了很多外科手术。在三国名将关羽的刮骨手术中，正是由于用了麻沸散，手术才得以顺利地进行，从而为关羽解除了毒素的侵扰。就连曹操患头风病时，也常常请华佗用针灸的疗法为他医治，可总也不能根除。华佗对曹操说，若要想根除，就得打开头颅，取出风涎才行。可生性多疑的曹操听到此言，先是害怕，后来以为是华佗想借机为关羽报仇杀害自己。于是，竟毒害了华佗。

华佗的一生,救死扶伤无数,可谓是妙手回春,不愧于"神医"的称号,可他救得了别人却救不了自己,最终没能逃过曹操的毒手。如果他的医术不那么高明,或许他还可以捡回一条命,可谁让他是华佗呢。

## 张骞真的开辟了丝绸之路吗

汉武帝初年的时候,匈奴中有人投降了汉朝。汉武帝从他们的谈话中知道了一点西域(今新疆和新疆以西一带)的情况。他们说原来草原上有一个叫月氏的国家,他们被匈奴人打败了,被迫向西逃去,现在就定居在西域一带。他们跟匈奴有深仇大恨,一直想要报复,可就是自己的力量不够,又没有人能帮助他们。

汉武帝心想,这个月氏国既然是在匈奴的西边,汉朝如果能跟月氏联合起来,从东西两边夹击匈奴,就能切断匈奴跟西域各国的联系,这不是等于切断了匈奴的右胳膊吗?那样就能削弱匈奴人的力量了。

于是,他下了一道诏书,征求能干的人到月氏国去联络。在当时,谁也不知道这个月氏国到底在哪儿,也不知道离中原有多远,更别说中间还要路过匈奴人的势力范围。要担负起这个任务,可得有很大的勇气才行。

正巧当时朝中有个年轻的郎中,名叫张骞,很有胆识。他觉得这是一件有意义的事,就首先应征。有他一带头,别的人胆子也大了,很快就有一百名勇士应了征。有个在长安住了很久的匈奴族人,叫堂邑父,他也愿意跟张骞一块儿去找月氏国。

于是,公元前138年,汉武帝就派张骞带着这一百多人出发去找月氏。要到月氏,就一定要经过匈奴占领的地界。张骞他们小心地走了几天,还是被匈奴兵发现围住了,全都做了俘虏。

匈奴人没有杀他们,只是派人把他们分散开来软禁起来,只有堂邑父跟张骞被关在一起,一住就是十多年。

日子久了,匈奴对他们管得不那么严了。张骞跟堂邑父商量了一下,抓住匈奴人不防备的时间,骑上两匹快马逃了。

他们一直向西跑了几十天,吃尽了苦头,终于逃出了匈奴的地界。但是,他们并没有找到月氏国,却意外地闯进了另一个国家叫大宛(在今中亚细亚)。大宛和匈奴是近邻,当地人懂得匈奴话。张骞和堂邑父都能说匈奴话,交谈起来很方便。他们见了大宛王,大宛王早就听说汉朝是个富饶强盛的大国,这会儿听到汉朝的使者到了,很欢迎他们,并且派人护送他们到康居(约在今三尔喀什湖和咸海之间),再由康居到了月氏。

月氏被匈奴打败了以后,就迁到大夏(今阿富汗北部)附近建立了大月氏国。因为那里水草丰美,物产丰富,人民过得都很好,所以他们也不想再跟匈奴作战了。大月氏国王听了张骞的话,虽然不感兴趣,但是因为张骞是汉朝的使者,也就很有礼貌地接待了他。

张骞和堂邑父在大月氏住了一年多,还到大夏去了一次,看到了许多从未见到过的东西。但是他们一直没能说服大月氏国共同对付匈奴,只好回来。在经过匈奴的地界时,他们又不幸地被抓住了,扣押了一段时间以后,正巧匈奴发生了内乱,这才逃出来回到了长安。

张骞这次出访,在外面足足过了十三年才回来。汉武帝认为他立了大功,封他做太中大夫。

张骞向汉武帝详细报告了西域各国的情况。他说:"我在大夏看见邛山(在今四川省)出产的竹杖和蜀地(今四川成都)出产的细布。当地的人说这些东西是商人从天竺(就是现在的印度)贩来的。"他认为,既然天竺可以买到蜀地的东西,就一定离蜀地不远。

于是,汉武帝再次派张骞为使者,带着礼物从蜀地出发,想去结交天竺。张骞把人马分为四队,分头去找天竺。四路人马各走了上千里路,都没有找到传说中的天竺国,有的还被当地的部族打了回来。

往南走的一队人马到了昆明,也给挡住了。汉朝的使者绕过昆明,到了滇越(在今云南东部)。滇越国王的上代原来是楚国人,已经有好几代跟中原隔绝了。他表示愿意帮助张骞找道去天竺,可是昆明在中间挡住,还是没能过去。

等张骞回到长安，汉武帝认为他虽然没有找到天竺国，但是结交了一个一直没有联系过的滇越，也很满意。

到了卫青、霍去病消灭了匈奴兵主力，匈奴逃往大沙漠北面以后，西域一带许多国家看到匈奴失了势，都不愿意再向匈奴臣服、进贡纳税了。汉武帝趁这个机会，再派张骞去通西域。公元前119年，张骞和他的几个副手，拿着汉朝的旄节，带着三百个勇士，每人两匹马，还带着一万多头牛羊和黄金、钱币、绸缎、布帛等礼物去结交西域各国。

张骞首先到了乌孙国（在新疆境内），乌孙王亲自出来迎接这些汉朝的使者。张骞送了他一份厚礼，建议两国结为亲戚，共同对付匈奴。乌孙王只知道汉朝离乌孙很远，可不知道汉朝的兵力有多强。他想得到汉朝的帮助，又不敢得罪匈奴，因此乌孙君臣对共同对付匈奴这件事商议了几天，还是决定不下来。张骞恐怕耽误了行程，就打发他的副手们带着礼物，分别去联络大宛、大月氏、于阗等国家。乌孙王还派了几个翻译帮助他们。

这许多副手去了好些日子还没回来。乌孙王先派人送张骞回到长安，派了几十个人跟张骞一起到长安参观，还带了几十匹高头大马送给汉朝。汉武帝见了他们已经很高兴了，又瞧见了乌孙王送的大马，所以格外优待乌孙使者。这些乌孙使者瞧见了大汉的富强，都感到很震惊。

过了一年，张骞得病死去了。这时他派到西域各国去的副手们才陆续回到长安，副手们把到过的地方合起一算，总共到过三十六个国家。

从此，汉武帝每年都派使节去访问西域各国，并且和这些国家建立了友好交往。西域派来的使节和商人也络绎不绝。中国的丝和丝织品，经过西域运到西亚，再转运到欧洲，后来人们就把这条路线称作"丝绸之路"，同时，人们也记住了张骞这个名字。

## 张角为什么要发动黄巾起义

张角是东汉末年的一个神秘人物，他的身份似乎谁也说不清楚。首先，他是一个医生,而且医术还挺高超;然后,他又是地方上的豪杰,当地的许多百姓都乐于听从他的号召;最奇妙的是他还是一个教主,他自己创办了一个叫作"太平道"的宗教,设坛传道;最后,他还是一个农民起义的领导者,他发动的黄巾大起义最终推翻了已经延续了几百年的汉家天下。这到底是怎么一回事呢?

黄巾起义

东汉末年,昏庸透顶的汉灵帝信任宦官,只知道吃喝玩乐。库房里的钱不够用了,他们为了搜刮钱财,在西园开了一个挺特别的铺子,有钱的人可以公开到这里来买官职、买爵位。他们在鸿都门外张贴榜文,标出了买官的价格。买个郡太守定价二千万,买个县令定价四百万;一时付不出钱的可以暂时赊欠,等他上任以后加倍付款。这些花了钱买官的官吏,一上任当然更加起劲地搜刮民脂民膏,东汉王朝的黑暗和腐败可算到家了。

朝廷的腐败,地主豪强的压迫,再加上接二连三的天灾,逼得老百姓没法活下去了,纷纷起来反抗。

先是吴郡一带农民起来攻打县城,杀了官吏。会稽人许生在句章(今浙江慈溪)起兵,没有几天工夫便聚集了一万多人。汉灵帝下令扬州刺史和丹阳太守发兵围剿,被起义的农民打败。许生的声势越来越大,还自称"阳明皇帝"。

公元174年,吴郡司马招募人马,联合州郡官兵打败了许生。吴郡的起义军虽然被镇压下去,但是更大的武装起义却正在酝酿着。

巨鹿郡有弟兄三个,老大名叫张角,老二叫张宝,老三叫张梁。三个人都挺有本事,还乐意帮助老百姓。

张角懂得医道,给穷人治病从来不要钱,所以穷人都拥护他。他知道农民受地主豪强的压迫和天灾的折磨,多么盼望有一个太平世界让他们安安乐乐过日子。他决定利用宗教把群众组织起来,创立一个教门叫太平道,收了一些弟子跟他一起传教。

相信太平道的人越来越多。张角又派他的兄弟张宝、张梁和弟子周游各地,一面治病,一面传道。大约花了十年工夫,太平道传遍了全国。老百姓不论是信或是不信,没有不知道太平道的,各地的教徒发展到几十万人。

当时,郡县的官吏也只认为太平道是劝人为善、给人治病的教门,谁也没有认真过问。朝廷里有一两个大臣看出苗头,奏请灵帝下令禁止太平道。此时汉灵帝正忙着建造他的林园,也没把太平道放在心里。张角他们把全国八个州几十万农民都组织起来,分为三十六方,大方一万多人,小方六七千人,每方都推举一个首领,由张角统一指挥。

他们秘密约定三十六方在"甲子"年(公元184年)三月初五,京城和全国同时起义,口号是"苍天当死,黄天当立;岁在甲子,天下大吉。""苍天"就是指东汉王朝;"黄天"就是指太平道。他们还暗暗派人在洛阳的寺庙和各州郡的官府大门上用白粉写上"甲子"两字,作为起义的暗号。

可是,在离起义时间还有一个多月的紧要关头,起义军内部出了叛徒,向东汉政权告了密,朝廷立刻在洛阳进行搜查。在洛阳做联络工作的马元义不幸被捕牺牲,和太平道有联系的群众一千多人也遭到杀害。

由于形势突然变化,张角当机立断,决定提前一个月起义。张角自称天公将军,称张宝为地公将军,张梁为人公将军。三十六方的起义农民一接到张角的命令,同时起义。所有起义的农民头上都裹着黄巾作为标志,所以称作"黄巾军"。

各地起义军攻打郡县,火烧官府,打开监狱,释放囚犯,没收官家的财物,开放粮仓,惩办官吏、地主豪强。不到十天,全国都响应起来了。各地起义军从四面八方向洛阳涌来,各郡县的告急文书像雪片一样飞向京都洛阳。

汉灵帝慌忙召集大臣,商量镇压措施。汉灵帝拜外戚何进为大将军,同时派出大批人马,由皇甫嵩、朱儁、卢植率领,分两路去镇压黄巾军。

但是,各地起义军好像大河决了口子一样,官府哪儿抵抗得了。大将军何进不得不叫汉灵帝下了一道诏书,吩咐各州郡自己招募人马对付黄巾军。这么一来,各地的宗室贵族、州郡长官、地主豪强,都借着打黄巾军的名义,趁机抢夺地盘,扩张势力,把整个国家闹得四分五裂。

黄巾军面对东汉朝廷和各地地主豪强的血腥镇压,坚持了九个月艰苦顽强的战斗。在紧张战斗的关键时刻,黄巾军领袖张角不幸病死。张梁、张宝带领起义军将士和敌人进行殊死搏斗以后,先后在战斗中牺牲。

起义军的主力虽然失败,但是化整为零的黄巾军一直坚持战斗了二十年。东汉王朝的腐朽统治,经过这场大规模起义的致命打击,也就奄奄一息了。黄巾大起义在中国古代农民起义史上的地位和作用是很重要的,同时也是汉朝政权覆灭的重要外因。

## 四面楚歌唱的到底是什么

秦汉之际,楚汉争霸,英雄盖世的楚霸王却在垓下一败涂地,魂归离恨天。后世的人说起这段历史,都不会忘了提起霸王陷于四面楚歌的困顿境地,认为这“楚歌”也是项羽失败的重要因素。那么,这“楚歌”唱的到底是什么? 它又为什么能使不可一世的楚霸王一败涂地呢?

秦朝的暴政导致了人民的生活困苦,一时间民不聊生,百姓怨声载道,各地纷纷发动武装起义,准备推翻秦朝的暴虐统治。在各路起义军首领中,比较有威望有实力的主要有两个人:项羽和刘邦。

刘邦手下有萧何、张良、韩信三员大将,而且都是非常有智谋的人。韩信占领了黄河中下游地区,萧何不断地从关中运粮,支援汉军,刘邦在荥阳以西的地区日益稳住了阵脚。这样的情况下,项羽已经西进无望,且后方不稳,于是,项羽被迫打算考虑和刘邦议和。

公元前 203 年八月,楚汉双方约定,以鸿沟为界,平分天下,鸿沟以西归汉,鸿沟以东归楚。这也就是“楚河汉界”的由来,直到今天,我们的象棋棋盘上,还在使用“楚河”“汉界”来区分交战双方的领地。

　　九月,项羽带兵东归,准备返回自己的驻地彭城。刘邦也打算返回关中地区。但是,张良和陈平给刘邦分析了天下的形势,建议沛公继续挥师东进,否则让项羽回到彭城,就等于放虎归山,必是后患无穷。刘邦仔细思量后,决定采纳张良和陈平二人的意见,立刻出兵去追赶项羽。同时,向韩信和彭越二人封王许地,让他们的两支队伍和自己的军队会合,一起将项羽和其楚军包围在垓下(今安徽省灵璧县东南地区)。

　　项羽带的人马少,而且粮草也快用完了,于是楚军在垓下发起了一场突围战役。项羽亲自率精兵向汉军发动猛攻,韩信诈败,拉长了楚军方面的战线,然后分段围歼楚军,打破了项羽突围的计划。一晃几日过去了,项羽和楚军已经断绝粮草,又无救兵,不禁陷入了一筹莫展的困境。望着眼前遇到的状况,项羽回想起自从自己起兵伐秦以来,东征西讨,攻灭秦朝,称霸天下。可眼下在垓下,自己盖世的英名,马上就要付之东流了。他又想到鸿沟分界,送还刘邦的父亲和妻子,可刘邦却背信弃义,调集大军来追击自己,逼着自己到今天的这个恶劣地步。想到这些,项羽不禁心有戚戚然。

　　夜幕很快降临,寒风呼啸起来。随着风声,舟车劳顿、疲惫不堪的楚军将士们忽然听到周围四处都响起了楚歌。项羽很是迷惑不解,他问身旁自己的爱妃虞姬说,难道汉军把楚国都占领了吗,不然为什么汉军之中有这么多人在唱楚歌呢?虞姬侧耳仔细倾听,果然是汉军大营中有人在唱楚歌。

　　其实,这是韩信的计策。所谓攻心战,就是让汉军中会唱楚歌的兵士,一起冲着楚军大营的方向,齐唱楚歌,借此思乡曲来瓦解楚军的斗志。韩信的计策获得了成功,楚军将士一听,顿时勾起了思乡之情,想到自己家中的父母妻儿。于是,接二连三地有楚军开始逃亡,甚至投奔汉军大营。就连跟随了项羽多年的季布和钟离昧,居然也暗地里逃走了。楚军就在这四面楚歌声中分崩离析、不攻自垮了。

　　项羽看到此情此景,心烦意乱,面对着自己心爱的虞姬和平生最钟爱的坐骑乌骓马,他感慨地唱起了悲壮的歌曲:

　　"力拔山兮气盖世,时不利兮骓不逝。骓不逝兮可奈何,虞兮虞兮奈若何?"

虞姬在旁边听着项羽唱,不禁也是悲痛欲绝,于是和道:

"汉兵已略地,四面楚歌声。大王意气尽,贱妾何聊生!"

虞姬唱罢,竟拔剑自刎了。项羽痛不欲生,葬了虞姬。抬眼见天色尚未明亮,就率领八百将士突出重围,来到了乌江畔。乌江亭长准备了渡船守候着,见到项羽和兵士们到来,就请项羽尽快上船,度过乌江,回到江东,伺机以图再战。可项羽感到自己已经无颜见江东父老,就也拔剑,在乌江畔自刎了。

其实,项羽是个很悲观的人,也缺乏足够的判断力。如果他像刘邦对待张良、萧何和韩信一样对待自己身边的忠实谋臣范增,能够听取范增的建议,也不至于落到乌江自刎的地步。可他一听到自己的军营四面都是楚歌,顿时就丧失了斗志,认为再战下去也是无望,一时间悲观得不知如何是好了。而这实际上只是韩信的一个计策,既为动摇楚军军心,也在试探项羽的实力。如果楚军能够坚持下去,也说不定就能杀出一条血路,获得新生。可惜楚军疲劳作战,将士们都思乡心切,顾不得那么多了。一听到四面都是家乡的楚歌,就加倍的思乡,再也坚持不到战斗的胜利了。况且项羽不如刘邦那样能够得体地对待部下,使部下都拼命效忠自己,为自己卖命。所以,项羽看不住楚军的逃亡,楚军将士们也不是心甘情愿的为项羽而死。这就导致了越来越多的楚军逃走,项羽的兵力越来越少,直至虞姬和霸王先后自刎。

四面楚歌声中,刘邦早已布好了埋伏,就等着项羽自己入瓮,免不了一死了。"霸王别姬"也是这时候的典故,就是指虞姬自刎后,霸王伤心欲绝,突围至乌江后,自觉无颜见江东无老,遂也自刎于乌江畔的故事。

项羽有勇无谋,心胸狭隘,缺乏任人唯贤、知人善用的度量,最终导致了自己在军事上的失败,将殚精竭虑打下来的天下,拱手让给了刘邦。而刘邦,虽然自己没有特殊的才能,不如霸王那样骁勇善战,可他善于用人,能让萧何、张良、韩信等大智慧的人为自己所用,还拥有樊哙等忠心的武将,他把自己的每一颗棋子都放到最合适的位置,发挥他们的最大功用,从而获得了最好的效果,并最终让谋臣将士们协助自己,夺得了天下,获得了最后的胜利,建立了汉王朝,自己也成了汉朝的开国皇帝,被后人尊称为汉高祖。

## 汉文帝为什么如此节俭

文景之治,指的是西汉汉文帝和汉景帝时出现的盛世景象。汉文帝刘恒,汉景帝刘启,都是西汉时勤俭节约、为君廉政的优秀君主,是受百姓爱戴的好皇帝。刘恒是汉高祖刘邦的儿子,在位二十三年。刘启是刘恒的儿子,在位十六年。在文景之治的近四十年里,西汉社会经济发展较快,人民生活比较富足。

汉文帝刘恒是在吕后乱政的局面后,正式登上历史舞台的。刘恒品格高尚,能力很强,且为人谦和。他的母亲薄姬,在汉高祖时代是个不得宠的妃子,素来做人谨慎小心,从来也不敢过问朝政,而且薄姬出身卑微,是个吃苦出身的女子。刘恒从小受母亲的影响,知道宫门深似海,也是从不敢多言。而且,在母亲的熏陶下,刘恒从小就知道黎民百姓的疾苦。

汉文帝刘恒即位之后,非常注意奉行汉初以来就实行的休养生息的政策。他颁诏大赦天下,修改了苛刻的刑罚,从而缓和了自秦朝以来就过分紧张的政治局面,减轻了统治阶级对人民的压迫和剥削程度,很大程度上促进了生产的恢复和发展。

汉文帝刘恒曾经和大臣们商议,一个人犯法,给他一个人定罪就行了,为什么要把他的父母妻儿一起治罪呢? 刘恒认为这种法令实在没有什么意义,缺乏可取之处,令大臣们商量一下改变的方法。群臣经过一番讨论后,很快就废除了一人犯罪,全家连坐(连坐,就是一人犯罪全家都被牵连同时办罪的做法。类似的还有族诛,就是指一人犯法,一个家族的人都要被株连)的法令。汉文帝还允许百姓上书向皇帝进谏。为此,他对大臣们说,能采用的就采用,不能采用的就放在一边,还可以调动百姓对国事的积极性和关心程度,有什么不好呢?

除了政治上减轻剥削,适当给人民以更多的生存空间外,汉文帝刘恒还很注意农业的生产发展。他经常强调说,农业是天下的根本,是百姓赖以生存的根基,是治理国家的重要决定性因素。刘恒一方面仿照古代的皇帝,做出带头耕种的样子,亲自率一群大臣耕种一块土地,生产一些供祭祀用的粮食,并且让皇后率领宫女们采桑、养蚕,自己制作祭祀时穿的衣服。另一方面,汉文帝还多次减免了田赋和徭役,从秦时的十税一,改变为汉初的十五税一,有时甚至三十税一,极大程度地减轻了农民的赋税负担。

汉文帝刘恒还非常提倡节俭,他自己穿的衣服都是棉布做的,就连他最宠爱的夫人,衣着也非常简单,下摆绝不拖到地上。同时,宫中的设施,以实用、方便为依据摆放,没有过于奢侈豪华的摆设。汉文帝刘恒还坚持了安民而不扰民的原则,尽量避免用兵作战。军事上的相对平静和安宁,使得百姓的负担大大减轻,汉朝的社会经济在秦末凋敝的状况下,逐渐恢复和发展起来。

公元前157年,汉文帝刘恒因病去世,太子刘启即位,这就是汉景帝。

汉景帝刘启继位后,决心像父亲刘恒一样,把国家继续治理得富足有序。汉景帝继续采取了减轻人民负担的措施,减轻了刑罚,赋税制度上更是连续几年采取了三十税一的赋税方案,极大程度地减轻了农民的赋税痛苦,使人民生活水平有了很大的提高,西汉的经济也得到了进一步的发展,汉朝的封建统治也更加巩固了。

据说,汉景帝时,想在宫内建一座新的宫殿,可听说要花费大量的金钱,他就放弃了这个想法,决定把钱用到更需要的地方去,从而节俭了一大笔开支,又为人民造福不少。刘启在先皇刘恒的熏陶下,也对黎民百姓的生活疾苦有了很大的认识,他也是一个好皇帝,认为应该继续奉行休养生息的政策,使人民的生活条件、生存状况,有实实在在的改善和提高。

在汉初的战乱之后,汉高祖开始实行休养生息政策,这为西汉的经济恢复打下了很好的基础。到了文景时,经济已经有了一定的基础,再继续节俭并且发展经济,就会为后世造成很好的经济基石。所以,到了汉武帝时,汉朝就真正地强大起来了。据说,那时的长安,太仓之粟,沉沉相因;京师之钱,累百巨万,钱币朽而不可校也。这真切地反映了经过休养生息和文景之治后的汉朝,经济真的发展并繁荣起来了。文景时期帝王的节俭和廉明,是为后世提供良好政治保障的基础,文景时期经济的逐步稳增,是为后世提供的优秀经济基础。所以,文景之治起到了从汉高祖刘邦到汉武帝刘彻的承上启下的过渡作用。试想,如果没有文景两位圣明的帝王,如此甘心过平淡简朴的生活,同时大力发展经济,又怎么会为后世积累下如此殷实的家底呢?

所以我们说,文景之治是中国古代历史上的一大治世,它可以和贞观之治一样,名垂史册。纵贯整个汉朝,自刘邦建立到东汉灭亡,都没有再出现过像文景之治时这样一心搞经济建设的君主,没有出现过这么体恤百姓、深知黎民疾苦的君主,没有出现过这么节衣缩食、宁可委屈自己也要对得起天下的君主。

文景之治对中国历史的影响可谓是很深远的。俗话说,乱世出英雄,在治世里,这样的贤明君主、百姓皇帝,就是真正的英雄。

汉高祖刘邦若是地下有知,会欣慰,纵然有吕后乱政,自己仍有儿孙顶天立地,并且为后世创下了扎实的基业;汉武帝刘彻,要感谢自己的先祖,正是因为汉文帝和汉景帝的不懈积累,才有了汉武时期的辉煌。

文景之治,将永远被人民铭记在心。汉文帝和汉景帝的功绩,会一直记在中国历史的长河中,并且留下深深的烙印。因为他们是难得的好皇帝。

## 汉惠帝真的那么软弱无能吗

西汉的第二个皇帝就是刘邦和吕后的儿子汉惠帝刘盈,他生于公元前211年,当时还是秦始皇三十六年。汉惠帝是个年轻的皇帝,在十六岁的时候就继承了皇位,但他也是个短命的皇帝,仅仅七年就去世了。历史上,他一直被描绘成一个毫无做为的软弱皇帝,一直处在自己的母亲吕雉的控制之下,整日只知道饮酒作乐,对朝廷政事却毫不理会。历史上的惠帝真的是这样吗?他真的这么软弱无能吗?

在刘盈小时候,父亲刘邦还是一个小小的亭长,不可能使他过那种贵族的生活,所以,他和母亲以及姐姐要经常到地里干活。后来,父亲反抗秦朝,他和母亲、姐姐也就处于一种颠沛流离的生活之中,后来母亲和爷爷被楚军抓去,他和姐姐在和父亲一起逃跑时还被心狠的父亲几次推下车去,以便父亲能跑得快一点。刘邦的属下夏侯婴抱怨刘邦不该这样对待自己的亲生骨肉,下车又将他们姐弟抱上了车。直到后来他们姐弟被送到了关中,才在战略后方过上了安宁的生活。可以说,刘盈是一个经历过苦难的君主,并不只是一个在富贵中长大,对世事全不了解的皇帝。

刘盈文静,外表也显得没有刘邦那样英武的所谓帝王之气,所以刘邦不太喜欢他,而是喜欢他宠爱的戚夫人所生的儿子如意,想把刘盈废掉,立如意做太子。但在众人的反对下未能实施,但是刘盈的太子地位却时刻受到威胁。在母亲吕后的努力下,他还是很顺利地登上了皇帝的宝座。

刘盈继承皇位后,基本上继承了父亲的政策,而且有父亲的一批有经验的大臣辅佐,他在位期间没有什么大的波折,可惜的是在皇位上仅仅坐了七年。

首先,在经济方面,惠帝继续推行刘邦时的与民休息政策,在他刚即位时,便下诏书恢复了原来实行过的十五税一的政策。因为刘邦在位时,为了对内平定叛乱,对外迎击匈奴,所以增加了一些赋税。等惠帝时,内乱已经平定,匈奴也因为和亲政策不再骚扰边境,所以,惠帝便取消了增加的赋税,重新恢复了十五税一。后来,惠帝又鼓励农民努力耕作,对于有成绩的农民还免除其徭役。为了促使人口增加,惠帝还下令督促民间女子及早出嫁。如果女子到了十五岁还不出嫁,就要征收五倍的人头税。对于原来限制商人的政策,惠帝也大大放松,以促进商业的发展,增加国家收入。惠帝的这些措施使西汉初年的经济继续健康地向前发展。

其次,在文化方面,惠帝也进行了有益的改革。他在公元前 191 年,将"挟书律"废除。"挟书律"是在秦始皇在进行焚书时实行的一项法令,除了允许官府有关部门可以藏书外,民间一律禁止私自藏书。西汉王朝初期,制度基本上是继承秦朝,"挟书律"也不例外。惠帝很有魄力地废除了这一法令,这使得长期受到压抑的儒家思想和其他思想都开始活跃起来,为儒家被汉武帝确定为国家的统治思想提供了前提条件。

惠帝在很短的皇帝生涯中,还完成了长安城的全面整修。刘邦在位时仅修了长乐宫和未央宫,城墙没有修成。当时西汉和外界的交往日益增多,长安城的国都形象急需完善。于是惠帝决定整修长安城,在公元前194年正式开工,到前190年完工。整修后的长安城在当时的世界上也是很有名的,除了罗马城外,没有再和长安相媲美的城市了。

惠帝本来应该和后来的文帝和景帝一样应该有更大的作为,但因为母亲吕后,他还是过早地去世了。

一是皇后的选定。惠帝在做太子时因为年纪太小,所以没有娶太子妃。等他做了皇帝,便由母亲吕后选了张氏为皇后,但张氏是惠帝的亲外甥女,按照现在的观念和法律,是典型的近亲结婚,在当时,虽然法律并没有明文规定这种婚姻的不合法,但是这也违背了纲常人伦,是一种违背人伦的乱伦婚姻。这个婚姻让惠帝觉得十分不满,也觉得很是羞愧,所以他拒绝和自己的外甥女皇后亲近。婚后几年以来,也没有去找过自己的皇后。就因为这样,皇后张氏长时间没有生育,吕后便又自作主张,叫张氏对外说自己已经怀孕,然后将一个宫中美人生的儿子据为己有,并立为太子,其生身母亲却被吕后杀死了。面对这一切,惠帝都感到十分无奈,却又无力阻止,只好默不作声。

惠帝的早死最重要的原因是母亲吕后的残忍。在刘邦活着的时候,因为宠幸很多的后宫姬妾,冷落了吕后,这使吕后非常嫉恨,等刘邦死了,自己当了太后,便对以前的姬妾们进行迫害,有时竟达到了丧心病狂的地步。对于原来曾威胁惠帝太子地位的戚夫人,吕后的报复让她自己进入了遗臭万年的行列:先是让人拔光戚夫人的头发,然后戴着枷做舂米的重体力劳动。这还不够,吕后又残忍地将戚夫人的四肢砍断,挖去眼睛,熏聋双耳,灌药使她变成了哑巴,最后扔到了茅房,叫作"人彘"。已经被嫉妒蒙蔽了眼睛的吕后竟然还把自己的儿子叫来观看这种"奇景"。为除掉后患,吕后还将戚夫人的儿子赵王如意骗到长安用毒酒杀死。吕后的歹毒听来都让人长时间难以消除那种恐怖的感觉。生性仁慈、心地善良的惠帝,在看到那个"人彘"并知道是戚夫人后,受到极大刺激,痛哭不止,此后便生病了,长达一年之久。惠帝也不再上朝处理政务,每天就是饮酒作乐,迷恋后宫。其实,他是在用这种方式来驱散心中那种无法驱散的恐怖:

在公元前188年,即汉惠帝七年,年仅二十三的惠帝就在惊吓恐惧中去世了,死后被谥为"孝惠"。

## 卓文君为什么要跟司马相如私奔

卓文君和司马相如,是家喻户晓的一对汉代令人羡慕的鸳鸯,在那个封建年代里更是以相携私奔而名声大噪,成了后世青年男女相爱后遇到阻力时采取私奔这一办法的先驱。大家都知道他们相识相恋的感人故事,可是,卓文君最后真的和司马相如在一起了吗?

司马相如

卓文君,是今天四川一带的人,她出生于当地一名叫卓王孙的富户家中,是卓王孙宠爱的女儿。据说卓文君相貌俊美,而且精通音律,是不可多得的才女。她十几岁就嫁了人,不幸的是,结婚不几年,丈夫就死了。当时才十七岁的卓文君年纪轻轻就成了寡妇,心情自然不爽,非常郁闷。她被父母接回家,从此长住在娘家。

一天,卓王孙宴请当地县令王吉,王吉带来一位年轻的小伙子,介绍说是他的朋友,此人就是司马相如。司马相如,字长卿,还有个小名,叫小狗子,他住在当时的蜀郡成都。司马相如自幼有口吃的毛病,说话总是结结巴巴的,但他爱好读书写字,还喜欢击剑,最擅长的是文章辞赋。因为仰慕战国时蔺相如的为人,所以改名为司马相如。这天,他原本不想来赴宴的,而且是沾别人的光,可又听说请客的卓王孙家有个绝色的美女,这才强打精神,来到了卓家。

或许,这就是命运,命中注定,卓文君要和司马相如相识。宴请中,酒过三巡,司马相如已略有醉意,此时王吉请他抚琴,正是对了他的心思,身为大才子,又精通音律,此时不展现更待何时?于是,司马相如轻轻拨弄丝弦,优美的《凤求凰》在他指下奏出,也敲开了卓文君的心。卓文君从内室轻轻挑帘一望,演奏乐曲的是位俊美的翩翩公子,于是心中不免思量,不知不觉中竟喜欢上了这位飘逸儒雅的客人。而与此同时,司马相如也发现了竹帘那头的天仙美女,果然绝色。于是,便曲调一转,在琴声中暗送秋波,聪颖的卓文君登时领会,二人相约,夜晚幽会。这次幽会中,司马相如与卓文君定下了百年之好,又怕卓王孙不同意,年轻人冲动之下,决定私奔。卓文君的出走,果真令卓王孙十分愤怒,本想立即派人去追,可又想想,人走也走了,于事无补,只好随她去了,不再追究。

二人私奔之后事情为大家所熟知,身无分文的司马相如和卓文君穷困潦倒,不得不又回到了故乡。二人一合计,便在集市上卖酒。这样,有两个作用,一是的确可以维持生计,而且确实有很多人慕名前来买酒;二是可以羞一羞卓王孙的脸皮,没准他还会拉这小夫妻俩一把。在王吉的帮助之下,他们买好了一处酒舍,由卓文君亲自做酒,司马相如充当伙计,而且穿上破衣烂裤满街招摇。更有市井之民说,卓文君的衣裙都遮不全身体,颇有出卖色相的嫌疑。果然,卓王孙听说私奔的女儿回来了,还衣不覆体地在集市卖酒,十分生气,并且深深引以为耻。这时,由卓文君的家人出面劝说,分给司马相如夫妻二人家童和钱财,缓和了两方的关系。于是,司马相如和卓文君,购买了车马,置办了田宅,一时又恢复了往日富庶的生活。

然而,司马相如是不是个负心的郎君呢?卓文君后来怎么样了,去了哪里,她真的和司马相如从此幸福地生活在一起了吗?

司马相如的名声长久以来就一直十分响亮,这除了他的文章确实写得出众之外,在很大程度上,他的声名鹊起靠的是他和卓文君的风流婚姻。卓文君这个出身于豪门的年轻寡妇,相貌俊美,才华横溢,禁不住司马相如的琴声挑拨,竟敢大胆私奔,并能当垆卖酒,而且毫不后悔自己的选择,实在可叹可敬。而司马相如这旷世的才子,敢于抛弃世俗的偏见,大胆地向卓文君求爱,更是非常难得。这样带有强烈的叛逆色彩的自由婚姻,受到无数人的艳羡与赞叹。特别是那些倾心花前月下的才子佳人们,更是对此羡慕不已。然而,事情并不像人所想象得那样都是美妙的。历史上，有很多人说司马相如与卓文君的婚姻，不过是多情者间一时的贪欢而已，而且由于他们彼此出身和文化的差异，他们二人之间很难真正结合在一起。况且日后司马相如当了官，地位转换，二人的感情很可能会出现危机，甚至，连卓文君最后的踪迹都成了问题。在唐代大诗人李白的笔下，司马相如就成了负心薄情的人，认为卓文君非但劝阻不了司马相如，反而再次沦落为活寡妇，度日如年。在另外的史料中，还有人说司马相如曾写给卓文君一封绝交的家书，还说得有头有尾的，煞有介事，甚至认为他们二人后来离了婚。

当然，也有人怀疑上面的说法，认为不可相信。那么，卓文君后来到底去了哪里呢？

有人认为，她随着司马相如去了长安，成了官太太。可这样，他们就真的在一起了吗？真的很难说。

古代的女人都很注意名分，妻妾等级地位森严。司马相如初遇卓文君时已过而立之年，并且也有了一定的名气，像他这样的风流才子，在婚姻上不可能此时还是空白，怎么可能没有娶妻呢？这样，卓文君到底是司马相如的妻子还是小妾，就不好确定了。

曾有诗文显示出，司马相如另有家室，而卓文君只是红颜知己，而非他的妻子。至少，二人曾经分居，是确凿的事实，而且在那个年代里，他们之间还时常有飞鸿往来。

从这个角度说，司马相如为官于长安期间，就算卓文君没有同行，也不影响他们之间真挚的爱情。但是否卓文君成了司马相如真正的妻子，值得考证。而且，就算他们相爱至深，也不能保证年轻时的爱情到了年老时也依然存在，所以没有人可以保证卓文君和司马相如永不分离。至于卓文君最后的归宿，似乎并不那么重要了，只要我们知道，他们相爱过，就足矣了。至少在封建社会里，他们敢于追求真正的幸福和爱情，就是可敬可叹的。

## 孔融是一个什么样的人

有关孔融的著名故事是发生在他四岁那年。有一天,父亲买了几个梨回家,叫孔融选一个来吃。他选了一个小的,父亲便问他为什么不选大的? 孔融回答说:哥哥比我大(传说孔融家有七兄弟,他排行第6),应该留大的给哥哥吃。这个故事恐怕没有人不知道,故事中的孔融也因此成了中华民族两千年来教育孩子时的典范榜样。那么,历史上真的有孔融这样一个人吗? 他到底都做过一些什么事呢?

实际上,孔融在历史上是确实存在的,他是孔子的第二十世后代,生于公元153年。他曾出任北海(现时的山东省)太守,所以又被人称作孔北海。

他博学多才,广受尊敬,是建安七子之一。孔融虽然以礼让闻名,但却有话直说,就算得罪人也在所不惜。有一个故事,就足以说明他的机智与礼让。

当时河南尹李膺政绩显赫,名望极高。许多人慕名前来,可是李膺"以简重自居",告诫他的门人不要随便接待宾客,除当世的英雄贤哲和世代交往的"通家"之外,一律不予接待。于是,许多人只能望门兴叹。京都一带的人甚至把受到他的接待称为"登龙门"。

孔融到洛阳以后,总是听人提起李膺的名字,就决定亲自登门拜望,亲眼见见这位名噪一时的大人物。他把这个想法告诉了父亲。

父亲说:"你有这种想法当然不错,但是,他不会见你这么个小孩子的。"

孔融不服气,有一天趁着父亲不留神,他就悄悄地溜出了家门,朝李膺家走去。李家守门的仆人果然不让他进去。孔融生气地告诉守门人说:"我是这李府主人的亲戚。"守门人还是不太相信,不敢怠慢,只好进去禀告主人。

李膺当时正与几位名士谈话,听说有个通家子弟求见,便说让他进来吧。当他发现进来的小孩儿他并不认识时,就把脸沉了下来。"你是谁,怎么能谎称是通家子弟呢?"

孔融给李膺施了一个礼:"大人息怒,我并不是扯谎。我叫孔融,是孔子的后人;而大人姓李,是老子(李耳)的后人。我的先祖孔子曾经说过,'我听说老聃博古而达今,通礼乐之源,明道德之归,他就是我的老师。'这就是说,在五六百年以前,我们孔李两家就已经开始礼尚往来了。您的祖先和我的祖先同德比义,互为师发。这样看来,我称自己为您的通家子弟,难道不对吗?"

李膺是不是老子李耳的后人,其实无据可查,孔融本人也并不去管是真是假。他之所以这样说,无非是为自己和李膺是"通家"找到根据,达到自己的目的。

听完孔融的这一席话后,在座的名士都对他的机敏感到惊奇,为他的才辩而折服。李膺的脸也由阴转晴,笑着说:"孔先生,您请入座。"

李膺虽然接纳了孔融,但是他对这个小孩子并未放在眼里。天近中午,李膺不问其他名士,单单问孔融:"想吃饭吗?"

"想吃。"

李膺就说:"太不懂礼节了,我教你做客的礼节吧,当主人问你想不想吃饭的时候,你要推让,不要对主人说自己想吃。"

孔融立刻反唇相讥:"那么,让我教您做主人的礼节吧,客人来的时候,你应该准备饭食,不应该问客人吃不吃。"

李膺这才为孔融的机智折服了,还说:"可惜呀,我快要死了,来不及看到你将来的富贵了。"

孔融煞有介事地说:"您一点儿也不像要死的样子。"

"为什么?"

"曾子说过:'人之将死,其言也善',可您刚才说的话却一点儿也不善呀!"

一下子说得李膺哭笑不得,极其尴尬。

正在这时,太中大夫陈炜走进门来,他问李膺,刚才的哄堂大笑是怎么回事。李膺就把刚才的事情从头到尾讲了一遍,又用手指着孔融:"这个孩儿真乃神童啊!"

陈炜不以为然:"小的时候聪明,长大了也不一定怎么样。"

小孔融闻声说道:"陈大人小时候一定十分聪明吧?"言外之意是:你现在

长大了,果然十分不聪明。

此言一出,陈炜顿时满脸通红,一句话也说不上来了。在座的人们都哄堂大笑起来说:"这个孩子长大了,一定会成为大人物的。"

果然,经过不断的努力,孔融长大以后,成为著名的文学家。建安时期,文坛上出现了孔融、王粲、陈琳、徐干、阮瑀、应瑒、刘桢等七位著名的文学家,被魏文帝曹丕称为"建安七子",孔融被排在第一位。他曾经担任北海相,后又被曹操招致麾下,任少府、太中大夫等职。

但是,他这种敢言的脾气以及对汉朝皇帝的效忠,最后却使他丢了性命。曹操虽然很景仰他的学问才干,但是孔融的名气和耿直,却使诡计多端、野心勃勃图谋推翻皇帝的曹操感到担忧。由于担心孔融会破坏他的计划,曹操就在公元 208 年把他杀了。

孔融被杀时,年龄才 55 岁。他虽然寿命不长,但却为自己建立起爱国学者与礼让之士的美誉。

# 帝王之死

## 昏庸残忍,秦二世胡亥胡作非为害自己

秦二世胡亥是秦朝的第二个皇帝,也是最后一个。提起他,人们首先就会想到奸臣赵高,想到指鹿为马的荒唐故事,随着这个故事的家喻户晓,秦二世胡亥的昏庸、残暴和胡作非为也在历史上臭名远扬。就是因为他的胡作非为,他最后不仅丢了性命,更丢了江山,他使秦始皇希望皇位传万世万代的好梦彻底破灭了。

### 1."亡秦者胡"的谶语与矫诏篡位

公元前 221 年,雄才大略的秦始皇统一了中国,建立了第一个大一统的封

建王朝秦朝。为了纪念自己的盖世功业,秦始皇自称皇帝,由于他是有史以来的第一个皇帝,所以便称"始皇帝"。以后的子子孙孙,要接着称二世、三世以至万世,让秦朝的帝业能够千秋万代地延续下去。但是,秦始皇没有想到,他这个愿望并没有实现,秦朝不但没有传下千世万世,相反,仅仅过了短短的 15 年,便"二世而亡"了。这一切,要从一个神秘的谶语说起。

秦始皇想让自己的王朝千秋万代,最简便的方法就是他自己长生不老。所以自从他登上帝位以来,就很宠信方士,让他们到处给自己找长生不老药。其中有一个叫卢生的,前往蓬莱三岛去寻找,结果,没有找到长生药,却找到了一块石碑,上面刻着四个大字"亡秦者胡"。

蓬莱岛一向被认为是神仙出没的地方,所以,虽然没找到长生药,但这石碑上的字也是神仙的意思,说的还是有关秦王朝生死存亡的大事,秦始皇自然不敢怠慢。而且,神仙说的很明确,"亡秦者胡",也就是说,秦朝会灭亡在这个"胡"上头。现在,问题的关键就是,这个"胡"究竟指的是什么。

当时六国已灭,全国一统。能在战场上与秦国军队为敌的,就只剩下北方的匈奴了。匈奴又被称为胡人。所以,秦始皇理所当然地就认为这个"胡"一定是指匈奴。于是,他便派大将军蒙恬率三十万大军,北伐匈奴。蒙恬率军收复了大片失地,把匈奴人赶得远远的。接着,秦始皇又修建了举世闻名的万里长城,作为边境的屏障,阻挡匈奴南侵。做完这一切,秦始皇大为放心,觉得有了这样的双重保险,匈奴人一定不敢再侵犯边境了。"亡秦"的巨大威胁已经解除,日后大可以高枕无忧。

十分放心的秦始皇开始大肆巡游,他在位期间,足迹遍布大半个中国,观察各地风俗,宣示皇帝威严之余,也顺便求仙访道。秦始皇在巡游的时候还没有停止办公,所以他的重臣如丞相李斯等都跟着他。公元前 210 年,当秦始皇打算再度出宫巡游的时候,他的小儿子胡亥请求随行。秦始皇一向喜爱这个儿子,也就答应了。但是,谁也没有想到,这竟是这位始皇帝的最后一次巡游了。

巡游的队伍行进到平原津(今山东平原附近),秦始皇病倒了,一路上越病越重,于是只好下令中止巡游,返回国都咸阳。秦始皇此时还没有立太子,由于他一心想要长生不老,十分忌讳这个"死"字,所以群臣也不敢在他面前提这个问题。不过,随着病情日渐加重,秦始皇本人也意识到自己来日无多,便留下遗诏,让驻守在北方边境的长子扶苏即位。七月,巡游的队伍行进到沙丘平台(今河北广宗西北),秦始皇就去世了。丞相李斯看到皇帝死在巡游的路上,怕引起天下大乱,便密不发丧,仍将尸体载于车内,一切安排都像秦始皇在世的时候一样。但由于当时天气很热,时间一长,秦始皇的尸体便开始散发出臭味。于是,为了掩人耳目,李斯又下令在车上放了很多鲍鱼,尸体的臭味和鲍鱼的臭味混合在一起,就让人分辨不出来了。就这样,秦始皇去世的消息一直被隐瞒了下去,直到抵达咸阳,李斯才向天下宣布。

"秦王扫六合,虎视何雄哉",这位生前号令天下,无所不从的君主可能不会想到,自己死后居然会和一车臭气熏天的鲍鱼做伴。然而,更让他想不到的是,他刚刚去世,遗诏就被人篡改了。

秦始皇死后,遗诏还没有来得及交给使者送出去,留在尚书府令赵高手中。赵高看了遗诏,得知秦始皇想要传位给公子扶苏,而扶苏此时正和将军蒙恬驻守在北方边境上。扶苏和蒙恬的关系一向不错,而蒙恬却十分讨厌赵高,有一次赵高犯罪,还差一点被他弟弟蒙毅给杀了。赵高心想,扶苏一旦即位为帝,蒙恬就会受到重用,到那时候,自己就没什么好果子吃了。而赵高本人却是秦始皇小儿子胡亥的老师,此时,胡亥是唯一跟随在秦始皇身边的公子。于是,一个大胆的计划在赵高心中形成了。

赵高先去见胡亥,对他说:"皇帝驾崩,还没有留下确立皇位的遗书,只是留给公子扶苏一封印玺。扶苏一到咸阳就是皇帝了,而公子你却什么也得不到了,怎么办呢?"

胡亥此时不过刚刚二十来岁,又是秦始皇最小的儿子,倒没有当皇帝的念头,就说:"是啊,那是皇帝的遗命,皇帝既然让扶苏即位,我又有什么办法呢?"

赵高便进一步地劝诱他:"那可不一样啊,现在天下的大权,可就在公子、赵高我和丞相三个人手上。公子你怎么不好好想想,统治别人和被别人统治,这个怎么能同日而语呢?"

胡亥也有点心动,不过他此时还有些道德上的顾虑,便说:"废黜兄长,让弟弟做了皇帝,这是不对的吧。不按父亲的遗诏去做,也是不孝啊。自己没什么才能,却依仗别人的力量,总会让人笑话的。天下人心不服,自己的生存都是问题,国家社稷恐怕也会因此危险的。"

于是,赵高很郑重其事地给他上起了政治课:"我听说像汤武那样的圣君,虽然杀了他们的主子,但天下的人都认为他们做得对,没人说他们不忠;卫国的国君杀了自己残暴的父亲,卫国的老百姓都感激他的恩德,连孔子都夸他,也不认为他不孝。干大事的人不要拘于小节,盛德大业,也不在谦虚礼让上头。只看到小的德行却忘了大的责任,以后一定会因此遭殃的。当机立断,就是鬼神都会保佑的,公子你可要好好想想啊。"

经过赵高的一番蛊惑,胡亥终于动了篡位之心。但是仅仅凭二人的力量还是无法取得政变的成功,他们必须争得宰相李斯的支持,于是赵高又去设法说服李斯。

赵高对李斯说了他的打算,李斯却一口回绝,认为这不是人臣所应当做的事情。于是,赵高就不慌不忙地说:"这件事情君侯最好再考虑一下,在朝中,您的功劳能和蒙恬相比吗?您的威望、计谋能和蒙恬相比吗?扶苏对您的信任之深能和蒙恬比吗?假如扶苏即位,那丞相的职位肯定就是蒙恬的了,哪还会有您的地方。您最好的下场不过就是拿着通侯的印绶告老还乡罢了,弄不好还会掉脑袋的。您还是好好想想吧,命运就掌握在您自己的手里。是永享荣华,还是身首异处.就看您自己的选择了。"

李斯权衡利弊.终于和赵高走上了同一条不归之路。三人达成共识,开始加紧了篡夺帝位的步伐。他们毁掉原来的遗诏,诈称秦始皇立胡亥为太子,又伪造一封假的遗诏给公子扶苏和将军蒙恬,命令扶苏与蒙恬自杀谢罪。扶苏拜读完诏书,满心悲伤,当即打算自杀。蒙恬觉得事有蹊跷,便劝扶苏等到确认事情属实再死也不晚。但旁边使者不断催促,扶苏为人仁义,见此情景拔剑自刎。蒙恬认为事情有诈,不肯立即死去,使者见蒙恬不肯死,便把他关进了阳周(今陕西子长北)的监狱,再去向胡亥报告。

胡亥、赵高、李斯害死公子扶苏后,急忙返回咸阳,发布始皇驾崩的消息。接着,胡亥便举行了即位大典,为秦二世皇帝。政变的首席功臣赵高升任郎中令,全面掌管宫中警卫,凭借着他对新任皇帝的影响力,成为秦朝实际上的决策者。

此时此刻.那个"亡秦者胡"的谶言恐怕已经无人想起,但是,这并不代表它不会应验。

### 2.残害忠良,排除异己

秦二世登基为帝,他自己也知道皇位来得不那么正当,总觉得心虚,所以当务之急就是如何巩固皇位。对此,他的老师赵高给他想出一条十分简便的办法,那就是——杀。

首先要杀的是他自己的兄弟。在秦二世登基之前,他就和赵高、李斯合谋,矫诏杀了公子扶苏。但秦始皇生前子女众多,除了扶苏,还留下了二十来个公子、公主。胡亥是秦始皇最小的儿子,在他看来,这些哥哥统统都是自己皇位的潜在威胁者。于是便罗织罪名,让赵高来审判。赵高本来就阴险刻毒,而且除掉这些公子也是预谋好的,所谓审判,不过是走走过场罢了。便把公子十二人、公主十人,旧臣近侍若干人一起拘捕,在严刑拷打之下,全部问成谋逆重罪。结果,公子十二人戮死在咸阳,公主十人则在杜邮(今咸阳城中)被肢解,所有财物抄没入宫,被株连者不可胜数。

秦二世杀得兴起,就连自己同母的兄弟也不肯放过,将闾等三人是他的同母兄弟,比其他兄弟都要沉稳,秦二世实在找不出什么罪名陷害他们,就把他们关在了宫内。他们以为秦二世会网开一面,被囚于内宫后还自认为无罪,以为不久就可以获释。可是等其他许多兄弟被杀后,他们也接到了令他们自尽的诏书,将闾等人对来人说:"宫廷中的礼节上,我们没有犯过任何过错;朝廷规定的礼制,我们也从来没有违背;听命应对,我们更没有一点过失,为什么却说我们不遵守做臣子的礼节,要我们自尽呢。"来人答道:"我不知道你们为什么被定罪处死,我只是奉命行事。"将闾三人相对而泣,高呼"无罪",最后也只好拔剑自刎。

秦二世的兄弟里有一个叫公子高的,看到这样的大肆杀戮,知道自己一定不会幸免,便想出了一个保全亲属的办法。他向秦二世上书,说是自己想念父皇,甘愿为父殉葬。秦二世一看这个兄弟这么"合作",自是龙心大悦,下诏表扬了他一番,还给了他十万钱助葬。

秦二世一边自残手足,屠杀自己的兄弟,一边大肆杀戮群臣。首先杀的是蒙恬、蒙毅兄弟,他们与赵高有仇,赵高早就恨得咬牙切齿。一旦大权在手,自然不会放过。开始秦二世还想继续利用这两兄弟,不想杀了他们。赵高就在他前面进谗言,说秦始皇本来是要立他为太子的,但由于蒙毅的反对才没有立成。于是,秦二世大怒,把他俩都关了起来,又派使者逼二人自杀。蒙恬开始还不肯,要面见秦二世,申说自己的冤屈。但使者哪能不知道秦二世的心思,自然不许,于是蒙恬只好服毒自尽。在蒙氏兄弟之后,右丞相冯去疾、将军冯劫等老臣,也被莫须有的罪名逼得自杀。朝中的功臣除李斯之外,都被清洗得差不多了,一时朝堂空虚,幸存者人人自危。空下来的位置,就被赵高安插了自己的亲信。他的弟弟赵成被任命为郎中令,掌握京师和皇帝的卫队,女婿阎乐为咸阳令。其他如御史、侍中等官,也都换成了赵高的人,朝中到处都有赵高的爪牙和耳目。

杀了许多朝中的大臣,秦二世又开始盯上了地方官吏。在他即位的第二年,即公元前209年年初,他效法自己的父亲秦始皇,也巡游天下。南到会稽(现在的苏州),北到碣石(现在河北昌黎北),最后从辽东(现在辽宁的辽阳)返回咸阳。在巡游途中,赵高劝他应该趁机树立自己的威信,把那些不听话的官吏统统杀掉。于是秦二世不问青红皂白,就连连下令诛杀异己,结果弄得大臣们惶恐不安,人人自危。

秦二世对赵高言听计从,赵高的权势一天天在增长,于是对李斯的丞相之位便产生了觊觎之心。但是,李斯也是扶助秦二世继位的功臣。而且,在深受法家思想影响的秦二世看来,李斯的存在正好对赵高起到权力制衡的作用。所以,尽管赵高在他面前大讲李斯的坏话,他却没有马上采取什么行动。这个时候，由于秦二世的严刑酷法，横征暴敛，激起了陈胜、吴广的起义。李斯数次进谏，秦二世都不理他，却派使者来指责他身为丞相却不能使国家安定，反弄得盗贼蜂起。李斯受到指责，唯恐自己失宠，就写了一篇文章劝秦二世行"督责之术"，向秦二世献出了独断专权、酷法治民的治国方法，给他的暴政火上浇油。但这一招并不奏效，秦二世最终还是听信了赵高的谗言，把李斯抓到监狱里去了。

李斯在监狱里受到严刑拷打，但他还幻想着秦二世能明了他的冤屈，便在狱中写了一封自辩书，托狱史上达秦二世。但这封书却落在赵高之手，赵高怕李斯会翻供，就叫自己的亲信装作御史侍中去轮番审问李斯。李斯不知其中有诈，就以实情相告，结果每次都遭到残酷的拷打。后来，秦二世派人来核实李斯的供词，李斯以为又如前几次一样，始终没敢开口，承认了谋反的罪名。

赵高把这份供词上奏给秦二世，秦二世看后还非常高兴，以为要是没有赵高，就几乎上了李斯的当了。于是李斯被定成死罪，腰斩于咸阳，夷灭三族。临刑前，李斯凄楚地对他的二儿子说："我现在再也没有机会和你牵着黄狗，去上蔡东门打猎了。"李斯一死，朝中的大权完全集中在赵高手里。

### 3.佞臣当道，指鹿为马

秦二世从登上皇位，到大肆杀戮，胡作非为，以致身遭横死。所有的这一切，都和他的老师赵高有很大关系。若说秦二世一朝的政事，都是系在赵高的手上，也不为过。

秦二世无疑是一个荒淫无道的昏君。他在做公子的时候就有些胡闹。有一次，秦始皇设宴招待群臣，让儿子们也参加。按照制度规定，臣下朝见皇帝，入殿前必须脱掉鞋子，放在殿外阶上。胡亥也遵命赴宴，但他早早吃饱了，便借故退席，借着酒劲，把参加酒宴的群臣摆放得整整齐齐的鞋子，踢得横七竖八，由此可见其顽劣。不过他荒唐起来，却理由多多，颇为"有根有据"的。起初赵高劝他篡位，就是靠着一通引经据典的"政治课"才把他说服。自从当了皇帝，他更把这注重理论的优点发扬光大，为自己的胡作非为，找出了充分的"理论根

指鹿为马

据"。

他先抬出韩非子来：说他听韩非子说过啦，上古那些帝王，比如尧舜大禹之类的，都为了天下殚精竭虑，累得自己灰溜溜的。但他并不想从此得出自己应该勤俭辛劳的结论，而是认为自己既然做了伟大秦王朝的圣明君主，自然要比那些人强，应该"肆意极欲"。既然有了天下，那就要拿天下的东西来满足自己的欲望，这才叫富有天下，才算不白当了这皇帝。所以穷奢极欲，横征暴敛都是理所应当的。小民要造反，那就是成心不让我这皇帝做得舒服，于是就要严刑酷法，好让他们不敢捣乱。

如此"高明"的理论，真不愧是昏君中的荒淫有理的理论家。他这套理论还得到了宠臣赵高的积极响应，于是秦二世便高兴地把理论付诸实践，荒唐玩闹了起来。

秦始皇在世的时候，伐匈奴、征百越、修驰道、建长城、造阿房宫、数次巡游，对国力损耗很大，早就弄得民生凋敝，怨声载道了。秦二世登基，不但不加以改正，与民休息。反而变本加厉，更加征发无度，徭役无常。壮丁不够，甚至继之以妇女。于是越发弄得民不聊生。秦始皇死去的时候，他生前修造的阿房宫和骊山墓地都还没有建好。秦二世即位，就继续大量征发全国的民夫加以修造。而且在骊山陵墓修好之后，把那些修墓的工匠都活活地封闭在里面。他又调发五万士卒来京城咸阳守卫，同时让各地向咸阳供给粮草，而且禁止运粮草的人在路上吃咸阳周围三百里以内的粮食，必须自己携带。除了常年的无偿劳役外，农民的赋税负担也日益加重，最终导致了陈胜、吴广起义的爆发。

民众对秦朝的暴虐早就不满了。自从有了这么一个首倡者，其他起义相继在各地爆发，被秦国灭掉的六国后裔们又重新打出六国的旗号反秦，各地称王割据的不计其数，陈胜的属将之一周文领兵十万直奔函谷关而来。秦的统治，已经岌岌可危了。

就在情况日益危急的时候，秦二世还讳疾忌医，不允许周围的人跟他说关于反叛的话。有一次，他向周围的博士（主管咨询的官员）询问关于陈胜起兵的事情。大多数博士都老老实实地说："现在叛军猖獗，国家的形势已经很危急了，陛下应该立刻发兵。"秦二世听他们直接说出国家有叛军，就立刻变脸，大怒起来。这时，有个叫叔孙通的博士，很会察言观色，看到皇帝生气，就说："他们说的根本就不对。现在天下已经是一家了，先皇早已经拆毁了城墙，熔铸了天下兵器，他们还折腾个什么劲。再说，现今有陛下明主当朝，法令严明，行于天下，官吏守法，人人听从，谁还敢造反？陈胜这些人只不过是几个盗贼而已，找个狱卒之类的把他们抓起来就得了。陛下何必为这个担心呢。"一顿马屁，拍得秦二世大为高兴。当下就把那些说国家有叛军的博士下到监狱里，赏给了叔孙通二十匹帛，一件衣服。但这叔孙通何等滑头，哪会看不出秦朝已经是日薄西山，领了秦二世的赏，就转头反而去投奔起义军了。

外面的形势已经是如此糟糕，朝中的情况也大为不妙。秦二世的宠臣赵高一心揽权，他对秦二世说："天子所以称贵，就在于深居九重，高高在上，只让群臣听到他的声音，不让他们见到面孔。从前先皇在位的时间长，群臣无不敬畏。所以即使每天与群臣见面，他们也不敢胡作非为，妄进邪说。现在陛下还很年轻，又刚刚即位，对各种事情未必样样精通。如果在朝廷中现场处理政务，万一言语有误，处置失当，就在群臣面前暴露了您的弱点，这可就有损于陛下的圣明了。所以陛下不必再临朝和臣下见面，只管深居宫禁，有什么事情由我和侍中来批答处理一下就行了。"这番话正中胡亥下怀，从此便深居九重，不和朝臣见面，一切政事，就都交给赵高处理。

赵高大权在握，可又怕群臣不服气，就想出了一个试探的办法。在一次朝会上，他弄来一只鹿，却对秦二世说要把一匹好马献给陛下。秦二世一看，分明是一只鹿,哪里是马,不禁笑出了声:"丞相怎么开这样的玩笑,这明明是只鹿,你怎么说是马呢。"赵高仍然坚持说是马,秦二世便问在场的大臣们。大臣们因为害怕赵高的权势,又不知道赵高葫芦里卖的什么药,很多人都不敢作声,也有几个人据实说是鹿,但更多的人都奉承赵高,说是马。事后,赵高便根据大臣们的不同说法区别对待:说是鹿的人一律找借口杀死,说马的人则被当成自己一派的人。自此以后,群臣自然不敢再对赵高提出异议,他的权势就更大了。

### 4.望夷宫中逼杀昏君

秦二世经过此事,却以为自己精神惑乱,竟分辨不出鹿和马。于是就召来太卜,让他为自己占一卦。这个太卜已经赵高授意,就按照赵高的意思。说他在春秋季节祭祀天地、尊奉宗庙鬼神的时候,未能严格遵守斋戒禁忌,所以神灵惑乱,以致今天鹿马不分,现在必须严格认真地去行斋戒之礼。秦二世便到上林苑里重新斋戒,开始还能坚持,后来又享乐开了。有一次,一个过往的行人进入上林苑中,秦二世挽弓搭箭将行人射死。赵高得知此事后,就让他的女婿阎乐去告诉二世说:"不知道是谁杀了一个人,却把尸体移到上林苑中来了。"二世听了很不自在。赵高又自己出面,假作关心地劝二世道:"天子无缘无故地射杀一个无辜的人,这是上天所不允的。这样,鬼神就不会接受祭供,上天将会降下灾祸。现在您只有远离皇宫,才能避免灾殃。"于是秦二世就又搬到瞭望夷宫。

在这之前,赵高曾多次在二世面前下保证,认为关中的盗贼成不了大气候。但项羽却俘虏了秦将王离,攻下钜鹿步步进兵,以前的六国诸侯都自立为王。自函谷关以东,大多背叛秦朝以响应诸侯,诸侯率领民众转向项羽,一时声势十分浩大。荒淫的胡亥也不能再坐视不管了,他寝食难安,日日斋戒于望夷宫,惶惶不可终日。他派使者质问赵高:"丞相不是总说关东盗贼不能成气候吗,今天怎么会到了这种地步!"赵高听了大惊失色,知道二世对自己产生了怀疑与不满,若不尽早下手,只怕日后夜长梦多。于是秘密与弟弟赵成和女婿阎乐商议对策,制定了弑君政变的计划:由咸阳令阎乐率领手下士兵装扮成山东农民军攻打望夷宫,以郎中令赵成为内应,赵高则负责指挥全局。

这时,秦二世又做了一个梦,梦见白虎咬他左边驾车的马,自己杀了那只白虎。醒来后,他心中快快不乐,找人占梦。卜人说:"这是泾水在作祟。"秦二世就前去斋戒,想要祈祷泾水之神佑自己平安。

只是秦二世即使诚心斋戒,神仙也已经保佑不了他了。就在秦二世移居望夷宫的第二天,赵成在宫内散布谣言,假装说有盗贼,命令阎乐发兵追击,致使宫内防守空虚。同时。阎乐指使部分亲兵,化装成农民军,将自己的母亲劫持起来,暗中送到赵高家中,一边又率千余人以追贼为名直逼望夷宫而来。他们冲到宫门前,大声向守门官吼道:"强盗进了宫门,你们为何不抵挡?"守门官莫名其妙,问:"宫内外禁卫森严,怎么会有贼人进宫呢?"

阎乐不容分辩,手起刀落,杀死了守门官,冲进瞭望夷宫。逢人便砍,见人放箭。一时宫中血肉横飞,惨不忍睹。胡亥见状吓得目瞪口呆,全身瘫软,直到赵成与阎乐走进来,才明白是怎么一回事。胡亥又惊又怒,急召左右护驾,怎料侍从们早已溜之大吉,只有一个宦者站在身边。他揪住宦者的衣衫,歇斯底里地大叫:"你怎么不早告诉我呢,现在弄成这样,我该怎么办!"宦者鼓起勇气道:"正因为奴才平时不敢说话,才能活到今天。否则,早就被皇上赐死了。"二世就像一个泄了气的皮球,垂头丧气。今日的局面,的确是他咎由自取。

阎乐冲到胡亥面前,胡亥一边后退一边颤声道:"朕乃真龙天子,你敢弑君!"阎乐气势汹汹:"你这个无道暴君,搜刮民膏,残害无辜,天下人人得而诛之。你还有什么可说的?"胡亥还欲做垂死挣扎,胆战心惊地问:"我可以见一见丞相吗?"阎乐一口拒绝:"不行!"胡亥仍不死心,哭丧着脸哀求:"那么,可以给我一个郡王当吗?万户侯也行。"阎乐摇摇头。胡亥绝望地叫道:"只要保全性命,我情愿做一名百姓,这总行了吧!"阎乐不耐烦地说:"我奉丞相之命,为天下铲除暴君,你说得再多也没用,快快自裁吧!"此时的胡亥,才了解到这场宫廷政变的幕后指使人竟然是他无比尊重和信赖的赵高。多年来养在身边的居然是一只老虎!他痛心疾首,悔怨交加,却已无可奈何,只得最后再眷恋地环顾了一下巍峨的宫殿,回想了一下昔日奢靡安逸的生活,咬咬牙,拔出长剑,结束了他可怜又可恨的一生。

秦二世死后，赵高又立了公子子婴。由于全国起义已经是风起云涌，秦的统治区域大大缩小，就废了帝号，改称秦王。子婴设计把赵高杀死，但秦此时已经是大势已去。刘邦率军攻入咸阳，子婴投降，秦朝灭亡。此时距秦二世之死，只有四十六天。那个"亡秦者胡"的谶言，到此终于应验了。

## 童言无忌，汉质帝被梁冀鸩杀

汉质帝刘缵被跋扈将军梁冀拥立为皇帝时只有八岁。年纪虽小，但他聪明伶俐，不堪梁冀的专横跋扈。质帝曾在朝见大臣时当面对梁冀说："此跋扈将军也！"。就因为这么一句话，梁冀就又恨又怕，当天便命手下在质帝的饼里下毒，把刚满9岁的质帝给毒死了。

### 1.骄横跋扈的小人梁冀

梁家的势力与东汉王朝同时兴起，可谓根深蒂固：其五世祖梁统在东汉开国之初就是高山侯，官居太中大夫，九江太守。他的儿子后来娶了光武帝刘秀的女儿舞阴公主，因此梁家早早就是皇亲国戚了。经过了在政坛风云的多年沉浮，梁家的女儿嫁给了汉章帝，生下了后来的汉和帝，到和帝即位之后，梁家开始真正发迹起来。

梁冀的父亲梁商为大将军，官居首辅，人品在外戚中十分少见，他柔和谦恭、虚己进贤、廉洁奉公，因此不但得到顺帝的倚重，也受到朝野的一致拥戴。梁冀也因为这层关系连连升迁，从黄门侍郎很快升为侍中、虎贲中郎将、执金吾将军和河南府尹。梁冀完全不像他的父亲。他不学无术，阴险凶暴，一贯横行不法。任河南尹时，他巧施阴谋，使一家人自相残杀，亲族尽灭，这是公元135年（阳嘉四年）的事。梁商的朋友洛阳令吕放告知梁商，说梁冀嗜酒如命，怠于职事，放纵欲望，游乐无休，请梁商对儿子严加管教。梁商闻听，十分恼怒，当面训斥了梁冀。梁冀因此对吕放怀恨在心，派人在半道上杀死了吕放。梁冀担心父亲知道此事,推说是吕放身边的仇人所为,请梁商任命吕放的弟弟吕禹为洛阳令,捕杀凶手。吕禹到任后,不问青红皂白,把他哥哥的亲族宾客都抓起来,杀死百余人。吕禹自以为替哥哥报了仇,其实是中了梁冀的借刀杀人之计。吕家灭族了,真正的凶手梁冀却躲在一旁拍手称快。

梁冀很善于蒙蔽父亲,梁商没有识破自己这个奸诈残忍的儿子的真面目,临终前推举梁冀接替大将军之职,出于对梁商的敬重,顺帝随即封梁冀为大将军,接替他父亲的职务。

梁冀的父亲一表人才,他的姑姑和姐妹也都贵为汉顺帝的贵人和皇后,但梁冀的相貌却完全是一副奸臣相:肩膀长得如同鸢一般向上斜翘,两眼如豺狼,看人直直瞪着,说话口吃,令人望而生厌。他不学无术,其文化程度仅仅为写字数数而已,但在玩乐方面却极为精通,是一个不折不扣的纨绔子弟。

梁冀专横残忍,心狠手辣,如果有人触犯了他,他决不放过,必置之死地而后快。公元142年(汉安元年)八月,侍中周举等人巡察州郡,拟将贪污有罪的刺史及二千石官员收案,同行的光禄大夫张纲却说:"豺狼当道,安问狐狸?"遂劾奏大将军梁冀和他弟弟河南尹梁不疑横行霸道,贪污受贿,开列了十五条罪状。奏疏上呈后,震动了京师。但因梁皇后正在得宠,梁氏姻亲满朝,汉顺帝虽然知道张纲是忠心直言,但没有处理。此事叫梁冀知道了,梁冀恨得咬牙切齿,寻机报复。恰好这时广陵郡张婴造反,十余年未平息。好几个二千石官员都没完成使命,梁冀便居心险恶地让张纲出任广陵太守,目的是让他获罪于朝廷,自寻死路。谁知,张纲到广陵后却一反前任所为,采取安抚之计,致使张婴归附。朝廷论功行赏,认为张纲当封,梁冀却从中作梗,百般阻止。张纲又气又恨,不出一年便抑郁而死。

汉冲帝145年(永嘉元年),永昌太守刘君世为讨好梁冀,向他进献了一条用黄金铸的蛇。事发后,金蛇充公,由掌管钱谷金帛的大司农杜乔管理,梁冀想把金蛇索回,便向杜乔请求借来看看,杜乔严词拒绝,梁冀由此深恨杜乔,终于捏造罪名,将杜乔下狱处死,暴尸街市。

## 2.汉少帝因一句话被毒杀

梁冀身为大将军不久,顺帝刘保驾崩,其子刘炳继位,是为冲帝。但冲帝还是一个襁褓中的婴儿,只好由梁冀的妹妹梁妠以皇太后的身份临朝,朝廷大权实际上落在了梁冀的手里。不到一年,冲帝夭折,梁冀在皇位继承的问题上开始暴露其险恶的面目。当时的皇位候选者有清河王刘蒜和渤海孝王之子刘缵,他为了控制朝政,不顾太尉李固等人的反对,迎立年仅8岁的刘缵为皇帝,是为汉质帝。

对于梁冀的骄横跋扈,朝野上下,愤恨不已,但都敢怒不敢言。

汉质帝虽然年幼,但人很聪慧,即位一年以后,他渐渐不满于梁冀对自己的控制,对梁冀的过分骄横也很反感。在一次朝会时,汉质帝瞪了梁冀一眼,说:"此跋扈将军也!"这话被梁冀听到了,他又恨又怕,唯恐日后小皇帝有不利于自己的举措,便蓄谋要杀死质帝,另立新君。

这天,汉质帝用膳时,梁冀偷偷地指使自己的心腹,把毒药放在汤饼中。质帝吃了有毒的汤饼,痛苦难耐,令人召太尉李固前来。李固来到后问他:"陛下的病是怎么得的?"质帝捂着肚子答道:"方才吃了汤饼,现在腹中闷得厉害,快给我点水喝!"李固让人去取水,守在一旁的梁冀却横加阻止,说:"喝水要呕吐,不能让陛下喝水!"说话间,质帝已口吐白沫,气绝而死。

李固抚尸痛哭,让太医追查病因却被梁冀强行压制下来,为此梁冀深恨李固。帝驾崩,群臣只好再次推选皇帝。清河王刘蒜因为英明严毅而被为首的三公所认可,但梁冀是绝对不会同意的,他与对刘蒜不满的曹腾(曹操的祖父,其父曹嵩是曹腾的养子)等人勾结起来,立蠡吾侯刘志为帝,因为刘志本身并无太多的资格成为皇帝,加上昏庸,立他可以使梁冀长握权柄。

在迎立继承人的关键朝会上,梁冀先发制人提出要立刘志为帝,满朝文武大臣为他的嚣张气焰所慑,异口同声地说"请大将军做主",但李固与大司农杜乔坚持不同意,梁冀大为恼火,一挥手宣布散会。事后李固写信劝梁冀三思,这位跋扈将军干脆进宫向妹妹梁太后进谗言,先是罢免了李固的官职,然后亲自用青盖车接刘志进宫即位。梁冀一手毒死皇帝,一手又强行迎立另一个新君,权势之大史上少有。

## 风流做鬼,汉成帝死于美人身上

在中国古代昏君的排行榜上,汉成帝是"赫赫有名"的。他自甘堕落,荒淫无道,疯狂地迷恋上了历史上淫荡得出了名的赵飞燕、赵合德姐妹,以至于断子绝孙,最后竟累死在了美人身上。真是牡丹花下死,做鬼也风流。

### 1.无心插柳生太孙

西汉宣帝甘露二年(公元前52年),太子刘奭生了一个儿子。孩子一出生,各色的人反映都不相同。孩子的爷爷汉宣帝十分高兴,因为这个孩子是他的长孙。他给孩子取名为"骜",就是希望他成为汉家的千里马。而且,还给他取字为"太孙"。一向只有"太子"的说法,现在宣帝给这个小孙孙取字为"太孙",说明一生下来就把他认定为皇位的继承人了,由此,也可见这个爷爷对小孙子的喜爱之深。

汉成帝

孩子的父亲、太子刘奭,在欢喜之余,大概还有点意外。他可能想不到一个自己都没多少印象的宫女,在春风一度之后,就会给他生下这么一个儿子来。不过看到父亲这么喜欢这个孩子,他的心情也应该不错。他的这个父亲早就看自己不顺眼,经常不满自己性格过于懦弱。有一次刘奭劝父皇多看儒书,亲近儒士。宣帝居然怒气冲冲地说:"汉家自有制度,本以霸王道杂之,奈何纯任德教。"还慨叹道:"乱我家者,太子也。"长此以往,自己这个太子只怕有点危险。

不过现在宣帝这么喜欢小孙子,还让他作"太孙",想着让他以后继承皇位,那就得先让自己这个"太子"当了皇帝再说。这么说来,自己的太子位子,倒是可以稳当点了。

西汉的皇权,从建国伊始就由三种力量构成,即皇帝、功臣和外戚。这三种力量几经消长,到元成以后,外戚王氏由于偶然机遇登上政治舞台,逐渐把持了大汉帝国的权柄,把西汉晚期的历史,演变成了王氏一家的兴衰史。

王氏的兴衰离不开这个家族的王政君——也就是刘骜的母亲。王政君是战国田齐旧贵族的后代。秦始皇统一天下后,齐国灭亡,王族式微。秦亡,其先祖田安,被项羽封为济北王。田安失国之后,齐地的人就称这个曾经辉煌一时的家族为"王家",从此,他家的姓氏就由"田"改为"王"。武帝时期,王政君的祖父王贺曾任直衣绣使,后被免职,由原籍东平陵(今山东章丘西)迁往魏郡元城(今河北大名东)的委粟里。王贺的儿子王禁是个酒色之徒,妻妾众多,繁衍了一个大家庭。他共生了四女八男:长女君侠、次女政君、三女君力、四女君弟,长子王凤、次子王曼、三子王谭、四子王崇、五子王商、六子王立、七子王根、八子王逢时。其中只有王凤、王崇和王政君是一母同胞,他们的母亲是王禁的嫡妻李氏。

王政君生于公元前71年(本始三年)。她的生母李氏生下三个孩子后,因为嫉妒丈夫娶妾太多,一气之下改嫁给河东的苟宾。王政君小时候跟随爷爷王贺住在山东时,曾许配过人家,但没等结婚,未婚夫就死了。后来东平王刘宇见她清秀聪慧,又聘她为姬妾,仍是没等过门,东平王又死了。王禁很迷信,就找个卜者为女儿看相算命。卜者说:"当大贵,不可言。"王禁听了这极富暗示性的话,便不惜重资,延师教她读书学经,还教习琴棋书画,熏陶贵族礼仪。

汉宣帝公元前54年(五凤四年),王政君年满18岁。王禁想起卜者"当大贵"的话,就想方设法把王政君送到宫中,做了一名宫女。

但是,王政君入宫一年了,皇帝也没有看她一眼。正在她感到希望渺茫的时候,机会来了,皇后要挑选五人前去侍奉太子,王政君入选了。

原来,太子刘奭有一个宠妃司马良娣死了。太子很喜欢她,她一死,太子就非常悲痛,终日里郁郁寡欢,精神不振,渐渐就生了大病。宣帝又心疼又无奈,就命皇后从后宫中选择太子喜欢的宫人,来伺候太子,好让太子慢慢忘掉司马良娣,重新欢乐起来。有一天,太子去觐见宣帝,皇后就将挑选好的五名美女带来,让太子从中挑选。当时太子正在心灰意冷,对那些美人也提不起兴趣,可是又不忍辜负皇后的一番苦心,就勉强地回答了一句:"其中一位还可以。"

这一位就是王政君。当时她穿着一条镶红边的裙子,在五人之中非常显眼,艳冠群芳。于是,皇后命人将王政君送到太子东宫,太子"御幸"过一次,王政君便有了身孕,后来就生下刘骜。所谓母以子贵,这个孩子是宣帝的长孙,又很受他的宠爱,王政君的地位也就水涨船高。

公元前50年(甘露四年),汉宣帝去世,皇太子刘奭即位,史称汉元帝。封王政君之父王禁为阳平侯。仅过三天,又立王政君为皇后。第二年,又立才5岁的长子刘骜为皇太子,王禁的弟弟王弘也被委为长乐卫尉的重任。公元前42年(汉元帝永光二年),王禁去世。其长子王凤继承侯位,并被任命为卫尉、侍中之职。

在汉元帝的时候,王氏家族虽然纷纷窃据要津,骤然显贵,但还没有进入中枢。不仅如此,他们的权力还出现了每况愈下的趋势。

汉元帝对王政君本来就没有什么感情,之所以立她为皇后,完全是因为宣帝太喜欢她的儿子了。现在宣帝已死,他自己做了皇帝,大权在握,不用再害怕谁会威胁他的地位,看着王政君母子,也就渐渐地觉得不顺眼起来。而刘骜刚当上太子,还能小心谨慎。有一次汉元帝有急事召见他,如果横穿皇帝独行的"驰道",他就可以尽快赶到父皇那里应召,但他却很谨慎地绕道而行,所以延误了时间。汉元帝知道了这件事情还夸奖了他,专门发布了一条命令,允许太子以后穿过驰道。但是,时间一长,他喜好逸乐的本性便暴露出来,经常饮酒宴乐,汉元帝知道了就不太高兴。此时,汉元帝又宠爱着冯昭仪和傅昭仪,她们都为他生下了儿子,分别是中山王刘兴和定陶王刘康。据《汉书》记载,汉元帝是个"多材艺"的人物,"善史书,鼓琴瑟,吹洞箫,自度曲,被歌声",样样都来得。而定陶王刘康也"多材艺,习音声"。汉元帝有个爱好,就是用铜丸击鼓,所击之处都能正好和音节吻合。他这手绝活后宫里那些号称精通音律的人都做不到。而刘康就可以，所以汉元帝对他特别宠爱，"出则同辇，坐则侧席"，对那个只知道酒色的刘骜就更看不上了。多次想把他废了，立刘康为太子。但是，此时刘骜的太子之位是否能保住，已经不仅仅是他个人的事了。对于母以子贵的皇后王政君来说，儿子的太子地位就是自己后位的保障，一旦刘骜不再是太子，自己这个皇后也就当不长久。而对于王家那些凭着王皇后鸡犬升天的兄弟来说，这个外甥将来是否能当皇帝，更是关系着他们荣华富贵乃至身家性命的大事。但他们也拿不出什么好办法来，就把希望寄托在太子的师傅史丹身上。史丹是外戚史高的儿子，担任驸马都尉、侍中等职务，作为皇帝的亲信外戚，经常与皇帝同车陪乘，很得宠信。汉元帝很信任他，就让他做了太子的师傅。王政君母子找到史丹，双双跪倒在他面前，请求相助。史丹见皇后和太子给自己跪下，自然不敢接受，立即也跪倒在地，同时搀扶起他们，表明自己一定誓死保护刘骜的太子地位。

史丹既然发了誓，也就为维护太子的地位而尽心竭力，屡次在汉元帝面前为他说好话。一次，汉元帝对他夸奖傅昭仪的儿子刘康，他就上前来说："所谓才干，是指聪敏而好学，温故而知新，像皇太子这样的人才可称之。假如单纯拿丝竹击鼓之类来衡量人的才能，那么乐府令里的乐工比朝中的大臣不知要高出多少倍，是否可以让他们来治理国家呢？"汉元帝想想也是这个道理，没法反驳他，只好一笑了之。

不久，汉元帝的幼弟、中山王刘竟病故，太子刘骜赶来吊唁，面上却无哀伤之色。汉元帝非常生气，恨恨地说："还没有见过心肠像他这样狠毒的人，对待自己的叔叔尚且如此，何以君临天下，继承大统，为天下之人的父母呢？"史丹一看太子要糟，就心生一计，急忙上前说："是我看见陛下因为中山王病故，过于哀痛，怕因此损伤您的身体，所以在太子进来之前，就私下叮嘱他不要当面哭泣，以免感伤陛下。罪责在臣下，当死。"这么一来，汉元帝还要感谢这个儿子的孝心才是，也就对刘骜生不起气来。

到了元帝病重的时候，这种废长立幼的危机又一次激化了，那时傅昭仪和刘康经常侍立左右,王皇后和太子刘骜却很少被召见,汉元帝还好几次询问尚书,当年汉景帝是如何废黜太子刘荣,另立刘彻为继承人的。王政君和刘骜忧心忡忡,预感前途不妙,只好又请史丹出面,以保住太子的地位。史丹是汉宫的老臣重臣,又与汉元帝有很深的私交关系,有权去元帝的寝宫探望。于是,他趁没有其他人在的时候,以探病为由,来到元帝的病榻前,俯伏在地,声泪俱下地说:"皇太子以嫡长子的身份而立,已有十多年了。全国百姓,家喻户晓,万众归心,都愿意拥护他。可如今定陶王刘康为陛下所宠爱,以致道说流言,都以为太子地位不保。假如有这种情况发生,朝中公卿及以下官员,必然以死相争,不奉陛下诏书。臣愿陛下先赐我死,以警示群臣。"这番话绵里藏针,措辞相当强硬。躺在病榻上的汉元帝只得放弃了废掉刘骜的想法,皇太子的地位这才稳定下来。

### 2.王氏擅权,排除异己

五月,元帝去世;六月,20岁的太子刘骜继位。尊称皇太后为太皇太后,皇后王政君为皇太后,王氏家族真正时来运转了。

王氏擅权在元帝晚年,王政君、成帝和王氏家族经历了一次惊心动魄的政治危机之后,深刻地认识到失去权力的可怕,所以他们首先考虑的是如何紧紧抓住权力并坚守勿失。王政君最信得过的是娘家人,于是王凤乘此时机,集军政大权于一身,总理朝政,开王氏擅权的先河。但王氏擅权之所以得以实现,又与汉成帝和王莽相关:

首先,汉成帝打击宦官势力。汉成帝下诏,用明升暗降的办法任命石显为长信中太仆,这是太后宫中管车马的官,秩中二千石。石显原来为中书令,官秩虽仅千石,但位于决策核心。石显原先的走卒,时任丞相的匡衡和御史大夫的张谭等便联名上疏揭露石显及其党羽过去的罪恶,于是石显被免官逐回家乡。石显死于中途,他的走卒也纷纷被免官。

其次,汉成帝利用外戚和朝臣抑制另一派外戚。成帝继位,王凤首先排挤了能力强、名声大的冯昭仪的弟弟冯野王,又迫使皇后之父许嘉引退。

再次，王凤排挤丞相王商。这个王商与王凤的弟弟同名，涿郡蠡吾(今河北博野)人。他的父亲王武是汉宣帝的舅舅，堂兄王接曾任大司马车骑将军。这也是一支活跃于元、成政坛上的外戚家族。当时，唯一能与王凤相抗衡的，就是王商。王商在政坛上稳步高升，不但有外戚家族的背景，而且政治识见和能力，都不在王凤之下。两人在许多问题上政见不同，关系渐渐紧张。王凤与外戚史丹合谋，派人秘密调查王商的隐私，又教唆频阳(今陕西富平)人耿定上疏诬陷王商。汉成帝觉得难以查证，可是王凤坚持要查办，成帝无奈，只得免去王商的丞相职务。王商被免相仅三日，就大口吐血，悲愤而死。其子弟亲戚有在宫中任职的，一律被赶出长安城。至此，王凤专制朝政，已没有了强大的反对派。

第四，王莽崛起。王氏家族飞黄腾达、炙手可热的时候，却有个被遗忘的角落，那就是王凤的二弟王曼，因为早死没有封侯。王曼的第二个儿子叫王莽，字臣君，生于公元前45年(元帝初元四年)。王莽的相貌奇丑无比，大嘴叉，短下巴，金鱼眼，红眼珠，大嗓门，声音嘶哑。

王莽的哥哥与父亲一样早早就死了，所以王莽年纪轻轻就成了家庭的顶梁柱。王政君当上皇太后那年，王莽仅有14岁，还是个未成年的孩子。

被王氏家族冷落的王莽母子，只好相依为命，过着十分清寒的生活。年轻的王莽与他那些飞扬跋扈的堂兄弟们截然不同：对内孝敬寡居的母亲，照顾兄长的遗孀，耐心教育顽皮的侄子；对外结交一些英俊的朋友，又拜当时著名的学者陈参为师，攻读经书孜孜不倦，待人接物恭敬有礼，尤其是侍奉执掌大权的伯父、叔父们，更是小心翼翼。在儒家思想的熏陶下，王莽从不跟堂兄弟们去寻欢作乐，而是洁身自好，表现得谦恭谨俭、温文尔雅，处处表现出一个年轻儒者的风范，由此得到了人们的广泛赞誉，为他日后的政治生涯打下了良好的基础。

汉成帝公元前22年(阳朔三年)，执掌朝廷大权的伯父王凤病倒了，王莽在床前尽心竭力地侍奉伯父，几个月如一日，衣不解带，最后累得蓬头垢面，疲惫不堪。王凤大受感动，临死时拜托皇太后王政君和外甥汉成帝，让他们关照一下王莽。随后，王莽有了第一个职务——黄门郎。在24岁的时候，王莽开始了他的政治生涯。

王凤弟弟大司马王商,也感到这个侄子不同凡响,向成帝上书愿将自己的封地分一部分给王莽,其实就是要求皇帝给王莽封侯。另外一些朝廷大臣也都看好这颗冉冉升起的新星,纷纷向皇帝称赞王莽。王莽立刻声名鹊起,引起了成帝的极大关注。

公元前16年(永始元年)五月,汉成帝下诏封王莽为新都侯,封地在南阳郡新野的都乡(今河南新野县境内),食邑1500户,提升为骑都尉、光禄大夫、侍中。他身兼数职,进入了朝廷政权的核心。年仅30岁的王莽,这时已跃居几个叔叔之上,成了很有权力地位的重臣了。

中国古代专制制度是一种以皇权为中心,以官僚群体为统治工具,以小农的自然经济为社会基础的专制统治。皇权在这里幻化为国家意志,它不仅成了保证整个社会能否正常运转的支配力量,而且成了平衡统治阶级内部各派势力的杠杆。所以,皇权的稳定就是社会的稳定,皇权的强弱必将影响到统治阶级内部各派力量的消长。但是皇权的致命弱点是"家天下",它的传承必须按血缘关系在一家一姓的狭小范围内选定,也就是说无论贤愚,他只要具有与皇族直系或最近的血统,就有可能被推上皇帝的宝座。如果臣民遇上志向远大、雄才大略、英明果决的君主,社会就稳定,国家就强大。然而,在中国古代帝王中,这样的明君简直是凤毛麟角,少得可怜。中国历史上更多的是那些养尊处优,纵情淫乐,性格乖戾,昏庸愚蠢,不知国计民生为何物的政治废物。在这些废物的眼中,最可靠的只有两种人:一种是匍匐在自己脚下的宦官,是信得过的奴仆;另一种是外戚,是信得过的亲戚。

汉成帝就是这样的政治废物,自己昏庸无能,又"湛于酒色",便靠母舅来支撑家业,外戚的势力岂能不借机恶性膨胀起来?所以,在西汉晚期的政治舞台上,王氏家族能够粉墨登场,也就不足为怪了。

### 3.两位美人的失宠

汉成帝在没有即位之前就颇好酒色,现在做了皇帝,自然就更加不肯放松。这时他在后宫里有两位钟爱的美人,一个是他的皇后许氏,另一个就是有名的才女班婕妤。

许皇后是汉宣帝皇后许平君的侄女,按辈分来说还是汉成帝的表姑,也算是亲上加亲了。她不但美丽聪慧,还熟读史书,颇有才华,还是太子的刘骜与她可谓一见钟情。汉元帝得知儿子和这位儿媳妇两情相悦,高兴地叫左右把酒祝贺。成帝即位以后,许氏被立为皇后,成帝对她十分宠爱,后宫的嫔妃也因此很少被宠幸。皇帝与皇后感情好,自然皇后家的亲戚也就飞黄腾达。在成帝母亲王政君那边的外戚王氏看来,许氏的显贵无疑是对他们地位的挑战。正好这时天上有了日蚀,按照"天人感应"的说法,这说明皇帝有了过失,上天示警。于是,成帝赶忙下诏检讨。王氏的党羽便借口日蚀是许皇后"失德"造成的,要皇帝减少她的用度,来打击许氏外戚的力量。

许皇后被平白地扣上一顶"失德"的帽子,自然十分不服气,她本有才华,就洋洋洒洒地写了一份奏章抗议,言辞恳切,有理有据。成帝看了,也找不出可以驳斥的地方,只好让大儒刘向捉刀代笔,摆出皇帝的威严,拉出圣人的大旗,才把许皇后压了下去。经此一事,成帝虽然对许皇后依旧宠爱,但总觉得自己连她也驳不倒,实在是没面子得很。再加上以后许皇后年纪渐长,容貌也不复当年之艳丽,对于好色之徒汉成帝来说,"色衰而爱驰"也就成了理所当然之事,对许皇后便渐渐冷落了。

汉成帝另外宠爱的一个美人是班婕妤。她是越骑校尉班况的女儿,也是《汉书》的作者班固和出使西域的名将班超的祖姑,是个大大有名的才女。她在成帝时被选入宫,立为婕妤。婕妤是当时宫中嫔妃的封号,皇后之下仅次于昭仪,可见她的地位是比较高的了。班婕妤长得很漂亮,人也很聪颖,知书达礼,气质高华。一开始皇帝对她十分宠幸,不但把她由品级较低的少使提升为婕妤,还给她扩建宫舍。但是,这位班婕妤不但美貌,还很有"妇德",这恐怕也是他们班家的家学渊源吧,后来她的侄孙女班昭,就专门写了一本教女人如何循规蹈矩的《女诫》。她不争宠,不干预政事,谨守礼教,行事端正,凡事都合于礼法,有一个著名的"班姬辞辇"的故事,就可以看出这一点来。

一次汉成帝在后宫游玩,想和班婕妤乘一辆车子,却被她严词正色地拒绝了。她说:"看古代留下的图画,圣贤之君,都有名臣在侧。只有夏、商、周三代的末主夏桀、商纣、周幽王,才会有宠爱的妃子在座,所以最后落得国亡身死。妾如果和陛下同车出进,不就跟那些亡国末主相似了吗,妾实在不敢奉命。"皇帝听了这一番教训,只好点头说好,不再要求和她同车了。皇太后听说了这件事,也十分称赞,把她和辅佐楚庄王称霸的贤女樊姬相比,班婕妤的贤德由此可见一斑。但是正如孔子所慨叹得那样:"吾未见有好德如好色者也"。不论是许皇后还是班婕妤大概都没有明白,对于汉成帝来说,女子的才华和德行并不是最重要的,他所看重的,仍然是美色而已。像班婕妤那样的"美德",他在不得不夸奖的同时,心里肯定会有"敬而远之"的感觉。所以,一旦遇到更合他心意的美人,他就把曾经宠爱过的许皇后和班婕妤抛到脑后了。

这个让成帝心动的美人,就是大名鼎鼎的赵飞燕。

赵飞燕的本名原本不是飞燕。她是阳阿公主家的舞女,身世也颇为离奇。居然还和成帝有七转八折的血缘关系。她的生母据说是江都王的孙女姑苏郡主,郡主与家奴冯万金私通生下了她和妹妹。因为是私生子,就把这一对双胞胎姐妹抛弃到荒郊野外。但没有想到三天后居然还活着,冯万金觉得不同寻常,就又把这一对姐妹抱了回来,给姐姐取名宜主,妹妹取名合德。她们长大后,冯万金已死,姐妹俩孤苦无依,流落到长安,便拜阳阿公主的管家赵临为义父,做了阳阿公主家的舞女。

赵氏姐妹天生丽质,舞姿翩跹,很快就在阳阿公主家的舞女中脱颖而出。其中,赵宜主的舞姿尤为出众,她身材纤瘦,举步翩然若飞,像一只翻飞的燕子那样袅娜轻盈,因此号称"赵飞燕"。公元前18年(鸿嘉三年),汉成帝微服私行,经过了阳阿公主家,入门稍事休息。皇帝到来,阳阿公主自然不敢怠慢,就把府里的歌姬舞女统统叫了出来,给皇帝侑酒助兴。酒色之徒的汉成帝一眼就看中了与众不同的赵飞燕,宴席之后便迫不及待地将她带回了皇宫,没几天工夫,就把她升为爵比列侯的婕妤,爱得不可开交。让她迁居到豪华的远条馆,又赐给她一大堆的稀世奇珍。而赵飞燕不但貌美,也十分聪明。她知道自己的地位低贱,如此受宠会引起宫人的嫉妒,就做出谦卑的样子,用成帝赐给她的财物在后宫中大撒金钱,刻意低声下气地与宫中粉黛结好,逐渐松弛了后宫佳丽对她的敌意。不过光是消极的防守还不够,她还要采取更积极的办法,把成帝牢牢地控制在自己身边,于是,她就把妹妹赵合德也介绍到宫里来。

赵合德也是个倾国倾城的美人,而且心计比其姐还更胜一筹。她知道姐姐已经凭着姿容舞姿得宠,自己就要翻出点新的花样来,于是就使出了欲迎还拒的手段。成帝派人宣她进宫,她却借口没有姐姐的宣召,死也不去。成帝看这么个小小的奴婢却敢抗拒自己的命令,果然被吊起胃口来。就郑重其事地派人拿着赵飞燕的信物再次前往,赵合德这才同意进宫,还精心地打扮了一番,用"九回沉水香"沐浴,又画了新奇的"远山黛""慵来妆",皇帝一下就被迷得神魂颠倒。但赵合德还要再拿捏一把,又不慌不忙地拒绝道:"皇上如今是我姐夫,姐姐性格严正,如果没有她的允许,我是万死也不敢侍奉皇帝的。"皇帝的胃口这回被吊得更高,于是厚着脸皮去找赵飞燕,让她劝妹妹进皇帝的寝宫。如此几次三番。赵合德终于答应了下来。皇帝如愿以偿,自是大喜过望,把赵合德的身体称为"温柔乡",还宣称说:"吾老是乡矣,不能效武皇帝求白云乡也。"于是立刻把她封为婕妤,和姐姐一起宠冠六宫。

赵飞燕姐妹入宫后,即以新宠的骄姿,挟赫赫威势向许皇后、班婕妤二人发动进攻,一场新旧之争在后宫展开。

自许皇后被冷落以后,一连三年日蚀,朝臣们将这"阴盛"之象归咎于王氏专权,而王氏的党羽谷永却将矛头移向许皇后,说是由于她"失德"造成的。于是,许皇后的"椒房掖廷用度"被减省了,甚至连皇帝的面也见不上了。许皇后一肚子怨气无从发泄,她的姐姐、平安侯夫人许谒想出了一个拙劣而愚蠢办法,就是在背地里装神弄鬼,恶毒诅咒车骑将军王音和后宫中一个有身孕的王美人。此事很快被王氏家族掌握,但他们觉得最好由别人揭发,而揭发的最佳人选是赵飞燕。结果,在赵飞燕入宫的当年十一月,赵飞燕替王氏家族跑到前台做了揭发,许谒等人被处死,许皇后被废黜,许氏家族的所有成员被流放。赵飞燕在控告许皇后的同时,把班婕妤也一并捎上了。

但班婕妤是有名的贤德才女,汉成帝也不相信她会参加到这种下作的事情中去,就亲自前去讯问。班婕妤从容的回答:"妾闻生死有命,富贵在天,规规矩矩地做善事,上天也不见得就降福,难道企求上天帮忙做坏事,上天就会听从吗?如果上天不会听从,岂非徒劳。这样的事,妾非但不敢为,也是不屑为。"成帝听她说得坦白,也很感动,不仅没有治她的罪,还赐给她黄金百斤。但班婕妤已经看出汉成帝的不可救药,就主动要求到长信宫侍奉太后,自动远离是非之地,以求避祸,在闲暇时作诗赋以自伤悼,借以度过光阴。班婕妤在移居长信宫之后,就再也没有见过汉成帝,直到汉成帝死后,才以先帝嫔妃的身份前往守陵,五年后郁郁而终。

皇后的位置空缺,赵飞燕就闹着让成帝立她为皇后。可是成帝册立赵飞燕为后的想法,遭到了皇太后王政君的阻拦。后由淳于长从中斡旋,赵飞燕才如愿以偿地登上了皇后的宝座。淳于长是皇太后王政君的姐姐王君侠的儿子,与王莽是亲表兄弟。淳于长跑到王政君面前以立赵氏为后,不会构成对王氏家族专权的威胁这个理由打动了王政君的心,终于点头首肯。公元前16年(永始元年),立赵飞燕为皇后,同时晋赵合德为昭仪,又把昭阳殿赐给她一人居住。为了感谢淳于长斡旋之功,成帝赐淳于长关内侯,不久又封为定陵侯。

### 淫乱后宫,燕啄皇孙

成帝为了取悦新皇后,令工匠在皇宫太液池建造了一艘华丽的御船,叫"合宫舟"。一天,成帝带着飞燕一同泛舟赏景。飞燕穿着南越所贡云英紫裙、碧琼轻绡,一面轻歌《归风送远》之曲,一面翩翩起舞,成帝令侍郎冯无方吹笙以配飞燕歌舞。舟至中流,狂风骤起,险些将身轻如燕的赵飞燕吹倒,冯无方奉成帝之命救护,扔掉乐器,拽住皇后的两只脚不肯松手,飞燕则继续歌舞。此后,宫中便流传"飞燕能作掌上舞"的佳话。

汉成帝的许皇后和班婕妤之所以失宠,除了汉成帝对她们失去新鲜感之外,也和她们没能为汉成帝留下子嗣有关。许皇后生过一儿一女,但都夭折了。班婕妤生过一个儿子,也没有活下来。现在,赵氏姐妹成了皇帝的新宠。对于她们来说,巩固地位的关键,就是要给皇帝生下一个儿子来。

这似乎并不困难。汉成帝此时正在盛年，他对赵氏姐妹又极其宠爱，几乎天天和她们在一起，按说生出儿子不过是早晚的事。但很多年以后，赵氏姐妹却还是没有动静。这个时候，汉成帝开始更多地宠爱起赵合德来，对赵飞燕那边就去的更少。赵飞燕看到皇帝宠爱日衰，自己却还没能生下个儿子。这个皇后的位置未免有保不住的危险。于是，惶急无措中，她居然想出了一个荒唐的主意：派人打听子嗣多的侍郎宫奴，偷偷地把他们召进宫来，和自己偷欢，想用这种办法让自己生出儿子来。开始还做得小心谨慎，后来大概尝出这夜夜做新娘的甜头，就肆无忌惮起来，干脆在宫中修了一间密室，借口祈神求子，连汉成帝也不让进去，在里面藏着英俊少年，不分昼夜恣意宣淫。后来甚至当成帝临幸时，赵飞燕也因疲劳过度，只能虚与周旋，勉强承应了。有道是没有不透风的墙，赵飞燕这种搞法，慢慢地也传到汉成帝的耳朵里。按说皇帝知道自己头上不知何时居然绿帽成堆，应该大为恼怒才对。但聪明的赵合德早就在他前面打了底，说自己的姐姐性格刚强，容易招来怨恨，难免会有人在陛下面前进谗言，诬陷姐姐，倘若陛下听信了这些谗言，赵氏将无遗种了。一边说，一边还哭哭啼啼，潸然泪下。汉成帝慌忙替赵合德拭泪，并用好言劝慰，并发誓不至于误信谣言。所以后来有人得知飞燕奸情，出来告发，都被成帝处斩。

这边赵飞燕广张艳帜，大搞野男人。那边赵合德就利用皇帝对她的专宠，把皇帝牢牢地捆在自己身边。

只是这姐妹俩一个专心大搞男人，一个专心大搞皇帝，十分努力，却仍然没能生出孩子来。她们自然是大为着急，却没有想到问题正出在她们赖以得宠的绝招上。

原来，赵氏姐妹为了使肤色白皙娇嫩，身上有异香，让汉成帝迷恋，就用麝香制成一种"息肌丸"，这种药丸塞在肚脐内直接融入身体，能够使女人肌肤润泽，格外光彩照人。但麝香可一向是民间用来避孕流产的药物，赵氏姐妹使用多年，结果就是造成了严重的不孕症，自然就不会再有孩子了。当时宫中的女医生上官妩得知这种情况，十分无奈："你们这样的状况，怎么可能生儿育女。"她教姐妹俩煮药汤沐浴试图补救，但却毫无效果。

·秦汉秘史·

图文珍藏版

如此一来,姐妹俩对能生出孩子已经是彻底绝望了。但是,为了巩固自己在宫中的地位。虽然自己生不出孩子,也不能让别的女人给皇帝生孩子。从此,便展开了一场消灭成帝子嗣的大战。

宫中有个叫曹伟能的女官,怀上了成帝的孩子,汉成帝听到后暗暗高兴,就特派宫女六人前去服侍。却不料被赵合德察觉,她假传圣旨将曹氏系入廷狱,迫令她自尽,她的孩子则被乳母抚养了十一天后,即被宫长李南持诏书取走,后来又送进了赵合德的寝宫,其结果自然可想而知。六个伺候的婢女也被迫自杀。汉成帝虽然得知此事,却怕赵合德姊妹,不敢救护,坐看曹氏母子命毙归阴。后来,后宫的许美人又怀孕了,成帝暗中派御医去探视,又送给许美人三粒名贵的养身丸药,作保胎之用。等到许美人生了儿子以后,皇帝自然心花怒放,但有了上次的经验,他又担心通不过赵合德这一关。于是,一面派人对许美人母子妥善照料,一面盘算怎样才能得到赵合德的允许,将儿子抱进宫中抚养。终于,他决定主动向赵合德坦白交代。赵合德得知,果然不干了,拿出民间泼妇的干法,一哭二闹三上吊,偏偏汉成帝还就吃这一套。赵合德大哭大闹之后,他对许美人母子的那点同情也吓没了。于是,他让人把许美人的儿子装在芦苇编的篚呈送进赵合德的寝宫,接下来,汉成帝便立即让侍者离开,亲自起身关紧门窗。侍者站在外面,看着门窗逐一紧闭,知道大事将要不好,却都无计可施,只能在难耐的寂静中等待一切结束。过了一会,门又被打开,苇篚里的孩子已经死了。成帝竟然在赵合德的胁迫下亲手掐死了自己的儿子,这种糊涂和残忍真是让人发指。曹女官和许美人在宫中多少还有点地位,所以处死她们的孩子,汉成帝都知情甚至参与进来,在史书上也留下了一笔记载。至于那些身份低下的宫女和她们的孩子,有多少惨死在赵氏姐妹手下,已经是无法考察了。当时长安流传的童谣:"燕飞来,啄皇孙",就说的是这件事情。结果。汉成帝的一生中再也不曾有子嗣,赵氏姐妹的"努力"果然收到了功效。

### 5.温柔乡里精尽人亡

诸事不管的汉成帝更加沉溺到与赵氏姐妹的欢爱中去。由于他有"不举"

的毛病,就命人四处寻访春药。不久果然有方士给他献上所炼的大丹,叫作"慎恤胶"。这药很有效力,汉成帝只消一丸就能与赵合德彻夜欢愉。赵合德怕这宝贝被其他宫女所得,就撒娇弄痴的逼着成帝将所有的药都交给自己保管。结果有一天,两人都喝醉了,赵合德就趁醉一下子给皇帝喂了七颗丹药。皇帝吃了这么多丹药,特别亢奋,这天夜里芙蓉帐里春光无限,侍立殿外的宫婢终夜都听得见他和赵合德的嬉笑之声。但正所谓乐极生悲吧,皇帝早已被淘虚的身体已经经不得这样的折腾,竟然死在了赵合德身上,真是"精尽人亡",从此长留在"温柔乡"了。想到他爷爷汉宣帝当年对他的期许,这个结局真是一个讽刺。赵合德一看皇帝死了,自知大事不好,为了避免接受审判而供出她和成帝的床闱之事,就自杀身亡了。

皇帝死了,没有儿子,便立了定陶王刘康的儿子刘欣为帝,是为汉哀帝。

# 历史奇案

## 衡山王太子状告父亲谋反案

汉高祖刘邦登基之后,大封同姓王侯。他封小儿子刘长为淮南王,后刘长因违法不轨,绝命而死,留下 4 个七八岁的儿子。汉文帝对他们十分怜惜,就一一封为列侯,8 年之后又封为王,刘赐就在那时由周阳侯升为庐江王,后来衡山王刘勃死了,刘赐取得了衡山王之位。

当时,刘安作为王太子已继承了其父之位,刘安知道皇太子之位尚空,遂生觊觎之心,私下里准备谋反。刘赐予刘安曾有过摩擦,彼此意见相左,刘赐听说刘安准备谋反,便结交了许多宾客来出谋划策,准备应付事变,以免自己被吞并掉。

刘赐在汉武帝元丰六年时入朝进觐,他的一个侍从卫庆想给武帝上书去侍候武帝,刘赐知道后异常生气,对卫庆严刑拷打,意图屈打成招,以定死罪。案呈至内史处,刘锡裁决被否定。刘赐指使别人上书告内史,内史不仅指出了案子的不合法之处,并且揭发了刘赐强夺百姓田地,占百姓基地为自己田地等一系列不法行为。有关部门据此要求将刘赐逮捕法办。皇上未予批准,但是把刘赐二百石以上的官吏重新换掉。按汉代的制度,各封建王国有权任命四百石以下的官吏,武帝此举限制了衡山王的权力,而且也表现出对他的不信任,刘赐对此心怀不满、耿耿于怀。一回去,刘赐便招募观测天象和精通兵法之士,这些人极力怂恿刘赐谋反。

正在这时,衡山王王后乘舒去世了。乘舒生过3个子女,大儿子刘爽,二女儿刘无采,小儿子刘孝,刘爽为衡山王太子。刘赐另外还有两个夫人,一个是生有4个儿女的徐来姬,一个是生有两个孩子的美人厥姬。乘舒一死,徐来成为王后,而厥姬也非常得宠,两位夫人于是就争风吃醋,互不服气。厥姬对太子状告徐来说:"你知道你母亲是怎么死的吗?她是被徐来的丫头天天诅咒咒死的。"刘爽闻知此情,便对徐来怀恨在心。后来徐来的哥哥来看望外甥,慰问妹夫,不料在与太子饮酒时被其蓄意刺伤。王后徐来因此对太子也心怀怨恨,并多次在衡山王面前诽谤刘爽。

太子的妹妹刘无采又被丈夫休回家中,她非但不思悔改,反而与家中食客通奸,刘爽知道以后多次批评教育她,得到的结果却是与他断绝往来,形同陌路人。徐后知道这些情况后,就开始笼络无采和刘孝,对这姐弟二人倍加关心。刘孝从小不知母爱是什么滋味,如今徐后这么疼爱他,不免处处向着徐后,甚至与徐后一起在衡山王面前说他哥哥的坏话,衡山王听信谗言后教训过太子几次。

后来,徐后的继母被人刺伤,衡山王怀疑到太子头上,就把太子鞭打了一顿。打完了儿子的刘赐又气又累,也病倒了。王爷一病,来请安问候,端茶送药的人络绎不绝,唯独太子以生病为由躲着父亲,刘孝和无采就对父亲说,刘爽根本没有病,其实他活得好好的,生病只是他不孝顺你的借口,也是他眼中没有父王的见证。

刘赐听了这些话后怒不可遏，他愤恨地说："这个孽种真不成器，江山到他手里还不毁了，我要把他给废掉！"刘赐跟徐后商量这事，并打算立刘孝为太子。徐后对此又喜又忧。喜的是废掉刘爽，忧的是她想立自己的儿子刘广为太子而不是刘孝。那时候，徐来身边恰有一个跳舞特别好的宫女，曾经受到衡山王的宠幸，徐来心生一计：让宫女来勾引刘孝，不怕刘孝不上钩，然后就告他乱伦，太子之位就非刘广莫属了。

刘爽知道徐后所做的种种卑鄙之事，如今又出此阴谋诡计，他觉得不能再任人宰割了。

有一次，全家人一起吃饭，太子走到徐后身边为其祝酒，他偷偷地蹭徐后的大腿并说愿与她一起寻欢作乐。徐后听后惊跳而起，大骂道："畜牲，看我怎么收拾你！"她过去悄悄地对刘赐说了太子的猥亵之语，刘赐顿时火冒三丈，马上下令让人用绳子把太子捆起来拉下去狠狠地打。太子早知道父王对自己和刘孝的态度，就向父王跪下进言说："刘孝和您的女人通奸，无采和家奴也丢尽了我们的脸，这些您都知道吗？我可以把所有的证据写给您看。"说完转身就出去了。刘赐赶忙派人去追，可是没有追回，衡山王亲自出去把太子抓了回来。太子被抓以后，说了很多极难听的不该说的话。衡山王彻底对他失望，把他关押起来。

刘孝从此得以与父王亲近，衡山王看刘孝也颇有才能，日益喜爱。不久之后，就让他佩带自己的印玺，并封为将军。给了他许多钱，表面上让他去看望外婆，暗地里却用来招募宾客门人。这些宾客心里很清楚衡山王和淮南王都计划着谋反之事。

衡山王派刘孝的门客陈喜和枚赫，负责制作作战用的兵车、箭镞，并且刻制了将相军吏的官印，甚至刻了皇上的玉玺。与此同时，他还马不停蹄地在各地招募壮士，筹集士兵。有些宾客多次引用楚王交、吴王濞谋反失败的教训，来告诫衡山王收敛一些。衡山王口头上说："我无意篡权，只怕淮南王谋反以后，把我轻易地就兼并了，以成他的大事。"但是，暗中却在加紧战备。

第二年秋天衡山王朝见皇帝，回来时与淮南王相遇，淮南王与他推心置腹，尽除前嫌。两人重新恢复了兄弟之情。在交谈之中，兄弟俩交换了谋反的想法，并且订立了共同合作的同盟条约。此后，衡山王就给皇帝上书说自己年老多病，愿辞去王职。武帝见书后，要他保留王职，此后不必按时到京城来上朝行礼。刘赐得到皇帝的这一恩赐后，接着又上书请求废刘爽、立刘孝为太子。

刘爽探知父王的行动后，立即派遣他的好朋友白嬴带了封奏书直奔朝廷，在奏书中他揭发了衡山王和刘孝一同谋反，以及刘孝制造作战兵器、乱伦等下流之事。白嬴一到长安，就因淮南王谋反事发而被官府关押起来，奏书当然就没来得及呈送。衡山王听说有这样的事，害怕事情败露，为了使奏书无效，就立刻呈上奏书一封，说太子刘爽因犯大逆不道罪已送交沛郡审理。

次年冬，淮南王刘安谋反事发，一切与谋反有关的人悉遭逮捕，陈喜也难逃法网。陈喜是刘孝招募来的宾客，他不但受命制作战车兵器，还参加过不少由衡山王主持召集的秘密会议。如果陈喜都招出来，大家都没有好下场。刘孝忽然想到法律有一条说如果能主动自首，就可以免除罪刑，于是他去自首并说陈喜参加了谋反。司法长官廷尉审问时，陈喜等果然招认，于是请求皇上审讯衡山王。汉武帝看了半天说道："不要逮捕下狱了，派大行李息和中尉司马安到衡山去当面问清情况就行了。"

李息和司马安奉旨来到衡山，将陈喜等供状一说，衡山王刘赐立刻交代了全部犯罪事实。事实已明，司法部门立即派兵将衡山王的住所包围起来，严密看守，以防意外。大行和中尉速回长安汇报了审问情况。朝廷的三公九卿们都一致请求派宗正官（主管皇室事务）、大行令（主管民族事务）和沛郡郡守来共同审判此案。

朝廷尚未做出决定，衡山王已得了消息，他自知谋叛之罪，十恶不赦，即使武帝宽大为怀，也不会有好下场。谋事不成反而大罪加身，有何面目于人世！于是当即自杀了。

刘孝因为能自首并且检举有功,幸可免罪。但是他还犯有与父亲亲近的婢女通奸罪,乱伦不孝,仍判处死刑弃市。王后徐来,犯有诬陷前王后乘舒罪,也判处死刑弃市。太子刘爽,状告父王,依当时法律,儿子状告父亲为大逆不孝,因此也判处死刑弃市。另外,凡是参与了衡山王谋反活动的有关人员,也一律判处死刑。衡山王国也因此而被废除了,从此改为衡山郡。

## 杨恽因言获罪案

封建统治者维护自己地位的一种重要手段就是控制言论自由。不论何人,高居何位,如果说了不恰当的话,丢官、甚至丢掉性命,可以说是家常便饭。杨恽的遭遇就是一个典型的例子。

杨恽因为两个人而声名显赫。一是他的外公、著名史学家司马迁。因为他从小就读了《史记》这部书,从中学习了不少治国的道理,因此他以才能卓著名显朝廷;二是他的哥哥杨敞,曾任职于大将军霍光的幕府,以后当过大司农、御史大夫以至丞相,并封为安平侯。昭帝死后,杨敞在废昌邑王立宣帝的行动中有定策安宗庙之功。杨恽受哥哥的呵护,在朝中任中郎官,由于揭发霍氏谋反,立下大功,封为平通侯,升为中郎将。

在任官上,杨恽坚持原则,依法办事,令行禁止,使多年的行贿徇私的坏风气逐渐消失。同时他还廉洁无私,公平办事,仗义疏财,他从父亲那里得到500万的钱财,都分给了同姓本家亲族;他继承了后母数百万遗产,一分不留地全给了舅家;他自己得到的上千万赏金,也是与大家一起分享。

但杨恽也并非完美之人,他自视清高,以自己的能力和节行夸耀于人,而且性情刻薄,喜欢揭别人的短处,对得罪自己的人必置之死地才心满意足。这样他就很容易得罪人。被他得罪的人不仅有被他揭过短的,而且有未曾与他有过什么冲突的。

汉宣帝刘询在民间时有一好友戴长乐,在他即位后受到提拔重用,做了太仆,位列九卿之中。有一次戴长乐被派到宗庙去学习礼仪,以备皇上不时之需,他回来后就对手下的掾史说:"我当面接受皇帝的郸令,和皇上一起演习礼仪,酏侯给驾的车。"言下之意不过显示一下他的光耀和威风,后来竟有奏书告他"非所宜言"。戴长乐怀疑是杨恽所为,于是以其人之道还治其人之身,罗列杨恽的罪行数条:其一,有一次高昌侯董忠的马受惊,驾车闯进了北掖门。杨恽曾对富平侯张延寿说:"听说从前昭帝驾崩之前有惊马撞了殿门,门闩被撞断了,马也被碰死了。今天又上演同样的一幕,该不会是什么预兆吧,这不是人的力量可预知的。"这件事可以看出他对宣帝的不敬。其二,左冯翊韩延寿犯了罪被关进监狱,杨恽曾上书为延寿辩护,郎中丘常问道:"听说您曾为韩延寿进行辩护,可能保住他的性命?"杨恽回答说:"事情当然不会那么简单!正直的人未必能够保全自己。我是泥菩萨过河,自身尚难保,还能保人家?正所谓老鼠钻不进洞去是因为它拖的东西太大了。"其三,有一次杨恽到西阁上去观看历代名人的画像,在桀、纣的画像面前对乐昌侯王武说:"皇帝路经此地,只请问他们二人的一两条过错,就算是以史为鉴了。"那里明明还挂着尧、舜、禹、汤的画像,他不称颂明君却只说暴君,可见他借古讽今的用心。其四,他曾对我说:"从今年正月到现在,天阴沉沉的却不下雨,《春秋》经上记载说,老天久阴而不下雨,必有阴谋反叛之人,今年皇上未必能去河东祭祀。"这样拿皇帝当玩笑话来说,太肆无忌惮了。

事情交由廷尉于定国处理,于定国治狱办案向来宽大公正,后人把他比作文帝时的张释之。他接手后,亲自进行审问,并多方调查,收集了足够的证据,使案情一清二白。最后写成一份奏议,提出了处理的意见。他在奏议中这样写着:"杨恽不服罪,他想让户将刘尊去警告富平侯张延寿说:'太仆戴长乐死几次都死不足惜,因为他犯的事太多了。我有幸和富平侯结为儿女亲家,如今只有我们三个人知道事实真相,你只要说一句'当时我没听杨恽这么说过',那么戴长乐的揭发就是假的,罪状就无法成了。'杨恽受到拒绝,气得上前夺过刀来威胁刘尊说:'拜富平侯所赐,让我满门抄斩!还望你对我所说的话进行保密,以免戴长乐再生出点是非来,给我罪上加罪。'杨恽有幸位列九卿诸吏的职位,得到皇帝的信任,能参与讨论国家大政,但是他不竭尽自己的忠心,不尽人臣的义务,只知道妄自尊大,心怀不满,还说一些有违社稷安定、皇上英明的反动性话语,实在是大逆不道,建议逮捕法办。"

奏议送到皇帝那里,皇帝翻阅数遍,沉吟良久,思前量后,最后批示道:免去戴长乐和杨恽二人的一切官职,让他们安享晚年吧。

杨恽回到故乡,置了家业,筑了深宅,日子过得不亦乐乎。在与别人书信言谈中却不时流露出怨恨之情,结果再次被人告发,最后以腰斩处死,罪名仍是大逆不道。

## 汉宫巫蛊冤死太子案

巫蛊是汉代民间广为流行的一种巫术,后来传入宫中,成为宫廷权力、爱宠之争的一种在精神方面置对方于死地的手段。巫蛊实际上就是用巫术诅咒自己所痛恨之人,做一个木偶埋于地下,再做一个假人替代痛恨之人,以针去扎,时间长了,便能置对方于死地,这就是巫蛊。

汉宫巫蛊冤案是由公孙贺开始的。公孙贺乃胡人,因为他的夫人卫君儒是皇后卫子夫的亲姐姐,所以,公孙贺就当上了丞相。他膝下有一子,叫敬声,视为掌上明珠,娇生惯养。敬声挥霍无度,骄奢放荡,竟然私自挪用北军军费一千九百多万。案发后,敬声被捕,随即下狱治罪。一旦定罪,必定会受重刑。

公孙贺既是一个精明能干的人,又是一人之下、万人之上的丞相,并且特别爱自己的儿子。公孙贺为了挽救儿子,主动请求捉拿朱安世,以解当朝皇帝刘彻的一块心病。朱安世乃阳陵大盗,故意和官府作对,平民百姓当他是一代大侠。尽管官府调兵遣将,但是连影子都没见到,对此,刘彻恼怒万分。

此次公孙贺主动请战,欲将功赎罪以救助自己的儿子,刘彻答应了公孙贺的请求。公孙贺找来所有身怀绝技的心腹爱将,共同缉拿朱安世。没过多久,公孙贺果真把朱安世捉拿归案。武帝刘彻非常高兴,就赦免了公孙贺之子。公孙贺父子如愿以偿。然而,这父子二人高兴得太早了,没有想到朱安世居然会反咬一口。

朱安世乃一代强人,一不小心被公孙贺拿下,心里咽不下这口气。不过,他已成了阶下囚,不服也没有办法。朱安世突然心生一计,反正自己是活不成了,为什么不拉千刀万剐的公孙贺陪葬? 于是,朱安世一本正经地给汉武帝刘彻写了一封信。

朱安世在信中写出了公孙贺的种种罪行,揭发他不满足于皇后的姐姐做妻子,四处搜罗美女,为所欲为;敬声还公然与阳石公主通奸,还密谋要取代皇上;在皇上经常出入的甘泉宫路下埋下木偶,巫蛊皇上。很快,这封信便转到武帝刘彻手中。

本性猜忌多疑的刘彻看了这封信,怎么能受得了? 刘彻雷霆震怒之下下令火速查究,查究的大事自然由江充负责。江充派手下罗织罪名,趁机把公孙贺的人马一网打尽。公孙贺与敬声一同被捕入狱,严刑拷打,蔓引牵连,使得很多人无端获罪。最终,公孙贺父子惨死狱中。江充还不过瘾,还要灭公孙贺全家,甚至皇后的姐姐卫君儒也未能幸免。

江充除去公孙贺后,又把矛头指向别的手握重权的皇亲国戚。诸邑公主、阳石公主、卫青的儿子长平侯卫伉也都受到牵连,并全部被杀。江充非常得意,又把仇恨利剑指向曾得罪过自己的太子刘据。

太子刘据始终不喜欢江充。江充自己非常清楚,生性多疑的武帝活不长,武帝过世后,太子只要登基,自己的末日也就到了。江充借查究公孙贺之机,立即把太子刘据网罗其中。他认为最好是像除去公孙贺那样,除去太子。

刘据天性仁厚孝诚,武帝认为太子不像自己,太过仁厚。然而,在守成时期,刘据一定是一个通达圣明的君主。一次刘彻对大将军卫青说:汉室立国没多久,各项规划制度仍有待完备,四方夷狄一再侵扰,这都急需解决。如果我不变更制度,制定出法则,后世有何可依? 倘若不出兵讨伐,征服四夷,天下岂能安宁？但如果这样,肯定会劳民伤财。我命数有限,如果继承王位的人还像我这样大肆兴兵,变更制度,国家就危在旦夕了。刘据天性好静,敦厚稳重,是个能安天下的守成君主,再没比他更合适的人选了。

遗憾的是,卫青大将军比刘彻先走一步,没能防止这场无端的灾祸。武帝晚年用法无度,刘据宽厚,纠正了武帝的一些错误。然而,这在无形中又得罪了那些武帝重用的擅用重刑酷法的大臣。他们经常在武帝刘彻面前诽谤太子,搬弄是非。自此,武帝与刘据间有了隔阂。

皇后人老珠黄之后,武帝移情于赵婕好。赵婕好独自居住在华丽的甘泉宫,刘彻就经常住在甘泉宫,到皇后宫室的机会越来越少,当然很少与皇后、太子见面。这样一来,隔阂没机会消除,生疏感反而日益加重。

一天,武帝神思恍惚,隐隐约约看到几千个木人,手拿着兵器,凶神恶煞般向他袭来。他惊醒后,觉得浑身酸软,毫无力气,锐气精力荡然无存。此后的刘彻,精气散佚,身体一天不及一天。武帝认为此乃巫蛊所致,命江充从速查实。

江充借机煽风点火,声称宫里有好多人嫉恨皇上,希望皇上早日归西,那些人以巫蛊邪术诅咒作恶。武帝对此越来越信以为真,立即任江充为锦衣使者,查办巫蛊一案。江充得意至极,领旨后马上指使爪牙对付所有自己痛恨的人,特别是太子刘据。

各封地郡国和京师长安,顷刻间天翻地覆。一有可疑的东西就会被大肆搜捕,然后加以酷刑逼其招供,接着拖出去斩首。几万人就这样经历了一番酷刑后被全部处死。每件杀案都有审讯记录,江充还一一送呈武帝。武帝不但默许了江充的所作所为,而且还厚赏了他。

江充更加肆无忌惮。江充奏报武帝,声称据善观天象的大师禀报,宫里有股黑杀之气,就是蛊气,倘若不清除这股蛊气,恐怕皇上的病将日益加重。武帝随即令江充带人入宫搜查,清除那股蛊气。

江充和心腹按道侯韩说、御史章赣率领大量爪牙进入后宫,对每一个宫都掘地三尺,搜查木偶,甚至武帝御座下的地面也被挖掘了。太子东宫和皇后中宫,也要挖地三尺。

太子刘据和皇后卫子夫恼怒万分,但有圣旨在,太子、皇后也只能听之任之。江充全部挖完以后,奏报刘彻,声称在东宫和中宫挖出的木偶为数最多。并且每个木偶人身上都写了许多咒语,诅咒武帝,言辞不堪入目。武帝刘彻龙颜大怒,可仔细想想又不至于此,便召太子入宫,想要问个究竟。

太子得知自己被江充诬告,非常恐惧。刘据清楚武帝偏信江充,打算出城面见父皇,解释清楚。他又有些畏惧,唯恐刘彻不问曲直是非,就置自己于死地。刘据无计可施,就寻少傅石德讨教。石德是个贪生怕死、胆小如鼠的人,他也怕皇上怪罪太子,进而连累自己。

石德对刘据说,前些日子公孙贺父子、诸邑公主和阳石公主都因巫蛊之罪被处死,殃及之人不计其数。现在,江充诬告太子,无人可以说得上话,情况非常危急。武帝患病,躺在甘泉宫,太子、皇后想去探望都不成,武帝吉凶不得而知。江充这般胆大妄为,不是赵高吗?秦太子扶苏就是死于那个奸臣之毒手。此时此刻,无路可退,最好是借武帝的名义,缉拿江充,将其斩首,这样或许可以逃此劫难。

宽怀仁厚的太子刘据从未这样想过,对此迟疑不定。刘据认为,得不到父皇的命令,怎么可以擅杀他的使者?与其如此,倒不如径直去甘泉宫,拜见父皇,说明真相。然而,江充不让刘据进入甘泉宫。卫皇后没意识到事态如此严重,中宫没什么动静。刘据真的无计可施,在万般无奈的情况下采用了少傅石德的计策,派人佯称天子使者,收捕江充,一举把江充及其死党杀死。

江充被杀死后的当天夜里,太子派心腹假称天子使者,进入皇后居住的未央宫,告知皇后发生的一切。这时皇后方知大祸临头,情况危急万分。刘据调用皇后御厩车马、射士,私自派人打开长乐宫中贮备武器的仓库,紧急调用长乐宫卫士,大肆搜捕江充党羽。京师长安乌烟瘴气,宫中血雨腥风,一时天下大乱。

京城里人心惶惶,不知发生了什么事,朝官自丞相之下,也没人知道。江充的党羽之一苏文在混乱中逃出京城,直奔甘泉宫,告知武帝发生之事。声称太子刘据在宫中兴兵谋反,并且杀死了江充。

武帝派使臣面见刘据,欲问明情况。使者极其胆小,不敢进入长安,没去就回复武帝,说刘据太子叛势已成,叛兵穷凶极恶,要不是自己逃得快,早已身首异处!武帝相信太子真的谋反,想取代自己。武帝准备严惩太子。

武帝不在京师,京师发生变故,理应由丞相和太子负责应变;现在太子叛乱,自然由丞相担负重任。那时,丞相是武帝的庶兄刘屈牦。太子刘据率兵进入丞相府后,相府内乱作一团。丞相在混乱中逃出了丞相府,甚至连丞相大印也不知落在何处。惊慌失措的丞相还没弄清楚出了何事,就命相府长史乘着快马飞报武帝。

武帝怒不可遏,问相府长史:京师出此事件,丞相采取了什么措施?相府长史跪奏,说丞相不敢宣布太子谋反,只知道逃命。武帝呵斥说:"事实就是事实,有何不敢宣布,丞相简直太无能了!"武帝马上令丞相平息此事,命京师所有官兵及京畿附近郡县兵卒由丞相统一指挥。

太子刘据控制了皇宫,向百姓宣告:父皇在甘泉宫,病情危急,消息始终隔绝,只怕其中有变,奸臣趁机夺权,因此举兵捉拿奸臣。但此时此刻,武帝亲自移师长安城,指挥聚集的军队,打算平息叛乱。

太子刘据领导的兵士太少。他派人到北军中,希望可以统率北军,不过被北军使者任安拒绝。刘据不得不带领为数不多的兵士与丞相刘屈牦指挥的大量官兵在京师交战,战事持续了五天五夜,死伤无数。

太子刘据最终战败,带着残兵败将逃出京师长安。丞相刘屈牦率军占领京师后,把这次叛乱的主谋全部缉拿,众多的太子宾客和太子少傅石德以及太子家小全部被杀。皇后卫子夫感到脱不了干系,儿子全家都被杀尽,自己活着还有什么意义?因此,也自杀身亡。

太子带领其死党逃出长安城后,仓皇向东逃亡,一直逃到河南阌乡一农民家。这家人心地善良,十分同情太子的遭遇,就同意掩护太子躲避大劫。不过,农民生活非常贫苦,只有靠卖草鞋来供养太子。

太子刘据逃逸在外,当然是祸根。武帝下令各地郡县,严加搜捕盘查。各郡县地方一接到圣旨,都从速盘查,想捕获逃亡在外的太子邀功。

走投无路的太子想到有个交情颇深的朋友在阌乡,朋友家中比较殷实,刘据就命心腹前去求助。不幸的是,这样使官府爪牙发现了太子的行踪,兵卒马上围捕太子。太子发觉已无任何逃生的希望,就自缢而死。他两个儿子也随同离开了人世。

太子刘据全家死亡殆尽,武帝想不通,依然派人调查此事。一年后,才真相大白。太子真的是无辜,皇后也是冤死,这纯粹是由佞臣江充策划的一场宫廷巫蛊冤案。武帝后悔莫及。然而,后悔又有何用?人死不能复生。刘彻受到沉重打击,自此精神萎靡。

这时,看守汉高祖陵庙的一位名叫田千秋的守吏,居然越级上书给武帝,请求为皇后和太子平反。田千秋条陈得很有层次,情真意切,据理为太子刘据申冤。书上说:这件事情,如果说太子有罪的话,也不过是无奈兴兵,若要治罪也只不过是笞刑。

心情沉痛的武帝看到了这一上书后,越发后悔,更认为自己在此事上处理欠妥。武帝痛定思痛,当年的豪气在心中复苏。武帝刘彻使用人才不拘一格的天性再次抬头。因此,武帝刘彻召见田千秋,并把他当作心腹。

武帝见到田千秋后,诚挚地说:父子间的事,一般人是无法说清的,更何况是太子和皇上之间,什么人也不敢多言。而你却直言不讳,且讲得不无道理,这一定是高祖皇帝神灵保佑,命你来辅佐我,成就大业。武帝对这位守陵小吏以礼相待。

随后,武帝刘彻任命田千秋为大鸿胪。不久,武帝刘彻又以处事能干为由超擢他为丞相。田千秋仅以一封上书而展示不同凡响的才华和天智,刚好被智慧过人的武帝所赏识,真是生逢其时。武帝刘彻因思念太子刘据,在京师修了一座宫殿,名曰思子宫。还在河南阌乡建了一座望思台,以此来寄托哀思。

## 赵广汉徇私枉法被诛案

汉宣帝时代,有个做京兆尹的人叫赵广汉。赵广汉年轻时候由郡吏开始,一步步由州从事、阳翟县令、京辅都尉,一直当到京兆尹。京兆尹是首都地区的最高地方行政长官,权重势大,但却不好当。由于赵广汉廉洁正直,办事机敏,关怀下属,所以声望很高,也深受百姓们的拥护。

可是人一出名,压力就大,他为了维护自己的名声,有时竟丧失了原则,正所谓"一失足成千古恨",最后越陷越深,不能自拔,以至身名俱毁。

赵广汉做京兆尹政绩显著,声名远播,很多人都来投奔他,特别是一些旧吏家的子孙,投靠他门下以图混个好前程。这些人自恃优越,又年少气盛,往往干出一些出格的事来。

有一次,赵广汉家的一个门客在长安市场上非法摆摊卖酒,被刚好路过的丞相的一个属吏给赶走了。这个门客对赵广汉说他怀疑是苏贤向属吏报告这件事的。赵广汉一听就来了气,竟然有人找自己的麻烦,也不论门客卖酒是否违法,就派人告诉长安县丞,让他把苏贤抓起来处治。县丞把这件事交给了尉史胡禹。胡禹无中生有说苏贤是屯兵霸上的骑士,擅离职守,影响了部队的调用,依法处斩。苏贤的父亲听说之后,就上书控告赵广汉滥用职权、栽赃陷害。案子重新审理后真相大白,按汉代法律,胡禹被判腰斩,赵广汉也应逮捕。判议报到皇帝那里,宣帝颁诏指示,就地审问。对赵广汉审问时,他承认确有其事。正待判决,皇帝颁赦令,只判处赵广汉降秩级一等。

赵广汉受了处分,虽说只降一级,感觉极不光彩,整天心神不宁,左思右想,认定这事不是苏贤所能做成的,一定是他的同乡荣畜在出谋划策。随后,赵广汉就随便给荣畜定了个罪把他问斩了。

这事很快又呈报到皇上面前,皇帝看奏书,指示:交御史、丞相办理。于是御史、丞相遵旨立即进行内查外调,一方面查看有关的审判文档,一方面调查有关人员。这给赵广汉造成极大压力，为了伺机反击，他在丞相府安插了一个亲信做门卒，让他暗中搜集打听丞相府见不得人的事情，好以此来要挟丞相。

不久之后，门卒果然有消息传来，丞相家里有个奶妈，不知犯了什么错上吊自杀。赵广汉闻此窃喜。心想：你的狐狸尾巴终于露出来了！他一厢情愿地认为丞相和奶妈有暧昧关系，丞相夫人醋意大发把她杀害了。而那些天丞相正好不在家里，因为他去祖庙祭祀先帝，行斋戒之礼去了。很快赵广汉就让中郎官赵奉寿给丞相递个话，意思是井水不犯河水，大家彼此相安无事。这当然是对丞相的威胁。谁知丞相魏相为官威严廉直，他从御史大夫升任丞相。深受宣帝的器重，被赵广汉这么一激，他反而加紧审理。

赵广汉眼看要挟不成，转而去太史那里问懂星象的人今年星象如何。时人认为天帝掌管着人间的事，人间任何风吹草动，从星象上都有预示。太史知星人告诉他：星象显示今年将有大臣被诛杀。赵广汉以为此大臣为丞相，于是上书给皇帝状告丞相有罪。皇帝批示交由京兆尹处理。赵广汉得旨，立即亲率官兵突袭丞相府，令丞相夫人跪在院内接受审问，并带走十几个奴仆婢女，责问事情真相。

魏相丞相在斋戒中得知这个情况，也急忙写奏书说："拙荆确实不曾杀过奶妈。而赵广汉却是屡次犯法而不伏罪，他用讹诈手段来威胁我，希望我饶恕他而不要奏报。望皇上明察。"皇帝就把案子交给廷尉去办。廷尉是全国最高司法长官，一般由刚正不阿、不徇私情的人担任。当时的廷尉于定国正是这种人，据说他就算醉得一塌糊涂，办案也毫不马虎。他接手一问案，立时查明是丞相因奶妈犯了过错，对她进行责骂和笞打后，她回到外院以后才死的，赵广汉实属诬告。

这时，由丞相属官中相当于反贪局局长的司直萧望之提出弹劾，上奏皇帝说："赵广汉诬告陷害大臣，想用这种卑鄙的手段来威胁奉公执法的朝官，违法乱纪，实属不道，请予治罪。"皇帝看了奏章，对赵广汉所作所为深恶痛绝，批示交由廷尉监狱拘禁。

赵广汉入狱后,廷尉经过认真的审理,查明除了诬陷丞相之罪外,他还杀害了一些无罪之人,在审案中滥施淫威,擅自判处骑士王军兴死罪,数罪并罚,应处以腰斩。

廷尉审判完毕,皇上批准后执行。一个曾经深受百姓拥护、爱戴的地方官,也确实造福一方的父母官,终因知法犯法受到了应得的制裁。他的功绩固然令百姓怀念,但他的自我毁灭的行径也令人深思。追思他昔日的功绩,但更应记住他杀身的教训。

## 窦宪谋杀和帝案

提起窦宪谋杀汉和帝这桩大案,还得从窦宪的妹妹窦皇后后宫争宠的事儿说起。

窦皇后是大司空窦融的曾孙女,在家时就聪明伶俐,年仅6岁就能读会写,认识她的人都觉得她有不同寻常之处。家里曾请过几个相面的,他们见了窦皇后,都说她不是那种随便嫁个人就了事的女子,今后会享尽荣华富贵。果然,公元77年她被选入宫中,汉章帝听说来了个才貌双全的美女,便对她产生了极大的兴趣,曾多次向别人打听关于她的事情;等到见了面,更觉得确实是名不虚传,不仅人长得漂亮,而且举手投足之间都有着一种非凡的韵味,因此格外喜欢她,第二年就立她为皇后。

窦皇后很受章帝宠爱,可遗憾的是进宫数年都未生皇子,这对她的地位构成了很大的威胁。因此,不论贵人妃子们谁生了儿子,她都恨之入骨,想方设法地谋害她们。宋贵人生了皇太子刘庆,梁贵人生了和帝刘肇,窦皇后先是在章帝面前挑拨离间,使章帝逐渐疏远她们,然后又诬陷宋贵人和梁贵人,将她们害死,并收养了和帝。

章帝死后,和帝即位。当时和帝只有10岁,窦皇后被尊为窦太后,临朝听政,执掌了朝中大权。养子毕竟是养子,不如自己亲生的,要想使自己的政权更

窦宪

加稳固,还得靠娘家人,窦皇后的哥哥窦宪、弟弟窦笃、窦景、窦瑰都在朝中任要职。他们的亲朋故旧,纷纷被安插在朝廷和地方任职,满朝文武都是他们的人。这帮人目无法纪,什么坏事都敢做,强抢豪夺,贪污勒索,杀个人就像踩死只蚂蚁那么简单。谁敢对他们说个"不"字,就大难临头了。尚书仆射乐恢、郅寿因上书告发他们,最终都被逼死。四兄弟中做得最过分的就是窦景,他不仅自己作恶,还放纵奴仆胡作非为。即使在光天化日之下也敢欺侮妇女,拦路拖劫,洛阳城里的商贩们只要一见到窦景的卫队出来了,就赶紧将店门紧闭,像躲避强盗一样躲避他们。司法部门的官吏们对他们的恶行有目共睹,可谁也不敢上告朝廷,因为乐恢、郅寿就是先例。窦宪又借口说自己出击匈奴有战功,和几个弟弟大兴土木,为自己修建豪华住宅,费了大量的人力、物力、财力。

窦家的欲望、权势膨胀到了极点,便觉得傀儡和帝也是多余的了,况且他一天天长大,迟早会威胁到窦氏家族的利益。不如先杀掉他,斩草除根,从根本上清除这个隐患。窦宪找来他的亲家公郭璜,女婿郭举,部下邓叠和邓的母亲、弟弟,一起策划起谋杀和帝的大事来。

和帝虽然年纪小,但十分聪明,窦宪等人要谋害他的阴谋很快传到他耳朵里,他感到必须及早采取措施,否则后果不堪设想。可窦家的人充满了朝廷,满朝文武只有司徒丁鸿、尚书韩棱、司空任隗还可以依赖,但此事非同小可,万一走漏了风声就不得了了。思前想后,他决定先找内侍郑众商讨此事,一则郑众服侍他多年,对皇室一直忠心耿耿,比较可靠;二则此人机敏谨慎,很有心计,也许他能想出些对策。于是,趁着没有旁人在的时候,和帝悄悄告诉郑众自己的想法。郑众倒很果决,他劝和帝先下手为强,杀掉窦宪和他的党羽,否则这个江山迟早坐不稳,到那时后悔就来不及了。听了郑众一席话,和帝下于决心。窦宪班师国朝时,和帝先派使臣到城外迎接他们,犒劳全军将士,给他们很高的礼遇。等窦宪他们进了城,和帝下令关闭城门,派重兵驻守南、北宫,一举捕获郭举、郭璜、邓叠和他的弟弟邓磊,将他们全部杀掉。但是到了这时候。窦宪还蒙在鼓里,在庆功宴上喝得酩酊大醉,踉踉跄跄地被侍卫们扶着回府休息去了。等到和帝派人去收回他的大将军印绶,他还迷迷糊糊地以为自己正做梦呢。

和帝承窦太后的养育之恩,不想让她过于伤心,并没有公开处死窦氏兄弟,而是下令让他们马上离开京城,返回各自的封地,派得力的官员一路上监督着他们的一举一动,等到了封地,再令他们自行了断。窦家四兄弟中只有窦瑰因平时的表现较好,又没参与策划课反,被免了死罪。窦家的亲戚朋友,同乡僚友,凡是依仗窦家的关系谋得官职的,统统被罢免回家,外戚窦氏家族就这样灭亡了。宦官郑众因献策有功,被加官晋爵,从此,东汉政权开始在宦官和外戚之间频繁更迭。

## 崔琰“腹诽心谤”冤案

汉建安二十一年,大名士崔琰以“腹诽心谤”罪被赐死。众人因他的冤死而叹惜,更因他的罪名而觉得不可思议。

崔琰,自幼喜欢舞刀弄枪,直到二十九岁时方明白读书的重要性,开始外出游学,并逐渐名震中原。那时候,恰逢东汉末年连年混战,曾经非常繁华的中原地区随处可见"百里无人烟"的荒凉景象。崔琰看着满目疮痍的国土,痛心疾首,发誓要建功立业,救民于水火。

当时,袁绍和曹操对峙,正广纳贤才。袁绍得知崔琰乃中原名儒,就请来他,还封他为骑都尉。崔琰一心一意要发挥自己的才智,以结束战乱,统一国家。他力劝袁绍收买人心,厚树恩德,还在用兵作战方面给袁绍提过许多建议。可袁绍认为崔琰乃一介书生,就没有采纳。

官渡之战遭挫后的第二年,袁绍病故。他的儿子袁尚、袁谭为夺权而自相残杀,二人势不两立,且都希望能得到崔琰的辅助。崔琰认为二人缺乏远见,难成大器,于是称病辞官。这激怒了袁氏兄弟,将其关入大牢。后来,崔琰经朋友相救才逃出牢笼。

崔琰

没过多长时间,曹操一举攻下冀州。袁谭被杀,袁尚夺路而逃。

曹操求贤若渴,他早就知道袁绍手下有个名叫崔琰的贤才,刚拿下冀州,就亲自去请崔琰。

通过几年的对垒,崔琰认为曹操才是值得自己依赖以成就大志的一代枭雄,所以就痛快地同意"出山",被曹操拜为别驾从事。

有一天,曹操兴奋地对崔琰说:"我昨天查看了户籍,我们将有三十万兵丁。冀州真是大啊!"说罢,就开始观察崔琰的反应。

过了好大一会儿,崔琰慢悠悠地答道:"现在天下战火连绵,生灵涂炭,您不是也曾经写过'白骨露于野,千里无鸡鸣'的诗句吗?冀州黎民百姓,连年被战争所累,早就叫苦连天。没见您广施恩惠,令他们得以安居乐业,反倒还要招募兵丁,难道这就是冀州百姓对您的期待吗?"

崔琰语重心长的一番话,令曹操恍然大悟。他赶快起身,向崔琰行大礼拜谢道:"承蒙先生教诲,真是三生有幸! 先生高瞻远瞩,的确可敬!"在场的武将谋臣看到崔琰居然得到曹操这般大礼,全都既嫉妒又羡慕。

从此之后,曹操对崔琰更是刮目相看,恩赏有加。

曹操后来当上丞相,对崔琰更加器重。有一次,他拍着崔琰的肩膀,感慨地说:"你有史鱼的正直、伯夷的遗风,壮士会因学习你而更加严格自律,贪夫会因仰慕你而廉洁清正,你不愧为众人之楷模啊!"崔琰听完曹操这席情真意切的话,也只不过是谦逊地摇摇头,并无半点儿骄矜之态。

曹操成了魏公后,拜崔琰为尚书。曹操当时正为立后嗣的事犹豫不决。承袭封建惯例,曹操当立长子曹丕;可因次子曹植才华出众,且为人朴实谦逊,故而曹操特别偏爱他。为此,曹操迟疑不定,就私下里派人考察自己两个儿子的言行举止。崔琰得知这一情况后,马上出班奏道:"从古到今,都是立长子继承大统。再说曹丕也聪明仁孝,为何去破坏祖制呢? 一破祖制,难免夺利争权,说不定导致自相残杀。立次废长显然弊多利少。"曹植是崔琰兄长的女婿,崔琰慷慨激昂的一席话,可见他公允正直,朝中上下皆为叹服,曹操更是万分感慨。

就这样,崔琰以自己卓越的政绩、高尚的品德,在朝为官十多年,威望颇高。崔琰身材魁梧,言谈刚直,加之其为人正直,朝中大臣对他都十分敬仰,都将其视为师表。然而,树大招风,崔琰被曹操这般器重,肯定会影响到另一部分人的仕途前程。何况,曹操本来就生性多疑。崔琰得宠,谁知道究竟是福还是祸?

汉建安十二年,曹操晋封为魏王,大臣杨训上表称颂曹操德盛功高。有一些人嘲笑杨训欺世盗名,又因杨训是崔琰所荐,所以又讥崔琰举荐不当。崔琰得知这一情况后,就问杨训要了表奏的草稿来看。他看后,认为杨训的表颂并没有过誉之词,便给他回信说:"我已看过你的表奏,我觉得里面用喻用典并没有不妥。"崔琰在信的结尾感叹说:"时光啊,时光,终究是会发生变化的。"

崔琰是希望时光可以证明自己的无过和杨训的无辜,可是这回他想错了。不知怎么这封信被崔琰的一个政敌看到了,那人觉得这正是除掉崔琰千载难逢的好机会,便于其中加入自己的"变天"之意,禀告曹操。

曹操知道后,怒不可遏,说崔琰"语意不逊",立刻下令把崔琰逮捕入狱,并且处以髡刑。古人认为头发乃父母所赐,因此将其视为如生命一样宝贵。所谓髡刑,也就是把头发剪短,用来惩罚。没过多长时间,崔琰被罚做官奴。

崔琰光明磊落,心底坦荡,自觉无愧于心。尽管他身为官奴,可依然不减声威,很多儒士大臣依然登门。因此,崔琰家依然门庭若市,宾客如云。

诬告崔琰之人若不将崔琰置之死地是不会罢休的。他见崔琰并没有受到多大打击,就再次在曹操面前说"崔琰乃犯人,却依然在家接待宾客",还添油加醋说崔琰向宾客们发牢骚。

曹操自己也清楚得很,自己的声望远不及崔琰,这是他绝对无法容忍的。可现在治他的罪又没有合适的罪名,只有用"腹诽心谤"加以定罪。曹操让公大吏赐崔琰死罪,他对大吏说:"你三天后再来见我。"

大吏头一回看到崔琰,不忍心将曹操的意思告诉无辜的"罪人"。崔琰认为自己因一句话被罢官已够冤枉了,哪里会想到曹操要将自己置于死地呢?

过了三天,大吏回禀曹操说崔琰依然活着。

曹操听后,拍案而起,勃然大怒道:"崔琰难道定让我用刀锯行刑吗?"

大吏这才回去告诉崔琰曹操的意思。

崔琰听他说完,先是大吃一惊,接着就从容拜谢道:"我真不该呀,居然不知曹操的意思是让我死。"说完,崔琰就上吊自杀了。

所谓"腹诽心谤",是指在心里诽谤。"腹诽心谤"居然也能成为罪名,汉魏时刑政失措可见一斑了。

## 孔融直言招忌冤杀案

说到孔融,大家一定都很熟悉。"孔融让梨"的故事已是妇孺皆知,家喻户晓了。不过孔融因言论获罪,最终死于非命的史实,恐怕知道的人就不多了。

孔融乃孔子的第二十世孙,自小绝顶聪明。十岁时随父亲去京城,得知河南尹李膺颇有名望,便想一见。可当时造访李膺的人实在太多了,李膺实在不能招架了,便告诉看门的,除非是通家世交和当代名人,其余的不用禀报,一概不见。但这怎能挡住孔融,他大摇大摆地走到李膺家门口,告诉看门人说:"我乃李公的通家子弟,特地前来拜见李大人,麻烦你进去通报一声。"李膺从来也不认识这么一个小孩子,出于好奇,便答应见见他。

一大一小两个施礼就座后,李膺问:"祖上哪位与我有亲友关系呢?"孔融答道:"我的先祖孔子与您的先祖李老君交情颇深,故此你我也可以算得上是世交了。"在座的客人听了孔融一番话,都夸赞他聪明。过了没多久,太中大夫陈韪也来了,大家将刚才之事说给他听,陈韪满不在乎地说:"小时聪明,成人后不一定有出息。"孔融马上回敬他说:"这么说来,您小时候一定挺聪明了?"李膺听后禁不住哈哈大笑,对孔融说:"如此看来,您长大了肯定是个可以成大器的人才。"

就像李膺预言的那样,孔融长大成人后不仅在政治有所成就,官至太中大夫、北海相等,为朝廷提出很多中肯的建议,而且在文学方面也成就非凡,还是建安文学的代表作家。特别值得一提的是其为人,他光明磊落,待人真诚宽厚,发现他人有缺点,总是直言不讳,私底下却充分肯定其优点。他乐于推荐贤良之士,奖掖后进。故此,很多仁人志士都十分信服他,家里也一直是高朋满座。

孔融纵然有千般好,可唯一的缺点却为世人所不容——才高气盛,做事不顾结果,怎么想就怎么说,甚至对显贵高官也不加避讳。所以,经常做出一些骇世惊俗之事。

孔融十六岁时,得罪了宦官的张俭为躲追捕,逃到鲁郡,投奔孔融的哥哥孔褒。恰巧那天兄长不在家,孔融便替兄长接待了他。张俭见他只是个孩子,认为有些事不方便告诉他,一时举棋不定。孔融见他面露难色,便大度地说:"尽管我兄长此时不在家,我也可以帮你呀。"孔融就收留了张俭。这件事情泄露后,官府派人抓张俭,他匆忙逃走了,孔家兄弟被捕入狱。到该定罪时,孔褒说:"张俭是来找我的,不是弟弟的错,该治我的罪。"孔融说:"是我收留他的,应治

·秦汉秘史·

图文珍藏版

我的罪。"处理此事的官吏征求孔母的意见,孔母说:"我是家里主事的,理应治我的罪。"一家人抢着治罪,郡县一时拿不定主意,随即上书请示皇上,最终定了孔褒的罪,孔融因此也出了名。

在丞相杨赐手下任职时,他又毫不避讳地举奏宦官及其亲属的不法之举。尚书接到举报吓出一身冷汗,召丞相的部下质问,孔融坚决不妥协,义正词严地一一陈述宦官及其亲属的非法行为,尚书最终也无话可说。

一次,河南尹何晋升为大将军,丞相命孔融拿名帖前去贺喜。看门人没及时通报,孔融一怒之下,夺过名帖便回去了,还说了些不太顺耳的话。何进部下认为这简直是奇耻大辱,本打算让剑客追杀孔融。有人劝何进说:"孔融如今颇有名望,您如果杀了他,天下有识之士将纷纷离您远去。倒不如给他应有的礼遇,以昭示天下。"何进认为这番话不无道理,随即征召孔融去他那里做官。

那个时候曹操、袁绍的势力逐渐扩大,可孔融不愿听命于任何人。有人善意地劝他审时度势,有意识地结交对自己有用之人。孔融清楚袁、曹二人的最终目的都是夺取汉室天下,没打算和他们同流合污。孔融一怒之下,杀了劝自己之人。

曹操攻下邺城后,袁绍的家眷全成了俘虏。曹操的长子曹丕相中了袁绍的儿媳甄氏,曹操便让曹丕与甄氏成了亲。孔融获悉,就写了封信给曹操,不无讽刺地说:"武王伐纣,以妲己赐周公。"曹操不知是何意,问他此言出自何典,孔融答道:"是按照眼前之事想当然说的。"

后来曹操发布禁酒令,孔融又多次投书进行反对,其中不乏侮慢之词,曹操看了大为不悦。孔融曾上书请求遵循古制,千里之内不封侯。曹操认为孔融这些话都意有所指,所以更加嫉恨他,但由于他名望很大,不便贸然杀他。

后来,一个和孔融有私怨的人诬告他,声称孔融在任北海相期间,招聚徒众,诽谤朝廷,图谋不轨。还说,孔融身为朝官,不守朝廷礼仪,上朝时唐突宫掖,衣冠不整。过去还曾和白衣处士祢衡胡言乱语,说什么"父子间有什么亲情?本意上不过是情欲的产物。母子之间又如何呢?犹如物体放在缶中,物体倒出，双方就分离了"。然后他们又相互吹捧，孔融说祢衡是"颜回复生"，祢衡说孔融是"仲尼不死"。简直大逆不道，绝对应当砍头。孔融因此被杀，横尸街头。孔融死时才五十六岁，全家无一幸免。

孔融的两个孩子也为世人所称颂。孔融出事后，他的孩子寄养在邻居家里。男孩九岁，女孩七岁，因年龄小没被株连。噩耗传来时两人正在下棋，听完也没什么反应。有人问："你们的父亲都被捕了，你们怎么还无动于衷呢?"兄妹二人平静地说："岂有巢穴毁了卵还不破之理!"主人怜惜地给两个孩子端来了肉汤，男孩因为渴了，端起碗来便喝，妹妹却说："出了这种祸事，我们也活不长了，何必再尝肉味呢?"男孩哭着放下了碗。

有人将这件事告诉了曹操，曹操认为留下他们终成后患，立即下令将兄妹二人也处死。捕吏来的时候，女孩镇静地对男孩说："死后可以看到父母，这是我唯一的愿望了。"主动伸出脖颈就刑，毫不畏惧，所见之人无不掉泪。

中国古代秘史

# 三国两晋南北朝秘史

马昊宸 ⊙ 主编

线装书局

# 帝王秘事

## 刘关张是结拜兄弟

《三国演义》通过虚构桃园结义的情节,把刘备与关羽、张飞定为兄弟关系,而历史上刘备与关羽、张飞并非兄弟关系,是主从关系、上下级关系以至君臣关系。

### 1.关羽与张飞是兄弟关系

首先,关羽是逃命到了涿郡,而张飞(字益德)是涿郡人,这与刘备是涿郡涿县人是有明显区别的。可以说刘备是涿郡郡治涿县人,而张飞是涿郡涿县以外的人,很有可能是郊外人。关羽,字长生,改字云长,河东解(今山西运城)人,关羽逃命到农村比在县城更为保险,所以说,关羽与张飞两人是最先认识的,同时,也说明张飞与刘备这时相互并不认识。其次,据《三国志·蜀书·关羽传》记载,刘备为平原相时,以关羽、张飞为别部司马,分别带领一支部队。"先主与二人寝则同床,恩若兄弟"。刘备与关羽、张飞很像兄弟,几乎同兄弟没有什么两样,但无论如何像兄弟,从本质来说还不是兄弟,并未确定是兄弟关系,没有履行相关"手续",离真正兄弟只差一步之遥。"羽年长数岁,飞兄事之"(《三国志·蜀书·张飞传》),单看此句,说明关羽与张飞或者为结拜兄弟,或者不为结拜兄弟,而当作兄弟,但"飞兄事之"与"恩若兄弟"相比,感情明显更近一步,所以应为结拜兄弟,即举行过结拜仪式,这一仪式或者烧香拜天地,或者他人在场作证,或者是其他形式。再次,关羽与张飞是一起投奔刘备的。"先主于乡里合徒众,而羽与张飞为之御侮"(《三国志·蜀书·关羽传》),"少与关羽俱事先主"(《三国志·蜀书·张飞传》),二传相互印证说明:其一,二人投奔刘备之时是在刘备结合徒众之际,之前二人与刘备并不认识;其二,二人是一起投奔刘备的,也说明张飞与刘备不在一地;其三,投奔刘备时,张飞为少年时期。

### 2.刘备与关羽、张飞为主从关系

刘备与关羽、张飞不是结拜兄弟。《三国志·蜀书·先主传》有"先主由是得用合徒众"的记载,并未说此时关羽、张飞与刘备的关系。《三国志·蜀书·关羽传》记载刘备与关羽、张飞"恩若兄弟"说明不是兄弟关系,而在此前并非结拜为兄弟,这是由于关羽、张飞作战有功,得到了刘备的认可。在战争中三人结下了深厚情谊。在《三国志·蜀书·张飞传》中,也没有张飞与刘备是兄弟的任何记载。《三国志·蜀书·刘晔传》记有刘备与关羽"义如君臣,恩犹父子"。这里"犹"作"如同"解释,"恩若兄弟"中的"若"作"如"解释,即刘备与关羽如同父子感情,明显不能看成就是父子;同理,"恩若兄弟"也不能当成兄弟关系。关羽、张飞投奔刘备是一起来干事的,为刘备"御侮",接着便分别率领一支军队跟随刘备作战。刘备与关羽、张飞感情深厚,如同兄弟,但是在众人面前,关羽与张飞是以侍卫者的身份立在刘备身边,保

张飞

护刘备,所以没有座位,这充分说明刘备与关羽、张飞为主从关系。后来,刘备称帝,刘备与关羽、张飞是君臣关系,也可以说是一种特殊的主从关系。由此看出:关羽、张飞的任务一是为了保卫刘备,一是率兵打仗。赵云投奔刘备以后,便担负起保卫刘备的任务。

### 3.刘备的人格魅力

既然刘备与关羽、张飞不是结拜兄弟,刘备前半生又屡战屡败、颠沛流离,那么关羽、张飞为何将刘备当作偶像而紧跟不舍呢?

刘备(161~223年),字玄德,涿郡涿县(今河北涿州)人。刘备在踏入社会前,具有常人所没有的有利条件:①出身好。刘备年少时父亲去世,靠卖草鞋为生,但其出生在当时较好,他是汉中山靖王之后,祖父刘雄为东郡范令,父亲刘弘曾在州郡任职,为皇族官宦之后。②素质高。刘备15岁便与同乡刘德然、公孙瓒同学于海内大儒卢植门下,并且爱好音乐。③人缘好。刘备善待一般劳苦大众,喜怒不形于色,爱好交结豪侠。④形象佳。刘备讲究穿着,身长七尺五寸,两手过膝,双目顾耳,是一幅福相。正是刘备有如此优越条件,因此,中山大商人张世平、苏双便重金资助,年少者争相附之,这些优越条件成为日后刘备驰骋天下的资本。不久刘备纠合徒众在当地形成气候,并于184年,在24岁之时,率领众人跟随校尉邹靖讨伐黄巾,立有战功,为安喜尉(相当于副县级的公安局长)。

刘备在战争岁月中,其素质和影响得到了升华。①以"仁义"著称于世。②官职不断升迁,曾为豫州牧、左将军。③有自信心和才干。④弘仁宽厚,知人待士。正是因为刘备所具有常人不能具有的人格魅力,所以,刘备虽然屡战屡败,却每次都能转危为安,受到当时曹操、袁绍、刘表等人的欢迎和接纳,也就更为"恩若兄弟"的关羽、张飞所推崇。

### 4.关羽、张飞年龄之谜

关于关羽、张飞年龄,由于《三国志》没有明确记载,因而至今是个谜。元代胡琦曾考证关羽比刘备大一岁,不知是如何论述的。现在此做一番探讨。刘备生于161年,卒于223年,享年63岁。刘备15岁时从卢植学习,尔后,乡里少年争相跟随刘备。而真正集合徒众,形成规模,刘备必须是20岁,因为东汉、三国时代,特别讲究弱冠(20岁),即成人开始。刘备经过数年,到了20岁,应该更有说服力和号召力。24岁时,即184年,参与校尉邹靖讨伐黄巾军。由于刘备在乡里名堂越玩越大,所以少年的张飞与关羽便一起投奔刘备。少年是指10~16岁,张飞此时年龄不应太小,而应以最大岁数最为接近真实年龄,因此16岁都不算大。即刘备20岁时,张飞为16岁,这样,张飞比赵云小1岁(赵云比刘备小3岁)。

"关羽年长数岁,飞兄事之"中"数"作"几"解释,一般情况下,"几"指1到9的数字,在这里:①关羽与张飞之间关系是亲密的兄弟。②张飞在年少时与关羽称兄道弟。二人年龄不应相差太大,因为在少年时期,如果二人年龄悬殊,又是两地人,是不可能走到一起来的。③爱好相似,基本谈得来。所以这"数"就可以理解为小于5的数字。同时,二人年龄如有一两岁差额,一般应在"长"之前加"略"字,所以,关羽、张飞应相差三至四岁。"三"在古汉语中作"多数"解释,数也作多数,数与三基本可以画等号。因此,关羽、张飞相差三岁应该最接近真实年龄。关羽于汉献帝建安二十四年(219年)被孙权所杀,时年58岁,当时刘备59岁;张飞于蜀先主章武元年(221年)被部将所杀,时年57岁,当时刘备61岁。

## "乐不思蜀"质疑

乐不思蜀的故事在历史上广为流传,后人曾对此多加评论,认为刘禅昏庸不堪,也有人认为刘禅是在行韬晦之计,意在保全自己。笔者认为:此故事颇为蹊跷,疑窦丛生。如果作为文学故事未尝不可,而作为历史记载却缺乏说服力,不能成立。

据《三国志·蜀书·后主传》注引《汉晋春秋》记载:司马文王与禅宴,为之作故蜀技,旁人皆为之感怆,而禅喜笑自若。王谓贾充曰:"人之无情,乃可至于是乎! 虽使诸葛亮在,不能辅之久全,而况姜维邪?"充曰:"不如是,殿下何由并之。"他日,王问禅曰:"颇思蜀否?"禅曰:"此间乐,不思蜀。"郤正闻之,求见禅曰:"若王后问,宜泣而答曰'先人坟墓远在陇蜀,乃心西悲,无日不思',因闭其目。"会王复问,对如前,王曰:"何乃似郤正语邪!"禅惊视曰:"诚如尊命。"左右皆笑。

从司马昭、刘禅个性特征和此事件内在逻辑事理等方面做出一番分析,便明显看出故事中的两个主人公的人物形象与历史上人物形象迥异,故事事理混乱。

历史上的司马昭可谓知人善任。魏将钟会精明干练,善于谋算,但"心大志迂"(《三国志·魏书·钟会传》),司马昭用其伐蜀时,当时大臣邵悌不以为然,很是担心。司马昭的言语很能体现出司马昭的识人明理的智慧。司马昭认为:钟会与自己看法相同,必能灭蜀,"凡败军之将不可以语勇,亡国之大夫不可与图存",蜀人心胆已破,不可能与钟会共事,魏国将士灭蜀后思归心切,定会反对钟会造反。后来事态发展果如司马昭所料。司马昭对于聪明的钟会能明察秋毫,而对于平庸的刘禅,何能不识?所以,从司马昭主观方面来讲,司马昭根本无须怀疑刘禅,答案是明摆着的,就是刘禅也确实没有造反,司马昭是明了的。从司马昭客观方面来讲,也无须怀疑刘禅而问"颇思蜀吗"?因为刘禅在成都时有兵有将都决定投降,并令统率重兵的姜维投降,而刘禅在洛阳身边只有郤正、张通两个文臣,早就大势已去,根本没有条件,刘禅主观上也不会想去兴风作浪,东山再起。司马昭完全没有必要来试探刘禅,历史上司马昭虽然打击异己,但从未无端怀疑,平白杀人。乐不思蜀故事中的司马昭与历史上的司马昭明显判若两人。

历史上的刘禅是平庸之主,政绩平平。刘禅在诸葛亮去世后,仍能继续其二十多年的统治,说明刘禅绝非昏庸不堪。虽然刘禅在统治后期与黄皓等打得火热,但政权并未掌握在黄皓之手。据《三国志·蜀书·姜维传》注引《华阳国志》记载:姜维厌恶黄皓擅权,"启后主,欲杀之。后主曰:'皓趋走小臣耳,往董允切齿,吾常恨之,君何足介意!'"证明大权并未旁落黄皓。同时,姜维在朝中孤立,为了避祸,要求前往边境屯田,刘禅也未加阻拦,并未加害姜维。这充分说明刘禅是明白之人,并非昏庸不堪,怎么能像故事中那样,几乎等同于白痴。

当然,刘禅也非英明之主,他与刘备、诸葛亮等人相比,相去甚远。在他执政期间,国势日衰。纵观刘禅生平,刘禅既无创造奇迹的才能,也无耍弄权谋的本领。刘禅如果像故事中那样卖弄小聪明,也不会做得如此天衣无缝,定会漏洞百出,岂能在司马昭、郤正面前瞒天过海,使他们深信不疑呢?所以,无论文中刘禅是白痴或者是聪明过人,都令人难以置信,与历史上刘禅的一贯表现格格不入,与陈寿"循理之君"的评价风马牛不相及。

从事件的本身联系看,此事也很不合情理。这表现在:其一,大魏权臣司马昭多次宴请一个亡国之君,不合情理。第一次宴会上,"旁人皆为之感怆,而禅嬉笑自若"。"他日"是指第二次宴会。第三次是郤正教刘禅后,司马昭又问,不可能是在同一次宴会上。司马昭权倾朝野,处在以晋代魏的关键时刻,许多军国大事尚待处理,何能多次不厌其烦地宴请一个毫无用处的"安乐公"?显然于理不通。其二,司马昭问话不合情理。有句歇后语是:别人嚼过的馒头——没味。同理,自己嚼过的馒头,再一次咀嚼,同样没味。司马昭在第一次宴会上说刘禅"人之无情,乃可至于是乎!"说明已知刘禅不会思念蜀国,而到了第二次宴会上,就是问"你想念蜀国吗?"不管是试探之问,还是不经意的一问,都有多此一举之嫌,但令人匪夷所思的是,竟然问:"你很想念蜀国吗?"程度更为递进。退一步说,在这第二次宴会上假定问得合理,还有必要在第三次宴会上喋喋不休又问吗?即使要问,总该换一下形式吧,岂不败味之极,这能是历史上司马昭所为吗?其三,"先人坟墓远在陇蜀"记述不准。陇为陕西陇县以西甘肃一带,蜀为四川及陕西汉中。刘禅"先人"刘备和甘夫人墓在成都,属蜀。诸葛亮为刘禅的大臣,无论如何也不能被称为刘禅的"先人",其墓在汉中,也属蜀地。所以,陇地没有刘禅"先人坟墓"。而原句却将"先人坟墓"说成在陇、蜀,并且将"陇"排在蜀前,是很不准确的,不完全符合史实。长期居住在蜀地的聪明的郤正和明白的刘禅十分清楚"先人坟墓"的方位,怎能胡说一通呢？

乐不思蜀如果具有真实性，便很具典型性和重要性，作为同时代的陈寿不会只字未提，而东晋习凿齿却在《汉晋春秋》中完整记述，不能不令人生疑。笔者认为：乐不思蜀故事类似于志人小说《世说新语》，作品运用了夸张手法，将刘禅的平庸描绘成昏庸不堪，以突出安于现状、只知玩乐的人物形象，也符合刘禅"安乐公"的身份，反映了蜀亡的原因，达到了合情合理的和谐统一。乐不思蜀故事情节生动，人物形象鲜明，寓意深刻。此故事反映了后世人们对蜀汉有着难以割舍的感情和"无可奈何花落去"的心态以及对刘禅抱有的遗憾心理，因而在历史上广为流传。

## 刘聪杀兄揭秘

却说汉主刘渊寝疾，以陈留王欢乐为太宰；楚王聪为大司马、大单于，并录尚书事；安昌王刘盛、安邑王刘钦，西阳王刘璿分典禁兵。初，盛少时，不好读书，惟通《孝经》《论语》，曰："诵此能行足矣，安用多诵而不行乎？"李喜见而叹之曰："望之如可易，及至肃而严，君可谓君子矣！"渊以其忠笃，故临终付以要任。渊既卒，众臣立太子刘和即位。和性猜忌无恩，宗正呼延攸、侍中刘乘、西昌王锐说和："先帝不惟轻重之势，使大司马拥十万众，屯于近郊，陛下今便为寄坐耳，宜早为之计。"和信之，至夜召刘盛、刘钦告之。盛曰："陛下勿信谗言，以疑兄弟。兄弟尚不可信也，人谁足信哉？"攸、锐闻知大怒，命左右将二人杀之，遂将兵五千攻聪于单于台。聪听知攸、锐为乱，命即起兵出台，与呼延攸、刘锐等交战。攸、锐等大败，走入南宫。聪前锋诸军随追入南宫，遇汉王和，和大喝："休得无礼！"诸军将和杀之。入内执任呼延攸、刘锐、刘乘等，皆杀之。遂出迎大司马刘聪入内即位。以北海王刘泚乃刘渊之子也，聪以位让之，刘泚涕泣固请，聪遂即位。以泚为皇太弟，领大单于；以子刘粲为河内王，都督中外诸军事；以石勒为并州刺史，又立妻呼延氏为皇后，以刘殷为太保，李弘为大鸿胪；其下群臣，皆有封赠。

史说，刘聪字玄明，乃刘渊第四子也。母张氏，初孕聪之时，梦日入怀，寤而告渊，渊曰："此乃吉祥也，慎之勿言。"至十五个月而生聪。年十四，究通经史，兼综百家之言及孙吴兵法，无不诵之。既杀兄自立，后在位八年，改元者四。

却说皇太后单氏生得姿色绝美，聪爱其丽，故立为皇太后。每退朝幸其宫，与通。后事露，被其子刘洮以为言，谓其"不正可污"。单氏惭恚。诗叹曰：

堪叹胡人专恃强，杀兄自立作君王。孰知七八年间事，孤子由然亦被伤。

却说氏酋蒲洪骁勇多权略，群氏皆畏服之。汉主聪遣人拜为平远将军，不受，乃自称为秦州刺史、略阳公。史说，蒲洪家池中蒲生，长五丈，五节如竹形，时人咸谓之蒲家，因为氏焉。先是，陇右大雨，谣曰："雨若不止，洪水必起。"因名洪。后以晋穆帝永和间谶文有"草付应王"，又以其孙坚背有"草付"字，遂改苻氏矣。

却说雍州流民因难逃避在南阳，朝廷闻知，遣使持诏书来南阳，遣流民还乡里。流民以关中荒残，皆不愿归。荆州都督山简见流民不肯归，遣兵五千促发其还。京兆王如潜结壮士二千余人，夜袭简兵大破之，攻城镇，杀令长，众至四五万，乃自号为大将军，使人称藩于汉。

## 石虎引兵陷邺台

却说辅汉将军石勒以从弟石虎为先锋，领兵十万，来攻邺都三台城。兵至城下，团团围绕，水泄不通。

史说，石虎字季龙，乃勒之从子也，名犯太祖庙讳，故称字焉。勒父朱幼而子季龙，故或称勒弟焉。季龙性残忍，好驰猎，尤善弹，数以弹打死人命，军中以为毒患。勒白母王氏，欲将杀之。王氏谏曰："快牛为犊子时，多能破车，汝当小忍之。"于是留之。年十八，稍折节，勇冠三军，当时将佐亲戚，莫不敬惮。勒始嘉之，为娶将军郭荣之妹为妻。季龙攻讨，所向无前，故勒宠之，得以专征伐之任耳。

此时季龙攻三台城,三台军民皆溃,大将军谢胥势穷,乃率三台流人诣石勒处投降乞活。勒欲准其降,偏将李恽上曰:"南人奸诈多般,倘若有变,吾等无类矣!"勒深然其言,即命将谢胥斩之,自上马出来,欲坑其降卒,忽见郭敬在内,勒认识之,乃恩人郭季子,即问曰:"汝莫非郭季子乎?"敬叩头曰:"是也。"勒忙跳下马,执其手而泣曰:"今日相遇,岂非天耶!"赐其衣服车马,署敬为上将军,悉免降者以配之,与敬统领。昔勒幼贫,得郭敬资给,是故报之耳。于是勒领众人邺,问于右侯张宾曰:"邺城乃魏之旧都,吾将营建,须贤望以绥之,谁可信也?"宾曰:"晋故东莱太守赵彭忠亮笃敏,有佐时良干,若任之,必能允副神规。"勒从之,使人征彭,署为魏郡太守。彭至,入见勒,泣辞曰:"臣往策名晋室,食其禄矣。犬马恋主,切不可忘,诚知晋之宗庙鞠为茂草,亦犹洪川东逝,往而不返。明公应符受命,可谓攀龙之会。但受人之荣,复事二姓,臣志所不为,恐明公之所不许,若赐臣余年,全臣一介之愿者,明公大造之惠也。"勒默然。张宾进曰:"自将军神旗所经,衣冠之士靡不变节,未有能以大义进退者。至如此贤,以将军为高祖,自拟为四皓,所谓君臣相知,亦足成将军不世之高,何必使之?"勒大悦曰:"右侯之言,得孤心矣。"于是赐安车驷马,养以卿禄,令其还宅,乃辟其子赵明为参军。命石季龙为魏郡太守,镇邺三台,勒自领兵还屯襄国。

却说华谭尝在寿春依周馥,及闻琅邪王霸有江东,乃来从之。至是,琅邪王睿问谭曰:"周祖宣(周馥之字)何故反?"谭曰:"周馥虽死,天下尚有直言之士。馥见寇贼滋蔓,欲移都以靖国难,执政不悦,兴兵讨,馥死未逾时而洛阳沦没。若谓之反,不亦诬乎!"睿曰:"馥位为征镇,召之不入,危而不持,亦天下之罪人也。"谭曰:"然,危而不持,当与天下共受其责,非但馥也。"睿无以对,乃以谭为军咨祭酒。

时睿参佐多有避事自逸,参军陈頵言于睿曰:"洛中承平之时,朝士以小心恭恪为凡俗,偃蹇倨肆为优雅,流风相染,以至败国。今僚属皆承西台余弊,养望自高,是前车已覆,而后车又将随之也。请自今临使称疾者,皆免官。"睿不从。以三王之诛赵王伦也,制《己亥格》以赏功,自是循而用之。顗又曰:"昔赵王篡逆,惠皇失位,三王讨之,故厚赏以怀向义之心。今功无大小,皆以格断,乃至金紫佩士卒之身,符策委仆隶之门,非所以重名器,正纪纲也,请一切停之!"顗出寒微,数为正论,府中僚佐多恶之,于是睿以顗出为谯郡太守。

却说吴兴太守周玘宗族强盛,琅邪王睿颇疑惮之。睿左右用事者,多中州亡官失守之士,驾驭吴人,吴人颇怨。玘自以失职,又为刁协所轻,阴与其党谋诛执政,以南士代之。事泄,忧愤而卒。将死,谓其子勰曰:"杀我者,诸伧子也;能复之,乃吾子也"。言讫而卒。时镇东将军顾荣、太子洗马卫玠皆卒。

史说,顾荣字彦先,吴国人也。荣机神朗悟,祖姓吴,丞相雍之后也。吴平,与陆机兄弟同入洛,时人谓之"三俊"。奉例拜为郎中,历尚书郎、廷尉正。恒纵酒酣畅,常谓友人张翰曰:"惟酒可以忘忧,但无如作病何耳!"初,荣与同僚宴饮,见从人执炙食者状貌不凡,其人有爱炙食之色。荣即割其炙食,与从人啖之。坐者问其故,荣曰:"岂有终日执之,而不知其味者也!"及赵王伦败,荣为伦长史,亦被执,将诛,而前执炙食者幸为督率,救之,得免。后仕琅邪王睿,以为散骑常侍,年五十七卒。

史说,卫玠字叔宝,年五岁,丰神秀异。祖父瓘曰:"此儿有异于众,顾吾已老,不能见其长成耳!"总角乘羊车入市,见者皆以为玉人。骠骑将军王济,玠之舅也,俊爽有丰姿,每见玠,辄叹曰:"珠玉在侧,觉我形秽。"又尝语人曰:"与玠同游,炯若明珠之在侧,朗然照人耳。"及长,好言玄理。时王澄有高名,每闻玠言,辄叹息绝倒。故时人为之语曰:"王玠谈道,平子绝倒。"澄及王玄、王济并有盛名,皆出玠下。世人云:"王家三子,不如卫家一儿。"玠妻父乐广,有海内重名,议者以为妇公冰清,女婿玉润。久之拜为太子洗马。玠以天下大乱,移家南行,转至江夏,妻先亡。征南将军山简见之,甚相钦重。玠知其有女淑德,使人说亲。简忻然曰:"昔戴叔鸾嫁女,唯贤是与,不问贵贱,何况卫氏权贵门户,令望之人乎!"于是以女妻焉。成亲遂进豫章。其时王敦镇豫章,长史谢鲲先重玠,见玠欣然,言论弥日。敦谓鲲曰:"昔王辅嗣吐金声于中朝,此子复玉振于江表,微言之绪,绝而复续。不意永嘉之末,复闻正始之音,何平叔若在,当复绝倒矣!"由然人士皆相重之,年二十七岁,卒于南昌,晋王睿闻知,不胜之悲。

# 后宫秘录

## 贾氏谋害皇太后真相

早有人进宫中,来报皇太后杨氏,说贾后夷其三族之事。杨后大怒,即诣其宫,责骂贾后曰:"无端贱人!先帝不肯娶汝泼贱,是吾抬举娶你。今日得志,反害绝吾家,有何道理!"贾后亦对曰:"老贱人!你父谋反,故将诛之,何如骂我!"二后相骂,将欲交手,左右宫人急劝解之,送皇太后杨氏回宫。贾后愤怒不息,使人密召孟观人问曰:"杨骏虽死了,皇太后不仁,必有复仇之心。吾欲害之,卿有何计?"观曰:"今杨骏兄弟死了,皇帝无为,大权诏命,皆出娘娘之手,娘娘何不矫诏徙于金墉,有甚难乎!"贾后闻计大悦,曰:"我即书诏,卿可代吾徙之。"于是贾后作矫诏命孟观赍诏入后宫,来徙杨氏。孟观领诏,即后入后宫,杨后谓孟观曰:"吾无宣唤,汝何直入!来此何干?"观曰:"奉圣上诏旨,废娘娘,不许在宫,命日下徙居金墉。"杨大惊曰:"我实无罪,何如见废?"观曰:"圣上以娘娘不合与杨骏谋叛。贾后奏知,一人造叛,九族皆诛。圣上以娘娘与其母子之亲,不忍加诛,是以废焉。"杨后闻之大哭,欲出金銮亲见惠帝。孟观使宫人扯住,不放其行,喝将乘辇至监,令杨后上舆,喝令从人拥出宫门,使人送至金墉。居止已定,孟观始入宫回报。贾后大悦,以帛百匹赏之,因谓观曰:"卿与我启惠帝,称皇太后同杨骏谋反,宜诏令其自绝,不可遗患于后。"观曰:"不须娘娘懿旨,臣见圣上,见可而进,使其弑之。"于是孟观与李肇、董猛出殿奏曰:"今皇太后图危社稷,自绝于天。陛下虽有无已之情,臣下不敢奉诏。宜早绝之,免贻后患。"惠帝问有司,如何所议。当中书监张华议曰:"皇太后非得罪于先帝,今党其所亲,为不母于圣世,宜依汉废赵太后故事,称武皇后,居异宫,以全始终。"惠帝未决,有司奏曰:"一人造反,九族皆诛。以其与圣上有母子之亲免死,宜废为庶人。"惠帝未及时,贾后命即书诏下金墉,废杨太后为庶人。有司又奏:"昨诏原杨骏妻庞氏,以慰皇太后之心。今皇太后即废,请陛下以庞氏付廷尉行刑。"惠帝从之,廷尉官来金墉,押庞氏上市曹,杨太后抱持号叫,截发稽颡上表。贾后知,即出,诈谓杨后曰:"妾当请全你皇母之命,你可回金墉,必不至刑。"杨后以为实,即回。贾后反使人趣廷尉官斩之,将太后废为庶人。

却说贾后心欲干预政事,乃召黄门董猛,孟观等人曰:"吾欲总专朝政,得一能臣同辅佐之可好?朝中大臣谁可堪任?"观曰:"汝南文成王亮,字子翼,乃宣帝第四子,先封为扶风王也。又有尚书卫瓘字伯正,极善草字,人皆仰慕也。此二人乃宣帝元老,足服群臣。娘娘若能用之,朝政安定,可使天下太平。"贾后闻言大喜,即从其言。

## 贾氏夺朝权内幕

辛亥,元康元年,却说皇后贾氏讳南风,平阳贾充之女也。初,武帝立惠帝为太子时,欲取卫瓘女为太子妃,因元后纳贾、郭、霍亲党之说,欲婚贾氏南风。武帝谓元后曰:"卫公女有五可,贾公女有五不可。卫家种贤而多子,美而长白;贾家种妒而少子,丑而短黑。"元后固请婚贾氏,又使荀勖、荀颐于帝前称贾氏之美。武帝乃订婚贾氏。泰始八年,拜为太子妃。

贾氏既为妃,心性妒忌,多权诈,太子畏而忌之,因此嫔御罕有进幸者。而贾氏性酷虐,尝手杀宫人。或以戟掷孕,子随刀堕地。武帝闻知,欲废之。杨太后救之曰:"贾公屡有大勋于社稷,岂可以其女妒而忘之耶!"妃得不废。后太后数戒厉贾氏,贾氏不知其救己,反以为恨,至是不以妇道事太后。当时若非太后力劝武帝,贾氏安得至今。

惠帝既即位,乃立为皇后,贾氏遂荒淫放恣,与太医程据等乱彰内外。常使宫人阉宦计，以箱篚装少年入内同寝，中意者留，不中意者害之。其时洛阳有盗尉部小吏，生得端丽美容，既给厮役，忽有非常衣服，众吏人咸疑其衣服窃盗来的。尉部亦嫌而辨问之："何得此服？"小吏答云："月前先行逢一老妪，说其家有一女疾病，问师买卜，云宜得城南少年砂之方瘥，欲暂相烦，必有重报。吾随其去，上车下帷，内篚箱中，行有十余里，过六七门限，开篚箱，吾起来见楼阙好屋，胜似天宫。吾问此是何处，彼答云是天上，即以香汤与吾浴，将锦衣与吾衣，将美食与吾食之。后引吾人见一妇人，年可三十五六岁，短形青黑色，眉后有疵，见留数夕，共寝欢宴，临出以此衣服等物相赠与吾，吾安敢为盗耶！"尉部听见其说形状，知是贾后，惭笑而不责之。时闻贾后常以此计载人入宫，不中意而死者甚多，唯此小吏，贾后爱之，得全而出，因是漏泄，洛阳城内人尽知之。

贾后性凶悍，多权略，每惠帝临朝，贾后必在珠帘后独坐。若大臣所奏政事，贾后不待惠帝自允，俱干预之。当太傅杨骏入请曰："天无二日，民无二王。今圣上春秋正富，政治多能，安用垂帘，扰乱治体，宜速还宫。"贾后闻之，满面羞惭，低声入宫，虽不答语，心甚怅恨。归内大怒，欲杀杨骏，无计可成。时殿中中郎将孟观、李肇二人，常被杨骏面谩，心甚恶之。及闻贾后与杨骏构怨，因见黄门董猛，同入宫，献谋诛骏。贾后大悦，问："卿等以何计可诛老贼？"孟观曰："臣有一计，可杀杨骏老贼。非可自为，满朝皆其腹心，未可与谋。娘娘宜使人持书，报楚王司马玮，令其以兵外应，方自诛得，不然反成内乱。"贾后曰："然。"于是贾后遣孟观以书来见。楚王司马玮曰："吾亦恨老贼久矣。必须吾自以兵入朝，方可行得。"观曰："请殿下以兵屯于城外，以待内应即行。我先入宫，报与娘娘，娘娘使人来迎。"却说孟观回宫报知，楚王以兵密屯于司马门外，以候内应。贾后曰："其计大善。卿等密地启帝，称杨骏谋反，宜速下诏收之，若更迟延，早晚祸生。待帝应允班诏，卿等以禁兵讨之，则杨骏可诛矣。"

孟观等领懿旨出内殿，待帝退朝入宫，孟观奏帝曰："杨骏谋反，欲夺天位，陛下宜早图之。不然，臣等亦难讨乱。"惠帝曰："卿何得是言？"观曰："臣知多日矣，不得不尽孤忠。望陛下火速降诏，委臣等与楚王共讨之，缓则必变。"惠帝方始大惊,骂曰:"老贼欲效王莽!"因此即命黄门董猛草诏,诬杨骏谋反,命东安王司马繇帅殿中四百人,及楚王司马玮入朝,共孟观等讨之。孟观得诏,出迎楚王玮,入屯司马门。又以诏召东安王繇入内,领禁中四百人埋伏。计策安排已定,俱各以兵埋伏。

次日,孟观入宫,见贾后具说计成,必须娘娘矫圣上手诏,去宣杨骏入内,执而诛之。然后臣等以兵族其三族。贾后闻计,即矫惠帝手诏,使人持去,宣杨骏入议军国大事。使人持诏至杨骏府中,说圣上在宫内诏太傅入宫,共议军国大事。骏时欲即行,其弟杨济、杨珧止之曰:"前日吾兄面抑贾后,今日无事宣入内宫,必有诈谋,切不可去,去必有患。待来日大朝,兄可与弟辞老休致,免累三族矣。"杨骏曰:"帝自有诏在此,有何患焉?若有内变,皇太后必有密旨,何故虑之!"杨济等曰:"交构已成,尚欲入宫,何不早决。"骏始悟,即召官属至曰:"吾尽忠报国,今日惠帝在宫内有手诏,诏我入宫同议军国大事,吾二弟济、珧以为诈,故问之耳。"当主簿朱振曰:"吾窃知楚王无故亦朝,定有谋明公之心,此必阉竖为贾后谋,不利于明公。依吾之计,宜速烧云龙门以胁之,索造事者首,引东宫及外营兵,拥太子入宫取奸人,殿内振恐,必斩送之,不然,无以免难。"杨骏素怯懦不决,乃救得曰:"云龙门魏明帝所造,功费甚大,奈何烧之!"骏犹豫间,皇太后杨氏在宫亦闻知,急自作书,令人射出城外曰:"有人是杨太傅者,千金赏,万户侯。"被贾后宫中人拾得,将来呈与贾后。贾后因宣言太后同杨骏谋反,即令孟观催东安王,以殿中兵出,以火烧杨骏公府。杨骏大惊,逃入于厩中,被兵拥入,就杀之。遂收杨济、杨珧及张劭、段广等,毕夷三族。珧临刑告东安王繇曰:"吾昔有表,收在石函,可问张华。"繇不听,叱左右斩之。

## 赵王诛贾后内幕

庚申,永康元年,四月,却说赵王司马伦,字子彝,乃宣帝司马懿之第九子也。见愍怀太子被贾后所害,欲起兵,恐力不及,谓孙秀曰:"今惠帝无道,贾后专制，弑害太子，淫乱后宫。先曾与卿谋之，恨力未及。吾思宣帝尽忠仕魏，南拒孙权，北抗刘备，幸有大勋，德及武帝，平蜀灭吴而有天下。未及三世，遭此贱人暴虐，鹿将欲失之，吾将起兵尽诛贾氏，诚恐刻鹄不成，反类鹜耳。汝有何策？"孙秀曰："殿下欲立盖世之功，难以独力。臣见齐王司马冏每有不忿贾后之意，请其同讨贾氏，方有大济。其余碌碌等辈，切莫泄漏与知。"赵王伦曰："然。"

于是司马伦即使人请司马冏至，置酒相待。至酒酣，赵王司马伦哭谓冏曰："今惠帝恋骏，贾后专权。君之太子弑之于许昌，后之贼党委之以重任。若不早救晋鼎，则吾与卿等，亦有患矣。今之召卿，欲与卿戮力共诛贾氏，以正纪纲，卿意如何？"司马冏曰："吾欲杀此贱人久矣，恐不能济，既若如此，吾有一计。"司马伦曰："卿有何计？"司马冏曰："不如吾二人起兵，矫诏废贾后及诛其族，以清朝廷，谁敢拒之？"伦曰："此计亦善，奈无兵权。"孙秀曰："此事易耳。来早殿下可入朝奏帝，称说东安王司马繇因罪见废，今在东安甚得民心，屡怀不平之鸣，将欲起兵，若不使人以兵去戍预防，诚恐有变，难以征讨。不如乘其未动，使人镇之，不然祸至无日矣。主上必然问谁人可去镇守，殿下便荐齐王。齐王若授兵符，即勒其兵，矫诏先废贾后，后诛其党，大功成矣。"齐王司马冏曰："此计妙极，可速为之。"于是二王相辞各自歇息。

次日，赵王司马伦披公服、执牙笏，入朝奏惠帝曰："臣闻先废东安王司马繇，今居东安，怨望朝廷，阴结力士，将欲谋叛。陛下可速使人以兵去镇，捕其恶党，庶得东地宁息，不然乱废将兴。"惠帝曰："司马繇既叛，谁人可去镇之？"伦曰："齐王司马冏有文武才略，可使他去，万无一失。"惠帝从之，即召齐王司马冏至，封为车骑将军，授以兵符，发二万五千人，与其出镇东安。

齐王司马冏既得兵，来见赵王司马伦商议。孙秀曰："来日待圣上坐朝，齐王殿下矫惠帝诏，废贾后为庶人。赵王殿下领兵拒住宫门，以防外兵，然后请旨诛张华、裴頠、贾谧等党。"因是赵王伦等各依孙秀之计而行。计排已定，赵王伦佯使司马雅去告张华曰："赵王欲与公共匡社稷，为天下除害，公意如何？"华拒之曰："天下已定,百僚奉职,贾氏虽虐,未至大患,除甚大害?子莫妄乎!"司马雅怒曰："刃将加颈,犹为是言耶!"不顾而出报伦。伦大怒。是夜,乃自矫诏,敕三部司马曰："中宫与贾谧等杀太子,今奉圣旨使车骑司马囧入废中宫,汝等从命,爵赐关内侯;不从者诛及三族。"众皆从之,开门而入。至天明,赵王司马伦又以兵一千人入宫,拒住内外,宫人不得出进。齐王司马囧自披甲执锐,领甲士五百人在宫内矫诏责贾后曰："皇太后何罪见废!皇太子甚辜见诛!汝淫乱宫室,污秽朝廷,今圣上有密诏在此,废汝为庶人,火速收拾,迁去金墉去住。不许久延掖庭!"贾后大惊曰："诏当从我出,汝诏从何而来?"齐王囧曰："诏书乃圣上亲出,不必争论。"言讫,喝令军士拥而出之。贾后走上台阁,遥望金銮殿上大呼曰："陛下有妇,使人废之,你久后亦行自废。"齐王囧大怒,挥军士上阁,将贾后推扯下来,以宫车仗使军士护送,迁于金墉去讫。勒兵出宫,会同赵王司马伦、梁王司马肜等请帝上殿。

贾氏淫风毒且愚,谋绝皇嗣却必诛。

今朝司马伦兵起,犹说诏当从我为。

时惠帝见诸王各执兵入,心中大惊,战栗不已。当赵王司马伦俯伏殿下奏曰："臣等为社稷之计,必无谋异之心,陛下不劳圣恐。"惠帝方且定心。司马伦又奏曰："今贾后凶悍淫虐,废太后,弑太子,臣等故废之。今有侍中张华、仆射裴頠、太常贾谧,助后为虐,陛下可下诏诛夷。"惠帝见赵王等如此,不得不从,连忙诏许之。于是赵王伦迎惠帝幸东堂,执贾谧斩之。召八座以上皆夜入殿,于是裴頠等皆至,又令收赵粲、贾午等尽诛之。乃令张林执张华,裴頠、解结于殿前。张华谓张林曰："卿欲害忠臣耶?"林称诏诘之曰："卿为宰相,太子之废,不能死节,何也?"华曰："式乾之议,臣谏事具存,可覆按也。"林曰："谏而不从,何不去位?"华无以对。林遂出来,将裴頠等皆夷三族。又收董猛、孙虑、程据等,皆诛之。赵王伦见张华不至,复使孙秀去收诛其三族。

于是赵王伦自为都督中外诸军事、相国,以侍中孙秀为中书令,并据兵权,文武封侯者数千人。奏惠帝诏,追复太子司马遹位号,更立其子司马臧为临淮王。时有司奏:"尚书令王衍备位大臣,太子被诬,志在苟免,可禁锢终身。"诏从之。时伦欲收人望,选用海内有德之士,以李重、荀组为左、右长史;以王堪、刘谟为左、右司马,束晰为记室,荀崧、陆机为参军。李重知伦有异志,辞不就,赵王伦逼之不已,忧愤成疾,扶曳受拜,数日而卒。

五月,惠帝诏立临淮王为皇太孙。此时朝野震悚,士民恐避。独阎缵闻知,径入市曹,抚张华尸恸哭曰:"吾曾语君及早逊位而不听,今果不免也。"复见贾谧尸,叱曰:"小儿乱国之由,诛之晚矣!"哭讫,上疏表张华之死屈。惠帝善其忠烈,乃擢为汉中太守。

史说,初,张华少子张韪颇识天文,夜观乾象,见中台星坼。次日,见华曰:"今中台星折,正应大人,宜早逊位,免祸临身。"华不听而曰:"天道玄远,惟修德以应耳。不如静以待之。"未数日,孙秀以兵入府曰:"奉诏斩公。"华大惊曰:"臣先帝老臣,忠心如丹。不爱生而惧王室之难,祸不可测也。"言未终,孙秀使人推出市曹斩之,诛其三族。

张华性好人物,至于穷贱侯门之士有一介之善者,便咨嗟称咏,为之延誉。雅爱书籍,身死之日,家无余财,唯有文史溢于几箧。尝徙居,载书三十乘。秘书监挚虞撰定官书,皆资华之本以取正焉。天下奇秘,世所稀有者,悉在华所。由是博物洽闻,

# 政坛内幕

## 魏延作乱之谜

陈寿在《三国志·蜀书·魏延传》中,用了一半的篇幅记述了魏延作乱过程,说明对此事件的重视程度,并表达了同情和理解。"平日诸将素不同,冀时论必当以代亮。本指如此,不便背叛"(《三国志·蜀书·魏延传》),反映了陈

寿的矛盾心理。

陈寿为何对魏延作乱存在矛盾心理呢？这不能不让人反思魏延作乱的真相。

### 1.姜维表现蹊跷

诸葛亮病重，秘密与长史杨仪、司马费祎、护军姜维安排后事，"令延断后，姜维次之"。这里姜维存在疑点颇多：第一，姜维此时不是护军而是征西将军，官职记载不对，出入较大。第二，《三国志·蜀书·姜维传》只字未提魏延作乱有关事情，姜维仿佛是局外之人。第三，姜维是武将，不是近臣，如没有诸葛亮的召唤，是不可能在诸葛亮身边的。在魏延作乱时，如果在诸葛亮身边时，征西将军姜维职务高于讨寇将军王平、马岱，地位重要，可是却无关紧要，没有发挥任何作用。姜维既然参与诸葛亮的密谈，怎么在平定魏延作乱之中一无语言，二无行动，难道是在作壁上观吗？第四，姜维职务虽低于魏延，却高于杨仪，并受诸葛亮器重。如果诸葛亮当时清楚，理应让姜维统领诸军，怎么能安排自己不喜欢的杨仪来统率蜀军，让杨仪命令魏延和姜维呢？在三国时代特别是讲究官位级别的，如魏制，二品官位就有征西大将军和镇西大将军、征西将军和镇西将军，三品有安北将军和平北将军等。而征西将军和镇西将军还存在差别，等等。难怪东晋史学家习凿齿《汉晋春秋》记载姜维命令杨仪率军迎战司马懿。就是认为姜维位在杨仪之上，应该命令杨仪。

### 2.魏延作乱颇多疑点

仔细分析魏延作乱过程，不由让人产生诸多疑问：第一，魏延"遣兵逆击仪等"（《三国志·蜀书·魏延传》），即派兵攻打杨仪，杨仪命令王平抵御，这时魏延并未上前，怎么变成是魏延与王平的对阵？第二，魏延深通谋略，战功卓著，并且当时派人侦察杨仪动静，如果兵少，兵力悬殊，怎能主动攻击杨仪，以小碰大，以弱击强？第三，如果兵多，又是造反，应自知理亏，"勇猛过人"（《三国志

·蜀书·魏延传》)而且善战的魏延与王平(何平)对阵时,根本无须答话,直接掩兵而至,一举定胜负,怎能让有利的武战,变成不利于自己的文斗,被王平驳斥而军心涣散,导致失败? 第四,面对王平责问,魏延全军溃散,于理不通。综观三国时期,还没有在骂阵中,全军溃败的记载,何况魏延善养死士,即使理亏,顶多散去部分,岂能全部溃散,魏延只剩几人逃走? 此事逻辑混乱,疑窦丛生,陈寿找不到合理的解释,又不能杜撰,只有"存疑",正因为如此,导致陈寿想对此事说清,却难以说清,难怪陈寿产生矛盾的心理。难以说清的事情不止此一处。马谡失街亭这样明朗的事情,还出现马谡死因说法不一,陈寿在《三国志·蜀书·诸葛亮传》和《三国志·蜀书·王平传》记载诛杀马谡,在《三国志·蜀书·马良传》附《马谡传》记载是病死狱中,而在《三国志·蜀书·向朗传》中记载是马谡逃亡。

### 3.杨仪个性特征

诸多疑问,杨仪的合法性和魏延作乱的真实性便值得怀疑。杨仪个性狷狭,即性情急躁,心胸狭窄。魏延被杀后,杨仪仍未善罢甘休,用脚踩其首级说:"庸奴,还能作恶吗?"并灭其三族。平定魏延之后,由于没有得到实权,"怨愤形于声色,叹咤之音发于五内"(《三国志·蜀书·杨仪传》),曾后悔当初没有率军投魏,明显是反状,甚于魏延多少倍。被削职为民后,更变本加厉地诽谤朝廷,是一个品行恶劣之人。如果诸葛亮安排杨仪为统帅,有许多疑问和不妥,甚至于理不通。如果诸葛亮没有安排杨仪统领诸军,从客观来论,这统领不是魏延,便是姜维来当,如果这样,魏延有能力置杨仪于死地,因为诸葛亮在时,还用刀相逼杨仪。所以,客观形势也逼迫杨仪在诸葛亮过世后采取非常手段。从主观而论,杨仪品性恶劣,胆大妄为,也会做出非常手段的选择。诸葛亮委任也好,未委任也好,杨仪在诸葛亮过世后,是最好弄到兵符的人。

### 4.费祎个性特征

费祎是"姿性泛爱"(《三国志·蜀书·张嶷传》),与任何人都能处好关系,且善于言辞,对于魏、杨平时纷争,他都能搞好关系,而且在出卖魏延、出卖杨仪之前,还仍然赢得二人的信任,说明其逢迎本领十分高超,所以,也见爱于诸葛亮、蒋琬。费祎本领不大,哄人手法高明,人际关系绝佳,在杨仪与魏延交恶之时,作为近臣的费祎站在哪一方,必将使"正义"的天平向哪一方倾斜。这从魏延后悔放走费祎便能证明费祎的重要性。费祎泛爱特性真可谓到位,这表现在甚至无原则的泛爱,将魏降人郭修放在身边,最后被其所害。

杨仪

### 5. 魏延作乱真相

费祎虽然左右逢源,两边讨好。但最终权衡利弊,认为偏向杨仪对自己更为有利。这从平定魏延作乱之后,便得到证明。费祎官位原低于魏延、姜维、杨仪。费祎由于多方讨好,在内部政治斗争中游刃有余,掌握主动,因而在平定魏延之后,费祎的官位却高于姜维和杨仪,是最大的受益者,也奠定了作为蒋琬接班人的坚实基础。所以,当时费祎认为不如顺水推舟,与杨仪联合,因为杨仪是文臣,是近臣,更能代表诸葛亮,号令三军,对大众更具有说服力。平时魏延曾用刀相向杨仪,令杨仪涕泪横流,这让费祎也是不能接受的。如果杨仪、费祎联手封锁消息,那么一切信息来源,岂不被二人所垄断?作为品性恶劣、个性不佳的且与魏延关系恶化的杨仪和具有特有的个性和能耐的费祎,完全有可能导演一出足以扰乱人们视听的"真戏"。做出这样的分析判断有着一定的理由。第一,作为不明真相的王平等蜀汉将领,在杨仪的命令下,突然发难,向魏延进攻。

魏延仓促应战,由于兵微将少,勉强对阵,魏延手下士兵莫名其妙,被王平一顿叱责,认为魏延理亏,军心涣散。这时魏延也就无法相抗,只得逃走,所以被马岱追而杀之。这样理解比原来更合逻辑,更合情理。第二,诸葛亮并未让杨仪来杀魏延,作为长史杨仪也无权将征西大将军魏延杀之,他完全有条件将魏延捉住,等候蜀主刘禅的处置。这足以证明杨仪胆大妄为。第三,杨仪没有号令三军的授权职务,而让一长史统率大将军也不合情理。第四,史书《魏略》中有杨仪"惧为所害,乃张言延欲举众北附,遂率其众攻延。延本无此心,不战军走,追而杀之"的记载,并非空穴来风。因为魏国在蜀有许多侦探,这是杨仪所无法控制的信息渠道,因而具有客观性。其次,魏延手下的散兵及其边境蜀兵也可将真相传播出去。

综上所述,魏延是一名颇有战略头脑、屡建功勋的一代名将,堪称桐柏英雄。可是时值盛年,却不明不白地在内斗中英年早逝,这是军事人才严重匮乏的蜀汉的重大损失。冤哉,魏延!惜哉,魏延!

## 魏延仕途之谜

如果将蜀汉分为前后两个时期,前期以张飞最为卓越,后期以王平出类拔萃,而魏延纵跨两个时期,战功、战略等都超出张飞、王平,在蜀汉将领中首屈一指,为蜀汉一代名将。多年来,名将魏延的事迹,颇有争议,若隐若现,现拨开迷雾,探寻魏延的本来面貌。

### 1.魏延战功之谜

有比较才能鉴别。通过与张飞、王平战功比较,我们更能清楚地认识魏延。作为蜀汉将领的魏延在其一生中,无论战功次数和战功"等级"均有很大建树。

首先比战功次数,魏延次数最多。211年,魏延随刘备入川后,"数有战功"(《三国志·蜀书·魏延传》),说明一般战功次数最少达三次。接着,大的战功

魏延

有：镇守汉中之功、大破郭淮、大败司马懿之功。还有隐形战功三次。在街亭之战中，马谡、赵云、高翔各路兵败，未提及魏延，说明魏延本领高超，为督前部的大将时，所部未败。在斩杀王双和射杀张郃战斗中，史书虽没有提及他们被谁所杀，而此时魏延为大将。其本领在诸葛亮执政时，超过任何一个蜀汉将领。这样一论，魏延大小战功达九次。张飞大的战功有据水断桥、义释严颜、大败张郃。在义释严颜后，多次"所过战克"（《三国志·蜀书·张飞传》），可作三次以上解释，其隐形战功远不及魏延，所以，总次数也不及魏延。王平有街亭之战时的保全之策、南围之战守护之功、兴势之战功劳以及平定魏延作乱，随吴壹和蒋琬镇守汉中，算作两次，总数也不及魏延九次。

再比大的战功，魏延战功最大。张飞收降严颜是进军成都中的首次大战，由于胜利，便一路顺风，"所过战克"。魏延大败魏国主将郭淮，是诸葛亮一出祁山以来，首次大战的胜利，对于振奋全军士气有重要影响。二者功劳大致相当。张飞大败魏主将张郃，魏延大败魏主帅司马懿，都很重要。而魏延守汉中的规模明显强于张飞率二十骑据水断桥。魏延在防守中，主动进攻，大败司马懿。王平在南围仅是防守之功。魏延镇守汉中与王平大致相当，王平镇守汉中承袭魏延之策。魏延大败郭淮明显强于街亭之战中王平保全千名士兵顺利而还之功。

另外，张飞虽能攻能守，却有失徐州败于吕布的记录，王平无败仗记录，却无攻敌之功，而魏延在对敌作战中，既无败仗记录，又能攻善守，这是独一无二的。

综上所述,魏延堪为最杰出的蜀汉大将。

## 2.魏延战略之谜

所谓战略,是指战争全局的计划和策略。作为蜀汉将领的魏延颇有战略头脑,他总揽全局,对进攻和防守都有一套切合实际的计划和谋略,这是任何一位蜀汉将领都无法企及的。

汉中是兵家必争之地,不久,被蜀汉从曹魏手中夺得,但还面临曹魏军队的严重威胁,如果汉中失守,政治中心成都定会受到直接威胁。面对汉中的政治形势、地形条件,屡建战功的魏延创造性地提出"实围"战法,拒敌于围外,并提出"实围"战法所起的战略效果:"若曹操举天下而来,请为大王拒之;偏将十万之众至,请为大王吞之。"(《三国志·蜀书·魏延传》)此战略就规模而论,是从把握全局出发,多层次分析,做出正确判断,指出所要达到防守战略的效果,防守战略是积极的,尤其是安全的防守战略,包含着进攻成分。这一战略具有前瞻性、可行性和有效性,所以,当时就得到了政治家刘备的赞许,同时也扭转了张飞、诸葛亮等文武大臣的看法,"众咸其壮"(《三国志·蜀书·魏延传》)。此战略从实际效果来说,也是正确的,魏延多年守住汉中,相安无事。"实围"战法一直为蜀汉多位将领所沿用,直到姜维当政,放弃"实围",改用"殄敌"战法,终于丢掉了汉中,丢掉了蜀汉。

在一出祁山时,魏延提出了"循秦岭而东,当子午而北",偷袭长安的"子午奇谋",由于遭到诸葛亮否定,没能实施。从诸葛亮五出祁山结果看,诸葛亮战略并无效果,这说明诸葛亮并未发现比子午奇谋更好的战略,这样,就有必要来反思一下子午奇谋的可行性。

首先,蜀汉国小兵少,经济落后,综合国力远不及魏国,如果正面战场硬拼,势必造成以小碰大,以弱对强的局面,失败在所难免。而出奇兵,实行奇正结合的战略是根据蜀国实际情况的必然选择。除此之外,必无他法。

其次,战争是政治斗争的最高手段,某种程度也是赌博的游戏,要想在战争中没有风险是不可能的。因此,按照子午奇谋设想,以万人风险,来争取整个战争格局的根本变化,是以小险去争取大利的行为,有六成以上的把握应该值得一试。而诸葛亮和后来的姜维在每次的战争中,损失上万人也不少见,其战争目的遥遥无期。

再次,在当时的魏国,确实也没有发现有任何准备。子午奇谋实施难度不大,方便易行。所以子午奇谋具有可行性和有效性。

综观其他蜀将,只有马谡提出过平定南中的军事方针,即"攻心为上,攻城为下,心战为上,兵战为下"。魏延"实围"战法是自己来实施成功的,而马谡之计是由蜀军全体将士来实施的。魏延镇守的汉中,是蜀国对外关系最重要的部分,超过南中重要性。总之,魏延战略重于马谡战略,在蜀军将领中独占鳌头,魏延不愧为一名优秀战略家。

### 3.魏延年龄之谜

魏延,字文长,为义阳(今河南桐柏)人,生年不详,于234年被杀,不能直接知晓其年龄,但可以通过魏延生平等测出魏延大致年龄。

据《三国志》记载,刘表192年为荆州牧,一直到208年去世。魏延原属刘表,在注重实战的战争年代,魏延有实战之才,这样可以判断,魏延在刘表处干的时间不长,不会超过三年。试想,凭魏延的本领,在战时肯定要不了三年便会升迁,而魏延却没有什么职务,所以在刘表处干了两年左右,出入最小,也最接近实际年龄。这样,可以判断出魏延年龄,三国成人年龄为弱冠即20岁,方才能出来干事,而刘表所在荆州较为安定,所以是有条件实施的,如果是黄巾军有可能低于这一年龄。魏延当其一出来干事时,无须辗转,耽误时间,直接便能到达荆州干事,所以,魏延给荆州牧刘表干事年限应为206年,时年20岁左右。

据此,魏延为187年左右生,211年魏延25岁左右时以部曲(为一支军队)随刘备入川,数有战功,为牙门将军。219年刘备为汉中王时,魏延为镇远将军,汉中太守,位置极为重要,时年33岁左右,与时年39的军师将军诸葛亮职务相当。221年刘备称帝,35岁左右的魏延进拜镇北将军,封都亭侯。官位显赫,是蜀汉官位升迁最快的将领,高于翊军将军赵云(当时为58岁)。在刘备时期可谓"春风得意马蹄疾"。这一方面是由于其战功卓著,一方面与刘备的识才重用相关。而到了诸葛亮辅政时期,魏延便屡遭挫折,无缘街亭先锋大将,继而"子午奇谋"遭封杀,虽然屡建战功,且战功高于刘备时期,但仕途进展缓慢,直到230年,魏延44岁时大败郭淮,进为征西大将军,封南郑侯。征西大将军职务略高于镇北将军,蜀汉官秩沿汉制,但若用魏国九品中正制来类比的话,这二者品级相同,均相当于二品。王平54岁时为镇北大将军,张飞57岁时为车骑将军。三人是官位相当,魏延年龄最轻。234年诸葛亮54岁时去世。魏延此时为48岁左右,正是承先启后之际的壮年时期,如果能够假以时日,魏延还可再展宏图,可惜却在内斗中丧身。

### 4. 魏延与诸葛亮不合之谜

诸葛亮对魏延一生影响最大,二人是长期共存,长期不合,究其原因是:

第一,制度影响。"知人待士"(《三国志·蜀书·先主传》)的刘备统治时期,实行的是蜀主负责制,为魏延提供了发展的机遇。而刘禅统治时期,实行了丞相负责制。这样,就决定了魏延长期置于诸葛亮的控制之下,没有机会充分展示其才能,并且战绩与战功和官位不对称。正是由于这一管理体制,形成了二人无法解开的捆绑式的矛盾。

第二,个性影响。诸葛亮最不喜欢的是"傲"字性格的人物。刘封"刚猛"、"难制"(《三国志·蜀书·刘封传》),彭素"姿性骄傲"(《三国志·蜀书·彭传》),廖立"坐自贵大"(《三国志·蜀书·廖立传》)等等,不是遭贬就是被杀。魏延"性矜高"(《三国志·蜀书·廖立传》)正属于这一类型的个性,也就成为诸葛亮最不喜欢的人物之一。魏延"善养士众"反映了魏延善于与人相处,而转变成"性矜高",即不善于与人相处。或许主观原因是他"勇猛过人",屡立战功而藐视同僚,或许是屡遭挫折,仕途不顺。魏延经常"叹恨己才用之不尽"

(《三国志·蜀书·魏延传》)。试想：原来远不及魏延的马谡、王平、姜维、杨仪、刘琰等一个个被提拔重用，不可避免地与魏延产生矛盾。这二者原因似乎后者可能性较大。

第三，心理影响。在古代，人们出于认识自然和人类社会存在着时代的局限性，因而，封建迷信颇为流行，有五行相生相克之说，如秦灭六国，为西方金克东方木，隋灭陈为水克火等；也有属相相冲相忌之说，如蛇猪相冲，蛇虎相忌。而在三国时代尤盛，如刘备称帝前有吉兆；甘夫人梦星斗入怀；生贵子阿斗，魏延被杀前，做梦头上生角，为头上用刀之凶兆。184 年，黄巾军口号是"苍天已死，黄天当立，岁在甲子，天下大吉"。所以诸葛亮生于 181 年，为辛酉年，属白鸡；魏延生于 187 年，为丁卯年，属红兔。二人属相相冲，这样二人的心理不由产生互不适应的阴影。

## 孙刘联盟，子虚乌有

在三国历史论文及学术著作中，经常看到孙刘联盟和孙刘联军的名词术语，而翻阅《三国志》有关人物传，却没有一处"孙刘联盟""孙刘同盟"和"联军"的记载，历史上就没有什么孙刘联盟。

从刘备生平看，刘备的势力属东吴的一部分，双方根本不可能结盟。刘备先后投奔曹操、袁绍、刘表、孙权等。汉献帝建安三年（198 年），刘备投奔曹操，并与曹操一起，击败吕布于徐州。刘备是单独率军作战的，没有曹刘联盟和联军的称谓。汉献帝建安五年（200 年），刘备被曹操打败，投奔袁绍不久，便随袁绍统一行动，与曹操作战，这就是官渡之战。刘备从属于袁绍，也是一个独立的作战单位，不然，不会说走就走，就能方便地拉走自己的队伍。此时，也没有袁刘联盟和联军之说。不久，刘备投奔刘表，刘表让刘备防御曹操，刘备火烧博望，伏击曹操大将夏侯惇。这里既没有二刘联军的说法，也没有人认为刘备将夏侯惇赶跑，刘备便有立足之地，只能将刘备看成是刘表的一部分。同理，刘备投奔孙权,与以前情形基本一样,甚至比以往的处境更为糟糕,也更为落魄:①别无选择,投奔孙权;②求救于孙将军;③"论者以为孙权必杀备"(《三国志·魏书·程昱传》)。进退处境极其危险。后来为孙权所接纳,只能看成是孙权军队的一部分。刘备从属于东吴,与以往有所不同:①军队人数比以往略多;②《三国志》记载刘备作战,情节较细;③刘备在东吴渐趋壮大,以至于在数年后入蜀,建成一个国家;④后来,有吴蜀同盟的存在。但从本质上来说,刘备的军队与往次一样,没有经过改编,依然是一支比较独立的军队,从属于孙权。

东吴未曾想与刘备结盟,因为刘备情况不符合东吴结盟条件。据《现代汉语词典》:"联盟"为两个以上国家为共同行动而订立的盟约所结成的集团。据此,刘表或其子刘琮管辖下的荆州相当于一个国家,有独立的决策、独立机构和独立的军队及其管辖范围。而刘备当时无立足之地和完整的行政机构,只有逃跑的军队和自己朝不保夕的性命。分明不具备与孙权结盟的条件。

据《三国志·吴书·鲁肃传》记载:鲁肃为孙权谋划时说:"北方诚多务也。因其多务,剿除黄祖,进伐刘表,竟长江所极,据而有之。"东吴虽然后来击败黄祖,但一直没有等到机会占有荆州。而刘表去世,无疑给东吴提供了一个可能的机会。所以,鲁肃便以吊孝为名,以观动静。如果刘表二子与刘备同心同德,"则宜抚安,与结盟好;如有离违,宜别图之,以济大事"(《三国志·吴书·鲁肃传》)。这是《三国志》在赤壁之战前,唯一一次提到"结盟"二字,而在赤壁之战后,有关人物传只讲孙刘"并力"破曹,从未提及孙刘"结盟"的事。鲁肃这段话说明结盟是有条件的:其一,荆州是一个军事政治集团;其二,荆州内部团结。鲁肃考虑结盟是从东吴的战略需要出发的,唯恐曹操先占荆州。而后来的形势发展是,荆州之主刘琮已投降曹操,荆州已被曹操所占,刘备是"遽惶而走"。被曹操打败的刘备情况,显然与结盟条件风马牛不相及。也就是说,刘备不符合东吴结盟的条件,东吴是不会与刘备结盟的。所以,当鲁肃在当阳见到刘备时,便不说"结盟",而说"崇连和之好"(《三国志·蜀书·先主传》注引《江表传》)。

国学经典文库

中国古代秘史

·三国两晋南北朝秘史·

图文珍藏版

结盟是刘备的"一厢情愿"。鲁肃对刘备说:"孙讨虏聪明仁惠,敬贤礼士,江表英豪,咸归附之。"(《三国志·蜀书·先主传》注引《江表传》)意思是你刘备归于孙权麾下,是受欢迎的。显然是将刘备作为孙权下属来期待的,刘备听后很高兴,派诸葛亮拜访孙权。诸葛亮发挥外交才能,"结同盟誓"。这里"誓"作"发誓"解,并不作"誓约"解。这是因为:①当时并未订立条约;②"结同盟誓"的主语是诸葛亮,一人是不好订立条约的;③诸葛亮也无权与孙权订立条约。诸葛亮闭口不谈"归附之",而发誓结盟,无疑是想让刘备与孙权平起平坐,提升刘备的形象,只能反映刘备、诸葛亮单方面的愿望;④诸葛亮无职务,无功劳,没有资格代表刘备与孙权订立盟约。如果双方结盟,刘备理应去见孙权,缔结盟约。刘备后来力量有所壮大,为了借荆州,还前往吴国都城拜访孙权,而此时刘备能有多大架子,仅派诸葛亮去发一下结盟的誓言就称同盟吗?

为进一步显示刘备的分量,诸葛亮又大谈刘备实力,刘备及关羽水军一万,刘琦有兵一万,这分明是外交辞令使然。这里诸葛亮夸张成分很大。其一,刘表在世时对刘备有所防范和限制,不可能让刘备的军队人数超过自己的长子刘琦统率的军队人数。按诸葛亮说法,刘备在未败之前,连同关羽水军,分明超过刘琦,于理不通。其二,曹操轻骑五千,追击刘备,刚到襄阳,又马不停蹄,日夜追赶,一日一夜行三百余里,远来疲敝,为强弩之末。而刘备有十万群众的拥护,就是将其中十分之一青壮百姓手持木器武装起来,也有一万,按诸葛亮说法,刘备未败之前,军队人数边同关羽水军肯定超过一万人。这样,不管是伏击曹兵,还是正面作战,刘备优势也很明显,为何刘备自己却不堪一击。由此,可以说明刘备当时的军队人数最多不会超过三千,而刘备被击败后,连妻子都顾不上,说明是溃不成军,军队人数不会超过一千。其三,按刘备不超过三千计,刘备手下有张飞、诸葛亮、赵云等文臣武将,因此,关羽军队人数最多不会超过刘备人数的三分之二,即不会超过两千人。所以,刘备及关羽在江夏士兵,最多不会超过三千人。由于刘备军队人数出入太大,因此,刘琦士兵一万也靠不住。

据《三国志·蜀书·先主传》注引《江表传》记载:刘备担心周瑜兵少,不能战胜曹军,"故差池在后,将二千人与羽、飞俱,未肯系瑜,盖为进退之计"。尚未开战,刘备已做好开溜的准备,很符合刘备的个性和以往的行为,是比较令人信服的。同时,说明刘备军队人数只能是数千人。如按诸葛亮所说有两万计算,无论如何,刘备也不会让关羽、张飞只带两千人。据《三国志·吴书·周瑜传》注引《吴录》记载,赤壁之战后,周瑜与曹仁进行了南郡之战,刘备对周瑜说:"使张翼德将千人随卿,卿分两千人追我。"也说明刘备所拥有的军队人数。进一步证明在赤壁之战前,刘备军队的人数。

诸葛亮所说的军队人数,孙权能相信吗?因为孙权也无须相信,抗击曹操靠的是自己军队,曹操尚对军队虚张声势,而诸葛亮为了促成东吴抗曹,岂能不添油加醋呢?面对诸葛亮的结盟愿望,孙权并未响应,只是赞成抗曹的建议。在《三国志·蜀书·诸葛亮传》中,诸葛亮出使东吴,也只字未提结盟之事。刘备的兵力与东吴的兵力对比悬殊,刘备的处境比东吴更需结盟。因为结盟双方必须有所约定,可以实现利益的最大化,但此时刘备别无选择。东吴明知结盟必须让出一部分利益,而刘备投奔东吴,属于东吴的一部分,东吴可以独享战争果实,对东吴更有利。这一比较,显然,东吴选择后者,更有利于维护自身利益。

东吴将刘备看成是下属,理由有两点。①没有起码的礼仪与平等关系。据《三国志·蜀书·先主传》注引《江表传》记载:"诸葛亮诣吴未还,备闻曹公军下,恐惧,日遣逻吏于水次候望权军",可谓是望眼欲穿,"吏望见瑜船,驰往白备",刘备是将信将疑说:"你怎么知道不是曹操的军队呢?"从刘备的心态看,反映了刘备军队战斗力的不足和刘备的不安。周瑜与刘备相遇时,刘备派人慰劳周瑜军队,而周瑜一未致谢,二未下船,而是以军任在身相推托,要刘备来见。刘备对关羽、张飞说:"我要是不去,就不能表达我想同盟的意思。"于是乘小船去见周瑜。周瑜对待刘备是对等的同盟关系吗?有表示要结盟的意思吗?显然不是,而是刘备以小弟弟的身份去见周瑜,来表达结盟的愿望。刘备对待周瑜,表现出来的真有点灰溜溜的味道。②东吴是随时可以调动刘备的。南郡之战后,刘备拜访孙权,要求借荆州。周瑜上书孙权说:"愚谓大计宜徙备置吴,盛为筑官室,多其美女玩好,以娱其耳目。"(《三国志·吴书·周瑜传》)让刘备与关羽、张飞天各一方,方便将来要挟或攻战,反对"割土地,以资业之"。这充分反映刘备是孙权的下属,在孙权的领导下,是随时可以被调动的,进一步证明孙刘并非同盟关系。应该说,周瑜此计很有针对性,而孙权考虑要对付曹操,没有采纳周瑜建议。

汉献帝建安十九年(214年),距离赤壁之战六年,孙权为讨回荆州,与刘备发生战争,占据军事上的优势。刘备因惧怕曹操进入汉中,派使讲和,"权令诸葛瑾报,更寻盟好"(《三国志·吴书·吴主传》)。"更"作"改变"解释,"寻"作"找"解释。如果原来孙刘结盟,才能作"更加"解,但再来"寻",于理不通。因为"寻"只能是头一次。如果"更"作"改变"解,即孙刘原来并未结盟过,是在战争后,更换成另一种形式"盟好",这样"更寻"才顺理成章。所以,"更寻盟好"足以证明孙刘在此前并未结盟。当然,孙刘两家在此时结盟,只能是吴蜀同盟,而非孙刘同盟。因为刘备此时已得益州(蜀),跨有荆益。双方约定,"荆州长沙、江夏、桂阳以东属权,南郡、零陵、武陵以西属备",从此更可证明,孙刘在此前双方并未订立过盟约。

综上所述,孙刘联盟,子虚乌有。刘备从属于孙权,所以,在赤壁之战后,刘备即使获胜,也没有一块属于自己的土地。在南郡之战后,周瑜"分南岸地",让刘备驻扎。刘备即使后来平定荆州江南四郡,也仍不能就算作是刘备自己的地盘,所以,刘备"诣京见权,求都督荆州数郡"(《三国志·吴书·鲁肃传》),要求得到孙权认可,于是刘备"复从权借荆州数郡"。

## 借荆州是借南郡吗

借荆州在三国历史中,占有重要位置,也是吴蜀斗争的焦点,直接影响到三国版图的划分。借荆州一事由于分别记载在各个人物传中,《三国志》没有明确交代。借荆州数郡是借江南四郡,还是借南郡,而在借荆州一年后,鲁肃从南郡江陵改驻军陆口,因而此事显得扑朔迷离。

北宋历史学家司马光认为:借荆州就是借南郡。司马光在《资治通鉴》中,将借荆州放在周瑜去世后,鲁肃由江陵转屯陆口,但并未对此事予以论证。易中天在央视《百家讲坛》上也持这一观点。易中天在《品三国》中,一般对重要观点都做了论证或说明,但对借荆州为何是借南郡,却避而不谈,令人疑窦丛生,是易中天疏忽,还是底气不足,有所怀疑呢? 现代有学者认为,东吴借荆州南郡南部给刘备,是吴人偷换概念,将局部说成整体,是为了与刘备争夺荆州寻找借口。此说不然。局部代表整体,必须具备两个条件中的任何一条:其一,局部占有整体过半数的分量;其二,局部具有典型意义,并占有一定分量。而荆州重要地方是襄阳和樊城,南郡南部占荆州面积很小一部分,明显不具备代表荆州的条件。如果孙权不顾当时包括东吴士大夫等在内的社会各方面的反应,强词夺理,发动战争,便自欺欺人,师出无名。这样的傻事,作为英雄人物的孙权是绝对不会所为的。孙权是借“荆州数郡”,即“南岸地”和江南四郡。从后来关于荆州战事和和谈中,可以看出,东吴是很讲大局和信义的,先礼后兵,战中求和。占据优势后做了大的让步,分割南郡南部,还零陵。

### 1.借荆州背景

既然如此,那么借荆州真相如何呢? 这就必须对荆州行政区划和刘备投奔东吴情况做一番分析和论述。

东汉时期荆州有七个郡,州治襄阳,由北向南大致分布:即南阳郡、南郡(今襄阳、荆州一带)、武陵郡(今常德一带)、长沙郡、零陵郡(今永州一带)、桂阳郡(今郴州一带),江夏郡(今武汉一带)在南郡东面。南郡郡治在江陵县,刘备的荆州州治在公安县。

刘备在曹操追击下,逃往江夏,形势岌岌可危。诸葛亮“奉命求救于孙将军”(《三国志·蜀书·诸葛亮传》),“论者以为孙权必杀备”(《三国志·魏书·程昱传》)说明刘备无论进退,处境都很危险,不要说占地盘,就是连性命都朝不保夕,同时也说明孙、刘的力量悬殊,反映了刘备的分量。赤壁之战中,主要是靠东吴力量打败曹操的。周瑜信心百倍率领军队在前,孙权坚定信念领军在后,陆续进军,而刘备却狐疑不定,"差池在后"(《三国志·蜀书·先主传》注引《江表传》)。由此不难看出,是东吴力量将曹操势力逐出除南阳郡、南郡北部和江夏郡北部以外的所有荆州地区,江南四郡形成权力真空,已成为东吴的囊中之物,这就是借荆州的背景。

赤壁之战后,周瑜乘胜追击,将曹仁从南郡南部赶走。在南郡之战中,刘备、张飞也率军随周瑜作战,这说明此战在刘备平定江南四郡之前。南郡之战后,周瑜为南郡太守,据江陵城,"分南岸地以给刘备。备别立营于油江口,改名为公安"(《三国志·蜀书·先主传》注引《江表传》),这是东吴首次借荆州之地给刘备,也使刘备从此有了落脚点。

### 2.借荆州时间

理清借荆州有关细节的前后时间顺序,是解开借荆州之谜的关键。《三国志·吴书·吴主传》虽为人物传,但对东吴的历史事件的记载,明显具有编年体的特征,现将借荆州有关事件链接如下:汉献帝建安十三年(208 年),赤壁之战。十四年,南郡之战后,周瑜为南郡太守,"刘备表权行车骑将军,领徐州牧。备领荆州牧,屯公安"。十五年,"分长沙为汉昌郡,以鲁肃为太守,屯陆口",说明分长沙一部分划入汉昌郡。汉献帝建安十九年(213 年),"权以备已得益州,令诸葛瑾从求荆州诸郡",刘备不许,双方便爆发了战争,"会曹公入汉中,备惧失益州,使使求和。权令诸葛瑾报,更寻盟好,遂分荆州长沙、江夏、桂阳以东属权;南郡、零陵、武陵以西属备"。东吴明确将南郡划归刘备,这便是吴蜀首次结盟、"分荆州"事件。《三国志·吴书·周瑜传》对于借荆州的时间,即究竟在周瑜生前,还是去世后,交代得很清楚。"权拜瑜偏将军,领南郡太守","刘备以左将军领荆州牧,治公安。备诣京见权"。周瑜建议孙权将刘备与关羽、张飞分置一方,以有利于控制刘备,同时,明确反对借荆州给刘备,"今猥割土地以资业之，聚此三人，俱在疆场，恐蛟龙得云雨，终非池中物也"。可惜孙权为了共同对付曹操，没有采纳周瑜建议，"故不纳"。《三国志·吴书·鲁肃传》也明确记载借荆州发生在周瑜生前，"后备诣京见权，求都督荆州，惟肃劝权借之"。这里必须弄清"督荆州"与"借荆州"的区别。刘备由于从属于孙权，归孙权领导，是东吴力量将曹操势力逐出，江南四郡形成权力真空。刘备即使进军江南四郡，要想合法占据，必须得到孙权认可，便"求都督荆州"，意即对荆州数郡的军政管理。鲁肃谈"借荆州"而不谈"督荆州"，是一种明智的做法。其一，此时刘备已呈现羽翼丰满状况，占据荆州已是既成事实，让刘备继续从属东吴，已不现实。其二，如果让刘备"督荆州"，将来兵戎相见，没有舆论优势，因为刘备在赤壁之战、南郡之战等战争中出力，在荆州数郡归属上难以说清。其三，借荆州给刘备，明确了"产权"归属，与刘备没有关系，刘备以后必须还荆州。周瑜病重时，向孙权推荐鲁肃，孙权于是以鲁肃为奋武校尉，"程普领南郡太守。肃初住江陵，后下屯陆口"。证明周瑜去世后，程普与鲁肃都在江陵，南郡依然归吴国。周瑜为南郡太守和借荆州事件是在汉献帝建安十四年（209 年），周瑜去世为汉献帝建安十五年（210 年）。再根据《三国志·吴书·吴主传》，鲁肃下屯陆口的时间，即在周瑜去世的当年，即汉献帝建安十五年。也就是说鲁肃在借荆州事件发生一年后，才从江陵调到陆口。另据《三国志·吴书·程普传》记载："周瑜卒，代领南郡太守。权分荆州与刘备，普复还江夏"。"权分荆州与刘备"为倒装句，即"权与刘备分荆州"，"分荆州"与"借荆州"有着本质的不同。程普离开江陵，发生在吴蜀"分荆州"，时间在汉献帝建安十九年（213 年），程普在任南郡太守四年后，这与孙权分荆州南郡时间正好吻合。据《三国志·蜀书·先主传》记载：刘备南征四郡，"群下推先主为荆州牧，治公安"，"先主至京见权"。根据《三国志·吴书·吴主传》，刘备为荆州牧的时间为汉献帝建安十四年，即周瑜生前。再根据《三国志·吴书·周瑜传》《三国志·吴书·鲁肃传》刘备拜访孙权也发生在周瑜生前。总之，《三国志·吴书·吴主传》等五个人物传，关于借荆州的时间互相吻合，没有丝毫的矛盾之处。

### 3.借荆州内涵

刘备有了落脚点之后,让诸葛亮守公安,带领关羽、张飞兵向江南四郡,几乎兵不血刃占有武陵、长沙、零陵、桂阳四郡。试想,刘备之举如果没有得到孙权许可,起码是默许,东吴有超过刘备数倍的兵力,能坐视不管吗?况且当时曹操败于赤壁,又丢掉南郡南部,已无暇南顾。据《三国志·蜀书·先主传》注引《江表传》记载:"备以瑜所给地少,不足以安民,从权借荆州数郡。"《三国志·吴书·鲁肃传》有"但求三郡"记载;《三国志·吴书·吴主传》也有"荆州诸郡"记载。总计三次提到荆州数郡,南郡无论如何也不能称为荆州数郡,荆州数郡只能是江南四郡。正是因为周瑜分了"南岸地"给刘备,才有"复从"二字,所以,刘备曾两次借了荆州部分地区。这里须要指出的是:《三国志》没有说江南四郡,而说"荆州数郡"或"荆州诸郡",是十分准确的。因为"荆州诸郡"包括江南四郡和"南岸地",如果借南郡是借荆州,《三国志》又何必在说"荆州数郡"和"荆州诸郡",就直接说是"借南郡",岂不更准确?

据《三国志·吴书·鲁肃传》记载:"刘备既定益州,权求长沙、零、桂",鲁肃与关羽单刀俱会时,就责备关羽:"国家区区本以土地借卿家者。卿家军败远来,无以为资故也。今已得益州,既无奉还之意,但求三郡,又不从命。"这里"权求长沙、零、桂"与"但求三郡"也相互吻合,意思是东吴借荆州与索取荆州数量上的出入,很合情理:①借出去"江南四郡"和"南岸地",现在只要求还长沙等三郡,说明东吴在协商中所做的让步。②不求武陵郡和"南岸地",因为这二处在地理上连成一片,而且与蜀接壤。所以东吴在此处做出让步。③"又不从命"反映东吴做出让步,指责刘备还是不还的无理,同时进一步证明"荆州数郡",就是包括长沙郡、零陵郡、桂阳郡在内的江南四郡。刘备借的江南四郡和南郡的"南岸地",在荆州七郡中占了过半数的,因此可以称为"荆州",此事便称为"借荆州"。正因为由于孙、刘关系通过借荆州得到了加强,所以,曹操听说此事后,"方作书,落笔于地"(《三国志·吴书·鲁肃传》)。

由于荆州数郡是借来的,因此,在刘备有了益州地盘后,孙权便令诸葛瑾,索取荆州诸郡,而刘备却说:"须得凉州,当以荆州相与"(《三国志·蜀书·先主传》),孙权面对刘备的背信弃义,十分生气:"此假而不反,而欲以虚辞引岁"(《三国志·吴书·吴主传》),于是派吕蒙率兵二万取长沙、零陵、桂阳三郡,鲁肃以万人屯巴丘,孙权屯陆口,节度诸军,刘备则到公安,派关羽率三万兵至益阳。鲁肃邀关羽单刀俱会,双方各驻兵马百步以上。鲁肃指责关羽,"羽无以答"(《三国志·吴书·鲁肃传》注引《吴书》),同时,吕蒙也拿下了长沙等三郡。刘备听说曹操进入汉中,即与孙权讲和,"分荆州长沙、江夏、桂阳东属权,南郡、零陵、武陵西属备"。

　　如果借荆州是借南郡,存在许多矛盾和问题。其一,《三国志·蜀书·先主传》注引《江表传》中"荆州数郡"和《三国志·吴书·吴主传》中"荆州诸郡"便无着落,总不能将南郡一郡与"数郡"画上等号吧!其二,《三国志·蜀书·先主传》和《三国志·吴书·鲁肃传》中均提到借荆州问题,涉及"长沙、零陵、桂阳三郡"。如果借荆州是借南郡,东吴索取长沙、零陵、桂阳,岂不成了张冠李戴?其三,孙权既然在周瑜生前同意借荆州,那么为何不在周瑜生前交出,非要在周瑜去世后,让鲁肃去守江陵,接着才让鲁肃迁出,何必多此一举?况且,鲁肃调走后,程普仍为南郡太守,又做何解释?

　　或许有人说:《三国志·蜀书·先主传》注引《献帝春秋》记载刘备"使关羽屯江陵,张飞屯秭归,诸葛亮据南郡,备自往孱陵",证明南郡在刘备手中。"关羽屯江陵"不符合史实。《三国志》明确记载周瑜在南郡之战后,一直为南郡太守。周瑜去世后,程普为南郡太守,鲁肃初住江陵,证明在周瑜生前,江陵一直在东吴手中,故陈寿对《献帝春秋》这段记载弃而不取。"诸葛亮据南郡"和《三国志·蜀书·张飞传》中张飞"后在南郡"均是在公安,与江陵没有任何关系。

　　综上所述,借荆州就是借江南四郡,《三国志》有关人物传已经互相印证,并且没有一处记载是借南郡,如果是借南郡,《三国志》记载岂不成了时间混乱,事理不通,差错百出?这还称得上是史学名著吗?所以,借荆州是借南郡缺乏系统证据,不能成立。

# 名人秘闻

## 关羽为何败走麦城

关羽为蜀汉名将,有"万人敌"之称,既有勇杀颜良的武艺,也有威震华夏的本领,可是几乎在转瞬之间,便全军溃败而走麦城,有何历史原因呢?

### 1.环境险恶

综观三国时代版图,关羽所在的荆州处于一个十分险恶的政治、军事环境

关羽

之中,这表现在三国大环境、荆州小环境和蜀国荆州内部环境都对关羽攻守极为不利,潜伏着严重危机。

①三国版图。当时中华大地上魏蜀吴三个国家雏形已成。全国十三个州（另有司隶州），曹魏地广人多，经济发达，占有司隶州、冀州、豫州等十个州和荆州一部分及扬州一小部分。孙吴经济较好，占有交州和荆州一部分及扬州大部分。蜀汉最为弱小，占有益州和荆州一部分。通过各州分布，明显看出，曹魏州数比蜀吴之和还要大，接近四倍，反映了曹魏的强大。

②荆州版图。以东汉末期行政区划为准，荆州共有七个郡，其中曹操集团占有南阳郡、南郡北部和江夏郡北部。而荆州州治襄阳和荆州重镇樊城，都在南郡北部，为曹魏南部屏障和最重要的堡垒之一。孙氏集团占有江夏郡南部、长沙郡和桂阳郡，以江夏郡较为发达，其郡中武昌曾经一度成为吴国都城。刘备占有南郡南部、武陵郡和零陵郡，南郡郡治江陵由于曹、孙持续一年多的南郡之战，受到了严重破坏，而刘备荆州州治新的公安县建成时间较短。就荆州地方经济而言，蜀汉也比魏吴落后，处于明显的弱势地位。

③刘备荆州版图。该地位于曹、刘、孙三家势力的结合部，但与曹、孙势力可谓"亲密接触"，与成都和汉中都隔着崇山峻岭，再加上长江东流，从荆州退回益州便十分困难。同时，该地的两个半郡形状呈南北狭长，极易受到孙吴的拦腰攻击，南郡南部容易与防守薄弱的武陵郡和零陵郡相脱离，成为真正的弹丸之地，面临腹背受敌的境地，甚至处于被包围境地，后来的战争走势也是这样发展的。此外，南郡南部无险可守，无坚城可防。总之，关羽所处的南郡南部是危机四伏。或许有人说，诸葛亮与关羽守荆州，不是安然无恙吗？当时诸葛亮在荆州时间很短，一贯谨慎的诸葛亮东和孙权，并注重防守，曹、孙战争创伤尚未愈合，处于对峙局面。随着刘备取成都、定汉中和关羽威震华夏，刘、孙矛盾便尖锐起来。

**2.战略不当**

诸葛亮在《隆中对》中所定的战略是："若跨有荆益，保其岩阻，西和诸戎，南抚夷越，外结好孙权，内修政理，天下有变，则命一上将将荆州之军以向宛、洛,将军身率益州之众出于秦川。"此次关羽兵围樊城、襄阳,不符合实现这一战略的条件。①刘备已有益州,但并未完全拥有荆州,而是拥有荆州三分之一左右面积的比较落后的地区,不具备"跨有荆益"的条件。②关羽与孙权关系紧张,双方只是在做"表面文章",不具备"外结好孙权"的条件。③刘备经过成都会战、定军山之战和汉中战争,没有来得及修整军队,发展经济等,不具备"内修政理"的条件,更不用说"将军身率益州之众出于秦川",所以关羽此战完全不符合刘备的大政方针。

是不是关羽有着自己的战略呢?综观关羽在整个战争中的表现,没有一个比较系统的战略,一直跟着感觉走,走一步是一步,完全被战争牵着鼻子走。先后经过自卫反击、兵围樊城、襄阳、水淹七军、兵败于徐晃、撤回荆州、败走麦城,同时后方被吴国吕蒙所袭。

当曹仁来攻南郡时,想必是被关羽所败,不然不会出现兵围曹仁于樊城、围吕常于襄阳的情况。其一,兵围樊、襄是战略性的错误,表现在:①没有正确的战略指导;②荆州所处的环境险恶;③导致后方防线薄弱,虽然关羽采取增加烽火台等相应措施,但效果不大;④此战应是自卫反击战,理应适度,而兵围樊城已经超出"适度";⑤襄、樊是荆州重镇,也是曹军重防城市。当年周瑜攻取南郡后都不敢染指襄、樊,关羽围樊城、襄阳,水军不能发挥出优势,也没有奇计奇兵可以运用。久围不下理应撤军,而关羽却恋战。曹操想让关羽与孙权相斗,命曹仁以箭射信给关羽,但"羽犹豫不能去"(《三国志·吴书·吴主传》)。关羽已经身不由己,导致曹操军队一波接一波地增援襄、樊。其二,水淹七军非战之故,正值汉水暴涨,天时为主,关羽水战为辅。其三,在徐晃声东击西的攻击下,关羽失败。此仗徐晃既战略战术得法,其部队又为有生力量;关羽既师老粮尽,又缺乏战法,以弱旅对强敌,岂能不败?在此仗中,关羽表现天真,跟徐晃叙旧说理,被徐晃一口拒绝。曹军三次调拨人马增援,并与襄、樊城中曹军里应外合。曹操、张辽、乐进又率兵赶在路上。其四,关羽在撤退时信息不灵,后方已被吕蒙所袭,全然不知,丧失了退入川中的时机。其五,在败走麦城时,也不知吴国吕蒙、陆逊早已布下伏兵。如果在撤退途中面向西北,朝刘封、孟达靠拢,或许有救。从此看出:关羽没能做到"知己知彼"。关羽是进攻型名将,作为将才绰绰有余,作为帅才则捉襟见肘,缺乏正确战略。

### 3.人和缺失

刘备以实施仁义来笼络士人,赢得民心,因而由弱到强,建立蜀汉政权,而关羽在荆州所作所为,却大失人心,终于败走麦城。

关羽闯荡世界之初,善于与人相处,与张飞结拜兄弟,与刘备"恩若兄弟",与张辽、徐晃颇似兄弟,但随着功大职高,其刚愎自用、藐视他人的性格愈发显现出来。

1.对待同僚:听说西凉名将马超来降,在对诸葛亮信中有马超"人才可谁比类"(《三国志·蜀书·关羽传》)之语,反映了关羽"护前"的心理。刘备为汉中王时,关羽为前将军,假节钺,当听说黄忠为后将军与其并列时,表现为"大怒",骂黄忠为"老兵"(《三国志·蜀书·费诗传》),说明关羽藐视同僚。由此得出,刘封、孟达靠近关羽,不去支援,或许是"山城初附"(《三国志·蜀书·刘封传》),更有可能是对关羽轻以待已的报复。

2.对待部下:关羽与部下也不能和谐相处,导致在公安的将军士仁,在江陵的南郡太守糜芳不能尽心尽力供应军用物资,并在吴军兵临城下时相继投降。当时士仁是"流涕而降"(《三国志·吴书·吕蒙传》注引《吴书》),糜芳是"以牛酒出降"(《三国志·吴书·吕蒙传》注引《吴录》),迎接孙吴军队,主持荆州事务的潘濬降吴后,不久,便被任为奋威将军。这些反映了荆州人士的人心向背。吕蒙对待关羽使者、降卒及家属等,问寒问暖,宽待有加,与关羽待人形成强烈反差,"见待过于平时,故羽吏士无斗志","众皆委羽而降"(《三国志·吴书·吕蒙传》)。

3.对待上级:关羽由于"假节钺",没有经过刘备同意,也无须经过刘备同意,便进攻魏国,导致丢失荆州,令刘备不满,但难于言表。同时,刘备军队由于经过汉中战争,已经疲惫,极需休整,所以,也无力翻山越岭赶来增援荆州,这就是为何在关羽危急时,没有见到刘备反应的原因。从刘备在关羽去世后的行为,可以看出刘备的不满。据《三国志·蜀书·先主传》记载:"俄而孙权袭杀羽,取荆州","先主忿孙权之袭关羽,将东征",意思是刘备对孙权偷袭荆州,杀了关羽,取了荆州很气愤,于是将要东征。"袭羽"是"取荆州"的前提,"取荆州"是"袭羽"的结果,因此,"取荆州"是重点。同理,刘备东征的目的是"取荆州"重于"复关羽之耻"(《三国志·蜀书·法正传》),这从《三国志·蜀书·赵云传》注引《云别传》也得到证明,"孙权袭荆州,先主大怒,欲讨权。云谏曰:'国贼是曹操,非孙权也,且先灭魏,则吴自服'",这里并没有提及关羽,却提到荆州。当庞统死时,"先主痛惜,为之流涕"(《三国志·蜀书·庞统传》),反映了刘备的惋惜之情;当刘封死时,"先主为之流涕"(《三国志·蜀书·刘封传》),反映了刘备的悔恨之情;对张飞之死,"噫!飞死矣"(《三国志·蜀书·张飞传》),这是一种干哭,反映了刘备突然间表现的惊讶之情。当法正死时,"先主为之流涕者累日,谥曰翼侯"(《三国志·蜀书·法正传》),反映了刘备对法正的深厚情谊。作为蜀汉前将军,与刘备有着特别感情,在地位和荣誉高于一切文臣武将的关羽死后,刘备未哭一次,更未对关羽追谥,说明在关羽最后半年里,刘备对关羽攻魏的不满。后主刘禅曾对去世的文臣武将追谥,除关羽外,追谥均为褒义,而对关羽追谥为"壮缪侯"。"壮"为褒义,"缪"作"纰漏、错误"解,即在肯定关羽的同时,做了一定的否定。这也说明刘备当时不满情绪影响了后来刘禅对关羽的评价。

4.对待盟友:当孙权"为子索羽女,羽骂辱其使,不许婚"(《三国志·蜀书·关羽传》),这哪里是对待友邦使节?分明是对待犯了错误的奴仆,难怪孙权对此大怒。关羽此举彻底将孙权推向仇敌的境地,所以,东吴偷袭荆州也就为时不远了。

综上所述,由于缺少人和,关羽进攻时,没有支援,人心不齐,因而战斗不力,后方也因将士不满而丢失,逃跑时,众人四散,岂能不败?总之,人和的缺失是关羽失败的根本原因,而战略不当也是重要原因,环境险恶是潜在因素,由前两个条件诱发出来,成为又一个重要原因。

## 吕布为何英雄气短

三国吕布英勇无比,天下闻名,但在云谲波诡的战争时代,却最终英雄气短,风流过早地被雨打风吹去。究其原因,无不是其造次作孽所致。

**吕布雕像**

吕布字奉先,五原郡九原(今内蒙古包头市)人。据《三国志·魏书·吕布传》记载:吕布最初以"骁武"在并州效力。后来,并州刺史丁原为骑都尉,屯扎河内,以吕布为主簿(主管文书,协助处理事务),"大见亲待"。"布便弓马,膂力过人,号为飞将",其英名在投奔董卓后为天下传闻。"司徒王允以布州里壮健,厚接纳之"。陈宫称"吕布壮士,善战无前"。《三国志·魏书·吕布传》注引《曹瞒传》也有"人中有吕布,马中有赤兔"之称。吕布在同袁绍进攻拥有精兵万余、骑数千的张燕的常山之战中,经常冲锋陷阵,大败燕军。

《三国演义》中描写吕布的兵器是方天画戟,以映衬吕布高大英俊的形象。其实方天画戟是一种杆上加彩绘装饰,顶端作"井"字形的戟,是一种仪仗之器,并非用于实战。据《三国志·魏书·吕布传》记载:袁术将军纪灵将进攻刘备。吕布为替刘备解围，阻止此战发生，"令门候于营门中举一只戟，布言：'诸君观布射戟小支，一发中者，诸君当解去，不中可留决斗。'布举弓射戟，正中小支。诸将皆惊，言'将军天威也！'"这就是辕门射戟的故事。说明吕布的兵器是戟，但这戟是短戟，要"门候"举着。另有一次，吕布因陈登求徐州牧一事而怒，"拔戟斫几"，说明短戟是吕布随身而带的短兵器。据《三国志·魏书·吕布传》注引《英雄记》记载：吕布与郭汜在长安城北单独对战，"布以矛刺中汜"。由此可知，吕布的作战兵器是矛，与关羽、张飞兵器一样。而短戟如同关羽佩刀一样，为辅助兵器。

关于吕布的年龄，至今无人探讨，如能测出，便可知道吕布驰骋天下的时间长短和最终年龄。据《三国志·魏书·吕布传》记载，吕布说："玄德，布弟也。"《三国志·魏书·吕布传》注引《英雄记》也记有吕布"名备为弟"。说明吕布年龄应大于刘备。根据吕布与刘备的交往程度，如敬重刘备、救助刘备，又让其妇拜刘备，两人年龄相差不应太大。一般应在 2 岁上下。汉灵帝中平六年（189年），张辽为丁原从事（相当六品），时 20 岁，吕布为丁原主簿，时年为 31 岁左右（刘备当年为 29 岁）。汉献帝建安三年（198 年），吕布被曹操杀于白门楼，时年40 岁左右。

东汉末期，也就是吕布驰骋天下之际，汉朝的正统观念深入人心，如果有谁冒天下之大不韪，公然问鼎汉朝刘氏政权，必将遭到天下之人的唾弃和反对。倒行逆施的董卓、僭帝号的袁术相继灭亡，曹操打着天子旗号日益壮大，便反映了当时人心的向背。而吕布不讲正义，与董卓狼狈为奸，与袁术勾勾搭搭，失大义于天下，必将失道寡助。

汉灵帝中平六年（189 年），董卓"使吕布杀执金吾丁原，并其众，故京都兵权唯在卓"（《三国志·魏书·董卓传》）。吕布成为董卓的帮凶，强化了董卓的军权。接着，董卓废少帝为弘农王，立陈留王为帝，即汉献帝。不久，又杀何太后和弘农王。在两年半的时间里，董卓"行止常以布自卫"（《三国志·魏书·吕布传》）。董卓残忍不仁，烧杀抢掠，无恶不作，招来天怒人怨。袁术与吕布将要联姻,沛相陈珪就曾说吕布是"受天下不义之名,必有累卵之危"。后来,在陈珪说服下,吕布以书信劝说韩暹、杨奉:"今袁术造逆,当共诛讨,奈何与贼臣还共伐布?"(《三国志·魏书·吕布传》注引《九州春秋》)这些说明袁术不得人心,而吕布与袁术时合时分,就让人看清吕布的不义面目。吕布助纣为虐的行径给人留下深刻印象,被钉在历史的耻辱柱上。"布见关东起兵,欲诛董卓。布杀卓东出,关东诸将无安布者,皆欲杀布耳"(《三国志·魏书·吕布传》注引《英雄记》)。

陈寿评价董卓"狼戾贼忍,暴虐不仁,自书契已来,殆未之有也";评价袁术"奢淫放肆,荣不终己,自取之也"。裴松之认为董卓"祸崇山岳,毒流四海,其残贼之性,实豺狼不若";袁术"无毫芒之功,纤介之善,而猖狂于时,妄自尊立,固义夫之所扼腕,人鬼之所同疾"。董卓、袁术如此恶名,而吕布先后与此二人联系最为紧密,难怪不被天下人所接纳。

吕布是忘恩负义之人。丁原最早重用吕布,是因为吕布英勇。据《三国志·魏书·吕布传》记载:"布以骁武给并州,并州刺史丁原为骑都尉,驻扎河内,以吕布为主簿(相当七品),大见亲待"。董卓也认为"布见信于原"。与张辽(相当六品)相比,吕布仕途不顺当,才干被埋没,多年来几乎没有什么职务,是丁原天降"大任"于斯人也。吕布由默默无闻而做主簿,面对丁原"大见亲待",定生感激之情。但这职务和吕布的能力、年龄显然很不称,所以,当丁原以骑都尉升为执金吾后,吕布职位未见升迁,"大见亲待"便很有可能降温,也就为无义无信的吕布不满丁原埋下伏笔。丁原用吕布的主要原因是:其一,与战乱有关。此时,黄巾军之乱几乎遍及北方,正是用人之际,尤其是军事人才。其二,丁原"出自寒家,为人粗略,有武勇,善骑射"(《三国志·魏书·吕布传》注引《英雄记》),用吕布为主簿,说明吕布有文才,起码比丁原强。其三,吕布之勇更为丁原看好,与丁原武将特征相同。但是,丁原升为执金吾,吕布却未见提拔,吕布对此仍有遗憾。董卓利用吕布的英勇和遗憾,以利诱之,吕布便杀掉了丁原。董卓以吕布为骑都尉,"甚爱信之,誓为父子",感情胜于丁原。不久,吕布升为中郎将,封都亭侯,职务和待遇远胜于前。董卓用吕布与丁原用吕布的原因基本一致。其一,战争更为激烈,朝廷内的争斗白热化。其二,董卓与丁原相差无几,都是一介武夫,据《三国志·魏书·董卓传》记载:董卓"少好侠","有才武,旅力少比,双带两鞬,左右驰射"。其三,吕布仍有憾事。诛去董卓后,吕布为奋武将军,假节,仪比三司,进封温侯,共秉朝政。职务与待遇远高于与董卓相处时,反映王允在联合吕布时,以此击中要害,即吕布心中憾事。从客观来讲,丁原、董卓由于吕布英勇而一叶障目。从吕布主观讲,他是见利忘义。吕布诛杀董卓也非出于大义,同杀丁原的目的一样,是为了私利和泄愤。

由于吕布英勇无义,反复无常,被当时北方军阀视为危险人物,过早地成为"孤家寡人"。袁术很早就"恶其反复,拒而不受"。只是后来为形势所迫,才与吕布时分时合。"绍患忌之","绍恐还为己害"。吕布也为袁绍所忌。曹操称吕布是"狼子野心,诚难久养"(《三国志·魏书·吕布传》),"恨不早相得故"(《三国志·魏书·吕布传》注引《献帝春秋》)。说明吕布早就为曹操所不容,是定杀无疑的。"明公不见布之事丁建阳及董太师乎!"明确反映刘备对吕布无义的看法。

吕布对待部将也无情无义。"刚直烈壮"的陈宫(字公台),虽一时被重用,但吕布由于听从妻子之言,而将其冷落一旁。灯谜"听妻妾言不用公台计(法国名胜)爱丽舍宫"就是指责吕布不用陈宫之谋。据《三国志·魏书·吕布传》注引《魏氏春秋》记载:"陈宫谓布曰:'曹公远来,势不能久。若将军以步骑出屯,为势于外,宫将余众闭守于内,若向将军,宫引兵而攻其背,若来攻城,将军为救于外。不过旬日,军食必尽,击之可破。'布然之。"可是因为吕布之妻反对,吕布便予以否定,坐以待毙。"清白有威严"的高顺率领精练齐整的七百士兵,攻无不克,号称"陷陈营",曾先后大败刘备、夏侯惇。吕布知其忠勇而不用,后因怀疑诸将而夺其兵权。

吕布无义,怎能不令部下生疑?这反过来又促使吕布猜忌,导致吕布"不能制御其党","上下离心","每战必败"。陈珪父子早就从内心与其分道扬镳。

认为吕布与袁术联合"将为国难",陈珪之子陈登认为对待吕布"宜早图之"。在曹操出兵徐州时,陈登便率广陵郡之兵与曹操呼应。吕布闻之,便将陈登三弟作为人质。吕布手下张弘连夜将陈登三弟送出城。在吕布被困之时,部将侯成、宋宪、魏续绑陈宫出降。吕布众叛亲离,只有束手就擒。吕布对自己被部将所出卖不解,在被曹操所捉时,还称自己厚待诸将。"太祖曰:'卿背妻,爱诸将妇,何以为厚?'布默然"(《三国志·魏书·吕布传》注引《英雄记》)。

正因为吕布的无义,所以,即使他已投降曹操时,仍然被曹操所杀,一代英雄气短。当吕布请求为曹操率领骑兵打天下时,"太祖有疑色,刘备进曰:'明公不见布之事丁建阳及董太师乎!'太祖颔之。布因指备曰:'是儿最叵信者。'于是缢杀布"(《三国志·魏书·吕布传》)。从此段记载看,仿佛吕布是死在刘备之手,但如结合吕布一生,细加分析,不难看出,吕布是死在自己之手,是其不义导致被杀。曹操是何等英雄人物!看吕布可谓洞若观火,岂能忘记吕布以往的言行?曹操有疑色,是因为吕布确实英勇无比,当时自己面临强大对手袁绍,正是用人之际,杀之可惜。可是,如将无义吕布放在自己身边,这非大将所为。即使此时刘备不说,曹操只不过当时权衡一下,三思而后行罢了。吕布即使投降,也难逃厄运。作为用人标准是"唯才是举"的曹操都一定要杀吕布,更证明不义的吕布不为天下人所容。

吕布谋略如何呢?吕布在离开袁绍时,袁绍派壮士三十人欢送吕布,准备伺机掩杀吕布。吕布让其在帐外住下,安排人在帐中鼓筝。吕布悄悄出帐而走,无人知晓。"夜半兵起,乱斫布床被,谓为已死"(《三国志·魏书·吕布传》注引《英雄记》),这说明吕布警惕性高,防范措施得当,在与袁绍的较量中没能让袁绍阴谋得逞。另外,吕布乘虚进攻徐州,实施里应外合,大败张飞。尤其是汉献帝兴平元年(194 年),曹操以主力青州兵围吕布于濮阳。吕布以大姓田氏施反间计,赚得曹操入城。曹操放火烧东门,背火而战,显示此战必胜信心。吕布先以拥有优势的骑兵将青州兵打败,曹军大乱。"布骑得太祖而不知是,问曰:'曹操何在?'太祖曰:'乘黄马走者是也。'布骑乃释太祖而追黄马者。门火犹盛,太祖突火而出"(《三国志·魏书·武帝纪》注引《献帝春秋》),摔下马来,烧伤左手。濮阳之战中,吕布根据实际情况,极好地运用了战略(反间计)、战术(骑兵先战)。总之,吕布具有一定的谋略。当然,在错综复杂、尔虞我诈的政治斗争和军事斗争面前,吕布仅凭一些智慧,是远不能适应形势需要的。吕布之谋与曹操相比,可谓小巫见大巫,因此,作为曹操军师的荀攸称吕布无谋,便不足为怪。陈寿评论吕布"有虎虎之勇,而无英奇之略,轻狡反复,唯利是图",是十分准确的,"无英奇之略"并未完全否认吕布没有智谋,而是没有英奇之谋。

## 诸葛亮怕火之谜

《三国演义》描写诸葛亮(字孔明)善于火攻,有火烧博望坡、火烧新野、与周瑜共同定计火攻曹操于赤壁、火烧滕甲兵、火烧上方谷等,堪称"火战之神",然而,历史上的诸葛亮却最忌用火。

### 1.背景

综观三国战争史,以火作为武器的人随处可见。目的各不相同:①为了进攻需要。刘备与火有着不解之缘,是与火接触次数最多的三国人物,也是用火进攻次数最多的三国人物,总计四次,其中用火进攻三次。第一次是放火烧了博望坡,伪装成逃跑假象,引诱夏侯惇追击,用伏兵将其打败。第二次是配合东吴周瑜行动,在赤壁大战中火烧曹操战船。第三次是"火烧围鹿角"(《三国志·魏书·夏侯渊传》),大败张郃和夏侯渊。刘备每次用火,均能达到战略目标,诚可谓是三国时代的放火专家。②为了防守需要。吴王黄武元年(222年),魏将夏侯尚率数万之众兵围南郡,并分兵三万做浮桥渡江,大举进攻东吴。东吴大将潘璋就地取材,砍伐芦苇数万束,"缚作大筏,欲顺流放火,烧败浮桥"(《三国志·吴书·潘璋传》)。说来也怪,东吴的上万劲旅,夏侯尚毫不在乎,

诸葛亮雕像

可是,这风吹草动的芦苇却抵上十万雄兵,还未实施点火,夏侯尚便闻风丧胆,望风而退。③为了逃跑需要。汉献帝初平元年(190年),董卓为了躲避关东义军的追击,"乃徙天子都长安,焚烧洛阳宫室"(《三国志。魏书·董卓传》),这是三国时代最早的一次放火。④为了破坏需要。董卓部将李傕与郭汜相斗,战于长安,"傕质天子于营,烧宫殿城门"(《三国志·魏书·董卓传》),并实施抢劫。李傕一方面是破坏都城,一方面以此为手段,抢劫财物。用火作为武器具有得天独厚的有利条件。其一,成本低廉。用火材料可以是草,是树木,是房屋或营寨等。其二,实施方便。无须使用其他工具,一点便着,即便是星星之火,也可以形成燎原之势。其三,容易达到目的。用火进攻可使对方防不胜防,一旦着火,无法泼灭。正因为如此,三国战火也就越烧越旺,烧出一部独特的三国放火的历史。

三国时代最著名的三次大战都与用火有关,用火是决定这三次大战胜利的关键。汉献帝建安五年(200年),曹操与袁绍在官渡展开决战,曹操亲自率领轻骑,烧掉了袁绍屯粮之所乌巢,于是便掌握战争的主动权,以少胜多,一举击溃袁绍,基本统一了北方。如果火烧乌巢这把火烧得还不够旺,那么,数年后的赤壁大战便是火烧最旺的一次大战。汉献帝建安十三年(208年),孙权和刘备的军队与强大的曹操军队在赤壁决战。最先周瑜、黄盖火烧曹操战船,接着刘备也放火进攻曹军,曹操为了逃跑,便也烧毁自己剩余战船。三家都热衷于放火,再加上风助火势,当时战场是浓烟滚滚,火光冲天,将赤壁烧成了真正的"赤"壁。这场火烧出了三国一片新天地,也奠定了三国鼎立局面的形成。蜀先主章武二年(222年),东吴大将陆逊命令将士各人手持一把茅草,以火攻之,在夷陵一带火烧刘备连营七百里,蜀军"舟船器械,水步军资,一时略尽,尸骸漂流,塞江而下"(《三国志·吴书·陆逊传》)。这是三国时代火烧范围最广的一场大战。

2.忌火

用火作为战争手段,在三国时代具有普遍性和独特作用,作为三国时代风云人物的诸葛亮对此不会熟视无睹,无动于衷,而应是洞若观火,投身于火攻之中。可是令人奇怪的是诸葛亮从未用火进攻敌军,只是隔岸观火。火烧博望坡是刘备所为,当时诸葛亮还未出山。而火烧新野、火烧藤甲兵、火烧上方谷司马懿,纯属子虚乌有。诸葛亮不仅不用火,而且遇火也退避三舍。火烧赤壁是刘备决定、实施放火烧船,而诸葛亮也置身战场之外。《三国志·蜀书·诸葛亮传》篇幅较长,可是在此传记载中,没有见到一个"火"字。

诸葛亮为什么不喜欢用火攻敌呢?①是认为用火无意义?显然不是。其一,三国时期火攻都是成功。其二,用火可增强兵力,增加声势。其三,蜀汉国力较弱,用火可起到借东风的效果。其四,著名人物和一般人物都能用火。②是不善于用火?也不是。诸葛亮是三国时代著名政治家和军事家,长于巧思,曾发明连弩、木牛流马等战争工具和运输工具。足智多谋的诸葛亮不仅能用火,而且应该善于用火,超过常人用火。③是认为用火太残酷?当然不是。战争是不得已的选择,是你死我活的较量,不管采取何种手段,其残酷性都是大同小异。④是没有机会用火攻敌？更不是。诸葛亮经过的战争多种多样,有大战、小战,攻城战、野外战,水战、火战等等,是三国中经历战争次数最多的人物之一。以上四条都不是诸葛亮不用火攻的真正原因。那么就只有一条,即:诸葛亮是忌火、怕火。

### 3.原因

诸葛亮为何忌火呢？不外乎有如下原因。

1.蜀国与火的现状不容乐观。其一,蜀汉旧臣麋竺,早年住在东海之家,曾被一场大火无情烧掉。其二,吕蒙白衣渡江,使荆州沿江一带烽火台未及举火,便被东吴袭取,于是,关羽部将士仁在公安降吴,麋芳所在的南郡曾经失火,遭关羽深责,麋芳害怕也投降了东吴。其三,刘备似乎对火情有独钟,是用火能手,但玩火者必自焚,用了一辈子火的刘备却被一位白面书生陆逊烧得精光。刘备将盔甲都扔入火海。

2.经济原因。诸葛亮是投奔其叔父定居荆州的,由于其叔父已死,便失去了依靠,因而早年生活困难。"臣本布衣,躬耕于南阳,苟全性命于乱世,不求闻达于诸侯",诸葛亮是实话实说。哪怕只要生活平安,即使生活困难,即使住在茅屋也行。俗话说:水火无情;日日防火,夜夜防贼。以谨慎著称的诸葛亮在隆中的这段日子里,不能不对"火"有所敬畏。因为茅屋经不起火烧,生活经不起折腾。

3.木命原因。诸葛亮生于181年,为辛酉年,属白鸡,为石榴木命。在封建社会里,封建与迷信仿佛是一对孪生兄弟,紧密相关。在三国时代,几乎人人都迷信。董卓被杀前有预兆,"马踬不前"(《三国志·魏书·董卓传》注引《英雄记》)。俗话说:大将犯地名。孔子死于孔休庭,李密死于断密涧,黄巢死于黄林,庞统(称号凤雏)死于落凤坡(有的虽为传说,却广为流传,说明人们相信迷信的程度)。建安四年(199年),曹操派史涣追击张杨部将睦固(字白兔),睦固"军屯射犬。时有巫诫固曰:'将军字白兔,而此邑名犬,兔见犬,其势必惊,宜急移去。'固不从,遂战死"(《三国志·魏书·张杨传》注引《典略》)。诸葛亮深知自己为木命,无论自己怎样善于火烧敌方,都对自己不利,因为木能生火。

4.运输工具为木牛流马,为木质材料,也十分怕火。

魏明帝青龙二年、蜀后主建兴十二年(234年),魏国主帅司马懿拒守渭南,郭淮据守北原,大败蜀军,接着,又坚守不出,逼迫诸葛亮从五丈原撤军。不知是病重糊涂,还是为了顺应天时,诸葛亮临行时放了一把火,将自己的营寨烧毁,以阻止魏军的追击,结果,也不利于自己。"亮粮尽势穷,忧患欧血,一夕烧营遁走,入谷,道发病卒"(《三国志·蜀书·诸葛亮传》注引《魏书》),于当年中秋八月,在石榴成熟的季节里病逝。一个悬挂在石榴树上、充满闪烁睿智光芒点子的锦囊陨落了。

## 文盲军事家王平之谜

蜀汉后期,人才匮乏,尤其军事人才更可谓凤毛麟角。只有王平、姜维鹤立鸡群,而姜维败多胜少,王平战功显著,无一败仗记录,颇有战略头脑,卓立于蜀将之中。

综观王平一生,贯串于矛盾之中。文盲与军事家,谨慎与多疑,狭隘个性与战争气魄,何平与王平之称,大功不升与小功大升,有防守之功与无进攻战绩等等,谜团簇拥,疑问多多,特在此探讨,以展示一位真实的历史人物王平。

### 1.王平复姓之谜

据《三国志·蜀书·王平传》(以下简称《王平传》)记载:王平,字子均,巴西宕渠(今四川渠县)人,本养外家何氏,后复姓王。并未交代王平何时复姓王,也未说明姓何时名字是什么?

据《三国志·蜀书·魏延传》记载,魏延反后,杨仪命令"何平在前御延。平叱延先登曰:'公亡,身尚未寒,汝辈何敢乃尔!'延士众知曲在延,莫为用命,军皆散"。而《王平传》有"魏延作乱,一战而败,平之功也"的记载,这里何平并未战,而王平却是战之。平定魏延之乱很可能是两个人都参与,或者说,舌战也是战,王平、何平是一人。所以,在此不能妄下结论,断定何平就是王平。

据《王平传》记载:蜀后主建兴九年,"亮围祁山,平别守南围。魏大将军司马宣王攻亮,张郃攻平,平坚守不动,郃不能克。"这里的主要人物是诸葛亮、王平和司马懿、张郃。又据《三国志·蜀书·诸葛亮传》注引《汉晋春秋》记载,建兴九年,司马懿派"张郃攻无当监何平于南围,自案中道向亮"。二传时间相同,地点相同,人数相同,事件相同,所以何平就是王平。

那么,何时复姓王,叫王平呢?据《三国志·蜀书·后主传》《三国志·蜀书·姜维传》和《三国志·蜀书·蒋琬传》附《刘敏传》载:延熙七年,镇北大将军王平镇守汉中,拒兴势围。这是"王平"仅见之于以上三传。总之,王平在平定魏延之后,镇守汉中之际,始称王平。这样,他从小时候起,直到42岁平定魏延之乱时,都不称为王平,这就出现了一个奇怪现象:由于罗贯中(不知何平、王平为一人)将何平、王平作为两个人物来塑造的,因而王平名称彰显于街亭之战。可是,那时却不称王平而称何平。诸葛亮、马谡和魏延生前也不知王平是谁。

这里还须交代《三国志》为什么设"王平传"而不设"何平传",因为在称"王平"时,官位、功劳及知名度远高于称"何平"时期,镇北大将军王平在兴势独当一面,其规模、战略和战功远高于街亭之战和南围之战。他与在边境邓芝、马忠"咸著名迹"(《王平传》)。

这从《三国志·蜀书·李严传》中,也能找到佐证。李严字正方,蜀后主建兴八年,李严改名平,他在叫"李严"时颇有政绩,而在改名后被废为平民。因此《三国志》设"李严传",而不设"李平传"。

2.王平文盲之谜

既是文盲,又是军事家,在我国历史上极其罕见,堪为奇事。王平文盲具体表现为:

①不会写字。王平家处巴西宕渠,地理位置偏僻,交通闭塞,经济落后,是少数民族巴人聚居地,由于王平在外家长大,出身贫苦,生活条件差,肯定未上过学。

②王平"所识不过十字"(《王平传》)。没有条件上学是客观情况造成的。识字之少,古今罕有,那就得从主观方面寻找原因,即使没有机会上学,但后来的军旅生涯,也可以抽出时间学习。东汉光武帝刘秀"当兵马之务,手不释卷"(《三国志·吴书·吕蒙传》注引《江表传》)。吕蒙于军中后学,"笃志不倦,学识英博"(《三国志·吴书·吕蒙传》注引《江表传》)。王平如果稍加注重,认识数百字甚至上千字,应该不成问题。这或许有以下原因:本身就不想学,天生在此方面愚笨。而后者可能性不大,只要不是天生智力障碍,那是不可能的。而王平能成为军事家,说明其智力是没有问题的,所以王平识字少,是由于其轻视造成的。

③不识字却能作书,由口授而成。王平融不识字与作书于一体,更为奇怪。作书内容丰富和合乎逻辑,说明王平有着丰富的实践经验和生活体验,能把握事物的本质和规律,因而条条在理,丝丝入扣。

④学习《史记》《汉书》等名著,是让人边读,王平边听,学后都能掌握要领和方法,并能悟出道理。王平理论联系实际,重视实践经验的积累,却忽视基本功识字和写字,这也就束缚了王平将来的更大发展。

3.王平年龄之谜

王平生年不详,于蜀汉后主延熙十一年(248年)去世。由于生年不详,因此,王平的年龄一直是个谜。如果弄清王平年龄,无疑对于进一步认识王平有辅助作用,也有利于解开王平其他之谜。

最早出仕时间法,即以当时成人出来干事的年龄(三国时代成人为弱冠,即20岁)为依据,如干了一段时期,根据其人有无职务、职务大小及其特殊情况(如才能、社会关系等),大致可以测出其年龄,即使有些误差,也不会太大,基本可以以这一年龄来说明一些问题。王平是在当地出来干事情的,干了一段时间,于汉献帝建安二十年(215年),随朴胡、杜濩到洛阳投奔曹操。根据后来王平的本领,干事可以说不算差。但在215年前,王平基础条件较差,没有什么职务,说明王平这段时间,一般不会超过三年,如果超过三年,应有所提拔,如没有所提拔,因为战争期间流动容易,此山不留人,自有留人处。所以,基本可以判断在三年左右。这样也就可以断定这时王平应在212年左右出来干事,时年20岁左右,生年应该为193年左右,从后来的情况看也证明这方法比较正确。因为他在曹操处也没有职务,为3年半时间,是从215年到219年。另外,诸葛亮为54岁,刘备和姜维都为63岁,所以王平的56岁左右(193~248年左右),也基本与此吻合。王平由于出生贫苦,起点低,没有社会关系,又是内向个性,而且文盲等客观不利条件,因此前期一直不顺。王平从27岁左右跟刘备干事,即使有了提拔,但一直不被重视,直到228年街亭之战后,36岁左右时才时来运转,加官晋爵。"须过年将三十六,蓝衫脱去换红袍"。接着38岁左右,取得南围之战的胜利,42岁左右立下平定魏延之乱之功,尤其在52岁左右时,取得了兴势之战的重大胜利,是王平成功人生的巅峰。王平属于大器晚成的将才。

### 4.王平与马谡不和之谜

街亭之战是三国时代最重要的战争之一,也是对王平影响最大的一次战争。街亭之战时,王平曾多次劝谏马谡,但"谡不能用"(《王平传》),导致街亭之战惨败。"一来是马谡少才能,二来是将帅不和失守街亭",一语道出了原因。为何二人不和呢?

先来看王平的形象。历史学家陈寿评价王平是"忠勇严整"。其一,忠于蜀汉政权。其二,有勇气或勇力。其三,严守纪律,办事严谨。王平作为武将,这"勇"字最能体现其形象,在南围之战和兴势之战便展现其勇气,而非力量。因为一直未见王平进攻作战。在平定魏延之乱中,也只是动嘴而已。在街亭之战兵败后,王平之"勇"(勇气)才初见端倪,而在马谡屯兵街亭山上之时,及以前的很长时间里,王平几乎默默无闻,也没有勇气或勇力可言。

据《三国志》记载,蜀汉武将关羽、张飞"雄壮威猛";魏延"勇猛过人";刘封"有武艺,气力过人";赵云"身长八尺,姿颜雄伟"(《三国志·蜀书·赵云传》注引《云别传》)。而王平无论相貌、身高、勇力、气势等同以上武将形象几乎不沾边,他是从早到晚,整天端坐,没有武将的体形,不是魁梧高大。王平应该是一位身体瘦弱、勇力不佳的形象,这也是王平给马谡的印象。再看王平与马谡二人具体情况对比。第一,在封建社会里,忠臣不事二主是人臣立身处世之大节。王平是降将,而马谡是被刘备征召出来的并随刘备入川的荆州旧将,《华阳国志》有"豫州入蜀,荆楚人贵"的记载。这说明他们二人的政治地位有着明显的区别。第二,王平有实战经验,但未建战功,只是个裨将军;马谡重军事理论,已有为平定南中制定军事方针的显著战功,并屡有升擢,曾做过太守、参军。据《华阳国志·刘后主志》记载:街亭之役后,诸葛亮"超迁平参军"。由"超迁"二字可见,参军与裨将军官位是相当悬殊的。第三,王平是文盲,不识字,不能写,而马谡已是军事理论家,饱读兵书。第四,也是最重要的因素,尤其是两人个性大不一样。王平个性是心胸狭隘,疑心重重,为人自轻,且说话严谨,不爱开玩笑,与众不太入群,这些与王平小时寄人篱下的生活和命运多舛的人生不无关系,这一个性有损王平形象;而作为名噪一时的"马氏五常"之一的马谡好论好谈,言过其实,交游广泛。

### 5. 王平仕途之谜

王平尽管常胜不败,但令人奇怪的是,在对敌方魏国作战中,无一仗是主动进攻取得胜利的。蜀后主建兴六年(228年),街亭之战中,在马谡指挥的战争大局已败的情况下，"鸣鼓自持，魏将张郃疑其伏兵，不往逼也"。蜀后主建兴九年(231年)，王平守南围，魏将"张郃攻平，平坚守不动，郃不能克"。蜀后主延熙七年(244年)，魏国大将军曹爽率军十万兵向汉中，蜀汉众将领大惊失色，而镇北大将军王平以军事家应有的胆略和有效的战略，与护军刘敏仅凭三万兵士，捍拒曹爽，守住了兴势，使魏军无奈退还。每次防守均能成功，说明王平颇有战略头脑和实战经验。但次次均是防守，也说明王平军事上的欠缺和不足。

王平从212年左右出来干事起，历时十六年未见起色。却在蜀后主建兴六年(228年)，街亭战争兵败后，为诸葛亮所重视，"平特见崇显，加拜参军"，"进位讨寇将军，封亭侯"(《王平传》)，大大超过街亭之战前马谡的待遇，而在街亭之战前马谡是最受诸葛亮宠信的蜀汉将领。其实王平的战绩，仅是劝谏马谡和保存自己部下千人士兵。在蜀后主建兴九年(231年)，在南围之战中，主将王平独当一面，使张郃无法得手。其规模、功劳等都远高于街亭之战之时，却没有加官晋爵，颇为令人感到奇怪。同样是诸葛亮，其做法让人难以理解。

王平先是随吴壹进住汉中，为汉中太守，进封安汉侯。后随大将军蒋琬住沔阳，为前将军。接着，单独守汉中，为镇北大将军，近十年中，汉中几无大事，王平多为副手，却屡有升擢，而且提升为十分显赫的镇北大将军。蜀后主延熙七年(244年)，在汉中兴势之战中，防守成功，是王平一生中最辉煌的战绩，却一未受封，二未晋爵。这一时期，均为蒋琬执政，而蒋琬却与诸葛亮一样对待王平，小功大奖，大功不奖。

造成这一状况，一方面是由于蜀汉人才的严重紧缺和王平的慎重严谨，经验丰富的自身优势。一方面也是由于王平自身的严重缺陷，颇有争议，令上级诸葛亮、蒋琬难以取舍和抉择，同时，防守之将的王平与蜀汉的以攻为守战略似乎也不相协调。

自从街亭之战后，诸葛亮就把军事接班人定格在王平和姜维身上，王平提拔特显，36岁左右为参军，讨寇将军，姜维无尺寸之功，却被提为仓曹掾，奉义将军，时年27岁。不久，诸葛亮又提拔姜维为征西将军，已经把姜维定为首选军事接班人,第一次超过了王平官位。王平有南围防守之功,却官位如故。在平定魏延之乱中,王平功劳大于姜维,为安汉将军,可是姜维又为右监军,辅汉将军,统领诸军。王平归姜维领导。蜀后主延熙六年,姜维为镇西大将军,王平为镇北大将军,似乎又追了上来。蜀后主延熙十年,姜维升迁为卫将军,与大将军费祎共录尚书事,而王平依然是原职。根据王平、姜维对比可以看出,王平终因年龄、个性、文盲等缺陷,为姜维所代替。

# 帝王之死

## 抗争烈士,曹髦含恨死于奸臣刀下

曹髦,魏国的第四任皇帝。这是一个有血性的斗士,在他身上,向来不乏与命运抗争的勇气。当司马氏安排他做傀儡皇帝的时候,他没有俯首示弱,更没有忍辱偷生。面对权臣的狼子野心,高贵乡公曹髦铤而走险,奋起抗之,无奈力

曹髦

不从心,最后含恨死于奸臣刀下。曹髦,输了这场战争,但换个角度说,他又何尝不是赢家?他维护了帝王的尊严,赢得了世人的尊重!更重要的是,他还给

后人留下了一句警世恒言——"司马昭之心，路人皆知"！

### 1.被权奸推上台的傀儡皇帝

曹髦，魏文帝曹丕的嫡孙，魏国的第四任皇帝。

公元 254 年，魏国的傀儡皇帝曹芳不小心惹恼了掌权的司马师，结果被赶下皇位轰出洛阳。司马师选中了高贵乡公曹髦做皇帝。

这一年，曹髦刚满 14 岁。

《三国志》中记载，曹髦"少好学，夙成。"又在评语中说，"高贵乡公才慧夙成，好问尚辞，盖亦文帝之风流也！"可见曹髦是个温文尔雅、颇有书生气质的年轻人。这样的形象不免给人孱弱无力、华而不实的感觉，但曹髦以不惜流血的抗争勇气，证明了自己绝非文弱书生可比。大概他好学持重的形象吸引了太后，得以在众多的宗室子弟中脱颖而出，成了魏国的新皇帝。

不过此时，皇帝却是厄运的代名词。曹髦甫登九五之尊，便有两个残酷的现实让他感到不妙。一是齐王曹芳被废，前车之鉴使曹髦担心自己会不会也是这样的结局；二是司马家的势力太大了，而且根深蒂固，经过父子两代的经营，撼动其根基绝非易事。朝堂之上司马昭傲慢的神情、鄙夷的态度，让曹髦如芒在背。

再看曹髦背后的支持力量，可谓寥寥无几。纵使有几个忠于曹魏的，也是手无兵权，成不了气候。形成这种局面的原因是多层次的。主要是因为文帝、明帝两朝对司马氏的坐大没能节制，可以依靠的宗室力量被深谋远虑的司马懿消灭殆尽。

曹氏和夏侯氏的衰落反衬出司马氏势力的不断壮大。如果说司马懿和司马师对皇帝尚有几分顾忌和尊重的话，到了司马昭这情形就全变了。司马昭俨然成了庙堂之主，他的眼里不再留有皇帝的身影，皇帝成了可有可无的摆设。百官也对司马昭极尽阿谀顺从之能事，奏事不再以皇帝为中心，而是唯司马昭马首是瞻。

面对这样的处境。曹髦和曹芳的反应是不同的。曹芳也有切肤之痛，但却痛在自身权柄的流失，因而缺乏正面反抗的勇气，只能在背后搞小动作，说一些怨天尤人的话。这样做不但于事无补，反而授人以柄，给了司马昭废黜他的口实。曹髦却不是这样。曹髦之痛尤甚于切肤，他痛在家国的衰败，社稷的丧亡，比之曹芳要高尚得多。在曹髦的心里有崇高的使命感，要扭转颓势重新振兴，因此他敢于牺牲、不怕流血。自己的生命和家国的复兴比起来微不足道，为家国而死光荣，相反则视苟延残喘为耻辱。

这个时候司马师尚在。他以前没接触过曹髦，只是当太后提出要曹髦即皇帝位的时候，司马师才把目光聚焦在曹髦身上。经过司马师的调查摸底，发现曹髦不过是一个胎毛未退的孺子，没有可以夸耀的背景，不会有什么作为。但司马师还是不相信自己的结论，就向身边的人询问曹髦到底何许人也。一次早朝罢，司马师和钟会一起往外走，他问钟会：你看皇帝如何呀？钟会只说一句："才同陈思，武类太祖！"看也不看司马师一眼，径直走了。司马师愣在当场，他反复咀嚼钟会所说的话，觉得钟会眼中的曹髦和自己所知的曹髦相去太远。钟会怎么会这么高的评价曹髦？看来曹髦并不是容易摆弄的。

司马师望着钟会的背影，暗自发狠，谁阻挡他的篡逆大业都得死，"才同陈思.武类太祖"的曹髦也不例外。趁着曹髦翅膀还未长成、尚无力量反抗时扳倒他，永绝后患，这就是司马师最真切的想法。

### 2.知耻而后勇

残酷的政治环境让曹髦过早地成熟了。他登基没多久，便遣使"分适四方，观风俗，劳士民，察冤枉失职者。"曹髦以小见大，他派遣使者观察风俗，一则体察天下民情，看看老百姓的人心向背，以便做到心中有数；二是联络地方势力中仍效忠于曹魏的将领，以待时机成熟时，他在中央振臂一呼，四方群起响应，一举铲除司马氏。

不过事实告诉我们。曹髦的这个举动没有多少成效。首先是因为司马懿手握兵权十数年,其培植的势力无论地方还是中央早已根深蒂固,表现在大多数地方上的军事将领都是司马氏精心挑选推荐的,在这些地方将领眼中,曹魏早已名存实亡,天下迟早要归司马氏所有。其次,曹氏作为国主的号召力已被齐王曹芳消耗殆尽,再加上司马师兄弟有意的诋毁,在天下人眼中,曹氏不可信了,人们坚信曹氏将亡,社稷倾颓乃是大势所趋。故而曹髦派观察使下到地方也无济于事。

尽管如此,司马氏在地方上的布置并不是铁板一块。

他登基的第二年,镇东将军毌丘俭和扬州刺史文钦造反。他们声称庙堂之上有人蒙蔽圣听,提出要清君侧,实际上将矛头指向司马师。不知道起事前,毌丘俭和文钦有没有拿到曹髦讨伐司马师的密诏,那已经不重要了。有人站出来反对司马师,尽管有着造反的名声,曹髦还是十分乐见的。这样的"造反"越多越好,最好地方将领都站出来"造反"。曹髦的心里有了一丝亮光。

但亮光很快就熄灭了。毌丘俭和文钦的造反活动很快就被司马师镇压了。

司马师去世后,曹髦迫于无奈,任命司马昭继承司马师大将军的职位。又让他"录尚书事",魏国的权柄又落到了司马昭的手中。司马昭比起司马师来有过之而无不及,他在篡逆的道路上加快了脚步,这使得曹髦寝食难安,如履薄冰。

接替毌丘俭任镇东将军的是诸葛诞。据说诸葛诞赴职前,曾受到过曹髦的接见,具体的谈话内容作为高度绝密不得而知了,但从诸葛诞日后的举动来看,曹髦虽年幼却颇有些头脑。

曹髦登基的第三年,诸葛诞又站出来造反。

诸葛诞是诸葛亮的近支兄弟,但各为其主,一个奔魏,一个奔蜀。诸葛诞因为在讨伐毌丘俭时立有战功,而被任命为镇东将军。

司马昭秉政后,开始加大力度排除异己。他手下有个叫贾充的人,是魏国的长史,这个人心狠手辣,而且见利忘义,看见司马昭得势了,便投到了司马昭门下。

贾充向司马昭提议应该派遣使者去慰问四方的将士,其实这是贾充在耍阴谋,其目的在于刺探地方军官是否效忠司马氏。贾充尤其怀疑诸葛诞,因为他作为长史曾目睹了诸葛诞被曹髦召进宫去,密谈了很长一段时间。贾充料定其中必有蹊跷,便对司马昭说:诸葛诞在扬州,颇有声名,众望所归,不宜外任,应该召回朝中,以免生变。事情宜急不宜缓,缓则祸事就近了。

司马昭听贾充这么一说,也觉得在不确定诸葛诞是否忠于自己的时候,将他留在外任领兵不是好事情,于是便派贾充去扬州劝诸葛诞回朝做"司空"。

贾充到了扬州,和诸葛诞西一句东一句地胡拉乱扯,当谈及朝中内外的形势时,贾充有意图地说到,洛阳的贤达人士,都愿意曹髦将皇位禅让给司马昭,这你是知道的,但不知你是什么态度。诸葛诞一听这话就急了,反驳道,这是做臣子应该说的话吗?你贾充世受魏禄,不思报答却谋划做对不起皇上的事,想要把魏国的社稷拱手让与司马昭这样的贼臣,你于心何忍呢?这种事如果发生,我诸葛诞第一个站出来反对,必将以死报国!贾充碰了钉子,悻然离开扬州,嘴里念叨,诸葛诞必反。

贾充走后,诸葛诞觉得司马昭该下手了,先下手为强,后下手遭殃,与其让司马昭把各种罪名强加在自己头上,不如自己先站出来清君侧,诛佞臣。这样就可以变被动为主动,号召痛恨司马昭专权的仁人志士一起起来。诸葛诞成败利害考虑好了,便发了一篇声讨司马昭的檄文,举兵造反。

曹髦听说诸葛诞起兵了,心中异常激动。他期待诸葛诞早日打到洛阳,诛灭司马昭,自己好堂堂正正地做皇帝。

但事情往往是一厢情愿,曹髦和诸葛诞都低估了司马昭的智力和实力。

贾充将曹髦和诸葛诞密谈的事情跟司马昭说了,司马昭暗骂诸葛诞不识时务不辨潮流。贾充从扬州回来后又将扬州的情况陈述一遍,司马昭觉得诸葛诞日久必反,可没承想,诸葛诞起兵这么迅速。

当曹髦仍寄希望于诸葛诞的军队能打到都城诛杀司马昭的时候,司马昭却佩剑上殿,要求太后和曹髦御驾亲征,以提高军队士气,平灭诸葛诞。

曹髦登时傻了。曹髦对于司马昭的要求不敢驳回,结果不言自明。诸葛诞起兵失败沦为阶下之囚。曹髦饮恨吞声,感到自己已被逼上绝路。还有一点更值得注意,诸葛诞兵败被斩以后,再也没有人肯站出来反对司马昭了,曹髦再找不到可以凭依的力量,使原本无助的处境更加无助了。诸葛诞起兵失败这件事对曹髦的打击太大了,尤其是他感觉到自己被司马昭挟持到前线是一种奇耻大辱。曹髦认为自己不应该再忍辱偷生下去,而是应该结束耻辱,找回做人的尊严。与其做一个含垢忍辱的皇帝,毋宁做一个用鲜血和生命进行抗争的烈士。

### 3.潜龙在渊

曹髦感到司马昭的阴影越来越大,自己随时都将被它吞噬。

曹髦在这种状态下度日如年,生不如死。他在等待使自己解脱的一刹那,然而那一刻却迟迟不露端倪。

曹髦登基的第四年正月,天降异兆。在一个叫作宁陵县的界井中,盘旋着两条黄龙,面目清晰可辨,声音宏阔,神态轩昂。这样的消息不胫而走,全国的人都以为天兆吉祥。各地贺祥瑞的文书纷至沓来,朝中也群臣激昂,认为黄龙的出现乃是天下大治的征兆,也纷纷上书曹髦和司马昭以表恭贺。

司马昭大喜过望。他曾向他的参谋询问,井中出现双龙是何征兆。贾充站出来大拍司马昭的马屁,双龙同时出现乃是说晋公(司马昭的封号)和当今皇上是并立的真龙天子,是魏国的共主。司马昭听贾充如此一说,如坐云端,飘飘然忘乎所以。贾充要拍马屁很容易,但司马昭却动了真心,他下决心要对曹髦取而代之,目前权且让曹髦与他共主。

然而此刻曹髦却陷于深深的绝望之中。全天下人都认为是祥瑞的东西,在曹髦的眼中无异于诅咒和噩梦。当满朝文武争着在司马昭面前献媚的时候,曹髦感到那井中的黄龙真是上天降给自己的启示。龙应该飞翔于天之云端,是见首不见尾的神异,然而困于井中绝非什么祥兆。这不正是曹髦的处境吗?贵为魏国的天子却处处受制于司马昭,这和困于井中的黄龙有何区别?

曹髦把郁结于胸中愤慨和绝望诉诸笔端，写了一首《潜龙诗》。潜龙，顾名思义，就是困于井渊无法腾跃的龙，以此自喻，正说明了曹髦的悲凉。诗中写道：

伤哉龙受困，不能跃深渊。

上不飞天汉，下不见于田。

蟠居于井底，鳅鳝舞其前。

藏牙伏爪甲，嗟我亦同然。

诗写成后，曹髦反复吟哦，不觉泪以潸然。

日子过去好多天了，司马昭突然有了好奇心，想知道曹髦对井中黄龙的态度，其实就是欲探一下曹髦对魏国"共主"的反映。他派贾充到宫中去和曹髦谈天。贾充是有野心的，他希望司马昭早日代魏，自己亦可作为功臣晋爵加禄。

贾充在早朝散去后，没有离开，而是径直向皇帝曹髦的寝宫走去。时值初春。万物生发，宫苑里面繁花绽放，满眼生机盎然。只可惜贾充辜负这良辰美景，低头沉思着面见曹髦时应如何应对。虽然在他心中曹髦不过一个木偶而已.但他仍不想过早地暴露不臣之心。

贾充正陷于沉思中，突然一股朗朗之声传入耳中，声音里蕴含着说不尽的怨艾和愤懑。"蟠居于井底，鳅鳝舞其前……"一字一眼被贾充听得真真切切，这是皇帝在吟诗啊。贾充脸上闪过一丝阴笑，他调转回身，几乎小跑着向司马昭的府第奔去。贾充把自己在皇帝寝宫外听到的诗向司马昭复述了一遍，又发挥自己的想象力，添油加醋节外生枝，使得司马昭听后勃然大怒，随手抓起身旁桌上的茶杯摔个粉碎。他带领着亲信卫队闯入皇帝的寝宫。曹髦一见司马昭带一彪人马过来，而且面露凶色，气势逼人，顿时不知所措。过了半晌，曹髦才镇定下来，问道:文王何故到此? 这彪人马所为何来? 司马昭冷笑不止，双眼紧紧盯住曹髦:"听说皇帝雅兴不小,喜欢吟诗作赋,臣也颇好此道,但有一句诗读不懂,还请皇帝给予解释。"司马昭语气瘟人,曹髦一听司马昭谈诗论词更是丈二和尚摸不着头脑,于是就说:"文王请讲。"司马昭走到近前,左手抓住曹髦的胳膊，右手握住佩剑，恶狠狠地说："但不知'蟠居于井底，鳅鳝舞其前'一句皇上怎么解释？"

曹髦一听如五雷轰顶。自己当着众人绝不会吟咏此诗，只在无人时才敢借以发泄，怎么传到司马昭耳朵里？难道贴身的亲信也不可信吗？曹髦无语。

司马昭说："不明白皇上将鳅鳝喻为何人，如果喻指臣下，老臣觉得委屈。老臣父子三人为魏国社稷东拼西杀，鞠躬尽瘁，没落到好反而被诬为鳅鳝。皇上是何居心？"司马昭说着，右手拔出佩剑横在他和曹髦中间。只这一个动作按照律法足以治司马昭十恶不赦的剐罪，可是现在在阴冷的剑光下瑟瑟发抖的却是曹髦。曹髦年纪轻，没见过多少世面，更没遇到过这种阵势。

曹髦慑于司马昭的威势，声音颤抖地说："《潜龙诗》只是胡乱作来，并没有讽喻文王的意思，文王多心了。"

司马昭看眼前的小皇帝被吓成这样，暴怒的心情得以平息。但仍装作余怒未平的样子说："皇上无有此意甚好，应多留意朝廷大事，莫学酸腐书生无聊的吟诗作对。"说完释去曹髦的胳膊，招呼人马趾高气扬的下殿去了。

曹髦望着司马昭的背影，回想刚才发生的一切，仿佛眨眼间经历了从地狱到人间的转换。曹髦握紧双拳，气息如波涛般汹涌。司马昭离去后，曹髦一头扎进太庙，放声痛哭。

### 4. 龙战于野，噩梦惊醒

这天夜里曹髦做了一个梦。他由于白天哭得精疲力竭，到了晚上就昏昏沉沉噩梦频发。梦中，他到了一座破庙中，庙中蛛网结栋，到处蒙尘。他望见有一只白毛老鼠，眼睛血红，张牙舞爪，正在啮咬一个灵牌，那种牙齿和木头的摩擦声让曹髦脊背发凉。转瞬之间，灵牌被啮去大半，且那只白毛老鼠狂笑不止，使曹髦感到阴森可怖。他正不知所措，忽有声音从太庙深处传来，凄惨哀绝：曹髦，见恶鼠啮我灵牌，你于心何忍？太庙将颓，贼臣当路，你不思奋起，反而懦弱哭泣，有何面目面对先祖？社稷倾覆，你想忍辱偷生岂可得乎？曹髦快快醒来！

快快醒来……曹髦听到这话,心如刀绞,他定睛仔细观看那灵牌,上面刻着"魏太祖武皇帝曹讳操之灵位",曹髦一见白鼠所啮乃是祖宗灵牌,顿时悲从中来,哭天抢地。

曹髦从噩梦中惊醒,身上衣衫尽湿。曹髦惊吓之余有了一种时不我待的感觉。曹髦相信梦中发生的事情是真的,是祖宗通过梦境鞭策他鼓起勇气,承担保存社稷的重任。

曹髦觉得无须再等,生死存亡就在当前。

曹髦召来觉得还可信任的侍中王沈、尚书王经和散骑常侍王业一起商量匡扶魏室、铲除司马昭的计策。王沈、王业来得早,但面色有些惊慌,气息起伏不定,仿佛大祸临头。他们大概已经知道了曹髦召他们来的意图,因而感到恐惧。王经姗姗来迟,但面色持重,气定神闲,似乎早就知道此时将至。

曹髦将三人召进密室,指天地起誓说:"有走漏消息者有如此案。"说着拔出宝剑奋力向桌案砍去,桌案顿时被劈为两半。曹髦接着说:"司马昭之心,路人皆知,我决不能够忍受被他废掉的耻辱,现在的形势是人为刀俎我为鱼肉,是可忍孰不可忍!今当与三位爱卿一起讨伐司马昭,希望三位也和我一样下定以死报国的决心。"

王沈和王业互相交换一下眼色,一言不发。王经劝道:"昔日鲁昭公不满季氏当国,起兵讨伐,结果兵败被杀,社稷崩颓,成为天下笑柄,今日司马昭大权独揽为日已久,他收买人心,四方之士都肯为他奋死效劳,根本不在乎逆顺之理。再说我们的力量又能有何作为呢?宿卫空阙,兵甲寡弱,陛下没有军队,怎么讨伐司马昭?这样做好比是一个人想治病却病得更深了。陛下三思。"

曹髦一听。疾声道:"我意已决,就是死了,有何惧哉?何况有祖宗神灵保佑,还不一定死呢。"

王经是个忠直君子,对当前的形势看得十分清楚,他劝曹髦的话发自肺腑。但既然曹髦自己决心已定,所以王经便不再相劝,但他已下定决心要同这个有血气处境悲惨的皇帝同进同退,同生共死。王沈、王业却另有算盘,三人从密室出来后，王沈、王业就对王经说，曹髦坐不住了，要做蠢事，咱们要告诉文王司马昭早做准备。王经冷笑着说道，人各有志，我不会跟你们去告密的。王沈见王经不识时务，便不再相劝，只是不明白王经怎么会跟一个傀儡皇帝共誓生死呢？

王经见王沈去后，便再入密室，将方才的谈话告诉曹髦。曹髦愤恨地说，王沈、王业世为魏臣，竟做出如此背信弃义的事来，真是猪狗不如。曹髦看来，事不宜迟，现在的情况是箭在弦上不得不发，若等司马昭接到王沈、王业告密后有所准备，事情就难成了。于是他和王经各擎宝剑，率领仅有的百十位僮仆，杀出宫门。

偏偏遇上贾充。贾充提剑和曹髦战于南阙下，曹髦全身奋力，剑光飞舞，上了年纪的贾充真有些吃劲。

贾充见曹髦奋不顾死，有万夫不当之勇，便大呼手下成济：养兵千日。用在一时，司马家事若败，汝等岂复有种乎？何不出击？本来成济不敢持刃与皇帝争锋，经贾充怂恿，便无所顾忌，挺身而上。曹髦疏于防范，被成济刺中，倒地而亡。当时天上重云密布，忽而暴雨雷鸣，天地含悲。

《三国志》载，司马昭知道后"大惊，自投于地曰：天下其谓我何！"其欲盖弥彰的险恶用心可见一斑。他要不是终日里想着弑君篡位，贾充、成济哪有那样的胆量，竟敢刺死皇帝呢？

## 苦不堪言，白痴皇帝司马衷被毒死

晋惠帝司马衷(公元259~306年)，是中国历史上少有的一位痴呆皇帝，然而，就是这样的痴呆儿，居然在位17年。不过他这皇帝当得实在是窝囊，是一个典型的傀儡皇帝。前期由皇后贾南风把持朝政，后期则经历了十多年的"八王之乱"，一生受制于人，饱受苦难。天天以泪洗面，经常随乱军风餐露宿，苦不堪言，几乎没有享受过做皇帝的乐趣。最后还被人给毒死。

·三国两晋南北朝秘史·

图文珍藏版

司马衷

### 1.白痴也能当皇帝

晋武帝太康元年(公元 280 年)三月,西晋大将王濬率八万水军攻入石头城,东吴末代皇帝孙皓投降,东吴灭亡。至此,三国中的最后一国不复存在,全国又归于统一。

自东汉末年的大动乱到西晋的再度统一,几乎经历了一个世纪。百年之中,征战不已,给社会经济带来了很大的破坏。现在全国再次统一,对于让战乱折腾得晕头转向的老百姓来说,自然是一件好事。对于晋武帝,建立了这件盖世奇功,也足以让他对自己的英明神武感到得意扬扬。统一大业既然已经完成,接下来的事情就是如何巩固司马家的帝业了。不过,虽然晋武帝为了司马家的天下能传之久远而劳神费力,却在王朝继承人这个最为关键的问题上欠了考虑,竟然立了一个白痴做太子。

这个白痴就是晋武帝的嫡长子司马衷。当然,说他是白痴可能有点过分,毕竟他还知冷知热,也不缺乏语言能力,但这位太子的傻里傻气却是一望即知的。他九岁被立为太子,因为傻,一直让晋武帝忧虑,也起过换掉他的念头。但傻儿子的母亲,皇后杨艳却坚决不同意,她的理由也很冠冕堂皇:

"立嫡以长不以贤,岂可动乎。"皇帝和皇后的感情很好,于是耳朵一软.依然让傻儿子做太子。

杨皇后是司马衷的生母,她除了这个傻儿子之外,另外还有两个儿子,而且都很正常,就是坚持立嫡子,也不一定非要立这个白痴。原来,杨皇后也有自己的打算。晋武帝虽然和她感情不错,但也很花心,自从灭吴以后,更是大肆游宴,后宫女子竟达到万人之多。这么多美人,晋武帝未免觉得有些顾不过来,又怕她们明争暗斗,就想出了一个办法:他坐着羊车在宫中四处转悠,羊在哪个嫔妃处停下,他就在那里留宿。他觉得这个方法很公平。却没有想到有聪明的嫔妃发现羊爱吃竹叶,又爱吃盐,便特地把洒了盐水的竹枝放在门前,果然引得驾车的羊频频光顾。其他嫔妃一看这招挺灵,就纷纷效法,结果晋武帝就在这里停停,那里停停,忙得不亦乐乎了。如此"努力",给他带来了众多的儿子,就不免让杨皇后感到了威胁。若是因为太子笨而废掉他,无疑是打开了一道缺口,即使能立自己的儿子做太子,以后皇帝万一又喜新厌旧地改了主意,又看上了别人的儿子,岂不糟糕。这可是关系到自己和自己家族地位的大问题,还不如现在就死守原则,让皇帝没有可乘之机的好,因此她就一定要坚决拥护这个傻儿子。后来皇后杨艳去世了,又在临死前把堂妹杨芷推荐给皇帝,立为皇后。这个杨芷也是个美人,很得晋武帝的宠爱。她秉承姐姐的遗愿,也对维护太子的地位不遗余力,这么一来,司马衷的太子地位就更加稳固了。

但是,司马衷的傻气可是大名远扬,朝中大臣无一不知。大臣们觉得这位太子将来做了皇帝,肯定无法处理政事,也想劝晋武帝废掉他。大臣和峤曾经拐弯抹角地对晋武帝说:"皇太子天性'淳朴',有上古之风。可现在早就不是上古之时了,人情险恶,恐怕太子将来掌管不了陛下的家事。"虽然表面上恭维这位太子"有淳朴古风",其实就是在暗示他脑子不够用。但晋武帝却对此置之不理,后来有一次晋武帝对他们夸耀起自己的儿子最近颇有长进,还叫他们亲自去问问。回来之后,几个马屁精就说太子果然长进不小,皇帝说的一点都不错。和峤却老老实实地说:"太子还是和原来一样嘛。"弄得皇帝特别不高兴,当下拂袖而去。大臣卫瑾趁晋武帝举行宴会的时候,假装酒醉,倒在御座面前,对皇帝说:"臣有事情要启奏陛下。"皇帝问他什么事,他犹豫再三,用手抚摸着御座,嘴里含含糊糊地说:"这个座位太可惜了。"晋武帝马上明白他是指太子不堪为帝,但是假装听不懂,说:"你在胡说些什么,准是喝醉了吧。"接着,吩咐侍从把卫瑾扶起来送走。

尚书张华,以文学才识名重一时,很多人都认为他可以荣居三公的尊位。可是中书监荀勖和侍中冯𬴃,为了伐吴的事与张华意见不合,一直很嫉恨他,总是在晋武帝面前拨弄是非。有一次,晋武帝问张华:"谁可以托付后事?"张华回答:"论起才干、德望和亲属关系,齐王是最适宜的。"这句话不合晋武帝的心意,因而他非常不高兴。荀勖乘机鼓动晋武帝贬斥张华。公元282年(太康三年)正月,晋武帝任命张华都督幽州诸军事,表面上是让他担当一个方面的军事重任,实际上是排挤他,使他离开朝廷。

齐王司马攸是晋武帝活着的唯一的同胞兄弟,这时在朝廷官居侍中、司空。他待人和善,学识渊博,威望很高。群臣大都信服齐王,盼望他在晋武帝死后能够接替皇位。可是晋武帝却非常嫉妒齐王的威望,一心想把皇位传给自己的亲生儿子。荀勖看透了这一点,便对晋武帝说:"朝廷内外皆归心齐王,恐怕太子今后继承不了皇位。陛下如果下诏要齐王回到封地上去,群臣一定要劝阻,他们想把齐王留在朝中以代替太子。陛下不妨试试看!"晋武帝很不以为然。

太康二年十二月,晋武帝真的下诏要齐王回到封地上去。征东大将军王浑、扶风王司马骏(司马懿子)、光禄大夫李熹、中护军羊琇等纷纷劝阻。晋武帝心想这些人果然心中有鬼,对他们的要求一概不理睬。王济和甄德这两个驸马还要他们的夫人常山公主和长广公主去说情。她俩哭哭啼啼,坚持请晋武帝留下齐王。惹得晋武帝大怒,把她们痛骂一顿,把两个驸马的侍中职务也给撤了。以后晋武帝又接连惩处了几个挽留齐王的人,这样,谁也不敢再多说话了。

太康四年三月,齐王忧愤成疾,晋武帝派御医去给他看病。这些御医拍晋武帝的马屁,胡说齐王没病,晋武帝于是急催齐王启程。齐王无法,勉强起床,向皇帝去辞行,回到家就大口吐血,几天后就死掉了。

　　齐王死了,晋武帝心里一块石头落了地。为挽回人心,他把几个看病的御医统统处死了。然而晋武帝并不是昏庸之主,对于傻儿子的水平,他也并不那么看好。既然立他做继承人,就得让皇位一代一代地传下去。那他是不是有生育"圣嗣"的能力,可是个大问题。晋武帝可能是觉得儿子傻,对这男女之事未必开窍,就派了一个才人谢玖前去"教导",没想到傻儿子在这上头倒不含糊,不久谢玖就怀孕了。晋武帝十分高兴,也使他对傻儿子的信心又增加了几成,于是就张罗开为他选妃的事情。太子作了皇帝,太子妃就是皇后了。一国之母,地位重要,再加上这位太子又是这么傻气十足的,这个太子妃的人选就显得更加关键了。但是,就像立太子一样,晋武帝考虑再三,还是立了一个白痴。现在他为这个白痴儿子选妃,也是千挑万选,最后却选中了一个又黑又丑又泼又妒的儿媳贾南风,倒是和他那傻儿子正好一对。

　　不过这位太子妃虽然黑丑泼悍,却颇有心计。她对白痴老公不满意,但知道自己和这白痴是一荣俱荣,一损俱损,对维护老公的太子地位很是上心。由于大臣们经常和他叨叨太子笨,不能管理国家,晋武帝自己也不免有些疑心起来,就打算考考他。便开设宴会,把太子东宫里的人都召集到一起,在席上密封文件数件,派人送给太子断决,看看他实际处理政务的能力,并让使臣就在外面坐等太子的文件批复。白痴太子哪里能做得了这个,太子妃贾南风大为紧张,赶紧找了个人替他作答。那人还挺有学问,引经据典,答得头头是道。这时,宫内有个太监提醒贾南风:"这份卷子好是好,可是皇上明知太子平常不大懂事,现在写出这样一份卷子,反倒叫他怀疑,万一查究起来,就把事情弄糟了。还不如直接就事论事,写的粗浅一点。"贾南风大喜,就对他说:"那么还是你来另写一份吧,日后定保你富贵荣华。"那个太监就另外起草了一份粗浅的答卷,让太子依样抄写一遍,叫一直等候的使臣送到东宫的酒席上去。

　　晋武帝一看,卷子虽然写得不很高明,但是总算有问必答,可见太子的脑子还是清楚的,就更加坚定了立他的信心。

　　除此之外，太子的儿子司马遹，也是令他不忍废去司马衷的原因之一。这个孩子就是那位谢才人所生。当年她怀孕之后，由于太子妃十分嫉妒，就要求回到西宫，后来就生下了司马遹。晋武帝的傻儿子已经做了爸爸，自己却还不知道。几年后，他进宫朝见父皇，见一个三四岁的白胖小子与数位皇子在一起玩耍，非常可爱，便走过去拉着小孩的手嘿嘿傻笑。武帝见状对司马衷说："这是你的儿子。"太子挺高兴，就跪在地上拜谢，这才把这个儿子认了回去。

　　司马遹的父亲虽然是个白痴，但他自己却从小就十分聪慧。武帝也特别喜爱这个小孙子，经常把他带在身边。一次皇宫内半夜失火，晋武帝登楼观望，五岁的司马遹却牵着他的衣带把他拉入暗影。武帝觉得奇怪，问他为什么这样做。司马遹就说："暮夜仓猝，应严加提防，不应该让旁人看见皇帝在光亮中。"武帝看他小小年纪就这么懂事，不禁称奇。到了司马遹六七岁的时候，又陪晋武帝到太牢养猪的地方观玩，他对武帝说："这些猪又肥又大，为什么留在这里浪费五谷，不杀掉给臣下们吃呢？"武帝大喜，马上派人杀猪分赐众臣，还很高兴地说："这个孩子一定能兴盛我家。"在内心深处就把他认作是未来的皇位继承人了。所以，为了让心爱的小孙孙将来当皇帝，现在就得先保住这个傻儿子的地位。就这样，晋武帝虽然一直在太子的问题上犹犹豫豫。却到底也没舍得把傻儿子废掉。时光飞逝，傻儿子转眼就到了三十多岁，晋武帝病死了，这个白痴就当上了皇帝，就是晋惠帝。晋惠帝傻乎乎的连自己是谁都认不清楚，又怎么能管理国家呢，自然是闹出了不少笑话。

　　有一天，晋惠帝正在后花园里东游西逛，那时是初夏季节，池塘里传来阵阵蛙鸣。于是他大感兴趣，就问周围的人："你们说，这些小东西是在为官家叫呢，还是在为私家叫？"

　　对于晋惠帝这个问题左右随从都觉得匪夷所思，面面相觑，不知道说什么好。还好有一个经常伺候皇帝的太监，大概是对他的思维特点比较了解吧，就郑重其事地说："陛下，这些青蛙若是在官家地里叫，那就是为官家的；若是在私家地里叫，那就是为私家的。"这种完全是废话的答案，可能正好和晋惠帝那低下的智力水平合拍，所以他听了以后十分高兴，觉得困扰自己的一个大问题算是被解决了。

这件事流传出去，人人都笑话这位皇帝脑袋少根筋。不过接下来的另一件事，却使得这位傻皇帝大大地出了一回风头，还留下了一句千古名言。

有一年，某地闹饥荒，粮食颗粒无收，老百姓饿死无数。公文报到京城，众官员聚在一起议论对策。晋惠帝呆头呆脑地在旁边听着，感到十分奇怪，就问道："好端端的人怎么会饿死呢？"大臣们一看傻皇帝难得关心一下国家大事，就赶忙给他解释："当地在闹灾荒，百姓们没粮食吃。"晋惠帝也感到十分为难，突然，他灵机一动，很得意地想出了一个解决办法："没粮食吃也不要紧嘛，为何不吃肉粥呢？"大臣们听了皇帝如此"绝妙"的主意，都目瞪口呆，哭笑不得。晋惠帝也就凭借着这件事情留名史册。想来中国从古到今也有过不少皇帝.除了太好的和太坏的之外。大部分恐怕只能留在落满灰尘的厚厚史书中，等待历史学家去发掘了。这位傻乎乎的晋惠帝，却因为那句"何不食肉糜"，让不少人知道了他的大名，也算是一种幸运吧。

### 2.最毒妇人心

晋惠帝这样的活宝，如果国家没有什么事的话，他这么发发傻，也不过就是给大家增添一些笑料，可当时的政治形势却不容乐观。晋武帝对这傻儿子一直不放心，虽然他即位的时候都三十多岁了，还是给他安排了叔父汝南王司马亮和皇后的父亲杨骏一起辅政。但晋武帝临终的时候，却只有杨皇后和杨骏在旁，杨骏想独揽大权，就和女儿杨皇后串通伪造遗诏，指定自己单独辅政，并想除掉司马亮。司马亮连夜逃往封地许昌避祸，朝廷的大权，就落在了杨骏手上。一般的重大诏命，都由晋惠帝走形式地画个押，入呈杨太后和杨骏后，才下诏施行。

杨骏本是个低级小吏，好谋无断，外刚内怯。因借了太后女儿的光位极人臣，总揽朝政，不禁得意忘形，俨然有代理皇帝的派头，但真正碰到大事，草包的本性就显露了出来。他知道自己没有什么声望，得不到高门士族的拥戴，便大行封赏，滥加爵级，以博求美誉。这种荒唐做法，太后杨芷以及其他人都多次地劝说，但杨骏却置若罔闻，他的专横跋扈，引起了司马家族诸王的反感，也引起了晋惠帝皇后贾南风的侧目。

杨骏也怕这个凶悍的贾后干预朝政，他叫自己的外甥段广作散骑常侍，执掌机密。以另一个外甥张劭为中护军，统率禁军。一切诏命都必须经杨骏同意，再到晋惠帝那儿办个例行手续，入呈太后，然后行之，就是不让贾后插手。

贾后可不是好欺侮的，她也紧锣密鼓地准备政变。殿中中郎孟观、李肇因不为杨骏重用，对杨骏十分不满。贾后派其亲信、黄门（宦官）董猛和孟观、李肇私下联络，决定利用皇族来搞掉杨骏和杨太后。最后他的亲属和死党都被抓起来杀了，一律灭三族（父族、母族、妻族），死者数千人。

接着，贾后又唆使私党上书，要求严办杨太后飞箭送书的大罪，说杨太后早就参与其父的谋反阴谋。因没有太后谋反的先例，这个案子在朝廷上反复讨论了好几遍，最后大家勉强同意将杨太后废为庶人，幽禁在金墉城（当时洛阳城西北角上的一个小城，魏晋时专门用来安置被废的皇族）。次年二月，贾后又派人抓走了服侍杨太后的侍女。八天后，杨太后终于冻饿而死。迷信的贾后，怕杨太后死后向晋武帝诉冤，就把她的遗体背朝天下葬，又放了许多镇压的符咒，不让她动弹，草草埋葬在附近的御邮亭。

杨骏垮台了，大臣们把汝南王司马亮请回来当太宰，主持朝政。开国元老卫瓘被再度启用，和司马亮一起辅政。

楚王司马玮因"平乱"有功，被拜为卫将军、领北军中侯，掌管禁卫军。司马亮和卫瓘都认为他骄横跋扈，不易控制，唯恐其日后生事，便想把楚王和别的几个王遣回封地去，借此剥夺楚王的兵权。

楚王听说要排挤他出京，气得暴跳如雷，立即找心腹部下公孙宏和岐盛商量对策。

公孙宏和岐盛看到李肇得宠于贾后，现在当了积弩将军，手下有二千五百名精兵,就拉拢他去说服贾后,要她除掉司马亮和卫瓘。

司马亮和卫瓘执政,贾后不得专权,早已耿耿于怀。卫瓘当初曾劝晋武帝废掉太子,贾后对他更是怀恨在心。现在楚王提出要除掉司马亮和卫瓘,她当然十分高兴。这样,贾后和楚王勾结到了一起。

公元291年(元康元年六月)的一天,贾后让晋惠帝下密诏给楚王:"司马亮和卫瓘阴谋要废掉皇上,应立即免职,派你前去执行诏命!"诏书连夜送给楚王,催他立即执行,不得有误。

楚王接诏大喜,当即自称已受命都督中外诸军事,派李肇和公孙宏率军围攻司马亮的相府,又派清河王司马遐(晋武帝的小儿子)捉拿卫瓘。于是,司马亮和卫瓘及其一家人都惨遭屠戮。

两个辅政大臣接连被杀,文武百官仓皇失措,人人自危。太子少傅张华派人对贾后说:"楚王连杀二公,国家威权眼看着就要落在他的手里。如果让其得逞,皇上如何得以自安?应该以专权擅杀之罪,将楚王处死。"

张华的建议正中贾后下怀。原来,这个狠毒的女魔早就盘算了一石二鸟之计:先借楚王除去司马亮和卫瓘,然后再以专权擅杀之罪除掉楚王。这样,她自己就可独揽大权。不过,她也担心楚王桀骜难制,便向张华问计。张华随即献上了一条妙计:用驺虞幡制服楚王。

楚王杀掉司马亮和卫瓘之后,岐盛劝他乘机除掉贾后,夺取政权。楚王正在犹豫不决的时候,殿中将军王宫率领禁军,摇着驺虞幡赶到了。这驺虞幡是一面绣着驺虞的旗帜。驺虞是古代传说中一种生性仁爱的神兽,形状似虎,却绝不伤害有生命之物,甚至连小草都不伤害。驺虞幡为皇帝所独有,一般用作招降或调解兵乱。因此,人们对它格外敬畏,持有驺虞幡的官员便被视为皇帝的真正代表。王宫来到楚王面前,对聚集在楚王周围的将士们大声宣布:"楚王假传圣旨,擅杀大臣,伤天害理,罪不容诛。敢助纣为虐者,杀无赦!"

众人一听此言,顿时四散逃命。最后只剩下楚王孤零零一个人,仓皇不知所措。早有禁军冲上前去,将他捆绑起来。

楚王被处死前,从怀中掏出晋惠帝命令他逮捕司马亮和卫瓘的青纸诏书,流着眼泪向监斩官刘颂说:"我是先帝的亲生儿子,为什么也要受这么大的冤枉?"然而,此时他有口难辩,说什么也没有用了。杀人如麻的楚王司马玮,终于成了刀下之鬼。他的亲信公孙宏、岐盛等也都同时被杀,并被灭了三族,又有几百人死于非命。与此同时,贾后又猫哭耗子假慈悲,下令为司马亮和卫瓘申冤昭雪,但他们的家属却几乎被斩尽杀绝了。

贾后一箭双雕,先后杀了汝南王司马亮和楚王司马玮,除去了心腹之患。从此,贾后大权独揽,形成了悍妇控制白痴皇帝,扰乱政事的局面。但同时她也起用张华、裴颜等几个有才干的大臣主持朝政,掌管机要。贾后对他们比较敬重,他们也尽心辅佐,所以,政权有几年比较安定。史称"虽闇主在上,而朝野安静"。

对于傻皇帝晋惠帝来说,如果一直能这样下去,倒也是一件好事。反正他什么也不懂,就是大事决定下来之后画个押而已,倒乐得把朝廷政事交给皇后掌管。可是贾南风虽然大权在握,却也有一个眼中钉,那就是晋惠帝的太子司马遹。

贾南风由于自己没有儿子,就对这个太子十分嫉恨,总想着把他除掉。这个司马遹小的时候聪明伶俐,曾使祖父晋武帝对他抱有很大希望。但长大之后,却不爱读书,整天玩闹。他在太子的东宫里开了个集市,做买卖取乐,自己亲自操刀卖猪肉,据说用手就能掂出斤两来,准确得丝毫不差。他的师傅杜锡经常劝谏他要检点言行、修德进善。司马遹听得不耐烦了,就让人把大针藏在杜锡的坐垫中,把老先生刺得鲜血淋漓。不过他虽然荒唐,也没有什么太出格的行为,又是晋惠帝唯一的儿子,贾南风想把他除掉,就不得不费一番心思。

公元300年(元康九年)十二月,贾南风以惠帝生病为由,遣人唤太子入朝。太子到了宫中,就有内侍出来引他暂憩别室。刚坐定,一个宫婢持三升酒与一大盘枣子令太子当面吃喝,说这是圣上所赐。太子酒量浅,饮了一半,已是醉意醺醺,便说不能再喝了。那宫婢却呵斥他:"天子赐殿下酒,殿下不肯饮尽,难道是怕酒中有毒吗?"太子只好把剩下的酒喝光,喝完之后就已是大醉。接着,又有个宫女持笔砚纸墨,催促太子抄写一张文书。太子醉眼模糊,也不看是什么字,就依次照录,字迹歪歪斜斜。写完之后,他的酒还没有醒。

第二天,傻皇帝却气鼓鼓地在朝堂上拿出一张纸给群臣们。

原来,这就是那天太子所抄录的东西。这是贾南风定下的计策,想要趁太子酒醉昏迷之际,骗他抄下了这份含有反意的文书,以此来诬陷太子谋反。

但以晋惠帝可怜的智商,却对这份文书深信不疑。于是,贾南风的计谋得逞,太子被废为庶人,迁往晋皇室关押犯人的金墉城。

贾南风既然得偿所愿,也就该适可而止,但她阴险毒辣,对太子还是不能放过,又派人把太子害死了。这种行径引起了朝臣侧目,更引起了诸王的不满,最终酿成了倾覆晋室的大乱。

### 3.弱智皇帝泼辣妇

中国有一句古话,叫作"牝鸡司晨,惟家之索。"也就是说只要女人干政,国家就会灭亡。对于晋惠帝的皇后贾南风,这话不幸给说着了。她的一番胡作非为,果然把西晋王朝带上了灭亡之路。

贾南风是权臣贾充的女儿。当年晋武帝为傻儿子选妃,可是费尽心思,千挑万选。开始他看上了老臣卫瓘的女儿。但皇后杨艳却因为和贾充的妻子郭槐关系不错,又加上郭槐给她献上了不少奇珍异宝,就竭力在晋武帝面前称赞贾充的女儿是如何贤淑大方,可做太子妃。晋武帝倒也不傻,他对杨皇后说:"卫家的女儿温厚贤德,貌美白皙;贾家的女儿凶悍丑恶,又黑又丑。这么一比,当然是卫家的女儿适合做太子妃。"于是,这位杨皇后就像当年坚持要立傻儿子做太子一样,又搬出了她的大道理,道是选太子妃应该选德不选貌,贾家女儿虽然长得不那么漂亮,但品德绝对一流。于是皇帝又一次耳朵一软,最终还是依了她的意思。

那时贾充有两个未嫁的女儿,大的就是贾南风,其相貌正如晋武帝所说的又黑又丑。小的叫贾午,长得倒很漂亮。本来原定是要娶这个小女儿做太子妃的。可小姑娘才十二岁,便换成了贾南风。等到典礼完成,晋武帝一看给儿子竟娶回了这么个媳妇,真是后悔不迭。但生米做成了熟饭,总不能再退回去了,想想自己的傻儿子,和这个丑媳妇也算般配,就只好认了。

只是这贾南风长得丑还是其次,她性格也十分的泼悍嫉妒,对白痴丈夫看得特别紧。在她做太子妃之前,晋武帝已经给儿子纳了一位谢才人,还怀了身孕。于是贾南风就对这位谢才人百般看不顺眼,谢才人倒也知趣,就离开了司马衷,回到了西宫。有一次贾南风发现有个宫女偷偷怀上了司马衷的孩子,又妒又怒,立即喝令将这宫女押到面前,然后亲手提着一支戟向她隆起的肚子上掷去,活活的将一个已经成形的男胎剖了出来。晋武帝闻讯大怒,就决定把她废掉,关到冷宫金墉城去。这时的皇后杨芷是杨艳的堂妹,由于贾南风是堂姐所荐,就劝武帝要考虑到贾充的功劳,又说贾妃还年轻,正是好嫉妒的年纪,总该给她一个改过的机会。看到心爱的美人出言相劝,晋武帝才打消了怒气。杨芷此后多次训诫这位儿媳,让她改过自新。但生性毒辣的贾南风对杨芷的救命之恩视若无睹,却对她的这番斥责充满怨毒之情,从此怀恨在心。

等到晋武帝一死,晋惠帝登基做了皇帝,贾南风成了皇后,她感到自己可以扬眉吐气了。但这时朝中的大权被杨太后的父亲杨骏所把持,虽然太后杨芷只比大她十几岁,却也是她的婆母,贾南风这个小辈只能仰人鼻息。她本来就对杨太后怀恨,现在自己的丈夫做了皇帝,就更不甘心屈居在她的下面了。于是便凭借诸侯王的力量,宣布杨骏谋反,把他除掉,还矫诏处死了太后杨芷的母亲庞氏。杨太后跪在这个儿媳妇面前,口称臣妾,割下头发向她磕头,哀求她饶过母亲的性命。左右侍从都泪流满面,但是贾南风却毫不动心,当着这位婆母的面杀掉了庞氏。

贾南风排除异己后大权在握,便恣意妄为起来。她早就看白痴丈夫不顺眼,先是借看病为名,与太医令程据勾搭在一起,"乱彰内外"。而后还觉得不过瘾,就开始派人到民间广觅美貌男子寻欢作乐。为了不走漏风声,当她玩够了之后就把这些男子统统杀掉。有一次,有个洛阳城南的小吏,年轻俊美,平时家境贫寒,后来不知怎的失踪了一段日子,再出现之后,身上穿戴奇异,所佩珠玉皆罕见的内廷之物。他周围的人察觉其事可疑,这时贾南风的一个远亲家里正好丢了东西,众人都怀疑是他偷的,就禀报上司,派人马上把他拘押审问。这个小吏辩称:"我偶尔在路上遇见一个老婆子,说她家里有人得病,巫师占卜要找城南的少年来驱邪,到时必有重谢。我贪财心切,就跟她去了。中途换车,我被藏在盛放衣物的箱笼里,走了十几里,过六七道大门,箱笼一开,忽然见到壮丽精致的楼台殿阁。我问老婆子这是哪里,她回答是天上。马上有人过来伺候我沐浴熏香,好吃好喝过后,又给我换上华美的衣服,带入室内。然后就出现了一个三十五六岁的妇人,她生得矮胖,脸面青黑,眉间还有痣。她留我住了一段日子,与我同食同宿,然后顺原路将我送出。临别时,这矮胖黑妇人就赠我这些衣物饰品。"贾家那亲戚一听,就知道这事关系到贾南风的隐私,不好再问,只好把这个小吏放了。

只是贾南风虽然大权在握,又让白痴丈夫服服帖帖的,但她自己却没有儿子,太子还是谢才人的儿子司马遹。对此贾南风自然不能甘心,虽然她生不出儿子,却绝不会让别的女人的儿子将来继承皇位。可这个司马遹却是傻皇帝的唯一的儿子,贾南风若想废了他,就得再给惠帝变出一个儿子来,于是,她就想了一个胆大的主意。

她的妹妹贾午生下一个儿子,贾南风将这个孩子弄到宫中,假称是自己怀孕所生,还给这孩子起了个名字叫慰祖。既然有了嫡子,那司马遹的存在就毫无必要。于是她设计把太子废掉,后来又派人把他害死。

只是晋惠帝虽然是个白痴,他的那些被封为诸侯王的亲戚们可不是傻子。贾南风自以为事情做得隐秘,但天下没有不透风的墙,很快人们就得知这个小皇子根本就不是司马家的子嗣。晋惠帝的那些叔伯兄弟们,对于这个傻乎乎的皇帝还能容忍,但以后的嗣位者要不是司马家的人,他们可就不干了。于是,一场大乱迫在眉睫。

图文珍藏版

晋代司马家的天下得自曹魏,也是由篡夺而来的。因此晋武帝就总觉得有点心虚,生怕哪一天又蹈了曹魏的覆辙。他总结曹魏灭亡的经验,认为是由于对待宗室太过苛刻了,所以弄得皇室孤立无援。所以,他一当上皇帝,就把他的儿子们和堂亲宗室都分封为诸侯,来巩固司马家的统治基础。只是水能载舟亦能覆舟,这些诸侯王固然能加强司马家的力量,却也会形成尾大不掉之势。如果皇帝精明强干,还不会出什么问题,可要是像晋惠帝这样的白痴,那些诸侯王就不免心怀异心了。再加上皇后贾南风的胡作非为,无疑更给这些诸侯王提供了口实。等到贾南风害死了太子司马遹,大乱终于爆发。贾南风也自食其果,在这场动乱中被逼自尽。

### 4.惠帝死而晋亡始

傻乎乎的晋惠帝屡经战乱,虽然没能变得聪明,一直都搞不清自己被这么转来转去到底是因为什么,但也慢慢地有了点阅历。赵王司马伦作乱篡位把惠帝关到了金墉城,他经过一番折腾,就对那个掰他手指的义阳王司马威念念不忘。等到司马伦倒台,义阳王司马威也被抓了起来。诸王商议想饶他不死,一直呆呆坐在上座的惠帝忽然发话:"阿皮(司马威小名)掰我手指,夺我玺绶,不可不杀。"于是这个阿皮只得万分不情愿地上了刑场。恐怕这也是惠帝一生中所下的唯一一次体现自己意志的诏令。后来在成都王司马颖与东海王司马越两方军队的混战中,惠帝处境极其危险,脸上给砍了一刀,身中了三箭,周围的侍从都跑光了,只有侍中嵇绍用自己的身躯挡住皇帝。乱兵到了,惠帝大喊:"这是忠臣,你们不要害他。"那些乱兵却说:"我们奉皇太弟(成都王司马颖)的命令,只不伤害陛下一人。"结果嵇绍死在乱刀之下,他的血溅到了皇帝衣服上。后来皇帝给挪到了安全的地方,侍从们要把血迹洗掉。惠帝却说:"这是嵇侍中的血啊,为何要洗呢。"这话说得实在是入情入理,便成了这个傻皇帝的又一句名言。后来文天祥在《正气歌》里还特地提出"为嵇侍中血"。史家记录至此,也不由得惊叹一句:孰言惠帝憨愚哉。这个嵇绍也很有名,他就是竹林七贤之一嵇康的儿子。嵇康死于司马昭之手，他的儿子却成了晋朝的忠臣，世事变幻如此.也真可使人感叹了。

晋惠帝回到了洛阳，又成了东海王司马越的傀儡。可这位王爷慢慢觉得这个傻皇帝越来越不顺眼，就在公元306年(光熙元年)十二月，下手毒死了他。

惠帝崩后，司马越立惠帝二十五弟司马炽为帝，改元永嘉，是为晋怀帝。东海王又将困守长安孤城的河间王司马颙招来，再于半路劫杀。至此，似乎司马越已经成为最后的胜利者，却不料他的噩运才刚刚开始。

司马越拥立怀帝后，大权独揽。怀帝的侄子、14岁的清河王司马覃曾被惠帝立为皇太子，是可能的帝位继承人，司马越于是先弄死了他，接着又杀掉怀帝亲舅王延及大臣高韬等人，驱逐大臣苟晞，将精兵强将控制到自己手里，篡位的野心已经暴露无遗。

公元311年(怀帝永嘉五年)，眼见洛阳城外狼烟四起，司马越入朝请讨石勒，想趁此拥重兵立功以自固。他率四万精军出讨后，飞檄各州郡征兵，但"所征皆不至"。分崩离析的晋朝已经无力对抗胡族的入侵，内外交困的司马越忧惧劳顿，又得悉怀帝密诏苟晞等人诛杀自己，至河南项城时遂发暴疾而死。同军而行的襄阳王司马范和太尉王衍秘不发丧，准备率军还葬其封地东海(山东郯城)。

羯族首领石勒(当时为匈奴族的汉王刘渊部属)得知消息后，率劲骑追赶这群七零八落、兵官家眷混杂的队伍，终于在苦县宁平城(今河南鄢城)赶上，大队骑兵像打猎一样围着数十万西晋军民发箭狂射，一天下来，"王公士庶死者十余万"。石勒派兵士一把火烧掉司马越棺椁，说"此人乱天下，吾为天下报之，故烧其骨以告天地"，并将太尉王衍、吏部尚书刘望等多位晋朝高官，以及襄阳王司马范、任城王司马济等六个皇族王爷在半夜用推倒屋墙的方法压死。

侥幸未死的西晋兵民二十多万，被刘渊另外一部将王璋一把大火烧死，并被当作军粮吃掉。想象当时惨绝人寰的一幕，真是惊心动魄。

司马越留派洛阳的部将何伦等人闻败，慌忙拥司马越王妃裴氏及世子从洛阳往东海方向逃跑,城中百姓士民也紧随军队一起外逃。跑到洧仓,又被石勒大军赶上,东海王世子以及皇族 48 个王爷都死于乱兵之手,东海王王妃裴氏被乱兵抢去,轮奸过后又卖给别人。

怀帝、愍帝都可以算得上是青年干才,但"八王之乱"已经使晋朝大厦产生难以修补的巨大裂隙,孤木难支,无力回天。公元 311 年六月,晋怀帝被匈奴刘渊汉军抓获,公元 313 年被杀,时年 30 岁。公元 316 年,惠帝另一个侄子晋愍帝司马邺也肉袒出降,不久被杀,时年 18 年,临死前还上演了"青衣侑酒"的历史悲剧,成为历代汉族臣子心中永拂不去的伤痛。至此,西晋灭亡。

## 玩笑惹祸,司马曜被妃子闷死床上

东晋的第九代皇帝孝武帝名叫司马曜(公元 372 年~396 年在位),他三十五岁不明不白地死于宫中,号称武帝。没有死于沙场,也不是死于疾病或者政敌之手,而是死于自己的一句戏言。

### 1.司马曜的幸与不幸

司马曜的父亲是简文帝司马昱(公元 371 年~372 年在位),母亲是一个又黑又丑的宫中织婢。这种出身的人能当皇帝,在讲究门阀制度的魏晋南北朝时期,是极少见的。

原来。司马昱妻妾们生的儿子都没有成人就夭折了。不得已,司马昱才与这个织婢结合,生下了司马曜。

司马昱原来是个亲王,他的结发妻子王氏是当时门第很高的太原王家的女儿,为他生了个儿子司马道生,立为世子。后来,王氏得罪了司马昱。司马昱仗着自己姬滕众多,还有三个庶子,索性把王氏母子一齐废掉。王氏精神上受到很大打击,不久就去世了。想不到司马昱的三个庶子身体都很虚弱,小小年纪,就相继得病死了。不久,废世子司马道生也得病去世了。四个儿子都死光了,司马昱才着急起来。

一晃十年,司马昱已年近四十,虽然妻妾成群,膝下仍然无子。他十分焦虑,到处求医问卜,总不见效。一次司马昱听说有一位术士善相面,能相出男人的富贵贫贱,也能相出女人有子无子。他很高兴,立刻用重礼把此人请进王宫,殷勤款待,然后让自己的爱姬们一一出来,请术士逐个相面。术士一个个仔细看过后,一再摇头,司马昱不甘心,又召来所有婢媵,术士一一看过后,仍是摇头。司马昱不觉心灰意懒,垂头丧气,吩咐手下送客。这时,术士说:"我看殿下命中不该绝嗣,恐怕宫中还有女子没有想到。"司马昱摇摇头说"如果我命中真的不该绝嗣,还得去买姬妾,家中的已经全部相过了。"一个女管家插嘴说:"还有呢,昆仑婢还没有相呢?"司马昱登时大怒:"混蛋!昆仑婢算什么东西!"原来,司马昱宫中有一个织布的粗婢,长得又粗又壮,肤色黝黑,不像女人,倒像一座黑森森的大山,众人都戏称她为昆仑婢。司马昱并非不知道此人,但一直没有把她当女人看待,只当作一个粗使的下人,所以听到管家提起,认为是侮辱了自己,不禁动怒。术士劝解说:"召来看看,又有何妨?"司马昱一想,已经相了大半天时间,再加一个,确实无妨,于是命人去召她。

昆仑婢粗大的身躯刚进入殿门,术士马上拍案起立道:"殿下果然有福,这位就能给殿下生出贵子,殿下不但有子,而且还将南面称帝呢!"听到这话,司马昱又惊又喜,他想起历年来求神问卜,不止一人说他有天子之命,还说他命中有两位贵子,今天术士所说又如此,他宁可信其有,不肯信其无。于是,司马昱顾不得昆仑婢丑陋卑贱,当天就召她侍寝。不久,昆仑婢果然怀了孕,十月满足,生下一个漂亮结实的儿子,取名司马曜。其后,又生了一个儿子司马道子和一个女儿。

司马曜八岁时,司马昱当了皇帝。然而他却是个短命皇帝,在位一年多就去世了。那年司马曜才十岁,就继承了皇位,历史上称之为晋孝武帝,由褚太后听政。

司马昱丧事刚办完,忽然有卢悚率领的几百人,杀入云龙门,声称奉海西公司马奕回宫复位,直冲入朝堂、内宫,抢取武器,大砍大杀。后被禁卫军镇压,卢悚被捕杀。不久,桓温率军入都,合朝震惊,怕他前来夺帝位,但没过多久,桓温就病死。使东晋王朝又度过了一个危机。

司马曜在位期间,司马道子和桓温之子桓玄当政。司马曜沉溺于酒色,整天在宫中享乐。朝政荒废。

公元396年11月6日深夜,东晋孝武帝司马曜暴毙于建康(今南京)宫中。司马曜出生于公元361年,在位25年,终年35岁。司马曜父亲去世时,他刚10岁,年纪虽小,对生死却不看重。面对父亲的死,他的表现十分淡定。大臣们问他为什么不哭,他的答案令人震惊:"人到最悲痛的时候才哭,照我看是违背人之常情的。"不过,看得透别人生死的司马曜,竟然糊里糊涂地死于自己的一句戏言。

司马曜是个孝顺的君主,他不嫌自己的母亲出身卑微,即位后马上尊昆仑婢为淑妃,不久进为贵人,后来又尊为皇太妃、皇太后。

但司马曜的个人生活并不很美满。他娶了一位名门望族王蕴的女儿为皇后。王皇后姿容美丽,聪明可爱,但是有两个毛病:一是嗜酒,二是嫉妒。王皇后的父亲王蕴是个很有名的贤官,深得百姓爱戴,唯一的毛病也是嗜酒如命。王皇后可能即受其父影响,她终日酗饮,常常醉得人事不省,不能迎驾。司马曜觉得这样很不成体统,但又不好说什么,因为皇后的门第高,怕得罪了王家会失去政治支柱。从皇后那里得不到乐趣,司马曜只好找别的妃妾,但王氏醒后必要盘问司马曜的去向,并与司马曜纠缠不休。终于有一天,司马曜不愿忍受了,一怒之下,把王蕴召进宫中,诉说皇后的过失,命令王蕴严加管教。王蕴是一位识大体的贤臣,听到女儿如此失德,不觉羞愧难当,他流着泪,狠狠地训斥了女儿一顿。那之后,王皇后果然有所收敛,但终因嗜酒过度,饮食无节,二十一岁就去世了。

王皇后死后,司马曜非常宠爱陈淑媛,她长得极美,又能歌善弹,但出身卑贱。王皇后醉酒后,他最常去的就是陈淑媛处。王皇后死后,司马曜便把陈淑媛当作皇后看待,每天下朝后不去别处,径直到陈淑媛处进餐就寝。几年间,陈淑媛为他生下两个儿子,长子取名司马德宗,次子取名司马德文,即东晋最末两代皇帝。本来司马曜有心把陈淑媛册封为皇后,但当时门阀观念极强,这样一位出身微贱的女人要册封为皇后,会引起朝廷中一批大臣的反对。所以直到陈淑媛病死,司马曜也未册封她为皇后。

陈淑媛死后,司马曜悲痛异常,一年之中郁郁寡欢,除上朝外,心思几乎全花在两个儿子身上。然而,皇帝的生活不会总是寂寞的,皇宫中佳丽成百上千,专供皇帝一人享用。不久,一位姓张的美人博得了司马曜的欢心,对陈淑媛的怀念也就渐渐淡漠了。

**2.迷恋美人,戏言一句被捂死**

这位张美人聪明伶俐不亚于陈淑媛,其貌美娇艳更有过之而无不及。司马曜册封张美人为贵人。司马曜竟被她迷住,朝朝相随,夜夜相伴,连国家大事都懒得过问了,一概委托自己的胞弟司马道子管理。司马道子是昏庸无能的人,远君子,近小人;很快,东晋的政治开始混乱起来,国势也一天不如一天了。

张贵人也出身微贱,又专喜欢寻欢作乐,她能说会道,撒娇装痴,弄得司马曜爱也不是,恨也不是,终日迷迷恋恋,颠颠倒倒。这样过了几年昏天黑地的生活,司马曜已经三十五岁,张贵人也有三十岁了。这年秋末的一个下午,司马曜在清署殿摆酒与张贵人、众姬妾共饮。司马曜因国内水旱灾相继发生而愁眉不展,张贵人也为自己中年无子而闷闷不乐。喝了半天闷酒,司马曜终于忍耐不住,他问张贵人究竟为何不乐,张贵人不好意思说出来,故意锁着眉头,没有回答,司马曜很扫兴,于是转过脸与别的姬妾说笑。这些姬妾平时被司马曜冷淡惯了,今天看到皇帝垂青,忙不迭地大献殷勤。一会儿,司马曜就被哄得眉开眼笑,忘记了刚才的烦恼,索性要气一气张贵人,他假装忘记张贵人在身边,只与众姬妾说笑。五六年来,张贵人一直宠冠后宫,何尝受过这种冷落,一时气得脸色铁青。

司马曜从未见过张贵人气成这种样子。他觉得张贵人生起气来越发妩媚动人,于是假装绷起脸来说:"张爱卿,你的岁数不行了,我现在喜欢比你更年轻的了。"说着,故意走到众姬妾群里,左拥一个,右抱一个,后宫中只听见开心的哄笑声。

张贵人不知道司马曜在和她开玩笑,信以为真了。她冷笑一声,一甩袖子,带着贴身侍从到后殿去了。

天晚了,酒席散了,因为众姬妾的殷勤献酒,司马曜已经烂醉如泥了。自从张贵人得宠后,每年夏秋,司马曜和张贵人都在清暑殿里下榻避暑。张贵人看见扶进寝殿来的烂醉如泥的司马曜,想起他刚才说的那句话,以为司马曜果真要抛弃自己,另觅新欢了,不禁动了杀机。她把剩下的酒菜赏给众侍者,打发他们到外边去吃,然后,叫来自己的心腹婢女,让她用被子蒙住司马曜的脸,把他活活捂死了。

第二天早上,张贵人在殿里哭起来,哭声越来越高,众宦者不知发生了什么事,一齐聚在殿前听候旨意。一会儿,那个婢女走出殿来,向为首宦者报告说:"皇帝昨天饮酒过量,半夜中魇暴崩了,贵人正在举哀,请中宫宣示内外。"

一个年富力强的皇帝,好端端地一夜之间死了,大家都有点怀疑,但因为没有真凭实据,谁也不敢说什么。当时,最有权力过问此事的是司马曜的母亲李太后、弟弟司马道子和太子司马德宗。但李太后昆仑婢是个憨厚的老太太,只知享福,缺少心眼;司马道子成天沉湎酒色,自顾不暇;司马德宗与晋惠帝一样,是个白痴。这最重要的三个人不来过问,别人谁好过问?于是,一场天大的弑君之案,竟因为没有一个人来追查,就此不了了之了。

## 父子不和,拓跋珪为子所弑

北魏开国皇帝道武帝拓跋珪(公元386~408年在位),是魏晋南北朝史上一位杰出的人物。他流亡十余年,寄人篱下,未到成年便能号召旧部,重整旗鼓再造江山。但谁又能料到,这样一位天之骄子,最后竟死于宫廷之变,惨死在自己的亲生儿子手中呢!

### 1.父子不和

北魏是鲜卑族拓跋部于386年建立的政权,开国皇帝是拓跋部首领拓跋珪。这是一个较有作为的皇帝。其即位之初,为在其所占领的大片汉族居住区

拓跋珪

进行统治,十分重视学习汉人的治国方法,建立一套效仿汉人的封建政治制度,并在政策上务农息民,发展农业生产,扩大了北魏政权的社会基础,增强了经济力量。

拓跋珪十六岁重兴代国,远近部落的酋长,大小国家的国君,看到拓跋珪如此英雄,纷纷前来结好,其中不少送来女儿或宗女,要求结亲,以求政治上有所依靠。拓跋珪的结发妻子刘夫人,为拓跋珪生了一个女儿和一个儿子。儿子因为是长子,最有继嗣的资格,所以取名拓跋嗣。刘夫人最早跟随拓跋珪,又生有长子,加上善管内政,很有本领,在宫中威信很高,因此,受到拓跋珪的敬重。按说刘夫人是最有希望立为皇后的。但是,代国宫中有一个祖上传下来的老规矩:将被立为后的女子,必须亲手浇铸一个铜人,能铸成,则说明受天命委托,可立为后;铸不成,则没有资格立为后。拓跋珪曾经举行隆重的仪式,请来最高明

的助手,协助刘夫人铸像,但不知什么原因,竟然没有铸成。因此,刘夫人就失去了做皇后的机会。

拓跋珪平定后燕后,掳来了后燕主慕容宝的幼女。因为她美貌动人,被收入宫中。慕容氏举止端庄大方,性情温柔贤淑,很得拓跋珪的宠爱。刘夫人铸像失败后,在朝臣的再次奏请下,拓跋珪选中了慕容氏,为她举行了铸像仪式。慕容氏运气好,没费什么劲儿铜人就铸成了,很快就被立为皇后。

刘夫人年长有威信,又生有长子,没有立为皇后;慕容氏年幼新来,反而立为皇后。这自然引起刘夫人和其他一些妃嫔的不满。这些妃嫔有的挑唆刘夫人去排挤打击慕容后,有的劝刘夫人沉住气,等儿子当上皇帝后再算总账。总之,出什么主意的都有。

这些闲言碎语传到拓跋珪耳朵里,搅得他心里很烦。拓跋珪有许多儿子,他认为最有能力继承自己事业的,还是拓跋嗣。因为拓跋嗣是个仁义忠厚的孩子,拓跋珪对他很放心,知道他将来不会欺负自己的庶母和弟妹。但他不能放心刘夫人,尤其是将来当了太后,权势无边,难免做出伤害非亲生子女的事情来。而且,如果太后扶植外戚,把持朝政,还会给国家带来灾难。他深知历史上发生的这种情况太多了。于是,他想了一个有效的、但又残忍的办法。

一次上朝时,拓跋珪宣布了一条规定:今后,魏宫里立太子时,先要杀死太子的母亲。说完,又宣布了两道具体的诏令:诏立拓跋嗣为太子,同时,赐太子的母亲刘夫人即日自尽。

诏令一下,朝臣们都惊呆了。半响,拓跋嗣首先明白过来,他扑地一下跪倒在父亲面前,痛哭失声,要求父亲不要杀掉自己的母亲,要求父亲另立别人为太子。

对这条每立太子先杀其母的规定,拓跋珪是经过反复考虑才下定决心。他早已做好了思想准备,所以,在拓跋嗣痛哭求情、随之群臣纷纷跪下求情的时候,他非常冷静,缓缓地说:"这不是我自己的发明创造,五百年前的汉武帝就是这么做的。我这是为社稷着想,为大魏臣民着想的,希望你们也不要仅仅考虑到某个人的生死，而不顾及国家的安危。"于是，这条不成文的规定就在北魏沿用下来。直到一百年后的孝文帝时才被取消。

拓跋嗣因为自己被立为太子，反使母亲惨遭杀害，精神上受到很大刺激。他昼夜啼哭，不肯吃饭，也不肯睡觉，直到刘夫人安葬后，仍然啼哭不止。拓跋珪知道后非常生气，派人去召拓跋嗣，准备狠狠打他一顿。拓跋嗣因为伤心过度，早已置生死于度外，而且他是纯孝之人，所以并不犹豫，马上就要去见拓跋珪。左右侍从急忙拉住他，劝他说："如果殿下是真孝顺，就应该替皇帝想想后果。俗话说，孝子对待父亲的打骂，小打接受，大打则逃跑。现在皇帝盛怒之下，谁知会做出什么事来！纵然殿下不怕死，但皇帝真打死了殿下，天下人都会责备他，说他不慈爱。难道殿下愿意自己的父亲背上这种坏名声吗？依我们看，殿下不如先躲出去，等皇帝息了怒，再回来赔罪不迟。"拓跋嗣听了，觉得很有道理，就微服逃走了。

太子逃走后。拓跋珪心情很不好。他失去了结发妻子刘夫人，又失去了心爱的儿子，使他心里罩上一层阴影。郁闷痛苦使拓跋珪不到四十岁便未老先衰了。

拓跋珪平日在女色上花费精力很多，身体搞得很虚弱。另外，拓跋珪信奉道教，使他大脑受到严重损害。道教讲究炼丹吃药，说吃了药可以长生不老，因此迷惑了很多人。几年前，拓跋珪听信了术士的欺骗，召来一帮术士专门给他炼丹配药。当时，最时兴吃的是一种五石散，又称寒食散，是用五种石头做成的。这种药吃起来很费事，必须有许多辅助措施，否则，就会发毒伤人，让人变得心情烦躁。魏国宫廷里有一位名医阴羌，善于指导吃药，所以一直没出大问题。后来阴羌老死了，拓跋珪失去指导，药性开始侵入身体，损坏了他的大脑，脾气变得烦躁不安、多疑善怒。偏偏这时国中又屡屡出事，三天两头有坏消息报来，不是闹灾异，就是闹饥荒，要么这里有人叛逃了，那里又有人造反了，加上刘夫人已被赐死.爱子又不知去向，拓跋珪很快就精神失常了。他有时几天不吃不睡，呆坐或者呆立着;有时大骂臣下，说他们狼心狗肺，要反对自己;有时突然回忆起三十年来的成败得失,又哭又笑;有时又成夜成夜地高谈阔论,好像与鬼物争辩。遇到他火气上来时,随便就要杀人:颜色异常的要杀,喘息不定的要杀,行走速度不均匀的要杀,说话用词欠妥也要杀,而且是他自己亲自动手杀,杀死后就摆在天安殿前,任尸体腐朽发臭。这样搞得朝野上下人心惶惶,谁都不敢出头露面,唯恐稍有不慎招来横祸。

就是在这样的当口,发生了拓跋嗣异母弟拓跋绍弑杀父皇之事。

关于拓跋绍其人的性情,《魏书·清河王绍传》记载甚详,说他"凶狠险悖,不遵教训。好轻游里巷,劫剥行人,斫射犬豕,以为戏乐"。

拓跋绍的母亲是贺太后的妹妹,容貌秀丽,拓跋珪到贺兰部时见而悦之,向贺太后请求接纳为妻。贺太后认为她太美,"必有不善,且已有夫,不可夺也"(《资治通鉴·晋纪三十七》)。拓跋珪不听,派人杀其夫而占有了她,生下了拓跋绍。母子二人都痛恨拓跋珪。拓跋绍与其他兄弟性情截然不同,既不勇武,也不聪慧,游手好闲,并且养了一伙地痞流氓,专门打劫行人的财物,捉杀百姓的猪犬,然后聚在一起混吃混喝,俨然是京城一霸。因为是皇子,谁也不敢来管。后来,拓跋绍闹出了人命,传到拓跋珪耳中,把他气得火冒三丈。拓跋珪亲自动手,狠狠抽了拓跋绍一顿鞭子,然后,把他双脚捆住,倒吊在天井里,准备把他吊死。拓跋绍是个不怕死的无赖,任凭拓跋珪怎么打,怎么吊,都不讨饶。倒是贺氏哭得死去活来,百般哀求,直到叩头流血,拓跋珪才软了心肠。他看看拓跋绍吊得快死了,料想他今后也该接受教训了,才把他放出来。经过这次教训,拓跋绍表面上老实了许多,但心里却对父亲异常仇恨,从此不再与父亲主动说话。拓跋绍和他异母兄拓跋嗣关系也不好,原因是拓跋嗣经常责怪他的放任无忌。

### 2. 救母弑父

拓跋珪精神失常后,随便打人杀人。一天偶然来到后宫,看见贺氏,觉得不顺眼,就狠狠打了一顿,并叫人把贺氏关起来,说:"叫她活不过今天。"但一会儿又把这件事忘了。贺氏本来只等一死了,但天黑了还未见拓跋珪动手,又萌生了活命的希望。她偷偷叫侍从找来拓跋绍,让他想办法救自己。拓跋绍早就痛恨父亲,恨不得让父亲立刻就死,好报当日吊打之仇。而且,他知道哥哥逃跑没有下落,如果父亲死了,乘这机会自己还有登基做皇帝的可能。

对于皇帝拓跋珪的残忍,朝野上下无不知晓,人人畏惧,谈虎色变。所以,拓跋绍要组织杀手是十分困难的。况且,此时的拓跋绍才十六岁,还是个孩子,左右很担心他能否成功,不敢参与其中。在这种情况下,拓跋绍表现出惊人的勇武,他密将手下亲随及宦官数人召集起来,对他们说,父皇残暴,滥杀无辜,积怨甚多,今天是咎由自取。事成之后,定有重赏。这些手下人平日都与拓跋绍关系密切,经拓跋绍这一鼓动,才坚定下来。拓跋绍又指出,这一行动凶多吉少,成者王侯败者寇,煽动众人拼将一死,力争成功,从而提高了众人的士气。公元 409 年 11 月 6 日夜,拓跋绍带领死士数人跳过宫墙,进入天安殿道武皇帝寝宫,宫中侍者听到动静,大声喊道:"有贼!"道武皇帝拓跋珪大惊而起,慌忙去取弓刀,但一时没有找到。这时,拓跋绍已蹿到他跟前,一刀结果了他的性命。这一年,拓跋珪三十九岁。

拓跋绍杀死道武皇帝后,仍留在天安殿中,第二天中午仍不开宫门,他从门缝里对群臣说:"我有叔父,也有兄长,你们拥护谁?"众人惊愕不答。南平公长孙嵩说:"听大王的!"众大臣这时方知皇帝已死,但对拓跋绍仍心有不服,各怀异志。拓跋绍拿出大批布帛班赐王公以下的大臣,笼络人心,以期登基夺权。但是,拓跋绍没有当上皇帝。逃亡在外的太子拓跋嗣闻讯组织人马杀了回来,拓跋绍及其母贺夫人都被赐死,拓跋嗣夺得了帝位,是为魏明元帝。

## 仁慈无勇,高殷为叔所夫杀

北齐文宣帝高洋死后,他十六岁的长子高殷即位。这是一个短命的皇帝,实际在位只有二十个月便被废掉,一年后又被杀死。废杀他的是其叔父常山王

### 谋杀忠良

北齐文宣帝高洋是在公元559年(天保十年)死去的。这个以嗜酒昏狂、淫乱残暴著称的皇帝死于酒色过度,只活了三十一岁。他的长子叫高殷,字正道,小名道人,公元550年(天保元年)被立为皇太子,高洋死后继位称君。

这是一个短命的皇帝,实际在位只有二十个月便被废掉,一年后又被杀死。废杀他的是其叔父常山王高演。高演是神武帝高欢的第六子,文宣帝高洋的同母弟。他比高殷大十岁,且多谋善断,长期镇守在高齐发祥地晋阳。拥有较强的军事实力,因此,高洋在世时很担心高演会夺取高殷的皇位,酿成叔侄间的残杀。他临死前忧心忡忡地对高演说:"夺则任汝,慎勿杀也!"(《资治通鉴·陈纪一》)就是说,夺皇位可以,但不要杀掉他。

高洋的担忧并不是多余的。就在高洋刚刚咽气归天之时,高演的母亲娄氏无视太子是皇位继承人这个事实,主张立高演为君。多亏尚书令杨愔、大将军高归彦、侍中燕子献、黄门侍郎郑颐等顾命大臣的力争,太子高殷才得以继承大位。但是,高演因是皇叔,仍然晋封为太傅,诏居昭阳殿东的东馆,大臣奏事,先由他裁决。高演的同母弟高湛被封为司徒,他母亲娄氏被尊为太皇太后。

受诏辅佐小皇帝的尚书令杨愔担心高演、高湛兄弟位居亲近,对皇帝不利,便秘密向皇帝的生母李太后进言,让高演离开宫廷,回到了封地。这以后,朝政大事便不再同他商量。高演为避嫌疑,闭门不出,拒绝会见宾客。

皇帝身边的一些近臣也意识到,"若不诛王(高演、高湛兄弟),少主无自安之理",太皇太后娄氏也是一个不容忽视的威胁,于是他们建议几个顾命大臣,早做防范。杨愔、燕子献等打算将太皇太后迁居邺城的北宫,让她把政权交给皇太后李氏。杨愔还打算让高演、高湛兄弟出任外州刺史,削夺他们的权力。杨愔认为皇帝年少,涉世太浅,性情又太仁弱,便将这个想法告诉了皇太后。谁知,皇太后却把这件事告诉了一个叫李昌仪的宫人,李昌仪又密告给太皇太后娄氏，继而又传到高演、高湛兄弟耳中，这样，双方的矛盾便不可避免地尖锐起来。

其实，高演被调离宫廷之初就已经暗自谋划了。他在亲信们的挑唆鼓动下，随时都想象周公旦那样，掌管国政。得知要调任他为外州刺史的消息后，高演越来越觉得形势对自己不利，如果不及早动手，后果不堪设想。经过周密策划，一场逼宫夺权的斗争拉开了帷幕。

高演知道，小皇帝高殷仁慈无勇，不值得担心，关键是得先把杨愔等顾命大臣除掉，这是他夺取皇权的巨大障碍。为了干净利落地将他们一网打尽，他想出一条毒计，谎称他将去外州任职，特备酒宴，在尚书省大宴百官，与众大臣辞行，请杨愔、燕子献等务必赴宴。在准备宴席的同时，高湛在尚书省后室这个专供饮宴者休息的地方埋伏下数十名家僮亲兵，又与亲信勋贵贺拔仁、斛律光等约定：酒宴之上，轮番劝杨愔等饮酒，他如果不饮，就摔杯为号，将他们抓获。布置停当，就亲自写了一张请柬让人送到杨愔府上。

尚书令杨愔作为朝廷的多年重臣，老谋深算，做事非常谨慎，但对于"二王"这一诱其上钩的香饵悬鱼之计却未识破，毫不犹豫地答应按时前往。身边的人劝阻他，"事未可量，不宜轻脱"，他不以为然地说："吾等至诚体国，岂常山拜职有不赴之理！"（《资治通鉴·陈纪二》）

杨愔等人就这样未存戒心地来到了尚书省后室。酒宴是丰盛的，气氛也相当热烈，但一张陷杨愔等于死地的大网正在张开！

杨愔入座后，高湛首先离席，斟着双杯向杨愔敬酒。杨愔避席辞谢，高湛连声说："为何不饮酒？"并将酒杯摔掉。伏兵听到暗号，如狼似虎地杀了出来，对杨愔等一顿乱打，杨愔和同来的领军将军浑天和、侍中宋道钦被打得头破血流，当场被擒。燕子献力气大，奋力挣脱出去，被斛律光捉住。杨愔对"二王"说："你们要造反杀忠良吗？我忠心奉国何罪之有？"燕子献则长叹下手太晚，才落到今天的地步。

### 2.逼宫弑君

高演、高湛兄弟的这一计谋真算得上高明,皇帝高殷的近臣羽翼几乎都被抓获。阴谋得逞之后,高演信心大增,马上开始了下一步的进攻。他来到皇帝所在的昭阳殿,击鼓启事,太皇太后娄氏出殿升座,李太后与高殷侧立。高演恶人先告状,叩头说:"臣与陛下是骨肉至亲,杨愔想独揽朝政,王公以下都愤愤不平,如果不及早将他们除掉,一定会给国家留下祸患。臣已经将他们抓到,请陛下处置!"

高殷闻讯,大惊失色。这时,还有侍卫两千人待诏,都是全身披挂。武卫将军娥永乐勇武绝伦,如果齐主高殷一声令下,局势很快就会大变。但这个小皇帝却因幼时挨过父亲的鞭打,得了个口吃病,一时急得没说出话来。太皇太后娄氏却抢先开了口,将拔刀欲战的娥永乐喝退,并对高殷说:"逆臣杨愔想杀死我的两个儿子,还将危及于我,你怎么还放纵他? 快安慰安慰你的叔父!"高殷张了好半天嘴,才说道:"此事任叔父处置吧,只希望保全侄儿的性命,侄儿下殿去了!"

无能的小皇帝就这样离开了帝位,于560年9月8日(乾明元年八月壬午)被太皇太后下令废为济南王,出居别宫,高演则即位于晋阳的宣德殿,是为孝昭帝。他怕高殷复兴,又于次年把高殷召到晋阳,强迫他喝下毒酒,高殷不从,高演则令人将他掐死。此后,孝昭帝高演常精神恍惚,梦见杨愔等前来为高殷报仇,整日惊恐不安。公元561年(皇建二年)十月,他出猎时坠马受伤,不几天便死了,时年二十七岁。

## 后院起火,孝文帝因皇后淫荡被气死

北魏孝文帝是一位卓越的少数民族的政治家和改革家。他崇尚中原文化,实行汉化,禁胡服、胡语,改变度量衡,推广教育,改变姓氏并禁止归葬。然而,就是这样一个英明天子,却因皇后的淫荡给活活气死! 这在历史上也是不多见的。

### 1.英明天子

北魏自从太武帝死去后,政治腐败,鲜卑贵族和大商人压迫人民,不断引起

孝文帝

北方人民的反抗。孝文帝拓跋宏是北魏献文帝拓跋弘的长子,北魏的第6位国君。年幼的拓跋宏由祖母抚养并代为摄政。公元490年,24岁的拓跋宏开始亲政,他开始大刀阔斧地进行汉化改革。

魏晋南北朝时期是北方草原游牧民族与南方中原汉族文化大融合大碰撞的时代,这期间北魏孝文帝的汉化运动掀起了民族大融合的高潮。北魏的前身为北方少数游牧民族鲜卑族,该民族自东汉以来,经常与汉人接触,不仅占据匈奴故地,而且据有东起辽东,西至陇西大片土地。由于拓跋氏的崛起,统一了北方,建立了由少数民族为主人的北魏政权。那么,为何统一北方后的北魏政权要实行汉化呢? 这还得从其鲜卑族历史起源和历史背景说起。

鲜卑起源于北方的游牧民族。最初拓跋部处于原始社会末期,自拓跋珪后的强大,原始社会解体,步入了奴隶社会时期,又由于中原汉族文化的影响,在奴隶制没有充分得到发展的情况下,很快就过渡到封建社会了。

拓跋氏本以游牧为生,由北向南推进中,接触到汉人先进的农业生产技术,在从游牧业转向农业的同时,亦必然弃逐水草而居转向汉人的定居农业生产生活方式。于是,为进一步改变落后统治制度,吸纳接受汉人先进的文明,向汉人学习,在孝文帝时代掀起汉化运动的高潮,也就成顺理成章之事了。

北魏的汉化运动主要倡导实施者为孝文帝,他主要从迁都、改革官制、禁止胡语、胡服、改鲜卑姓为汉姓、禁止同族通婚、礼乐刑法等六方面进行汉化改革。

首先,我们来看一看孝文帝迁都的目的和意义。自拓跋珪定都平阳以来,这里一直是北魏的首都,但是平阳地位偏北,很难控制整个北方,加之北方柔然的骚扰,在军事战略上对北魏政权的巩固很不利,再者常年发生自然灾害,水旱疾病肆虐,百姓生活苦不堪言,卖儿卖女,流浪逃亡者甚多,可谓民不聊生!加之北方均为少数民族,贵族居多,保守势力强大,不迁都不改革将不利于北魏政权的发展。于是孝文帝于公元493年借口南伐迁都至洛阳。孝文帝对任城王元澄说道:"国家兴自北土,从居于城,虽富有四海,文轨未一,此间用武之地,非可兴文,崤函帝宅,河洛王里,因兹大举,光宅中原。"由此可见孝文帝的宏图大志之心。

再次进行官制的改革,孝文帝依照魏晋设置三师、三公、尚书、中书、四征、四镇和九卿等中央的文武官吏。地方上设刺史、郡设太守,县设县令,杜绝了官姓家族的发展,是一项惩治官吏腐败的良好措施,另外,取消王公贵族世袭制度。

在孝文帝实施汉化运动过程中,最重要莫过于禁止胡语胡服,宣导民众说汉语、穿汉服。

作为一国之君,为了强国富民,孝文帝带头讲汉语、穿汉服,这可从孝文帝对胞弟咸阳王禧谈到汉化重要记载中可见一斑:"自上古以来,及诸经穷,焉有不先正名。而得行礼乎?今欲断诸北语,一从正吾……。如此渐习,风化可新;若仍旧俗,恐数世之后,伊洛之下,复成被发之人"。于是在公元495年,孝文帝下诏令,制定"不得以北俗之语,言于朝廷,若有违者,免所居官"的制度。只有如此才能更好地说汉语,才能更好学习汉人的经典著作。

在改制胡服方面,孝文帝改制汉人的衣冠,经能工巧匠六年完成,无论男女均需改穿汉装。可见孝文帝对于禁胡服,穿汉装之重视程度。

孝文帝在改鲜卑姓氏和通婚方面实施了重大举措,他率先将拓跋姓氏改为元姓。加速北魏政权的汉化过程。在通婚方面,孝文帝下令禁止鲜卑同姓内部通婚的陋俗,并且自己带头积极倡导和推行鲜卑贵族与汉族大姓通婚,他自己即以范阳卢氏、清河崔氏、荥阳郑氏、太原王氏之女为妃,又以陇西李冲之女为夫人。孝文帝众多兄弟和一些鲜卑贵族亦娶汉家女为妻为妾,这样通过异族间的通婚关系,进一步融合了鲜卑族与汉民间的关系,也使鲜卑贵族和汉人名望士族紧密地结合起来了,不仅消除了双方存在的民族矛盾,而且使二者血统融合,以支持北魏的封建政权的统治。

孝文帝在上述汉化改革的基础上对刑法亦进行了改革,废除了斩刑之前的男女皆除衣裸体之法。北魏刑律制订上承汉晋,并且由国君亲自制定律令,这在中国历史上实属罕见。也由此可见孝文帝重视礼法制度的程度,呕心沥血,潜心汉化用力之勤。

孝文帝对汉族的文化艺术也很有兴趣。他从小就接受汉族文化的教育,不仅"五经之义"能拿过来就讲,史书传记、诸子百家涉猎颇多,对汉族的诗文也很有研究。孝文帝不仅改革鲜卑贵族的生活习俗,还教育他们学习汉族文化,从更深的文化层次改造他们。孝文帝对自己民族的落后有清醒的认识,不夜郎自大,不故步自封,虚心学习。他积极创办学校,传播文化知识,还搜集整理天下书籍,使因战乱而衰落的北方文化开始复兴。在他的带动下,鲜卑人进步很快。

孝文帝对北魏宗教艺术的发展也有很大贡献。孝文帝的父亲献文帝就是个极其虔诚的佛教徒,他本人也崇信佛教。因此,孝文帝大力提倡佛教。在他统治期间,佛教迅速发展起来。佛教的发展推动了佛教艺术的发展。当时最重要的佛教艺术形式,就是石窟艺术。我国三大石窟之一的洛阳龙门石窟就是孝文帝正式迁都洛阳那一年开始开凿的。

## 2.活活气死

公元496年(太和二十年),孝文帝消除内祸,继续其统一大业。次年他即发兵20万进攻南齐,并很顺利地攻下新野、南阳、樊城等地。当大军停在悬瓠一带休整时,宦官刘腾自洛阳宫中匆匆来报,称有机要秘事求见。惊诧万分的孝文帝随即召见。刘腾所报有两件大事,一是洛阳局势紧张。当日孝文帝出征时留尚书任城王元澄居守,太尉李彪、仆射李冲加以辅佐。其中出身卑微的李彪本是由李冲推荐才得以担任太尉职位的,但此时偏偏与李冲意见不合,专权恣事。李冲盛怒之下把李彪私自关禁在尚书省内,并上书历数李彪的罪过,请求孝文帝将其处死。二是宫闱失德。孝文帝的皇后冯妙莲与中官高菩萨淫乱中宫,乌烟瘴气。

对于刘腾报的第一件事,好办。孝文帝认为,李冲与李彪二人行事皆有过错,但李彪罪不至死,可以撤职了事;而对于刘腾报的皇后失德,孝文帝则半信半疑。可是几天后,皇后失德的事得到证实。原来是皇妹彭城公主从洛阳城冒雨前来求见,向孝文帝如实报告了皇后在宫中所发生的事。

孝文帝皇后冯妙莲风采照人,妩媚艳丽。14岁入宫,深得皇帝宠爱。不久身患疾病,被文明太后遣出宫外为尼,一年后,文明太后去世,一直挂念妙莲的孝文帝就把她接入宫中。宠爱如初。当时孝文帝的皇后是冯妙莲的妹妹冯媛。冯媛端庄秀丽、文弱娴静,但对孝文帝改制中所提倡的说汉语、穿汉服之事颇不以为然,因而难以讨得孝文帝的欢心。加之冯妙莲因决心登上皇后的宝座而不顾姐妹的情分时常诋毁妹妹,最终使冯媛由皇后而被废为庶人,被迫到瑶光寺出家做了尼姑。冯妙莲于第二年,即公元497年,在孝文帝南征前如愿以偿地登上了朝思暮想的皇后宝座。

夫皇孝文帝领兵在外,在后宫做主的新皇后冯妙莲水性杨花的本性又显现出来。耐不住寂寞,红杏出墙,与中官高菩萨一拍即合夜夜寻欢作乐,并在阉宦双蒙等的帮助下,淫乱宫闱。这种丑闻不久就传入朝中大臣耳中,但碍于孝文帝情面不便奏言。而皇妹彭城公主之所以从洛阳城冒雨前来"告密",是因为年少寡居的彭城公主被冯妙莲不学无术的弟弟冯夙看中,冯妙莲逼公主于近日成婚。无奈的公主才率几个婢仆秘密出宫,赶往皇帝军中,合盘端出了皇后与高菩萨的奸情。两相印证后孝文帝相信了刘腾的密报,遂提拔刘腾为冗从仆射,但皇帝因急怒攻心病倒在军中。

冯皇后得知刘腾与彭城公主把自己的丑行密告了皇帝后,忧惧之中忙与母亲常氏商讨对策。俩人求托女巫,诅咒孝文帝速死,并希图援引文明太后故例,另立少主临朝称制。同时为了侦探孝文帝的情况,多次派心腹双蒙到军中探望孝文帝,孝文帝为免打草惊蛇,对宫中之事佯作不知,冯妙莲心中一阵窃喜。

冯妙莲高兴得也太早了,公元499年,孝文帝经周密安排,突然赶回洛阳,一入宫即捕拿高菩萨、双蒙等人,严刑之下两人供出皇后淫乱宫闱、找女巫咒皇帝死等事。这一切,把大病初愈的皇帝当即气昏。孝文帝派人把皇后传来,从皇后身上搜出一把3寸长的小匕首,显然冯妙莲也知道事情不妙,准备以死一搏。但顾念旧情的孝文帝在处死高菩萨与双蒙后还是留下了废后冯氏的性命。

不过。经此宫闱失德的剧变,孝文帝竟致一病不起,临终时下旨:"后宫久乖阴德,自寻死路,我死后可赐冯皇后自尽,葬用,厚后礼,庶可掩冯门之大过。"孝文帝死时年仅33岁。

## 寄人篱下,孝武帝元修被毒杀

北魏孝武帝元修在历史上也是一个意欲励精图治的帝王,但他虽有雄心壮志,却没有多大才干,又因为和权臣高欢不和,最后弄到了势不两立、兵戎相见的地步,以至于落到了另一个更有本事、更有野心、更专权擅杀的臣下宇文泰手里。羊入狼口,焉有活着逃跑的道理?虽然他忍气吞声,含悲受辱,但最后还是落了个被毒杀的下场。

### 1.君臣失和,孝武帝亲征高欢

北魏孝武帝(公元532~535年),即元修,北魏孝文帝子广平武穆王元怀第三子。公元530年(永安三年)封平阳王;公元532年4月,高欢废元朗,拥立元修为北魏皇帝,史称孝武帝。

孝武帝

高欢,渤海修(今河北景县)人,其爷爷高谧官至魏朝侍御史,因犯法被流放到怀朔镇。到他父亲高树生时早已家世沦落。高欢自小生长于边镇,周围都是鲜卑军人,高欢是个完全鲜卑化的汉人,终日舞枪弄棒。镇将段长觉得高欢相貌不凡,资质卓异,对他说:"你有康济时世的才能,这辈子不会白活!我这岁数见不到你发达了,希望你日后能照顾我的儿孙。"当时这几句小小的鼓励,高欢一生不忘。等他掌握魏朝国柄后,追赠段长为司空,并提拔段长的儿子段宁为官。在北魏末年混乱的情况下,他从河北起兵,诛除乱臣,稳定局势,扶立元修,应该说是功劳巨大。因此元修当上皇帝,拜高欢为大丞相、大将军、太师。不久孝武帝元讨又纳高欢女儿为皇后,高欢成为国丈。君臣之初,相处还是不错的。

但高欢既是扶立社稷的人,又官居一人之下万人之上,难免有一些擅权的事情。当时的都城在洛阳,而高欢将自己的大丞相府建在太原,时常有丞相的话从太原传过来。偏偏这元修又是一个意欲励精图治的人,不喜欢国家大事都由丞相说了算,再加上旁边还有一些想巩固皇权的人的不断嘀咕。于是,皇帝和丞相之间渐渐产生了隔膜、龃龉和猜疑,最后,终于发展到势不两立的地步。

北魏孝武帝公元534年(永熙三年),魏孝武帝准备率军攻伐驻扎在晋阳的高欢,下诏戒严,声称要南伐梁国。又和斛斯椿征发河南诸州兵马,在洛阳近郊进行大阅兵。为了麻痹高欢,他密诏给高欢说要带兵攻打关西的宇文泰和贺拔胜。高欢是何等聪明的人,他马上回复,说自己属下五路兵马共22万已出发,助援皇帝征讨,并清除朝中奸佞,实际上是讲明了我已带兵赶赴洛阳要和你争个高下。孝武帝亲信中军将军王思政劝皇帝避高欢兵锋,前往关中依附宇文泰军队。东郡太守裴侠是个明白人,对王思政说:"宇文泰为三军信服,位处关中形胜之地,已握权柄,怎会轻易让权给我们。如果去投靠他,无异于避汤而入火啊。"王思政觉得很有道理,但南去荆州又离敌国宋朝太近,就问该怎么办。裴侠说:"与高欢相战有眼前之忧,向西面投奔到宇文泰处有将来之虑,先往关右一带驻军观察一下再做决定。"

这一年七月,魏孝武帝亲率十万军队驻扎在河桥,以斛斯椿为前驱列阵于邙山之北。斛斯椿奏请孝武帝派两千兵马趁夜渡黄河,趁高欢立脚未稳进行偷袭。孝武帝开始时觉得此计很好,黄门侍郎杨宽劝道:"现在这紧急关头把兵权给别人,恐生他变。万一斛斯椿渡河偷袭成功,那可是灭掉一个高欢又生出另外一个高欢啊。"孝武帝一听也对,于是马上下令斛斯椿停止发兵。斛斯椿叹息道:"皇上不用我计,真是天意不兴魏室。"

就这样,皇帝与丞相的军队就隔着黄河互相观望。两军未交锋,孝武帝一方已有贾显智、田怙等人暗中约降,高欢很快就指挥自己的军队渡过河来。谁知元讨虽有雄心壮志,却没有多大才干,手下的军队及其将领,或是佩服高欢,或是害怕高欢,当高欢的军队过来时,竟然兵无斗志,一哄而散。

### 2.坠入狼穴,忍气吞声终被杀

孝武帝又惊又急,只好带着几个本家王爷率五千兵马出逃。孝武帝一路狂逃,缺粮少食,饥渴困顿,最后在长安东阳驿遇见率兵迎驾的宇文泰。

宇文泰也不是等闲之辈,他是南北朝著名的军事家,政治家,北周太祖文皇帝(死后追谥),他所创建的功业深深的影响到了他以后的中国数百年的历史走向。他生于乱世,养成了冷静沉稳、豁达大度的性格,骤然临之而不惊,无故加之而不怒,几乎是以非常理智的方式治理国家。他不尚虚饰,崇尚简朴,这与南北朝众多荒淫放荡的统治者形成了鲜明的对比,他的这种执政风格也被后来的周武帝、隋文帝所继承。

据史料记载,宇文泰是鲜卑化的匈奴人。其父宇文肱最早是六镇叛军中鲜于修礼的将领。其父战死唐河后,宇文泰又加入葛荣军。尔朱荣击灭葛荣后,喜欢他的骁勇善战,授为统军一职。高欢灭尔朱氏后,他受贺拨岳之托去并州查看虚实,高欢见他身长八尺,垂手过膝,相貌非常,想留下他为自己效力。宇文泰坚决请求返军复命,高欢犹豫中允许他回去。过后马上反悔,想杀掉宇文泰以绝后患,追到关口也没赶上,正如项羽不杀刘邦、曹操放走刘备、桓玄容纳刘裕,最终养虎遗患,被宇文泰所灭。

投奔宇文泰,孝武帝真的是才出虎穴,又入狼口。孝武帝元修在皇帝位置上向来是一言九鼎,想干什么就干什么,为所欲为,尽管有个高欢时不时擅权,毕竟还是皇帝说了算,而投奔宇文泰,寄人篱下,就是另外一回事了。"人在屋檐下,不得不低头",皇帝也不例外。孝武帝闺门无礼,他三个堂妹,孝武帝都不让她们出嫁,名义封为公主,在宫中实际上充当嫔妃。其中一个平原公主元明月最受他宠爱。宇文泰恁惠西魏元姓诸王把平原公主从孝武帝身边抢出来杀掉,以消乱伦之丑。孝武帝恨恨不平,美人被夺,悲愤可知,但也只能是时不时在宫内弯弓搭箭,或以刀砍击桌案宣泄不平而已,言语之间也掩饰不住对宇文泰的恨意。

宇文泰呢,把元修皇帝迎过来的同时,也在他的身边安排了不少耳目,耳目汇报说皇帝的这些言行后,一不做二不休,干脆派人把毒药放进孝武帝酒里。毒死了这位很有主见的皇帝。可怜25岁的元修皇帝,霎时间命赴阎罗殿。随后。宇文泰就把平原公主的亲哥哥元宝炬立为帝。

其实,高欢自晋阳发兵以来,给皇帝上了四十多封奏表,都没有答复。他还亲自率兵追赶孝武帝,目的是把皇帝追回以掩免逐君出逃的过错,最终没有实现此愿。无奈,高欢回洛阳后立只有11岁的清河王世子元善见为帝,是为孝静帝。当时清河王元檀自己已经准备好当皇帝,高欢怕他日后不好控制,就选择了把这么个少年推上帝位,以免重蹈覆辙。从此,魏朝分裂为东魏和西魏。

## 命悬人手,淫暴皇帝高纬客死他乡

北齐后主高纬是南北朝时期北齐第五位皇帝,他即位时,腐朽的北齐政权已经摇摇欲坠。他自己仍然荒淫无道,导致北齐军队衰弱,政治腐败,尤其最大

高纬

的致命伤是诛杀名将斛律光,这使得北齐失去得以抗击北周侵略的将领。北周来攻,齐军大败,周军不久破北齐京师邺(今河南安阳),高纬慌忙将皇位传于自己8岁的儿子高恒,然后带着幼主高恒等十余人骑马准备投降南方的陈朝,但他们刚逃到青州(今山东益都)就被周军俘虏了,不久被杀,终年21岁。

### 1.凶暴荒淫的乱伦世家

北齐帝王姓高,是鲜卑化的汉人出身。开国皇帝高欢(同曹操一样,高欢生前未称帝,创下帝基,死后为儿子高洋谥为"神武皇帝")少年时代家徒四壁,娶媳妇后才从女方家的彩礼中得到一匹马,才有资格在边镇军队中当个小队长。高欢一生追随过不少反叛暴虐的人物——杜洛周、葛荣、尔朱荣。尔朱家族灭北魏,高欢叛尔朱家族,立孝武帝。不久君臣互攻,魏帝西逃,是为西魏。高欢立孝静帝,建立东魏。高欢病死后,长子高澄继任大将军,飞扬跋扈,差点篡位,不久被家奴刺死。高欢次子高洋深沉大度,其父兄在世时装疯卖傻,少年时常拖着两条大鼻涕嘿嘿傻笑。而正是这个乍愚乍智的二弟,上台后不久就逼孝敬帝禅位,建立齐国,史称北齐。

齐文宣帝高洋即位初期,尚能励精图治,对外征伐也大多取胜。可后来却沉湎酒色,凶暴异常。他倚重的大臣杨愔,曾为北齐的强盛立下过很大功劳,还是他的内兄。他有一次却用马鞭抽杨愔背脊,抽得袍褂浸满鲜血,接着又用小刀扎进杨愔肚子里,旁边的宦官看不过,连哄带骗地才把刀子拔出来。可高洋还不甘心,又叫人将杨愔活活装进棺材,钉上铁钉,用车运了出去,算作送丧游戏。幸好杨愔命大,被人救起,才免于一死。高洋曾经宠幸过出身歌伎的薛氏姐妹。姐姐恃宠向他为父亲求官,他当下大怒,用锯子把她锯死。而那个妹妹更是没招他没惹他,只因为原先作歌伎时陪清河王高岳喝了一回酒,就惹起这位皇帝的无名醋来,先把清河王毒死,接着砍下了这个妹妹的脑袋,还拿到酒席上向群臣展示,接着把她的尸体大卸八块,用她的髀骨做成琵琶。有时皇帝又想起她来,就边弹着这个琵琶边流泪感叹:"佳人难再得呀。"这样的变态实在令人毛骨悚然。他儿子高殷本性善良懦弱,高洋怕他这个样子将来不能继位,就亲自训练他砍死囚的脑袋。可胆小的太子哆嗦了半天,砍了好几刀也没把脑袋砍下来。高洋大怒,狠狠鞭打儿子,结果把这孩子吓成了间歇性精神病。

高洋三十一岁暴崩,太子高殷继位,不久就被六叔高演废掉。高演是北齐在位四帝中最为仁德的一位好皇帝,平生只干过一件坏事,就是杀了年仅17岁的侄子高殷以应天象。可惜高演只当了两年皇帝,得病暴死,终年才二十七岁,死时他传给九弟高湛,亲自给自己这位同母弟写信:"宜将我的妻儿安置一个好地方,不要学前人的样子(指自己杀侄一事)"。高湛淫虐绝伦,他先是逼奸高洋的皇后李氏,又把李后之子太原王绍德叫到殿前,说:"从前你爸打我的时候,为什么不劝。"用刀柄把侄子乱击而死。不久,他又把传位给自己的亲哥哥的太子高百年弄到凉风堂,让左右卫侍拖住这位十四岁的少年绕堂击打,遍地是血,孩子奄奄一息之际,求话说:"阿叔饶我,愿给您做奴仆"。高湛亲手斩之,投尸于池,池水尽赤。他还怕这位故太子不死,亲自到后园看手下埋尸……种种暴行,耸人听闻。高湛暴崩之年,三十二岁。

高纬之前的几代皇帝几乎个个好色,肆行奸淫。高纬的爷爷神武帝高欢出身微贱,加之在鲜卑地方长大,伦常不修还能理解。掌权后,他先后纳北魏孝庄帝皇后(尔朱荣女)、建明帝皇后(尔朱兆女)、魏广平王妃郑大车、任城王妃冯氏、城阳王妃李氏等北魏宗室之后妃;高纬的叔父文襄帝高澄十四岁就和高欢妃郑大车私通,差点被父亲废掉,又想强奸功臣高慎的妻子,最后害得高慎叛逃到西魏。高欢另一个老婆柔然公主也被高澄霸占,还生下一个孩子。高纬另外一个叔父文宣帝高洋更过分,他称帝后就强奸了高澄的妻子元氏,说:"从前我哥哥奸污我老婆,现在我要回报喽。"又纳大臣崔修的老婆为嫔,娼女薛氏也被他弄入宫内为嫔,后来思起旧恶又砍头杀掉姐妹两人,后期他酗酒无度,常常把高氏宗族妇女无论亲疏,一起弄到宫里,脱光衣服,让左右卫士轮奸这些妇人,其荒唐残暴简直超出常人的想象。

高纬的母亲胡皇后则更加荒淫。

高湛作了皇帝,日日沉迷于酒色,胡皇后深宫寂寞,就看上了高湛的一个亲信和士开。和士开擅长一种"握槊"游戏,胡皇后说她也想学,高湛便命和士开教她。有了这样的便利条件,胡皇后经常与和士开眉来眼去,两人慢慢地就勾搭在一起。后来高湛死了,胡太后与和士开就更加肆无忌惮。等到和士开被

中国古代秘史

·三国两晋南北朝秘史·

图文珍藏版

杀,胡太后伤心不已,百无聊赖,就又看上了一个叫昙献的和尚,二人经常在禅房私会,国库里的金银珠宝尽情搬入,甚至连高湛的龙床都搬了进去。除了昙献和尚,胡太后还勾搭了不少少年僧人,为了掩人耳目,就把他们都扮成尼姑。一次高纬入宫向母亲请安,看到有两个年轻貌美的女尼,不觉垂涎万分,便逼她们侍寝。可是两名女尼抵死不从,高纬大怒,命宫人强行脱下两人的衣服,一看.原来是两名男扮女装的少年僧人。他又惊又怒,一下子明白了母亲的秽行。便杀掉那些和尚,把胡太后迁居北宫,幽闭起来。后来北齐灭亡,胡太后流落到北周的都城长安,无以为生,竟操起皮肉生涯,做起妓女来。还不以为苦,乐在其中,声称做皇后不如做妓女来得乐趣。如此淫荡,也真是叹为观止了。

### 2.为保皇位,肆意杀戮

高湛二十七岁时,彗星出现。史官说是除旧布新之象,应该有新皇帝出现。为了"应天象",于公元565年(河清四年),高湛把皇位传给了年仅10岁的高纬,是为北齐后主,自称太上皇。

高纬曾"幼而令善,及长,颇学缀文",很是个有上进心爱读书的少年。高纬十五六岁时高湛暴死,高纬真正当了皇帝,但位置差一点被自己的弟弟高俨推翻。

高俨是武成帝高湛第三个儿子。很受高湛宠爱,常代替父皇高湛在含光殿办公,一个十二三岁的少年老成大度,王公大臣都跪拜畏惧。高湛未死时,高俨的器服玩饰和当皇帝的高纬一模一样。有一次他在高纬处见到有进贡的新冰早李,大怒:"我哥哥有这东西,我怎么没有"。从那以后只要是高纬宫里有高俨认为是新奇未见的东西,他的属官和工匠肯定获罪。高俨生性威猛,经常患喉疾,医生下钢针直刺入喉医治,高俨虽痛但连眼睫毛都不眨动一下。他常常对父皇高湛说:"我哥哥这么怯懦的一个人,怎么能统驭臣下呢。"高湛好长时间一直想废了高纬,立高俨为帝。高湛暴死后,高俨获改封为琅邪王。

和士开是高湛和高纬的宠臣,高湛临死前握着老婆情夫和士开的手说:"不要辜负我的期望,好好扶助幼主。"和士开既然做了"托孤之臣",自然权势日盛,大臣纷纷巴结他,甚至不知羞耻地拜他为"干爹"。有一次和士开病了,医生给他开了"黄龙汤",其实就是存放了多年的人粪。这么恶心的东西,和士开当然不想喝。而一位来探望"干爹"的大臣为了讨好他,就说这东西并不难喝,还亲自示范给他,端起一大碗"黄龙汤"就灌下肚去。和士开大为感动,立即提拔了这位大臣。和士开很怕高俨,对人说:"琅邪王眼光奕奕,数步射入,刚才在他面前站一会就吓出一身大汗,在皇帝面前我都没有这种感觉。"

高俨很讨厌和士开,见和士开盛修宅第,讽刺他说:"你们等不到大宅子修好,自己可能就完了。"和士开在后主高纬跟前进谗言,解除了高俨的兵权。高俨在侍中冯子琮撺掇下,假称高纬旨意,把和士开骗到御史台砍了头。本来高俨原意只为杀和士开,可一开了头就收拾不住,其手下徒众拥逼他去杀后主高纬。高俨就带着禁卫军三千多人直向宫殿闯来。高纬听到消息后吓得大哭,对冯太后说:"有缘的话能再见到您,无缘的话就永别了。"同时,他下旨急召大臣斛律光。高俨也派人召传斛律光。斛律光的女儿本是孝昭帝太子高百年的妃子,百年被杀后也绝食而死。但封建宗法社会尊正朔,斛律光仍卖命高家。而且斛律光也憎恶和士开,听说高俨杀了和士开后大笑:"龙子做事,本来就不和凡人一样。"他见高纬时,小皇帝已和四百兵士慌乱披甲操刀要出门抵挡。斛律光劝后主说:"这些少年舞刀弄枪,一交手就乱杀一通不分尊卑。只要您皇帝露一露面,那些人就死了心。"果然,小皇帝一露面,高俨的徒众"骇散四奔"。高俨也没了主意。站在原地不动弹。斛律光上前牵手拉他,说:"天子弟弟杀个人算什么呢。"又对高纬说:"琅邪王年少不懂事,成人后就不会这样。"高纬此时忽长精神,抽出弟弟高俨的佩刀用刀柄对弟弟的脑袋一顿乱击,咬牙切齿好久才把高俨放了。他又亲自用弓箭射杀高俨的徒党,肢解暴尸,以泄怒气。胡太后怕大儿子弄死二儿子,就把高俨关在自己宫内,高俨每次吃饭前太后自己都亲口尝试怕有毒把儿子毒死。几个月后,高纬趁胡太后睡觉,骗高俨早起打猎,让卫士刘桃枝反绑高俨双手,用袖子堵嘴,背负到自己的宫里砍了头,时年十

图文珍藏版

　　皇帝位子坐稳,转年七月,高纬就诛杀了大臣斛律光。斛律光一族自其父斛律金起就卖命高氏。"敕勒川,阴山下,天似弩庐,笼盖四野。天苍苍,野茫茫,风吹草低见牛羊"。这首千古名曲就是斛律金在高欢在玉璧之战大败于周军之后为安慰高欢用鲜卑语唱出,听得高欢当时涕泪横流。斛律光位极人臣,平生为高家打过无数恶仗,又帮助高纬坐稳帝座,但不贪权势,不懂交结高纬的宠臣穆提婆和祖珽。两个人于是同上谗言,说斛律光有谋反之心,劝高纬杀掉他。高纬性怯,不敢诛杀如此重臣。祖珽给他出主意:"赏赐斛律光一匹马,说明天一起游猎东山,他一定来谢恩。"斛律光来到凉风堂,高纬卫士刘桃枝从后击其后脑,斛律光不倒,回头说:"桃枝常常干这样的事,我到死也不干对不起国家和皇帝的事。"刘桃枝和三个大力士用弓弦勒在不做丝毫抵抗的斛律光脖子上,勒死了一代名将。小皇帝开始亲政,已经逐渐表现出他作为暴君和昏君的素质了。

　　诛戮功臣之后,高纬又把目光转向亲族。被谥为文襄皇帝的高澄有六个儿子。第四子是兰陵王高长恭。高长恭容貌美丽如纤洁妇人,上阵常面带一个铁面具以威吓敌人。邙山之战,他辅助高湛取得大胜利,武士们吟唱歌谣,名为《兰陵王入阵曲》,国人诵唱,声名显著。后主高纬有一次问他:"你打仗时深入敌阵,如果失利的话后悔也来不及呵。"兰陵王回答:"家事亲切,不知不觉我就冲了进去。"本来是效忠皇帝的话,但高纬对兰陵王"家事"一词深为忌讳,渐生猜忌。为免横死,英名一世的兰陵王得病也不医治,在家等死。武平四年,高纬派人送毒药给他。高长恭喝药前对妃子郑氏长叹:"我忠心侍奉皇上,为什么要被毒死呢。"妃子哭劝让他亲自见见皇帝诉说无罪。兰陵王说:"无颜何由可见!"遂饮药而死。小皇帝杀戮一番,觉得异己已尽,也就渐渐安生下来。

　　高纬小皇帝刚即位时虽怯懦无志度,却有识人之智。高俨举兵时左右误告他说是大臣谋反,他说"这肯定是仁威(高俨字)啊。"杀了斛律光以后,众人推荐高思好做大将军,高纬独论:"思好这人本性喜欢反叛。"这两件事应验后,高纬自认为策无遗算,更加骄纵放荡。

### 3.骄奢淫逸的"无愁天子"

小皇帝亲政排除异己,巩固皇位后,却没有管理国事的心思,而是要想方设法大玩特玩。皇帝要想荒唐,自然是要视钱财如粪土,看官爵比瓦砾。于是那些阿谀奉承的佞臣都被封了高官,侍奉他的宫婢都获封为郡君。他喜欢养马,亲自给马配制饲料,有十几种之多,还给公母马交配特地建造"青庐",甚至给这些马郡守一样的名号,还得食禄。他还大肆挥霍,动辄赏赐巨万。宫女锦衣玉食者五百多人,一件裙子的花费价值万匹布,而且只穿一天就扔掉了;一个镜台也能用上千两黄金。他为宠爱的穆皇后造七宝车,载满金银到北周买珍珠。北周恰逢太后丧礼,不肯卖给他,他就更花费巨亿从别的地方买来制造宝车和裙祷。他大兴土木,而且好恶反复无常,尽管各处宫苑修得富丽堂皇,却屡毁屡修,从事建筑的工匠没有一时的休息,夜里点起火把照明施工,天冷时得用热汤和泥。又在晋阳做十二院,开凿晋阳西山塑造巨大佛像,一夜间要点燃万盆油灯,灯光可以照到宫中,劳费数亿计。如此胡闹,不久就府库积蓄匮乏,民不聊生,于是皇帝也觉得自己穷了,要做乞丐。就专门在华林园旁,设立一个贫儿村,自己穿上破衣烂衫,向人行乞,还觉得好玩得不行。他又仿照民间开设市场,自己一会儿装卖主一会儿装买主,忙得不亦乐乎。他还喜欢玩打仗游戏,画下西境一些城池的图样,依样仿造,让卫士身穿黑衣模仿北周兵攻城,他却用真正的弓箭在城上射杀这些"敌兵"。皇帝玩得高兴,真不知道天下还会有什么让人忧愁的事,便亲自创作了一支曲子,名曰《无愁》,还亲自弹奏琵琶演唱,让左右数百人唱歌跳舞来应和。于是,民间就把这皇帝叫作"无愁天子"。

不过比起他们高家前几代皇帝那些匪夷所思的暴行来,高纬这些胡闹真是太小儿科了。于是他就向自己的亲戚们"努力学习"。有人向他告发南阳王高绰的种种暴行:这个王爷住定州刺史任上荒淫残暴,无所不为。他喜欢养波斯狗,经常纵狗咬人。一次,在路上看到一个女子抱小孩,就上前从她怀中夺走孩子,丢在地上喂他的波斯狗。女子号哭,高绰大怒,又纵狗去咬她,那狗刚吃饱小孩,不去咬,他就把小孩身上的血涂抹于女子身上,众狗便一扑而上,把女子撕裂食尽。高纬听说此事,不禁对这个同父异母兄弟如此有"创意"大感佩服'。于是立刻召他进京。两人一见面,高纬就迫不及待地问他在定州什么事情最好玩。高绰说把人和蝎子放在一起,看他们斗来斗去,是最有意思的事情了。高纬就派人连夜搜寻蝎子。第二天早晨,忙碌了一个晚上的侍从们好不容易捉到了两三斗蝎子,高纬把蝎子放在一个大浴盆里,然后绑了个人扔了进去,蝎子蜂拥而上,那个人被蜇得号叫翻转,哀声动天。高纬和高绰却在一旁看得津津有味,欢喜得又叫又跳。高纬还埋怨高绰:"这么好玩的事情怎么不早一点告诉我。"自此之后,他对这个兄弟喜欢得不得了,封他为大将军,让他日夜陪自己在宫中寻欢取乐。

### 4.重用奸佞,宠信小人

皇帝大玩特玩,朝政就落到了一班奸佞小人的手上。高纬当时宠信萧长鸾、穆提婆等人。一帮人天天宴饮无度,带刀走马,从未安生过。这些人见朝臣就瞋目张拳,有吃人之势。尤其是韩长鸾特别憎恨读书人,常常大骂朝臣:"我对这些汉狗不可忍耐,应该都杀掉才对!"(韩是鲜卑贵族)。齐国大城寿阳被周朝军队攻陷,高纬还真忧惧了一阵子。穆提婆就劝他:"即使我们齐国尽失黄河南岸,还可作一龟兹国呢……人生如寄,唯为行乐,干吗犯愁呢!"左右嬖臣随声附和,高纬于是大喜,酣饮歌舞,夜以继日。这里倒和北齐的一种风俗有关系。原来当年高欢和宇文泰都是从北魏六镇兵变起家。这高欢本来是汉族人,却喜好鲜卑风俗,所重用之人也是多是鲜卑人。那些汉族士人为了进身,竟有投其所好去学鲜卑语和弹琵琶的。而出身鲜卑族的北周宇文氏,却在那里学着汉族用《周礼》定官名,仿《尚书》作制诰。这般颠倒却也好笑。所以。北齐皇室也盛行鲜卑风尚,朝野上下,一致尊崇,高纬的这帮宠臣也多是鲜卑人。不过他们之所以这么得宠,除了陪着小皇帝玩得高兴之外,还和宫中小皇帝的乳母陆令萱很有关系。

陆令萱也是鲜卑族人,因为丈夫谋反被杀而没入皇宫为婢。她巧黠多智,善于奉迎,很快就得到了齐武成帝高湛和胡皇后的信任,特意命令她做太子高纬的乳母。陆令萱自然尽心尽力,高纬也和她十分亲近,叫她"干阿妈"。对她言听计从,亲政之后,更是把宫中的事情都交给她掌管。后来高纬的母亲胡太后因为与和尚的奸情败露,被高纬关了起来,陆令萱就成了后宫的主人。她的儿子穆提婆,也因此而由一个宫奴变成了深受皇帝宠信的朝廷大臣。于是陆令萱开始干预朝政,勾结高纬的那些宠臣大肆弄权。一时间哪怕是奴婢倡优之人,只要附和他们,都可以被封官晋爵。于是弄得吏治腐败,贿赂公行。天下开府一职的官员竟然达到一千多人,仪同官职不可胜数,仅领军就增加到二十多人。官虽多了,却因为职权不明,反而没人办事。朝廷下达的诏令和文书,二十个领军都互相推诿,最后都只在文书上照葫芦画瓢地写了个"依"字扔在一边,没人执行。陆令萱在朝廷大事上独断专行,在后宫自然就更加说一不二,就连高纬后妃的废立,都掌握在她手中。高纬的皇后斛律氏,是功臣斛律光的女儿。斛律光被诬谋反而被处死,斛律氏也就被废掉。高纬又立了胡太后的侄女为皇后,但他喜欢的却是前皇后斛律氏的侍女穆黄花。穆黄花也是个聪明的女子,知道自己出身卑贱,就拜陆令萱为母,在宫中找到了一个坚实的靠山。于是陆令萱为了提高她的地位不遗余力,让她的儿子高恒成了太子,接着又在胡太后面前进谗,让太后大怒,把胡皇后废掉。这样,穆黄花就被立为皇后,陆令萱也因为是皇后之母,被封为"太姬",相当于一品官,班列在长公主之上。然而,在她们志得意满之际,却没有想到喜新厌旧的高纬又一次转移了目标,爱上了另外一个女子。

### 5.小怜玉体横陈夜,已报周师入晋阳

高纬的穆皇后本是斛律皇后的侍女,却没想到天意弄人,自己最后也栽在了自己的侍女身上,这个侍女就是冯小怜。

当年高纬对穆黄花迷恋不已，费了很大劲才立她为后。但一旦如愿以偿，新鲜劲就过去了，他很快又宠爱上了弹得一手好琵琶的曹昭仪。穆皇后深宫寂寞，哀怨不已。她的侍女冯小怜生得姿容出众，性格乖巧，看到皇后这个样子，十分不忍，便向皇后献了一计，情愿以己身为饵，前去离间高纬和诸嫔妃的关系，把皇帝重新夺回到皇后身边来。

这种思路颇为奇怪，但却得到了穆皇后的赞同。于是她把冯小怜盛装打扮了一番，推荐给高纬。高纬本是酒色之徒，一见这般尤物，立刻神魂颠倒，和她夜夜春宵，从此把后宫嫔妃视作粪土一般，对于穆皇后，更是忘到了脑后。而冯小怜大概也已经忘了她对皇后的承诺，沉浸到与皇帝的恋情欢乐中去了。高纬封冯小怜为淑妃，让她住在隆基堂，本是雕梁画栋，极尽绮丽了。冯小怜却嫌那是曹昭仪的旧居，太不吉利，就命令拆梁重建，并把所有的地板换了过来，挥霍了许多金银。高纬毫无异言，任她所为。冯小怜一直生活在后宫，对那些嫔妃争宠之事耳濡目染，早就练就了一套狐媚惑主的本事。而且她不但天生冰肌玉骨，聪慧伶俐，还精通音律，能歌善舞，尤其擅长演奏琵琶。她还无师自通地学得一手按摩的本领，当年在穆皇后那里就使得女主人夸赞不已，现在又用来侍奉皇帝。美人的一双玉手在高纬身上揉揉捏捏，已是叫他的骨头酥了一半，再加上冯小怜的按摩技术还颇为精妙，弄得高纬通体舒泰，飘飘欲仙，就更是离不开她了。两个人坐则同席，出则并马，还经常祈愿生死一处，做个永远夫妻。就连在朝堂议事，高纬都和冯小怜腻在一起，前来奏事的大臣见状都羞得满脸通红，只好唯唯而退。

不过，高纬虽然专宠冯小怜，但比起他们高家前朝那几个乱伦通奸，污秽闺门的皇帝来说，还算不得十分过分。如果没有什么事情，估计他还能这么一直夜夜笙歌，狂欢乱闹下去。但是，此时北齐的敌人北周已经变得越来越强大。后来北周武帝宇文邕即位，他是雄才大略之主，在位时整顿内政，禁断佛道二教，发展经济，很快使北周达到鼎盛。他又久以统一天下为己任，对于高纬荒淫怠政引得臣民离心早就看在眼里。于是，武平六年(公元575年)，北周武帝率军进攻北齐。

要打仗了,但高纬还晕晕乎乎,不以为意。他这时正忙着和他的淑妃冯小伶打猎。警报从早晨到中午已传来了三次,高纬也置之不理,他的宠臣还在一边帮腔,斥责士兵道:"皇帝正在游猎,边境有一点小摩擦,是很正常的事,何必急急奏闻。"后来警报越来越多,高纬也有点不安起来。可冯小伶兴致未尽,又要他再猎一围才肯罢休。高纬从不肯拂逆了美人的意思,就答应了她,又猎了好长时间,获得几头野兽,方才尽兴而回。此时,北周军队已经攻破平阳城(今山西临汾)了。

于是。皇帝御驾亲征,大军直奔平阳而来。但是,他舍不得心爱的美人,就带上冯小伶,一路上形影不离。而且御驾亲征的高纬此时关注的不是如何击退北周军队收复失地,而是要让冯小伶开心,居然还有闲情陪着她游览附近的名胜古迹。按照传统的观点,行军打仗是不能带着女子的,因为"妇人在军中,兵气恐不扬"。这虽然没有什么根据,但毕竟会给人们的心理上造成很大影响。所以北齐兵士一看他们的皇帝居然到处带着宠妃,在气势上就觉得要打败仗了,士气十分低落。而且,这个冯小伶还不安分,恃宠生娇,什么都不懂还偏偏喜欢乱出主意。高纬也特别听话,她说一句就是一句。于是,当围攻平阳的北齐军队挖掘地道,陷塌了几丈的城墙,平阳城眼看就收复在望的时候,高纬却因为要等待正在梳妆的冯小伶出来观看攻城的壮观场面,而命令全军将士等候,从而让北周军队有足够的时间又修好了城墙,重新掌握了这座军事重镇。等到北齐北周两军相交之时,高纬和冯小伶并马观战。忽然之间东翼阵脚略有退却,冯小伶吓得花容失色,大叫"我们败了!"齐主手下将领劝高纬不可轻举妄动,免得惑乱军心,但高纬哪里肯听,立刻带着冯小伶奔逃而去。于是北齐兵败如山倒,被杀万余人,百里之间,军资器械丢弃无数。高纬在一路奔逃中忽发奇想,又命人回晋阳去取皇后的朝服绶节,准备封冯小伶为左皇后。冯小伶穿上皇后礼服,他左瞧右看,欣赏不已。这时,又报周军来追,他才继续奔逃。就这样,本来在战场上有很多次转机,但在冯小伶不负责任的胡乱干预之下,高纬终于率领着十万北齐大军,愣是把一场胜仗打成了大败仗。对此,高纬毫不在意,还说:"只要小怜无恙,战败又有何妨。"

北齐建都邺城(今河北临漳西南),以晋阳(今山西太原)为别都。但晋阳对于北齐很重要。晋阳地势险要,处于汾河谷地,四周都有群山作为屏障,在军事上占尽地理优势。进可南下直取中原,退可凭借城池坚守待援,即便大势已去,也可以北逃塞外以待卷土重来。所以从高欢开始,一代代的北齐皇帝都很重视对晋阳城的经营。高欢最后就是在晋阳去世的。而自高洋之后的北齐皇帝,每年都有很长时间在晋阳宫处理政事。北齐很多次皇帝的更迭也是在晋阳进行的,高纬就是在晋阳北宫即位的。晋阳成为北齐实际的政治和军事中心,地位重要无比。

因此,当高纬一路奔逃来到晋阳的时候,这座重镇是否能坚守得住,就关系着北齐的生死存亡。高纬来到了晋阳已经被吓破了胆子,略事休整就留下安德王高延宗等人留守晋阳,自己逃往突厥去了。大臣和将士们苦苦劝谏他留下来安定人心,他都不肯听从。他手下的人不愿抛弃家乡到突厥去寄人篱下,一路上纷纷逃亡。连他的宠臣如穆提婆都投降了北周。最后高纬周围只有十余骑随从,他只得回到首都邺城。

晋阳城中的军民一看皇帝不负责任地扔下他们跑了,就拥立奉命留守的安德王高延宗为帝,改元德昌。高纬得知此事,气哼哼地说:"我宁愿把晋阳城送到周军手里,也不愿意安德王在那里当皇帝。"安德王高延宗将王府中的积藏与后宫美女赏赐给将士们,率领军民坚守晋阳。在北周军队包围晋阳之后,他又亲冒矢雨、身先士卒,率领四万军队出城迎战。

一时北周军队被杀的大败,连周武帝都差点被捉。但大胜之后北齐将士们欣喜若狂,涌入街坊之中畅饮欢庆,不少人醉卧长街,致使高延宗无法重新集结军队。于是,在第二天清晨,北周军队趁北齐守军猝不及防之时,一举从东门攻破晋阳。

### 6.受尽凌辱,客死他乡

此时高纬正在邺都苟延残喘。他事先曾把家小送到北朔州(今山西朔县),现在他的母亲胡太后回来,他理也不理。可淑妃冯小怜驾到,高纬就凿开邺城北边的城墙,出外十里迎接。大臣劝他亲自向守城将士发表讲话,还替他撰写了意气风发、拼死守城的讲话稿,让他演讲的时候要感激流泪,以激励士兵。可这个玩闹皇帝面对十数万庄严肃穆、抱有哀兵必胜之心的将士时,忽然把演讲稿上的词儿忘了,竟大笑起来。将士们大怒,都说:"皇帝都这样,我们急什么。"全无战心。而高纬虽然把军心不当一回事,却十分迷信,对老天爷的指示看得很重。宫内占卜官说天文有变,当有改朝换代的迹象。他就学自己父亲,禅位给八岁的太子高恒,改元承光,自己当上了"太上皇"。

然而老天并不能保佑他,高纬刚刚当了二十五天太上皇,北周军队就攻破了北齐的首都邺城。于是高纬就带着妻儿老小往济洲跑去,这时只有一百多个随从跟着他。接着他又匆匆逃往青州,如果北周还穷追不舍,就准备从青州向南投奔敌国陈国避难。而他的宠臣高阿那肱看到高纬已经亡国,跟着他也没有什么前途,就打算把他们父子二人作为自己的进身之阶。他偷偷派人捎信给周武帝,计划里应外合,生擒高纬父子。而高纬对此还一无所知,反而叫高阿那肱密切关注北周的动静,高阿那肱就骗他:"一路上的桥梁都已拆毁。北周一时还来不了,皇上还是安心吧。"高纬信以为真,放心的呆在青州,居然还有闲情和冯小怜温存一番。可没想到刚过了三天,北周军队就如神兵天降般忽然到了青州,高阿那肱打开城门,北周军队一拥而入。高纬吓得肝胆俱裂,装了一大袋金子系在马鞍上,带着后妃等十几个人狂跑,终于在南邓村被周军追及,高纬父子等十多人被俘。自高欢创业以来的北齐政权,就这样结束了。

公元577年(建德六年),周武帝在太庙前举行了盛大的献俘仪式,高纬和北齐的宗室及大臣等几百人作为被俘的降臣,伏跪在周国太庙前。周武帝封高纬做了温国公,又在他的要求下把冯小怜还给了他。接着,周武帝举行了规模浩大的欢庆宴会,让高纬等一干降人也列席参加。酒酣耳热之时,周武帝命令高纬起舞助兴。

这其实是很侮辱人的要求。当年西晋灭亡。后汉的刘聪把晋怀帝和晋愍帝掳到长安,在盛大的酒宴上就让这两个皇帝身着奴仆的青衣,给在座的各位大臣劝酒。那些大臣们很多都是原来西晋的臣子,看到故主受到这样地侮辱,都忍不住呜咽流涕,泪下沾襟。不少人失声痛哭了出来,结果让刘聪当即拖出去斩首。而怀愍二帝忍受了这种屈辱也没能保得善终,最后还是让刘聪杀死了。

此时周武帝下令让高纬在席间起舞,不知道他会是什么心情。或许他会觉得屈辱,但为了苟活不得不从命;或许他根本不在乎,国家都让他玩丢了,在这里跳个舞算什么,再说周武帝肯把冯小怜还给他,他还应该感谢呢。不管怎样,他精妙的舞技得到了北周君臣的一致赞赏,看起来他的命运应该比西晋的怀愍二帝要好一点吧。

但是他不可能总是这么幸运,毕竟是亡国之君,命悬人手,就算他没有什么想法,但作为北齐曾经的皇帝,北周人对他的猜忌永远不可能消失。半年之后,北周已经完全控制了北齐故地,为斩草除根,北周人诬称高纬谋反,把他和儿子高恒,包括三十多个直系王爷以及宗室百口全部赐死,只有高纬两个有残疾的弟弟高仁英、高仁雅活了下来,被迁到西蜀偏僻之地,任其自生自灭。高纬的母亲胡太后和他的妻子穆皇后,流落长安,成了妓女。高氏的其余亲属都被流放到西部沙漠一带,没有一个人回来。

## 多行不义,乱伦皇帝刘子业竹林被诛

宋前废帝刘子业,中国南北朝时期宋朝的第六位皇帝。刘子业是一个极为荒淫残暴的皇帝,他的种种淫暴行为,令人匪夷所思:他在父亲的陵墓上倾倒大粪;将叔祖剖腹挖心,挑出眼睛泡在蜜里做"鬼目粽";与亲姐姐私通,把亲姑姑纳入后宫;将叔父湘东王刘彧裸体养于坑中,要他从木槽取食,称呼他为"猪

宋废帝刘子业

王"……他的诸多恶行终于引来杀身之祸,在位时间尚不及一年,刘彧与皇帝的左右亲信合谋,将他弑杀,谥号"废帝",史称"前废帝"。

## 1.淫乱凶残的遗传基因

宋文帝刘义隆算是一位有为的君主,在位30年创出了南北朝时期的第一个盛世——元嘉之治,但他在册立太子问题上犯了一个难以挽回的错误。嫡长子刘劭早年被立为太子,但他品行恶劣,为了能早当皇帝,竟私下求助于巫术,诅咒父亲文帝早死。事发后,文帝准备废黜他,但因为走漏了消息,刘劭先发制人发动政变,于公元453年二月派人弑杀文帝,并大杀政敌,于同月自行篡位称帝。他先杀死了背叛自己的姐夫——东阳公主的丈夫王僧绰,又诬长沙王刘瑾、桂阳侯刘觊、新渝侯刘玢、临川王刘烨共同谋反,并一一斩杀。鲜血染红了未温的宝座。然而这还只是刘宋皇室自相屠戮的开始。

刘劭这样有悖天理地登上帝位当然会遭到宗室和大臣的反抗,刘劭的三弟、武陵王刘骏被部下推举自立为帝,号召讨逆,迅速得到各地将领、宗室、官员的响应。五月,刘骏统率讨逆大军,从寻阳出发,一路杀奔建康而来。刘劭弑父夺位,臣下和部将本来就不服,此时或躲避或出降。刘劭被刘骏部将高禽抓获,押着来见刘骏,半路上,被他残杀的大臣亲属挡住了押解队伍,大家列数他的罪状,齐说刘劭该杀。南平王刘铄(一说为江夏王刘义恭)便抽刀将他斩杀,并悬首示众,暴尸于市曹。刘劭此时在位仅三个月,这个有悖人伦的太子后来以"元凶劭"的称呼遗臭史册。

由于刘氏的自相残杀,京师便流传这样的歌谣:

遥望建康城,小江逆流萦;

前见子杀父,后见弟杀兄。

骨肉相残的刀光剑影,无情地撕破了封建仁义道德的面纱,露出了封建权力更迭中"吃人"的本相。权力场上无父子,道德伦理皆丧尽。实际上,为了权力相互争斗、屠戮的高潮还没有真正到来呢!

刘骏干掉了哥哥"元凶劭",顺理成章地登上皇位,史称孝武帝,实际上他并不比哥哥好多少,也是个荒淫腐朽的昏君。刘骏担心手握大权的兄弟藩王会对自己不利,于是抢先下手,大开杀戒,先后将宗室南郡王刘义宣、南平王刘铄、竟陵王刘诞、武昌王刘浑、海陵王刘休茂等杀害,刘氏宗室惨遭大劫,刘宋王朝的势力更加削弱。

宋孝武帝刘骏,生前奢侈无度。他大修宫室,极尽奢华之能事;任意赏赐,把国库淘光了也在所不惜。他拆毁了祖父刘裕简朴的宫殿,在原址上修建了豪华的"玉烛"新宫。新宫未盖之前,刘骏和群臣一起去观看刘裕生前住的房屋,只见床头土砌屏障,墙上挂着纸糊的灯笼和麻绳搓的拂尘。于是大臣在他面前盛赞刘裕的俭素和美德,他却认为祖父本来就是个"田舍公",能混到这步,就算不错了,住那样的房屋已是过分。至于他自己,这个"田舍公"的孙子,可不打算再那么寒战下去了。

刘骏除了奢侈无度,还有一个最大的毛病,那就是"闺门无礼"。他看上了叔父刘义宣的几个女儿,就趁她们入宫朝见太后的机会,把她们强留在宫中,那时他自己的爹才死了几个月,丧服还不曾除去。刘义宣得知此事,愤恨不已,就开始起兵造反,后来被刘骏镇压了下去。于是,刘骏便堂而皇之地把他这几个堂姐堂妹收入宫中。他最喜欢其中的一个,就叫她改姓殷,以掩人耳目,接着封她为淑仪,宠幸无比。后来,这个殷淑仪给他生了个儿子,取名刘子鸾。刘骏特别喜欢这个孩子,封他为新安王。

刘骏还好赌、嗜酒而贪财,猜忌臣下,怨恨劝谏,更喜欢侮辱大臣,根据朝臣的外貌特征,给每人取了一个绰号,如"扒牙"等。上朝时,他命令最宠爱的大力士昆仑奴持杖陪侍一旁,朝臣稍忤他的意旨,就命令昆仑奴将那个大臣痛殴一顿。

刘骏在位八年之后便一命呜呼。前废帝刘子业即位,时年不过17岁,改元"永光"。

刘子业生性狂暴急躁,再加上其父荒淫且心狠手辣的不良熏陶,使他成为历史上不多见的昏暴之君。刘子业小时候聪明伶俐,本来很受孝武帝刘骏的喜爱,但随着年岁长大,顽劣的本性越来越引起刘骏和王皇后的不满。殷淑仪的儿子刘子鸾出世后,对刘子业更增厌恶之情。

一次,刘骏西巡,刘子业写信问候时字迹潦草,刘骏便狠狠责骂刘子业,刘子业伏地请罪,刘骏训斥他:"你不大长进,这实在让人失望。听说你平常懒散懈怠,脾气暴躁无常,怎么这样顽固不化!"刘子业吓得浑身哆嗦,心里却恨死了父亲。孝武帝刘骏想废掉刘子业,立小儿子刘子鸾为太子,侍中袁𫖮坚决反对,说轻易易储,于江山社稷十分不利。刘骏心中犹豫,便搁下此事,但一颗戾狠和仇恨的种子,早已经在刘子业心中生根、发芽。

### 2.辱祖轻母,淫妹逼姑

公元464年(大明八年)5月,南朝宋孝武帝刘骏因病去世,太子刘子业登基。刘子业高兴地说:"这下好了,不会再死于非命了!"刘骏的灵柩还停放在宫中,刘子业便迫不及待地奔进武帝的后宫,任意临幸武帝后宫中的妃嫔美人,从此就泡在美人充栋的后宫,终日饮酒嬉乐,追逐声色之娱,和年轻的侍从玩闹鬼混。什么禁酒肉、禁房事、禁娱乐等等礼制根本不放在心上。

吏部尚书蔡兴宗亲自奉上皇帝的玺绶,刘子业就懒洋洋地接在手中,毫无庄重之态。于是蔡兴宗忧心忡忡,私下对人说:"看今日的情景,国家之祸不远了。"

王皇后在儿子刘子业即皇帝位的同时,被尊为皇太后。王太后对武帝刘骏很有感情,刘骏去世对她打击很大,终日神思恍惚,因忧伤过度,卧病不起。几天后,王太后病势趋重,奄奄一息。虚弱不堪的王太后让心腹侍从立即传召刘子业,刘子业此时玩兴正浓,哪里管得上这些,他眼珠一转,说了一句:"病人的房间里有很多鬼,太可怕了,哪能说去就去!"病重的太后听到这句话,悲愤交集,捶床喊道:"你快给我取刀来!"宫女问她取刀做什么?太后说:"待我剖了肚子看看,看看我怎么会生下这样的好儿子!"宫女慌忙劝慰,一个病重的人怎禁得起气愤,不久太后去世。

刘子业即位之后,有一次前往太庙,发现庙里只单单供着祖宗牌位,没有画像,便传召画工进来,自宋武帝刘裕以下的遗容,一一画来。等到画完,刘子业到太庙观看,一边看一边还品头论足。先用手指武帝刘裕的像说:"他算是个大英雄,能活擒数天子。"接着指文帝刘义隆的像说:"他容貌也不差,可惜到了晚年,被儿子砍了脑袋。"后来看到他老爸的画像,就指着说:"这家伙是个酒糟鼻子,你们怎么没有画出来。"立即召来画工,给刘骏增画了酒糟鼻子,他这才满意回宫。

刘子业刚一登基,就立刻派人去赐死了年仅七岁的新安王刘子鸾。可怜的孩子临死前对左右说:"愿后身不再生帝王家!"除去了刘子鸾。刘子业又迁怒于他的母亲殷淑仪,下令把她的坟挖了。他还觉得不解恨,又想把自己父亲的景宁陵也一起挖了,只是太史说掘景宁陵对他不利,他才罢休。但这口恶气还是要出,于是指使手下到景宁陵倾倒粪便,自己也亲临现场,肆意辱骂。殷淑仪死后,谢庄为其写悼文,其中有"赞轨尧门"的字句。据传说,当年尧的母亲怀他怀了十四个月,后来汉武帝的妃子勾弋夫人也怀孕了十四个月,生下了刘弗陵。汉武帝十分高兴,觉得这正和尧的故事相合,于是宣布将刘弗陵所出生宫殿的宫门改名为"尧母门",立刘弗陵为太子,即是汉昭帝。刘子业就认为这是谢庄故意将殷淑仪比为钩弋夫人,那她的儿子岂不就相当于汉昭帝刘弗陵。这么一来,这个谢庄就是在暗示刘子鸾应当即位为帝,真是其心可诛,于是就下令将谢庄斩首。有大臣劝他,说人人都要死,即使痛苦,也不过就是一会儿的事。像谢庄这样享尽天下荣华富贵的人,就这么死了岂不是便宜了他。应该把他关到监狱里去,让他受尽天下之苦,然后再杀了他也不迟。刘子业深以为然,就把谢庄关进了监狱。就这样,这个大才子才留得一条性命,直到刘子业被杀才给放了出来。

刘子业的父亲刘骏十分荒唐,把他的几个堂姐妹统统收归己有。他这个子承父业的儿子刘子业,就青出于蓝而胜于蓝,居然和自己同父同母的亲姐姐大肆淫乱。

刘子业狂暴昏淫,他的姐姐山阴公主,小名楚玉,与刘子业一母所生,已嫁于驸马都尉何戢为妻。刘子业将山阴公主召入宫中,留住不遣,不顾姊弟名分,居然颠鸾倒凤,似夫妇一般,同餐同宿,同辇出游。

山阴公主很是淫荡,单与亲弟交欢,只图纵欲,早忘廉耻。姊弟成奸之后,便留居深宫,不归府第。驸马都尉何戢,娇妻给小舅子占去,恨得咬牙切齿,便暗地蓄养死士,想乘机杀死刘子业,却反被刘子业先得了风声,与山阴公主商量停当,当晚送山阴公主回了府第。

公主见了何戢,掩面悲啼道:"孽弟荒淫,恃强污辱了妾身,本拟自尽一死,只因未与将军诀别,始含垢忍辱,到了现在,虽死也无遗憾了。"说完伸手抽取何戢的佩剑,作势自刎。

何戢见山阴公主归来,怒火中烧,本拟拔剑杀她,后见公主掩面娇啼,婉转陈词,心肠早已软了。待公主拔取他的佩剑意欲自刎,何戢哪知是假,慌忙夺过了剑,劝道:"公主休得如此,我也深知公主受了委屈,这都是昏皇的不德,与公主无干,如今既已归来,也不必提了。"山阴公主见何戢中计,却还撒娇得要死,慌得何戢连连安慰,她才破涕为笑。这一夜何戢破镜重圆,好不开怀。谁知三天后,何戢便暴病身亡,公主料理过了丧事,翩然入宫,从此便不再回府第了。

山阴公主再进宫门之后,她忽又闷闷不乐起来。刘子业见她柳眉不展,杏眼含愁.便问她缘故。山阴公主对刘子业说:"妾与陛下男女虽殊,俱为先帝所生。陛下六宫万数,妾只驸马一人,太不公平,还请陛下体恤!"刘子业说:"这有何难?"便选了面首三十人,服侍公主。山阴公主与这许多面首,轮流取乐,兴味盎然。

　　吏部侍郎褚渊,长身玉立,风姿绰约,山阴公主对刘子业说要让褚渊入侍,刘子业便令褚渊往侍公主。山阴公主浓妆艳抹,亲自把盏,眉挑目逗,卖弄风骚,谁知褚渊不识风情,到了公主私第中,似痴似呆。山阴公主还当作褚渊面嫩,便将宫女们尽行打发开了,才盈盈地坐在褚渊下肩,勾住了他的颈儿,呷了一口美酒,送过小樱桃,凑到褚渊口边,想哺酒与褚渊。但任她多方挑逗,百般逼迫,他竟守身如玉,好似鲁男子一般,见色不乱。一住十日,竟与公主毫不沾染,惹得公主动怒,把他驱逐出来。

　　刘子业封山阴公主为会稽长公主,秩视郡王。故妃何氏颇有姿色,只是已去世,继妃路氏,是太皇太后侄女,辈分不相符,况且没有妖淫之态,刘子业未能满意。因后宫妾媵虽多,却少千娇百媚的美人。山阴公主多了三十个面首,刘子业反不能够时时与公主淫乐,便对公主说:"姊由弟设法,遂了你的心愿,如今后宫佳丽没一个胜过姊,我欲与姊交欢,每无虚席,你也得替我寻一个代替的,凭我寻乐才好。"山阴公主便提起了宁朔将军何迈的妻子新蔡公主。

　　刘子业也记起宁朔将军何迈的妻子新蔡公主。新蔡公主是刘子业的姑姑,宋太祖第十女,生得杏脸桃腮,千娇百媚,此时华色未衰,刘子业便想把她召入后廷,一逞肉欲。何迈听说刘子业要召公主入宫,心中暗暗吃惊。新蔡公主欲整装应召,何迈说:"今上每做失德的事情,此次独召入宫,恐他不怀好意,还是诈称有病,不去为妙。"

　　公主听了何迈的话,好生不悦:"你也太多疑了! 今上与妾有姑侄的名分,他虽荒淫,究不致与我无礼。就是他果有此心,难道我也会忘了廉耻,和他苟且不成!"

　　何迈见娇妻发怒,慌得不敢多言,只说去去就回,不必久留,新蔡公主始回嗔作喜,应召入宫。

　　刘子业留宴后宫,亲自陪饮,对新蔡公主说:"你是我的姑姑,今天你一来,足令六宫无色,怎么办?"新蔡公主羞愧地低下头。刘子业此时也顾不得姑侄名分了,顺手牵扯,拥入床帏。新蔡公主此时欲加抗拒,娇怯怯的身躯早已拥入了刘子业怀中。一霎间,已是任凭刘子业摆布,为所欲为。流连了好几夕,恩爱越深,索性做了刘子业的嫔御。刘子业假装说新蔡公主暴卒,抬了一口棺材出去给何迈。这棺材里面,有一个尸骸,是用药毒死的宫婢,充做公主,送与何迈殡葬。一面册新蔡公主为贵嫔,诈称谢氏,令宫人呼她为谢娘娘。何迈抬了黑沉沉的一口棺材回来,肝肠寸断。还以为是刘子业调戏公主,公主却不从其愿,才被刘子业所害,因此越发悲伤。待启了棺盖,才发觉不是新蔡公主,何迈方始大悟刘子业的以李代桃之计,心中很觉得委屈,暗中蓄养死士,打算待刘子业出游,拿住了他,另立世祖第三子晋安王刘子勋。有人报知刘子业,刘子业便杀死了何迈。

刘子业做的荒唐事还不止于此。他对那几个关在宫中的王爷十分猜忌。总想找个借口把他们杀掉,于是,他想出了一个令人瞠目结舌的法子来。建安王刘休仁的母亲陈太妃,年近不惑,而容颜却显得十分年轻。刘子业就命令右卫将军刘道隆逼淫陈太妃,还让她的儿子刘休仁在一边看,并告诉左右侍卫,如果刘休仁有什么惊恐愤怒的表情,就立刻把他杀掉。陈太妃为了儿子的性命,只得含恨受辱。刘道隆为了迎合皇帝,也十分尽力,气喘吁吁地"操劳"了半天。刘子业十分高兴,下令赏他酒喝。而那个刘休仁竟是定力非常,整个过程一直目不斜视,脸上的表情也一平如水。刘子业见他这个样子,也只好放了他。

以上种种,已经使人几疑身非在人间了,但是,刘子业还有更加令人瞠目结舌的表演。

一天,他下令召集诸王的妃嫔公主入宫,等她们都来了,就下令左右侍卫幸臣一起脱去衣服,当下和她们共赴巫山。这些女子都吓得花容失色,四散奔逃,却哪里能跑得过那些如狼似虎的侍卫,顿时响起一片惨呼之声。南平王刘铄的王妃江氏,说什么也不肯做这样淫乱的事情,指斥刘子业,道是这些女眷都是陛下的亲戚,怎么能如此凌辱。刘子业大怒,就威胁她要是再不从,就把她的三个儿子杀掉。江氏仍然不依,于是刘子业就打了她一百鞭子,当即派人到江氏家中,把她的三个儿子抓来,当着她的面全部杀死了。

这么一来,那些女子谁还敢违抗刘子业的命令,只好含恨受辱,让那些侍卫为所欲为。刘子业对着这一派荒淫惨烈的场面,却洋洋得意,细细地欣赏起来,还不时地在一旁拍手大笑。

### 3.功臣叔父如猪狗

刘子业当上了皇帝,武帝刘骏遗诏命江夏王刘义恭、骠骑将军柳元景、始兴公沈庆之、仆射颜师伯、领军将军王玄谟一同辅政,以刘义恭为太宰首辅。但刘义恭懦弱无能,胆小怕事,见问题就躲,朝政大权就落入中书舍人、武帝的心腹亲信戴法兴手中。戴法兴长于权术,侍候武帝,极得武帝的宠爱。戴氏手握朝政大权,一应皇帝诏敕都出自戴法兴之手,尚书省所有大小事务都由戴法兴决定。

戴法兴看着刘子业长大,认为他不过是个顽童而已,经常以首辅和长者身份管教他,毫不客气,时常训斥,一次竟像呵斥孩子一样呵斥已成年的皇帝刘子业:"你这样胡来,是想做第二个营阳王吗?"戴法兴还多次裁减刘子业给最受宠的宦官华愿儿的赏赐,刘子业对他恨之入骨,就听了华愿儿的谗言,相信了外面的谣传:"法兴为真天子,官为赝天子。"在准备妥当之后,刘子业召集百官,下诏免去戴法兴一切官职,赶出皇宫,遣送回家。随后,又发圣旨将戴法兴徙远边郡,不久又将戴法兴赐死,其心腹中书通事舍人巢尚之也被免职,其他私党被一一惩处。刘子业初战告捷,十分得意,原来权势炙人的戴法兴居然这么容易就被收拾了,此后但凡认为对自己的帝位有威胁的人,刘子业一律采取先下手为强的办法对付。

刘子业在逐渐控制了皇权以后,开始为所欲为。下一步是制服辅政大臣,让他们俯首听命。颜师伯、刘义恭、柳元景三人都是武帝信用的旧臣,尤其是颜师伯,工于心术,执掌大权,除掉戴法兴以后就数他骄横无忌,目空一切,刘子业决定先制服颜师伯。

颜师伯时任卫尉卿、丹阳尹,手握重权。刘子业颁下圣旨,先用明升暗降的办法,迁颜师伯为尚书左仆射,免去卫尉卿、丹阳尹职,吏部尚书王景文同时受命为尚书右仆射,分颜师伯之权。颜师伯被夺权,柳元景自然心惊。颜、柳知道前途不妙,于是密谋废掉刘子业,另立江夏王刘义恭,但日夜商议却迟疑不定。

国学经典文库

中国古代秘史

·三国两晋南北朝秘史·

图文珍藏版

柳元景心中没了主意,便找另一个密友始兴公沈庆之商量。没想到沈庆之却因为与颜师伯不和,在反复权衡利弊之后入宫向前废帝告发了颜、柳要谋反。

公元465年(永光元年)八月,得到消息的刘子业亲自率领羽林军把刘义恭和他的四个儿子同时杀死,之后,又把刘义恭的尸体肢解成碎块,肠胃抛撒,同时把他的眼睛挖出来,放在蜜里渍存,叫作"鬼目粽"。这种残杀的手段之狠,让人在千年之后依然闻得到那股血腥。但皇权制度下的宫廷政治角逐往往采取极端行为,要搞最大的政治赌博,就要下最大的赌注,一旦输了下场自然凄惨无比。

然后,刘子业下旨召柳元景,并派禁卫军前往柳府。柳元景知道末日到了,向母亲告别,然后穿戴整齐,至死都面不改色。魏晋时代的人物面对生死经常能表现出这种淡然从容的风度来,不能不让人钦佩。柳元景的六个弟弟、八个儿子先后被杀。颜师伯和六个儿子也同被处死。

刘子业荒淫行乐,并没有忘记控制朝廷。沈庆之告发颜、柳谋反,保卫天子有功,深得刘子业的赏识,倚为朝廷支柱的股肱。他寻欢作乐,滥杀大臣,身为首辅的沈庆之自然有些看不过去,往往进谏希望刘子业收敛一点。

这一下刘子业不高兴了,见到沈庆之便面现厌烦之色。沈庆之有些惊慌,怕惹来杀身之祸,便闭门谢客。有人劝沈庆之干脆废了这个昏君,另立明主,但愚忠的沈庆之不听。

杀了将军何迈之后,刘子业估计倚老卖老的大臣沈庆之一定会来进谏,便命近侍封死了沈庆之必经之路上的几座桥梁,让沈庆之进不了宫。沈庆之得知何迈被杀,果真整装入宫,求见刘子业,怎奈行路不畅始终进不了皇宫,只好驱车回府。

刘子业对沈庆之产生厌烦之心,暗想与其费尽心思堵他的嘴,不如干脆杀了他完事,至亲血肉都不在话下,还在乎一个老臣!刘子业召来沈庆之的堂侄沈攸之,赐予一份毒药,让其前往沈府宣旨,赐沈庆之自裁。沈庆之悲愤、怨恨,拒绝自尽。他的侄子沈攸之是见利忘义之徒,这时竟不顾一切地将八十高龄的三世功臣沈庆之闷死在被窝里。他的两个儿子侍中沈文叔、秘书郎沈昭明也自杀身亡。沈庆之一家惨遭覆灭之灾,刘子业对外却诈称沈庆之因病去世,说朝

·三国两晋南北朝秘史·

图文珍藏版

廷为失去了这样一位重臣而万分悲痛,特赠侍中、太尉,谥忠武公。诏书颁行天下,朝廷隆重地为老臣沈庆之举行葬礼。这或许是一种内心的愧疚和心虚吧。

此时,除了领军将军王玄谟之外辅政大臣先后尽遭屠戮,王玄谟胆战心惊,想着自己的末日也快到了,终日神思恍惚。魂不守舍的王玄谟每天提心吊胆地度日,太过紧张,心生幻觉,时或大喊:"抓我的人到大门了!"大臣真是人人自危,就连刘子业过去的宠臣袁由京官放外,都说"唯愿生出虎口"!

朝廷大臣惶惶不可终日,刘子业的几个叔父日子更不好过。刘子业知道,自己的弟弟们年纪还小,对皇位构不成威胁,最容易夺权的便是几个叔父,他们年富力强,手握大权,最为危险。于是下旨,召几个叔父入宫。圣旨一到,谁也不敢不遵,几个叔父相继进京入宫,一一被关入内殿,遭到百般凌辱和殴打,哭喊、号叫和呻吟声每天在殿堂萦回。刘子业还不解恨,特地吩咐手下折磨他们,像对待猪狗一样,毫不留情。

刘彧是文帝刘义隆的第十一个儿子,8岁时封淮阳王,15岁封湘东王。武帝刘骏即皇帝位,刘彧迁镇军将军、雍州刺史。刘彧丰神秀伟,仪态端庄,喜好读书,又才华横溢,文章写得极好,还有一手好书法。孝武帝刘骏在世时就极喜欢刘彧,刘子业对他怎能不嫉恨!刘彧一到京师建康,立即被关押在后宫。刘子业让侍从做了一个竹笼装湘东王刘彧,让他趴在木槽里像猪一样进食,在水坑里打滚。

湘东王刘彧、建安王刘休仁、晋平王刘休佑身材都较肥胖,刘子业对待他们像对待牲口一样,让他们过秤,还肆意侮辱。刘彧最肥胖,刘子业封他为猪王,刘休仁封杀王,刘休佑封贼王。刘彧、刘休仁、刘休佑三王最具威胁,刘子业便让三人时刻随从左右不得有半点差池。刘子业不下十次想杀掉他们,每次都被聪明过人的建安王刘休仁机智地搪塞过去。

有一次,刘子业无故动怒,吩咐侍从将刘彧剥光衣服,像抬猪一样抬到太宫。刘子业对近侍说:"今天杀猪!"建安王刘休仁知道大事不妙,但刘子业正在气头上,不敢贸然请求宽恕刘彧。刘休仁急中生智,记起了刘子业将少府卿刘矇的美妾藏在深宫,临幸以后怀了孕,准备等她生个儿子立为皇子。刘休仁生出一计,上前笑呵呵地对刘子业说:"启奏陛下,猪不能死。"刘子业望着刘休仁,冷笑着问他为什么,刘休仁笑嘻嘻地说:"皇子快出生了,待皇子出生后,再杀猪取猪肝肺滋补岂不更好!"刘子业听后,觉得有道理,便吩咐暂且把刘彧交付廷尉看管,刘彧这才保住了性命。与此同时,刘子业还把南平王刘敬猷、庐陵王刘敬先、安南侯刘敬渊赐死。晋熙王刘昶已成惊弓之鸟,本打算在彭城起兵,无奈手下不从,只好只身逃往北魏。

把刘彧折磨够了,刘子业又转向孝武帝刘骏的三儿子、自己的三弟刘子勋。刘子业的逻辑是:从武帝刘裕以来,太子没一个坐稳皇帝大位。武帝的太子刘义符被大臣废掉杀死,文帝刘义隆的太子刘劭被孝武帝刘骏起兵杀死,而几个继承皇帝宝位的都是第三个儿子:刘裕的第三个儿子刘义隆为文帝;刘义隆的第三个儿子刘骏为孝武帝,未来威胁自己皇位的看来是三弟刘子勋!刘子勋受封晋安王,出任江州刺史,镇守寻阳(即今江西九江)。为消除隐患,刘子业派心腹近侍前往寻阳,送毒药赐死刘子勋。刘子勋的属下长史邓琬闻讯立即起兵拥立刘子勋,传檄天下,讨伐昏暴无道的刘子业。江南震动,各地纷纷响应。

### 4.竹林"鬼诛",暴君丧命

刘子业日日过着荒淫的生活。一次,他又在皇宫后花园华林苑的竹林堂里,命令宫女和侍卫们一起裸体宣淫,他自己也混在其中,左拥右抱,不亦乐乎。

到了晚上,他一边回忆着白天的精彩场面,一边心满意足地上床睡觉。一会,却做了一个梦,梦见有一个女子披发大叫:"皇帝这么荒淫无道,马上就该死了!"醒来之后,刘子业很不高兴,就在宫女中搜寻,找到一个看上去和他梦中女子相貌相似的杀掉。可没想到晚上又做了一个梦,梦见这个被他杀掉的女子骂他:"你枉杀了我,我已经上告了上帝,你逃不掉的!"刘子业这回感到有点害怕,就找了几个巫师来给看看,巫师们看了以后,说:"陛下的后花园里有鬼啊。"皇帝一听,原来是鬼呀,这个没事,陛下我小名就叫"法师",难道还会怕几个区区小鬼。于是,这位"法师"率领姐姐山阴公主,六宫的嫔妃宫女,再加上那些巫师们,组织了一支抓鬼大队,浩浩荡荡,进驻竹林堂。

但是,皇帝没有想到,此时竹林堂的确杀机四伏,不过,等待他的不是鬼,是人。

原来，在此之前，皇帝听到有人说"湘中有天子气"，这自然引起了他的很大警惕，想来想去，觉得能和这个"湘"挂上钩的，就是那个被他封为"猪王"的湘东王刘彧，于是就起了杀心，打算把这只"猪"杀掉，不过他最近一直忙于淫乐，一时还没有顾得上。刘彧得到了一点风声，大为惊恐，他知道这个皇帝手段毒辣、凶暴异常。现在小皇帝真的动了杀心，自己恐怕也得变作"鬼目棕"了。正在这个时候，小皇帝又准备去抓鬼，带上了"杀王"刘休仁和"贼王"刘休佑，却唯独留下了他。那意思已经是十分明确，杀完鬼之后，就要来杀"猪"。到了这个时候。刘彧就不得不想个办法来保命了。

于是，刘彧开始暗中联络皇帝的侍卫。这些侍卫们跟着这个喜怒无常的主子，整天战战兢兢，不知道什么时候脖子上的脑袋就不是自己的了，早就对他十分不满。正好，刘彧的秘书阮佃夫与皇帝身边的亲信寿寂之是同乡，于是就凭借着这层关系，把刘彧的亲信钱兰生介绍到皇帝身边。从此，小皇帝的动静都由钱兰生汇报给刘彧。钱兰生也趁此机会大肆拉拢皇帝的侍卫，他十分成功，不久，皇帝的大部分侍卫，包括他最为亲信的寿寂之，都被拉拢到刘彧这一边来。他们密谋要暗杀小皇帝，拥护"猪王"登基。

但是皇帝对这一切毫不知情，他兴致勃勃地来到竹林堂，心想有本"法师"亲自出场，后面又跟着一大堆巫师之类的捉鬼专业户。就用不着再带侍卫们了，于是只跟从了一群莺莺燕燕。皇帝拿着长弓大箭，前后左右地四处转悠，寻找鬼的踪迹，准备找到之后一箭射死，但转悠了半天依然一无所获。皇帝很不高兴，可觉得又不能这么白来，就命令那些巫师们用稻草扎成人形，高高地挂起来，然后皇帝向这个稻草人连放数箭，就算是把鬼射死了。

射死了鬼，皇帝很有成就感，当然要好好庆祝，于是在竹林堂大摆宴席，左拥右抱，饮酒听歌，玩得不亦乐乎。这时，突然有一群人持刀闯入，为首的就是寿寂之。小皇帝一看，虽然是自己的亲信，可也觉察出来有些不对，便拿出弓箭来打算射他。也不知道是他过于慌乱，还是真有鬼在作祟，他一连放了好几箭都没有射中。此时他的一群莺莺燕燕早就吓得四散奔逃，于是小皇帝也开始逃跑。皇帝一跑，寿寂之就开始追，皇帝没想到自己的亲信会来杀他，一边跑，一边惊恐地叫着："寂！寂！"但寿寂之却不管那么多，追来追去，终于追上了皇帝,于是手起刀落,十七岁的小皇帝就"驾崩"了。此时距他即位,不过短短的一年。

跟随来抓鬼的"杀王"刘休仁、"贼王"刘休佑一看皇帝已死,立刻奔向秘书省关押"猪王"刘彧的"猪圈"。而刘彧被关在这里,没法知道外面的情况,正如蚂蚁在热锅上一般,心急如焚。听到门被砰的一声撞开,还以为皇帝要拿自己去做烤猪,吓得魂不附体。却见刘休仁一步跨进来,喜气洋洋地向他磕头叩拜,刘彧还没反应过来是怎么回事,就被刘休仁拉出门来,忙乱中也来不及穿鞋,便光着脚,衣衫不整地来到西堂,登上御座,召见群臣。刘休仁见他头上仍戴着乌帽,赶忙给他换上皇帝戴的白帽。然后让寿寂之宣布:"湘东王受太皇太后令,除狂主,今已平定。"群臣这才知道小皇帝已经死了,都觉得如释重负,欣喜非常,再加上刘彧的人缘一向不错,就纷纷向他叩拜,表示承认。刘彧虽没有正式登基,此时也就算是皇帝了。之后,他又以太皇太后路氏的名义颁布诏书,宣布自己入继大统。

接着,刘彧又给所有暗杀皇帝的人都封了爵位。对于刘子业的姐姐山阴公主,则以"淫乱"的罪名赐死,让那三十个"面首"给她殉葬。这时,小皇帝的尸体还横在竹林堂,没人去管。还是那个当年在他登基时交给他皇帝玺绶,感叹国家将要有祸的蔡兴宗看不过去了,悄悄地找来新皇帝刘彧的妻兄王彧,对他说小皇帝虽然暴虐,但也曾是天下之主,应该按礼厚葬,如果像现在这样子,天下必然会大乱。王彧告诉了新皇帝,刘彧也觉得有理,就令人为小皇帝收尸,把他草草埋葬在秣陵的乱葬岗子中,称为"废帝"。

当年十二月,刘彧正式登基为帝,改元泰始,是为宋明帝。

# 历史奇案

## 贾南风借刀诬杀大臣案

正值盛夏时节,晋惠帝的妻子贾后没有像往常那样避暑纳凉,而是独自一人坐在软榻之上，双眼似闭非闭，三个人躬身立于她的面前，正在窃窃私语。这三个人就是：长史公孙宏、积弩将军李肇、舍人岐盛。他们正在谈论关于太宰汝

贾南风

南王司马亮、太保卫瓘串通一气，将谋废立的事。公孙宏和岐盛声称，他二人是受司马玮之命来与皇后共商大事的。

贾后听着，表面上虽无动于衷，心中却暗自高兴。只见她把手中的香扇一挥，显出一副不想再听下去的样子，那三人见到这般情形，只得悻悻退下。而皇后却依然安闲地坐在软榻上，眼睛似闭非闭。

司马亮和卫瓘是武帝的托孤大臣，二人扶持惠帝即位后身居朝中要职，并有入朝不趋、携带剑履上殿等特权。由于有他们二人辅政，惠帝倒也省心，但这却是权势欲极强的皇后贾氏的一块心病。几个月前，贾后为了达到专政的目的，刚刚绞尽脑汁除掉了武帝的国丈杨骏，如今又有司马亮和卫瓘两个人碍事，这让贾后怎么能够不心烦？特别是卫瓘，他为人耿直，对谁都不留情面。更可气的是他曾经还奉劝武帝另立太子，自己险些丢掉了皇后的尊位。一想到这些，贾后对卫瓘就更加痛恨了。

卫将军楚王司马玮是惠帝的弟弟，掌管部分禁军。他刚愎自用、年少气盛，司马亮和卫瓘都很畏忌他。他二人曾经试图剥夺他的兵权，让裴楷代任其职。

谁知裴楷胆小怕事，因为怕得罪皇帝没敢就任。司马玮得知此事后非常生气，司马亮等与司马玮之间便产生了嫌隙。

后来，司马亮仍不甘心就这样放过司马玮，便又一次与卫瓘商量夺取司马玮的兵权，他们向惠帝启奏，将司马玮与诸王侯都遣到封国。此举使司马玮越发怨愤。这时司马玮党羽长史公孙宏、舍人岐盛都建议他与贾后联合，共同对付司马亮和卫瓘，司马玮听从其计。结果，贾后以司马玮领太子少傅，终将其留在京师。

这些情况，贾后心里自然十分清楚，当天晚上，贾后迫使惠帝下诏，言太宰司马亮、太保卫瓘将要行伊尹、霍光废立之事，同时命令楚王司马玮领兵屯于宫城诸门。然后，贾后派人出宫连夜将诏书交给司马玮。

司马玮接到惠帝的诏书以后，由于怕事情泄漏，并没有当众宣读诏书。为了确保万无一失，他一方面召集本部兵马，另一方面矫诏征调京师内外36军，并手谕诸官：晋室招天祸，凶乱将发，太宰司马亮、太保卫瓘等图谋不轨，欲谋废立，今特奉诏罢免二公的官职等等。还说，他本人奉圣命都督中外诸军，所有在宫内值勤的人都必须严加警备，在外驻守的也应奉诏行事，共伐逆贼。

司马玮手下的兵士听说即将讨伐司马亮、卫瓘二公，都表示怀疑。在军中纷纷议论此事。司马玮见此情景，又矫诏说："亮、瓘二人企图谋反，危及社稷，现已罢官还第。将士们当服从命令，若不奉诏行事，将以军法处置，而讨逆有功者将封侯受赏。"这才使军心稍定。当夜，李肇、公孙宏奉司马玮之命率军将司马亮的府第围个水泄不通，清河王司马退则奉命讨伐卫瓘。

三更半夜，司马亮帐下督李龙忽然惊慌来报，说府第已被围，好像有兵变，请求率兵抵抗，并护卫司马亮冲出重围。司马亮不知情由，根本不相信会发生这等事，没有听从李龙的劝告，待禁军登上亮府墙头大喊其名时，司马亮才大吃一惊，简直怀疑是在梦中。

当司马亮确信眼前的一切都是事实时，才委屈地说："我并无二心，为何至此！既然有诏书，能给我看看吗？"

公孙宏自恃兵多势众，占绝对优势，根本不理会他的话，当即催促禁军向司马亮府发起进攻。

司马亮的长史刘准对司马亮说："这一定是他们的阴谋。我们府中还有一些善战之人，尚可抗拒一阵。"

司马亮叹息道："我可以把心掏出来给天下人看，你们又有什么权力枉罪无辜！"

说完。司马亮束手就擒。

司马亮在朝中素有威望，那些禁军都惧他三分，不敢怠慢他。当时正值酷暑，禁军们甚至让他坐在囚车下的阴凉处，并替他扇风驱热。

司马玮看到士兵们待司马亮如此周到，顿时妒意大发，他恶狠狠地下令说："能斩司马亮者，赏布千匹。"司马玮的这句话倒很起作用，只见几个禁兵一哄而上，将司马亮砍死在乱刀之下，并割下他的首级挂在北门城墙上。司马亮的儿子司马矩也未逃此劫。

当晚，在权臣卫瓘的府外，场面也同样悲惨。司马遐的军中有个叫荣晦的，他在卫瓘府任司空时，曾担任过卫瓘的帐下督，后来因罪被卫瓘斥退，便投奔了司马遐，这一次荣晦正好可以报昔日之仇了。

荣晦曾长期在卫瓘手下任职，对卫瓘的情况十分清楚，他站在门外高呼卫瓘及其子孙姓名，这些人不知道外面有什么事情发生，应声而出，结果卫瓘及其子孙九人，都接连死在荣晦刀下。

司马亮、卫瓘被害一事，使整个朝廷为之震动。惠帝下诏，立即拘捕凶犯并将其交给司法部门处置。

经审讯，司马玮因矫诏杀害司马亮父子被斩杀。荣晦因为杀害卫瓘及其子孙而被灭族。

刑场上，司马玮从怀中掏出贾氏的诏书，满眼泪水地说："我奉诏行事，只为除奸臣保社稷，如今自己反而成了罪人，我是先帝之子，被如此冤枉，恐怕可与春秋时的公子申相比了。"但此时皇贾后的心情格外畅快。司马亮、卫瓘、司马玮三大权臣均已被除掉，自己独揽朝政再不会有什么障碍了。

这一天，长安城内，电闪雷鸣，风雨交加.全城的臣子百姓都为司马亮、卫瓘的惨遭杀害而哀愤，也有人为司马玮的代人受过而悲哀。只有后宫不断传来贾氏刺耳的狞笑声。

## 范晔弑君谋反案

刘宋建康古城中，是皇帝的行宫所在。所谓武帐，并不是军用营帐，而是一座宫殿。宫内正厅是皇帝接见大臣和议事的地方，大厅中摆列着刀枪剑戟各类兵器，大厅的正面墙壁上挂着绣有武士图像的织锦，兵器与绣像互相辉映，显示出这位宋室帝王非凡的气概。不过，文帝只是间或来这里小住，或接见某些大臣，或处理一些政务。

南朝刘宋文帝元嘉二十二年九月的一天，右将军南平王烁和征北将军衡阳王义季离朝赴任，文帝在武帐中为二位将军设宴饯行。

然而，就在同一天，一场刺杀文帝的阴谋早已布置好了。

卫将军范晔、丹阳尹徐湛之、散骑侍郎孔熙先同车前往武帐冈赴宴。车上三人全都无心观赏路旁风景，而是不时地窃窃私语，似乎正在谋划着什么重大的事情。

武帐冈内，百官齐集，分别两旁。范晔、孔熙先等站列在大厅门前的台阶上，准备迎接文帝的到来。

没过多久，许耀带领禁卫兵护卫着文帝步入厅院，范晔等趋前恭迎，文帝在厅内就座，群臣山呼万岁，许耀侍立文帝身后。

礼毕，御宴开始。

在宫廷乐队吹奏的优美、婉转的乐曲声中，文帝微笑着首先持玉盏向南平王、衡阳王频频点头说道：

"二位爱卿，即将离京赴任，朕特为二位将军设宴饯行。请尽饮此杯。"

南平王、衡阳王高举酒杯谢恩，然后各自一饮而尽。

文帝今天很有兴致，他环顾四周，邀文武百官共尽一杯。

这时，几乎没人注意到，站在文帝身旁帐围后的许耀轻扣佩刀刀鞘，并向文帝后侧的范晔递了个眼色。这使范晔突然神情紧张起来,低下了头,他不敢正视文帝,而是借饮酒来掩盖其惊慌的神色。

这一切被在文帝另一侧的孔熙先、徐湛之看见了,他们万分焦急,面面相觑。不知所措。眼看宴毕席散,范晔仍然没有采取任何行动。随后文帝起驾回朝,文武百官也三五成群地离开了武帐冈。

范晔、徐湛之、孔熙先驻足在空荡荡的议事厅,良久无语。

一场弑君政变就这样悄无声息地谋划,又悄无声息地失败了。

也许,孔熙先、徐湛之完全可以把这次失败归罪于书生范晔,但事情的失败确实与范晔无关。

对于这场弑君政变,文帝并没有察觉,也没有别的人知道。刘宋王朝上上下下仍像往日一样平静、祥和。照理,这种局面对于政变未遂的谋划者来说,应该是值得庆幸的了。但也巧了,这几个人个个都胆小如鼠。事后两个月中,他们彼此都不敢相见,深居简出,度日如年,备受煎熬,他们觉得这件事迟早会败露的,到那时大家可就惨了。

这一天终于来了。两个月后,徐湛之再也无法忍受这种日子了,为了保全自己的性命,他最后决定向文帝上表告发,并交出了所有的檄文、谋事的信函和约定事成后拟处死之人的名单。这回,一直蒙在鼓里的文帝和满朝文武着实吃惊不小。文帝下令,立即逮捕孔熙先、范晔、谢综及许耀等人。谢综、孔熙先在御史台、大理寺和刑部的共同审理下不久就全都招认了,只有范晔拒不招认。

说到范晔,我们对这个名字应该是比较熟悉的。他正是著名的历史学家、散文家。范晔小的时候就很有上进心,他不仅刻苦好学,博学多才,而且才思敏捷,文字功底深,隶书写得特别好,还通晓音律。还不到17岁的时候就做了官,并以出众的才华受文帝的赏识,得到了尚书吏部侍郎这一职位。范晔曾做了很长时间的鼓城王义康的府佐。10年前义康母卒,治丧期间,范晔与同僚整夜饮酒,并开窗听挽歌为乐,违反了朝廷禁令,被义康贬为宣城太守。这第一次挫折使得一向心性很高的范晔对做官没有兴趣了,便寄情于写作和读书。他博采魏晋以来各家关于后汉史的著作,整理撰写成著名的《后汉书》。没过多久,他再次被文帝起用,被提升为长沙王义欣镇军长史。其间又因奔嫡母丧不及时,且又随身携带妓妾,再次违反朝廷禁令,被人告发。因文帝喜欢他的才华而未加追究。后来又升他为左卫将军、太子詹事。

范晔博学多才,但骄傲自大,行为放荡,加上贪图功名利禄,常常自以为怀才不遇而有怨言。但文帝深爱其才,对他的小毛病并不过分挑剔。但是,尽管范晔表面上满腹怨言,文帝毕竟对他还不错,甚至有时还包庇他,所以他也不至于首倡谋叛之事。

说完范晔,就该说说员外散骑侍郎孔熙先了。孔父默之因贪赃枉法被捕入狱,经鼓城王义康说情担保才得以赦免。孔熙先非常感激义康,发誓有机会一定要报恩,后来义康因牵涉一桩谋反案被罢黜,孔便打算发动政变,拥义康为帝。于是孔熙先开始暗中物色同谋。孔熙先早已注意到范晔贪图功名利禄,对文帝心怀不满,便决意拉拢他。他先拉拢范晔的外甥太子中舍人谢综,然后通过谢综与范晔结交。孔熙先家原来很富有,他让谢综将范晔带到家里玩牌赌钱,孔熙先佯装牌艺不佳,一输再输。范晔在孔家赢了很多钱,自然十分高兴,一来二去,来往便越来越密切,孔熙先凭借自己擅长辞令百般讨好范晔,两人便成了莫逆之交。

孔熙先留意窥探范晔与文帝、义康在感情上的细微变化,那时范晔与沈演之均受皇上宠爱,经常一起闲谈。每次召见时,晔若先到,文帝必等演之,而若演之先到,文帝则单独与他交谈。范晔因此对文帝更加怨恨。范晔为义康府佐时,义康待他不薄,等到范晔被贬为宣城太守,两人之间便产生了嫌隙。孔熙先对这些了如指掌,他正好可以利用这些。熙先借谢综随义康出镇豫章之机,让谢综说服义康称帝。义康出于谋取帝位的需要,对范晔十分大度,他让谢综回京向范晔传达他消除前嫌、恢复往日情谊的心意。

义康屈尊求好,范晔自然不能不领情。这样,熙先成功地拉拢到了范晔。但谋权篡位,一旦失败,就会遭灭门之灾,范晔身居高位,他能同意参加自己的计划吗?熙先便拿谋弑文帝、拥立义康的想法探问范晔,结果他们一个想报恩,一个想谋得爵位,一拍即合。于是一场谋权篡位的阴谋便紧锣密鼓地筹划开了。

　　范晔利用与文帝交谈的机会打探形势。范晔见到文帝说："我熟读两汉史书中的故事,那时诸王以妖言诅咒朝廷,便要按大逆不道罪论处。而现在义康早已显露出奸心,众人皆知,但他至今还安然无恙,臣子很难理解。这样大的隐患长期存在,必然会构成灾祸。皇上和义康是兄弟,外人是不好多嘴的。我受皇上的恩德深重,所以才冒昧讲出这些话,望皇上三思。"文帝并没有把他的话当回事。

　　与此同时,孔熙先则在考虑怎样利用舆论。他向来以通晓星算、天文著称。他假装推算一番,故意说："文帝将因兄弟骨肉相残而死于非命。江州地方会出天子。"无疑,江州天子便是义康了。

　　孔熙先以拥立义康为名,四处网罗党羽,培植心腹。他暗中联络义康曾宠信的朝臣。抚军将军徐湛之、大将军府吏仲承祖都受过义康的宠信,他便设法拉拢,将他们收为心腹。义康所豢养的尼姑法静、道人法略,都没有忘记义康对他们的恩情,熙先便利用他们报效义康之心,将他们也拉拢过来。熙先让法略停止布道,改名景玄,任藏质宁远参军去组织政变兵力。

　　同时熙先还设法争取到了御林军的支持。熙先医术高超。尼姑法静的妹夫许耀为禁卫军领队,曾患难治之症,就医于熙先。许耀服了熙先一剂汤药后,病就奇迹般地好了起来。许耀对熙先感激万分,亲自登门向熙先表达谢意,二人从此有了交往。熙先见许耀胆魄过人,就向他讲了谋逆之事,并表示想请他帮忙,许耀当即表示愿做内应。

　　政变在人手方面已经准备就绪后,熙先命其弟休先写好拥戴义康的檄文,并让范晔修改定稿。熙先认为举事夺位,没有义康的旨意是不行的,他便授意范晔代写一封义康给徐湛之的信,以表明举事的决心,鼓舞士气。同时他们还制定了事成后的各种奖惩措施,甚是完备。

　　范晔为军中将军、南徐州刺史,徐湛之为抚军将军、扬州刺史,孔熙先为左军将军,其余的人也做了详细的安排。对一贯反对义康的,都列入处死名单。万事俱备,只欠东风。熙先等人认为文帝在武帐冈为二王赴外任饯行是一个绝好的机会。

宴席上，范晔没有按计划行事令孔熙先又失望又恼火。不过，时至今日，一切都已无关紧要了。

范晔在受审时的表现却出乎人们的意料。其他人都招认了，范晔却守口如瓶。文帝见三司审讯范晔多日，还没有结果，决定亲自审他。

文帝说："你跟孔熙先、谢综、徐湛之等筹划谋反，他们都已招认了，而且现在证据俱在，你为什么到现在还不承认呢？"

范晔答道："宋室江山坚如磐石，藩镇林立，即使谋反侥幸成功，官兵立刻就会来讨伐，过不了几天就会被消灭，况且臣现已居高位，深得皇上宠信。再慢慢进取，自然能不断得到升迁，何必去冒灭族的危险而图谋政变呢？再说，平心而论，臣如此胆小，还没有谋反的胆量。"文帝见范晔仍不肯招认，生气地说："孔熙先就在华林门外，你敢跟他当面对质吗？"

范晔说："如果熙先诬陷我，那我也没什么可说的。"

文帝不愿再与他周旋，便拿出孔熙先交出的经范晔修改完稿的举事檄文以及一些书信、决定等，范晔再也无法抵赖，只好供认了。范晔最后强辩说："臣早就想向皇上启奏，但因逆谋没有泄露，我希望能不了了之，所以时至今日才禀告皇上。臣罪孽深重，甘愿受诛戮。"次日，范晔被押入廷尉大牢。

范晔见同谋数人都在狱中，只是少了徐湛之，便问众人："徐丹阳何在？"这才得知是徐湛之告的密，心里又是恼恨，又是沮丧。

文帝有一把白团扇，十分精美，他派人拿到狱中，让范晔题写诗词佳句。范晔拿着团扇，心潮澎湃，感慨万千，最后他提笔写道：

去白日之炤炤，

袭长夜之悠悠。

文帝看了如此佳句，也顿觉凄楚。

范晔以为文帝既然派人来探监让他题诗，就一定会赦免他，谁知盼了二十多天盼来的却是处死他的决定。临刑前，范晔将自己所持的无鬼论抛在脑后，给出卖他的徐湛之留下了"当相讼地下"的遗言。

元嘉二十二年十一月末，文帝颁布诏书将范晔及其三子，孔熙先及其三弟一子一孙，谢综及其弟，许耀、仲承祖等判处死刑。

## 陈顼擅权专政诛臣案

陈废帝光大元年八月的深秋，西风萧瑟，草木凋零，在陈都古城建邺传出了一个惊人的消息：掌握兵权、镇守军府的散骑常侍、右卫将军韩子高，早上到尚书省商议立皇太子之事，被捕入狱，送往廷尉，当日夜与贞毅将军、紫金光禄大夫到仲举，南康内史到郁在狱中被赐死。这是继七个月前王暹、刘师知被赐死后的又一大案。

就连见惯了这类案件的建邺居民，也非常吃惊。皇帝最近总将大臣赐死，一个比一个权高位重，都在前朝担当重任，有的还是皇亲国戚，难怪他们被惊得目瞪口呆。

此案的首犯韩子高，是陈世祖文帝的旧臣，16 岁时即开始做侍卫，跟随在文帝左右。他性情恭顺，侍奉勤勉，深得皇上宠爱，经常伴随在文帝身边。等他稍微长大了一些，便学习骑马射箭，研习武功。他很有胆略，常怀将帅之志。在征讨张彪的战争中，子高英勇善战，初步显示出将帅才能。此后文帝对他更是宠信有加，并把军队交给他统领。文帝即位后，任命他为右卫将军。在几次平叛中，他屡立战功，越来越多的人投奔他，他是诸将帅中兵马最为强壮的。以后，文帝把他调至京城镇守军府。后来文帝病重，子高还入宫亲自侍奉皇上。

废帝初即位，子高任散骑常侍，仍保留右卫将军头衔，与到仲举、刘师知等遵文帝遗诏辅佐废帝。这时候皇宫内已开始酝酿皇位之争。韩子高既是文帝宠臣，又拥有兵权，所以德高望重。但也因此而成为当时雄踞相位、擅权专政的陈顼的眼中钉。在刘师知等因"阴谋祸乱"而被赐死以后，韩子高便成了陈顼争权的攻击目标和主要对手。韩子高也知道自己掌握兵权，树大招风，定会有麻烦，便常到仲举府中，倾吐胸中郁闷，商讨对策。而陈顼则早已派人监视他们的一举一动，寻找除去他们的时机。

当陈顼得知韩子高与到仲举过从甚密时，以为他们定是要联合起来反对自己，决定先下手为强。他找咨议参军毛喜商量对策。

　　毛喜说："你应挑选一些人马送给子高，再赐给他木炭和铁，让他打造兵器。"陈顼问："我正打算收拾他，怎么还能帮他壮大实力呢？"毛喜说："韩子高受前朝的委托，辅佐当今皇上，他手中握有兵权，最好的办法是表示对他信任，消除他的疑心。这样除掉他就容易了。"于是陈顼便采用了毛喜的计策。这年八月初，子高的部将告他谋反。陈顼便乘机将子高逮捕入狱并赐死。

　　此案的另一名主犯到仲举也是两朝旧臣。他很重义气，为人耿直，一生为文帝效命，深受文帝的信任和重用。早年，文帝居留乡野时，常在到仲举帐中饮酒、夜宿，其信任、亲密程度可想而知。文帝即位后任命仲举为尚书右仆射。有几年文帝生病，不能亲理朝政，就将尚书省的所有事宜全部交由仲举处理。文帝病重，他与韩子高等人入宫服侍，并受托辅佐皇太子。以后他一直心存节义，护事占幼帝陈伯宗。

　　幼帝即位，陈顼奉旨辅政不久，发生了刘师知案件，到仲举深受牵连。由于他不是主犯和发难者，因而得到赦免，被贬为平民，回私宅闲居，但是他还未实现文帝遗旨，仍日夜想着怎样保住幼帝的皇位。此时皇太后沈妙容也想让他重返朝廷，这使他受到鼓舞。

　　到仲举的儿子叫到郁，是文帝的妹夫，曾任南康内使，因文帝丧事未去上任，住在家里。他看到父亲被贬为庶民，心中不平，也十分焦虑，父子俩都曾受文帝的恩宠，愿望是相同的，于是便商量去找韩子高，以共同商讨对策。为了不让陈顼知道，到郁经常装扮成妇人，乘一小轿拜访韩子高。后来子高的部将把这件事告诉了陈顼，陈顼便把到仲举父子抓起来跟韩子高一起送交廷尉狱中，并以幼帝名义下诏，诬陷到仲举、韩子高"作为前朝旧臣，享受高官厚禄，却放肆骄纵，凌驾于法律之上"。

　　陈顼接连赐死了很多朝中重臣，给他们扣上"密为异计""阴谋祸乱"的罪名，从表面上看，这些人是罪有应得，而他陈顼才是对幼帝忠心耿耿的人。其实正好相反，陈顼早就有野心篡夺王位，妄图废帝自立。然而，一方面他的擅权专政,一开始就使皇室成员产生疑心;再者他排斥文帝旧臣的用心也是世人皆知。

文帝的二儿子叫陈伯茂。幼帝即位后,住在宫中的伯茂亲眼看见陈顼擅权政,蔑视幼帝,十分担忧,便劝说刘师知等假托太后旨意,令陈顼回扬州刺史衙门去管理州务。刘师知被赐死后,陈顼擅权更盛。伯茂更感不平,日夜怨愤,骂不绝口,找到仲举、韩子高商议,让他们尽快将陈顼驱赶出朝。此事泄露后,惹得皇太后大发雷霆,她一怒之下将陈伯茂赶出了皇宫,囚禁在东郊一个"别馆"。

韩子高、刘师知等的被诛,充分暴露出陈顼清除废帝身边旧臣、以便夺取皇位的野心。早在韩子高事尚未暴露之前,陈顼就决定除掉他。

至此,文帝忠义之臣全都被陈顼从幼帝身边清除。他终于扫清了通往金銮宝座道路上的障碍,于是不久便顺利地登上皇帝的宝座。这样,他一生的真伪也就昭然于世了。

## 南刘宋朝檀道济功高招祸案

南北朝刘宋文帝元嘉十三年春天,一个风雨大作的黑夜,在建康城中一条宽阔的大街上,一行人正行色匆匆地赶往执政大臣彭城王义康的王府。轿内坐的是领军将军刘湛,此人应义康的密约,为商定机密大事而匆忙前往的。

宋文帝患病已久,长医无效,病情急剧恶化,太医也无计可施。刘湛和义康认为文帝将不久于人世,所以急着为文帝以后的权力控制进行安排。

宋文帝的四弟义康,是当朝的执政大臣。因为兄长身体虚弱,疏于朝政,凡事都委托给义康。这样,时间长了,不仅义康专权擅政,而且扩充势力,私置僮仆六千多人。对宋文帝根本不进君臣之礼,各地进贡,都把最好的贡奉义康,次品献皇上,其权势就不必多言了。刘湛有掌握朝廷权力的欲望,一心想着凭借宰辅义康之力,飞黄腾达。因二人各怀鬼胎,便密切勾结,彼此利用。此时此刻,宋文帝病入膏肓,正是他们实现各自梦想的大好时机。如果想在文帝归西后顺利控制朝政,就要除掉现在京城的江州刺史、南大将军檀道济。只有趁此时的大好机会,先铲除檀道济,摆平障碍,才可以进行下一步计划。

刘湛坐着轿子迫不及待地赶往义康府,正是前去商量这件事。

轿子一进王府,义康得到通报,随后斥退左右。他们密谋半天,最终商定假传圣旨,诏令檀道济入朝,理由是为他返回江州饯行。檀道济只要入朝,立即以谋反罪逮捕,接着交付廷尉,把他除去。

此刻,檀道济没料到朝廷会对自己下毒手。去年,宋文帝病情恶化,加之魏军南侵,曾召其入朝,他妻子还提醒他说:"道家忌讳功德过高,现在皇上无事相召,定有大祸。"可他却未放在心上。前几天,当他准备回江州时,船还没有启航,一大群鹍鹅飞集船篷上,手下人说这是不祥之兆,可他也没太在意。接诏后,就马上动身进宫。一入宫门,迎接自己的并非饯行盛宴,而是虎视眈眈、兵戈林立的恐怖场面。他还没有坐稳,就被宣布因谋反而遭逮捕,送往廷尉狱中,当晚就被刺死在狱中。一起被杀的还有他两个儿子及部属共八人。然后义康又杀了高进之、司空参军薛彤等一批忠于朝廷的精英人物。

这一大冤案令大江南北、朝廷内外颇为震惊。南阳百姓特别悲痛,他们唱道:"可怜白浮鹭,枉杀檀江州。"

檀道济被捕时,目光如炬,怒不可遏。他将自己头上的帻巾取下,扔到义康面前,说道:"你们自毁长城!"

檀道济是刘宋王朝的万里长城,这并非他自己所封,乃刘宋王朝的共同赞誉。早在宋武帝时,他便已战功显赫。当年武帝北伐北魏,就是檀道济任先锋,其队伍所到之处,魏军望风而逃。辛弃疾的《京口北固亭怀古》有"想当年,盒戈铁马,气春万里如虎"的句子,指的就是这次战争。元嘉八年,文帝举兵征魏,彦云是统帅。起初尚且顺利,已平定河南,可不久便被魏军夺回了。文帝立即任命檀道济都督征讨诸军事,向北挺进,转战到河南济水。魏军当时非常强盛,道济和他们进行了三十多次战斗,战无不胜,终于攻至历城,后因军饷不足才不得不退兵。

檀道济足智多谋,深谙用兵韬略。降魏的宋兵当时对魏将供认:宋军粮草将尽,士兵皆为恐慌,军心不稳。魏军将官高兴万分,打算乘机追击,一举歼灭宋军。消息不久就传到檀道济耳中，他思索片刻，顿生一计。当晚他在军营里燃起灯火，发放粮饷给各部。将少量剩余的米粮撒在沙子上，量沙为米，运粮兵士，来往反复。翌日天亮后，魏军获悉宋营发放粮草之事，觉得宋营降兵谎报军情，就将其杀害，并停止追击。宋军这才算转危为安。道济当时势弱兵少，为了蒙骗魏军，他命众兵士穿上白衣，脱去盔甲，坐上车子，缓缓开出外围。魏军发现，唯恐会有埋伏，不敢逼近而收兵。那一回北伐，尽管并没占领河南，但在危急的情况下全军安全撤回，也令道济威名远播。

从此，魏军十分害怕檀道济，甚至还将其当作神灵，把檀道济的肖像画成年画，用来驱赶鬼怪妖魔。

檀道济是刘宋王朝的开国元勋，还在宋文帝时便已战功卓绝，威名远扬。其心腹也都身经百战，皆为有功之臣。其数子也个个文韬武略，可以效忠朝廷。可他并不揽权，也不居功自傲，更加没有反叛宋室王朝的想法。文帝也十分信赖他。可他却遭到刘湛、义康等卑鄙小人的嫉恨，被诬以叛逆罪行最终被斩首，这真是个莫大的悲剧。

檀道济被诛后，消息传到了北魏，北魏武帝乐不可支，说："道济已死，再没什么可怕的了。"因而年年南侵，大有饮马长江之势。

元嘉二十七年，宋文帝命王玄谟领军北伐，因为准备不充分而失败。北魏军因而大举南侵，直打到长江边的瓜步。魏军在瓜步山上设立毡篷，开凿盘山大道，安置岗哨，隔江对建康城进行威胁，令刘宋王朝恐慌万分。

有一天，文帝登上石头城，向北瞭望，发现北魏大军压境，登时面色难看，他感叹道："檀道济假如还在，又怎么会这样呢？"文帝问大臣殷景仁："什么人可以接替檀道济？"殷答道："道济因屡建战功，所以威名显赫，道济死了，什么人也无法接替了。"文帝说不错，李广过去在朝，匈奴不敢南望，李广一死，后继者又有几人呢？在《京口北固亭怀古》词中，辛弃疾写道："元嘉草草，封狼居胥，赢得仓皇北顾。"宋文帝"北顾涕交流"，不但是因草率出兵惨败而心痛，更是因错斩名将、自毁长城而悲哀。

## 南朝名士谢朓因告发获死案

谢朓是南朝齐著名文士、诗人。年少时他便小有名气，长大后特别长于五言诗，并且写得一手好草隶。唐代诗仙李白颇为推崇谢朓的诗。齐敬皇后迁葬时，正是谢朓写的哀册，其文采在齐朝无人可媲美。谢朓如果专心于诗文，可能将取得更大的成就。然而，在那"学成文武艺，货于帝王家"的封建时代，谢朓最终耐不住寒窗，误入仕途，还削尖了自己的脑袋打算往上钻。不料"尘网"恢恢，你谢朓岂能对付得了？所以，噩梦醒时，已劫数难逃。

谢朓27岁出仕，因其文名到处受到赏识。因而这段仕途，尽管偶遇小波折，总算比较畅达。可一心向往"大鹏一日同风起"的诗人，总是不满足于这种爬行式的升迁速度。

显然，想升迁需要机会；机会，则需要等待。

齐大司马、会稽太守王敬则是高帝、武帝时的老将，此人居功自傲，皇上看起来对他礼遇甚厚，其实却对他暗怀戒备之心。所以，敬则一直觉得惴惴不安。

永泰元年，齐明帝病重的日子里，突然无缘无故诏令光禄大夫张瑰为平东将军，还特别批准他设置军队，其中提防王敬则之意不言而喻。敬则获悉后，愤愤不平地说："现在东边有什么人，不就想铲除我王敬则吗？想要对付我，我王敬则也绝非好惹的，绝不是坐等皇帝赐我毒酒之人！"

王敬则的女婿是谢朓，那个时候为徐州行事。太子洗马幼隆、王敬则的儿子派正员将军徐岳将王敬则的想法告诉谢朓，好拉拢谢朓一起举事。

岳丈与女婿同仇敌忾，这本来就是无可厚非的。因此徐岳说明事情经过后，开门见山地对谢朓说："假如你不反对我们的计谋，我现在就回去报告太守了。"

听了一席话，谢朓沉默了许久。后来，他声音阴沉地说："来人，给我拿下反臣徐岳！"

谢朓无视徐岳的大声谩骂，将其绑在坐骑上，亲自飞马策鞭把岳丈谋反的情况禀报给朝廷。

皇帝当时病情恶化,可听到这一汇报,依然强打精神,随即部署兵马,铲去了王敬则的"大本营"。这件事后,皇帝特奖了谢朓,破格提拔谢朓为尚书吏部郎。

谢朓苦苦经营多年才做到太守之职,这一次告发岳丈,却平步青云,必定是千恩万谢,为表示谦让连上三表,皇上自然不可能准奏。

自越级晋升后,谢朓心情尤其舒畅,却不知其妻因杀父之仇,早已对自己恨之入骨。直到妻子怀揣砍刀准备杀谢朓时,他才忽然明白,到底还是父女情深啊。从那以后,谢朓再也不敢见妻子了。

没过多长时间,明帝病故,太子东昏侯萧宝卷登基。在东宫时东昏侯就不喜欢学习,终日由着自己的性子,尽情嬉戏玩乐。当上皇帝后,依然本性难移,不仅不接触朝中大臣,反倒专信左右侍卫和宦官。

东昏侯日益丧失帝王的德行,慢慢地引起朝中大臣的不满。所以,辅政大臣江祀、江祏兄弟便密议废黜皇帝,另立其堂兄始安王萧遥光为帝。

一天,江氏兄弟同始安王三人一起来拜访谢朓。他们声称为了国家永固,当废东昏侯,立遥光为帝。始安王也向谢朓表示,此举如果成功,他将当谢朓为自己心腹。

任凭他们山盟海誓磨破嘴,谢朓依旧一言不发。

连续几天,始安王等人不断以厚禄高官拉拢引诱谢朓,弄得他非常紧张。他确实不敢铤而走险,怕重蹈岳丈之覆辙,也不敢得罪大权在握的始安王与江氏兄弟。所以,谢朓整天失魂落魄。眼前一会儿出现岳丈被斩首时的惨状,一会儿又闪出妻子拿着刀恶狠狠地向自己砍来。没几天,谢朓就一病不起了。

谢朓躺在病榻上,头脑倒清醒多了,他回忆起先帝因他告发岳丈有功嘉赏自己时的情景,他当时真像做梦一样,又仿佛驾了祥云,猛然间就登上了他想都没敢想的天堂。这样的机会此刻又降临了,为什么他不再次抓住时机呢?一想到自己又能升官加禄,不由得神清气爽,病痛也一下子消失了。

然而,一想到东昏侯整日嬉戏游宴,不见众臣,谢朓又恨又急。自己既非东昏侯亲信,又非辅政大臣,想见东昏侯是没有机会的。但是这件事情又不宜拖延,谢朓把始安王等人的计谋透露给太子右卫率左兴盛。没想到左兴盛清楚里面的风险,不愿将自己卷进这一漩涡。

谢朓离开左兴盛家,忧心忡忡,情急之中,又来到卫尉刘暄家。谢朓认为刘暄是建安王宝寅的亲信,就算要废立,他也定不同意立始安王萧遥光。谢朓再三向刘申明:一旦始安王称帝,将对他怎样不利,欲怂恿他告发始安王和江氏两兄弟密谋废黜一事。

刘暄听完此番话后,看起来果然十分吃惊:"哎呀。这怎么了得……"刘暄斩钉截铁地表示,必须告发此事,决不让那些人得逞。谢朓总算觅得"知音",心里的石头也终于落地了。他心满意足地回家静候佳音去了。

出乎谢朓意料的是,刘暄居然也是主谋之一。谢朓刚离开刘暄家,他就飞身上马,前往始安王府,把谢朓欲告发他们的事报告了江祏和始安王。

始安王获悉此事,气愤之下准备将谢朓赶出京城。江祏则态度鲜明地要求除掉他。其实当初在谢朓新贵时,江祏常去他府上,而他自恃才高,根本看不起江氏兄弟,曾多次嘲弄他们。江祏因此一直耿耿于怀。谢朓如今落入自己手中,此仇不报,更待何时!

因为江祏的一再坚持,始安王萧遥光也乐得卖个人情,随即以皇帝的名义诱召谢朓。谢朓以为已大功告成,自己又将加官晋爵了,就火速跑来。不料,迎接自己的却是冷冰冰的枷锁。

始安王萧遥光把谢朓交付廷尉,然后指使刘暄和江氏兄弟等人联名上奏,声称谢朓秉性奸险,自打告发其岳丈王敬则叛逆越级升迁后,就日益欲壑难填,居然在宫廷内外到处散布谣言,诽谤亲贤,贬低大臣,藐视圣上,计谋之阴险,言论之恶毒,使朝廷上下惊骇。最后奏书一致请求将其斩首。

东昏侯才不管他三七二十一,一张金口,下诏将谢朓交由御史台审问。

始安王等得到圣旨,当夜就在狱中把谢朓处死。

临刑前谢朓悔恨不已,仰天长叹道:"天道恢恢,不可欺瞒。我虽未杀敬则,敬则公却是因我而死的啊!"

谢朓被诛时才 36 岁,真可惜了他那满腹的诗才。

## 和尚盗金案

南北朝西魏时,有一天,来京城长安做买卖的贾仁,一个人坐在酒店喝闷酒。他到京都两个多月了,生意没有一点进展,对一个第一次出远门做买卖的年轻人来说,的确是十分让人焦虑的事。

窗外丝丝细雨,让他想起江南黄梅时节的风光,想到了远在家乡的妻子,眼下无计可施,不禁感到有些凄凉。他下意识摸了摸口袋,里面有他住处的钥匙,房里有他带来的生意本钱,足足二十锭黄金。这二十锭黄金几乎关系他一家老小的性命,所以大意不得。他并不指望靠着这些钱大发家业,但起码得挣出几年的生活费。他一会儿想到生意艰难,一会儿又想到家人……正出神地望着窗外,不知何时同桌已经坐了一个和自己岁数差不多的小和尚。只听道:"心神不定,一定有忧患,施主有什么困难?"贾仁听到话转过头来,看见一个长得清秀的和尚,他并没在意,就随口答应说:"一些小事,没有大碍。"和尚嘻嘻一笑,说:"施主能瞒得过酒肉之徒,怎么能瞒得过我这个出家人呢?"贾仁听了一愣,心中感到奇怪,就问道:"师父可知道我有什么困难?"只见和尚神态庄重,念出二句偈诗:"营运场上常失意,举棋难决自焦心。"贾仁只听得目瞪口呆,好像自己心事已经被和尚看透了,于是又问:"师父能为我指点迷津吗?"和尚诡秘一笑答道:"旬日冰即化,三日防金流。"贾仁听了,先是一喜,后是一忧,心想,"旬日冰即化"不是说再过十天半月我的生意就会有转机了吗?可"三日防金流"是不是说这三天里会有什么闪失。他不由得想到房中的钱和口袋里的钥匙,不自觉地伸手摸那个口袋。忽然觉得自己失态,急忙缩回手,想要再问清楚,刚要开口,却听见和尚叫茶房。贾仁为了弄清自己的前途,就说:"师父想要点酒肉?"和尚说:"出家人只吃素。"贾仁说:"我可以敬奉斋饭,以表示对师父指点迷津的感谢。"和尚也不推辞,双手合十说道:"如此小僧谢过了。"不一会儿酒菜上来了,二人就边喝边吃。贾仁一心想让和尚指点迷津,和尚总是笑着不回答,东西南北,海阔天空,一会儿高谈阔论,一会儿神秘兮兮,把贾仁整得神魂颠倒。不一会儿和尚酒足饭饱,站起来说:"阿弥陀佛。"遂飘然而去。此时天已黑,饭馆客人大部分都走了,贾仁又喜又忧地回到住处,但是心神不定,怎么也睡不着,直到天亮,才由于过度疲劳昏昏睡着了。当他醒来的时候太阳已经偏西,懒洋洋地起了床,觉得肚饿,又想起了和尚的话,心中有事还不明白,想再讨教和尚,就朝饭馆走去,一是为了吃饭,二是为了再碰见和尚:

一进堂,就看见和尚在昨天的饭桌上自个喝酒:贾仁也坐下,和尚却好像不知道他来了。饭菜上好后,和尚还是一个人喝,丝毫不理会贾仁。贾仁实在忍不住了,便说:"师父,昨日……"话还没完和尚就自言自语地说:"缘分已经到头了,为什么打搅我?"贾仁说:"小的反应慢,还望师父指点。"和尚略加思索,说:"只要施主三天之内防止钱丢失,几天内一定会有好运。昨天施主请客,今天就由小僧请吧,既然有一面之交,也可以消磨点时光。"贾仁说:"使不得,还是小的为师父添些酒菜,咱们一起喝吧!"于是招呼店家添加酒菜,两个人一起喝起来。也许因为很久没与人说话的缘故,贾仁和这个一面之交的和尚,谈得虽不知心,但也因为他的指点而拉近了关系。他们边吃边聊,不知不觉中贾仁已经喝醉,趴在桌子上睡着了。和尚关心地走过来,拍着贾仁的肩膀问道:"施主怎么喝多了,小心着凉。"这时他紧了紧眉头,对店家说:"这位施主喝多了,我去方便一下,你稍稍照顾他一下,我一会儿就来!"店家忙说:"师父请随便,这位客官最近都在小店吃饭,我们都认得。"

和尚出去了一会儿便又回来,陪着贾仁。店家过来说:"师父既是客官朋友,为什么不送他回去?"和尚说:"我们也是才认识的,并不知他住在什么地方。"店家说:"原来是这样,师父这样认真,真是仁慈。"过了一会儿,贾仁慢慢醒来,见和尚还在陪着自己,感到过意不去,站起来道谢,然后回房去了,头脑昏昏沉沉,倒在床上就睡着了。第二天下午他又来到饭馆,想再遇见和尚,对他的指点表示感谢。可是和尚一晚上都没有来。回房的路上,他忽然想起了"三日防金流"的话,担心房中的金子被盗。

他急忙赶回去,看金子是否还在,可怎么也没想到那二十锭金子竟然不翼而飞了。贾仁好像跌入了无底深渊,心想和尚的话竟然这么灵验,早知道这样,就天天守在屋子里。他急忙报告县太爷。县太爷问:"有其他人知道你放的金子吗?"贾仁摇头,县太爷又问:"房门钥匙经常放在哪里呢?"贾仁说:"自己带着。"县太爷又问:"既然这样,房东知道你是来做买卖的吗?"贾仁想了想说:"那天经人介绍的时候,就告诉房东我是来做生意的,便租了这个房子。"于是县太爷让捕快把房东叫来。

房东不知所措,县太爷问:"你知道贾仁的钱哪里去了?"房东莫名其妙地说:"老爷,小人真的不知道,望青天大老爷明察。""胡说八道,贾仁到京城做买卖,租住在你家里,房门钥匙他自己带着,如果不是你偷的,为什么门窗完好无损,但钱却丢了。明明是你偷的还敢抵赖!"县太爷越说越生气,大叫:"刑杖伺候!"于是四名差役按倒房东便打。刚开始房东还大叫冤枉。20杖后,房主吃不消了,边哭边喊:"老爷别再打了,小的招了!"县太爷还气呼呼地说:"你要是早招了,何必受皮肉之苦!"于是叫书办录供画押,移交公文。

说起来这房东还挺有运气。正赶上雍州(西魏州名,治所长安)别驾的柳庆,此人办案精明。他晚上读了这件案子的案卷,越看越觉得有问题。房东虽然招了,但是没有作案工具,也没有作案过程。这中间肯定有内情,于是决定第二天再审。

第二天,柳庆叫来贾仁,仔细询问案发经过。柳庆听贾仁的答话与案卷没有区别,于是又问:"你到这儿有没有和别人在一起住过?"贾仁说:"没有和别人一块儿住过。"柳庆又问:"和别人一起喝过酒吗?"贾仁说:"就和一个年轻的和尚一起喝过两次酒,那天下午我喝醉了就趴在桌上睡着了,可醒来的时候和尚还在。"于是柳庆断定是和尚偷的,便派人追捕。

几天后和尚被抓住了,并且找回了被盗的全部金子,房东因此被判无罪释放。

原来和尚趁贾仁喝醉以后,偷了钥匙并盗走金子。又怕贾仁怀疑,所以等他醒来以后才走。